KB265161

임동석중국사상100

몽구

蒙求

李瀚 撰·徐子光 註 / 林東錫 譯註

"상아, 물소 뿔, 진주, 옥. 진괴한 이런 물건들은 사람의 이목은 즐겁게 하지만 쓰임에는 적절하지 않다. 그런가 하면 금석이나 초목, 실, 삼베, 오곡, 육재는 쓰임에는 적절하나 이를 사용하면 닳아지고 취하면 고갈된다. 그렇다면 사람의 이목을 즐겁게 하면서 이를 사용하기에도 적절하며, 써도 닳지 아니하고 취하여도 고갈되지 않고, 똑똑한 자나 불초한 자라도 그를 통해 얻는 바가 각기 그 자신의 재능에 따라주고, 어진 사람이나 지혜로운 사람이나 그를 통해 보는 바가 각기 그 자신의 분수에 따라주되 무엇이든지 구하여 얻지 못할 것이 없는 것은 오직 책뿐이로다!"

《소동파전집》(34) 〈이씨산방장서기〉에서 구당(丘堂) 여원구(呂元九) 선생의 글씨

책머리에

이제껏 많은 중국 고전을 역주해 왔지만 이 《몽구》처럼 유용한 책이 있을까 한다. 물론 책마다 고전의 가치를 충분히 가지고 있지만 우선 중국 고전에 입문하기 위해서는 이 책이 가장 쉽고 흥미를 감소하지 않도록 하는 데 도움이 되는 내용을 엮어 놓고 있다고 여기게 되었다. 이름 그대로 "어리고 몽매한 청년들에게 일러주기 위한 내용"이라 하지만 실제 어른으로서 더 핍절하게 알고 있어야 할 지식과 지혜를 담고 있다. 무려 296개의 주제에 592개의 성어, 581개의 고사는 그동안 피상적으로 듣고 알고, 그러려니 했던 주옥같은 일화와 명구들이 그 구체적인 출전과 명확한 원문 제시로 인해 근거를 가지고 말할 수 있도록 해 주고 있다. 나아가 이 책은 우리나라 조선시대에 이미 번역과 연구서가 있었음에도 근래 일본을 통해 다시 들어와 소개되고 번역된 점은 아쉽기도 하고 우리가 옛사람만 같지 못하지 않을까 안타까움도 자아내고 있다.

그러나 나는 이 책을 역주하면서 큰 소득을 얻었다. 바로 이제껏 50여 종 넘게 역주한 내용의 정화精華를 언젠가는 초략鈔略하여 고전 입문자를 위해 정리해야겠다고 계획을 세워왔었는데 이미 당대唐代 이한李瀚이라는 사람이 내가 원하던 작업을 그대로 해 놓았음을 그대로 인정하게 되었다는 점이다. 어린 시절 이 책을 읽으면서 그저 재미있는 이야기를 모아 쉽게 기억할 수 있도록 한 유서類書 정도로 여겼는데 막상 구절마다 역주를 하고, 원전을 일일이 찾아 대조해 보았더니 새삼 피상적인 독서가 위험하고 저급한 욕망을 발동시킨다는 것을 알게 되었다. 그리고 나아가 이 역주작업에서 또 얻은 것이 있다면 이번 기회에 사기로부터 《한서》, 《후한서》, 《삼국지》, 《진서》,

《남사》,《북사》까지 구석구석 빠짐없이 들여다볼 강제적 기회가 주어졌음에
대한 기쁨이다. 공구서로서의 정사正史가 아니라 읽어야 할 사서史書로써
내 곁에 더욱 가까워진 것이다. 이에 본 《몽구》에 제시된 구절의 원전을
다시 찾아 모두 「참고 및 관련자료」란에 그대로 전재하여 보았더니 앞뒤
생략된 내용이 그대로 드러나고 숨겨진 의미가 훤히 나타나는 것이었다.
고전 역주란 한문 원문의 문장을 얼마나 해독할 수 있는 능력이 있는가에
있지 아니하고 이면에 바탕을 이루고 있는 시공時空의 역사와 지리적 내용을
얼마나 충분히 숙지하고 있느냐에 달려있다고 늘 원칙으로 삼아왔다. 그러한
원칙이 이처럼 검증되는 경우를 만났으니 즐거울 수밖에 없었다.

　　시대의 변화와 발전에 따라 고전은 그저 연구자의 몫으로 치부되기
시작한 것이 아닌가 안타깝다. 그러나 옛사람들이 왜 그러한 기록을 남겼고
어찌하여 그러한 내용을 금과옥조처럼 되뇌며 긴 역사를 이어왔는가를
생각한다면 지난날과 미래가 균형을 이루어야 한다. 상식과 수양이 없이
옛것은 저버린 채 미래만을 향해 내닫는다면 성공과 성취를 이루었다 해도
허망함에 빠지고 말 것이다. 사람이 일생을 살면서 가치는 물질에만 있지
아니하고 정신세세에도 있으니 그 정신적 가치가 더 중시될 때니 적어도
균형을 이룰 때 비로소 삶의 행복감을 느낄 수 있을 것이다. 그런데 우선
물질에 대한 욕구부터 채운 다음 나중에 정신적 가치를 찾겠다고 미루었다
가는 자칫 때를 놓치지 않을까 한다. 옛사람의 지혜를 통해 지금 살아가는
과정마다 그 가치를 찾으며 병행해야 한다. 그러한 도구로써 이 책을 강하게
추천하고 싶다. 부담 없이 낱개의 고사나 일화를 읽어보고 되새기며 마음
다짐을 하는 것도 무용한 시간 낭비는 아닐 것임을 확신한다. 그리고 나아가

더 깊이 그 맛을 느끼고자 한다면 「참고 및 관련자료」란의 원문이나 방증
자료를 섭렵하여 떨어진 이삭을 주워도 그 값은 충분히 얻을 것이라 여긴다.

이 《몽구》 한 권만 알뜰히 읽어도 중국 고사 반 이상은 저절로 알게 될
것이며 중국 역사 흐름과 각 시대의 가치, 그리고 문물제도와 일상생활 입에
오르내리는 인물들은 줄줄 외울 수 있을 것이다. 나아가 내용을 통해 내
삶을 풍요롭게 하고, 살아 있음에 대한 가치를 확연히 느끼게 될 것이다.
또한 지금처럼 표피의 가치에 집착하던 내가 다시 참 가치의 깊은 연못 속에
아름답게 잠겨 들어감을 고맙게 여기게 될 것이다. 지도자는 지도자대로
소시민은 소시민대로 존재 가치를 아름답게 보며 세상 만물에 대하여
어느 것 하나 소중하지 아니한 것이 없음을 발견하게 될 것임을 확신한다.
나로서는 세상에 태어나 이러한 책을 만나게 된 것을 행복하게 여기고 있다.
인류는 과거나 현재, 미래에도, 영원을 두고 아름다움을 추구하며 살아갈
존재라는 사실에 믿음이 선다.

사포莎浦 임동석林東錫이 부곽재負郭齋에서 적다.

일러두기

1. 이 책은 《몽구집주蒙求集註》(四庫全書본, 子部 11 類書類. 臺灣商務印書館, 인본 1983)와 〈학진토원學津討原〉본 《몽구집주蒙求集註》(臺灣 藝文印書館 인본), 〈기보총서畿輔叢書〉본 《몽구蒙求》(臺灣 藝文印書館 인본)를 일일이 대조하여 완역한 것이다.

2. 그 외 〈속수사고전서續修四庫全書〉본(子部, 類書類. 上海古籍出版社 인본), 그리고 《몽구蒙求》(桂湖村 講. 漢籍國字解全書 第45卷. 인본 1989. 9. 20. 高麗書林, 서울) 및 《몽구蒙求》(田興甫, 補註蒙求國字解, 久保得二先生校訂, 編者 久保天隨. 博文館藏版 大正(1913) 2年 8월 30일 博文館 東京)와 《몽구蒙求》(上中下. 竹内松治 補註. 印本 1975. 4. 景仁文化社. 서울) 등도 낱낱이 대조, 참고하였다.

3. 국내 번역본도 자세히 살펴 참고하였으며 중국어 참고본 《몽구주석 蒙求注釋》(顏維材·黎邦元 山西敎育出版社 1991. 6. 中國 山西 太原)도 대조하여 교감하였다.

4. 원 책의 본문 298장에 매 장마다 일련번호를 부여하고 다시 두 개씩의 고사를 ①, ②로 나누어 구분하였으며 한 개의 고사가 한 장으로 이루어진 11개는 구분하지 아니하고 그대로 실었다.

5. 각 장은 원문을 그대로 제목으로 삼았고, 세부 목차는 제목의 뜻을 번역하여 간단히 세시하였다.

6. 집주 부분(실제 본문에 해당)을 빠짐없이 번역하였으며 해석은 가능한 한 직역을 위주로 하였으나 일부 의역한 곳도 있다.

7. 한글 번역을 먼저 싣고 원문을 제시하였으며 원문의 문장 부호는 중국 현대 표점 방법을 따랐다.

8. 주석은 인명, 지명, 사건명, 역사 내용, 주요 어휘 등을 위주로 하되 매 장마다 기왕의 주도 다시 실어 이해에 도움이 되도록 하였다.

9. 매 장마다 「참고 및 관련자료」란을 마련하여 관련 사항이나 출전의 원문을 일일이 찾아 전재하되 역시 표점 처리하여 대조 및 연구에 도움이 되도록 하였다.

10. 부록으로 서발序跋과 관련 자료의 원문을 실어 이 방면의 연구자에게 도움이 되도록 하였다.

11. 이 책을 역주함에 참고한 주요 문헌은 아래와 같다.

❀ 참고문헌

1. 《蒙求集註》(上下) 唐, 李瀚(撰), 宋, 徐子光(註) 四庫全書(文淵閣) 子部 11. 類書類

2. 《蒙求集註》(上下) 唐, 李瀚(撰), 宋, 徐子光(補註) 〈學津討原〉본. 原刻景印 〈百部叢書集成〉(嚴一萍 選輯) 藝文印書館(印本) 臺灣

3. 《蒙求》(上下) 唐, 李瀚(撰) 〈畿輔叢書〉본. 原刻景印 〈百部叢書集成〉(嚴一萍 選輯) 藝文印書館(印本) 臺灣

4. 《蒙求注釋》顔維材·黎邦元 山西教育出版社 1991. 6. 中國 山西 太原

5. 《蒙求》(三卷) 唐, 李瀚(撰) 續修四庫全書 子部, 類書類(山西省 應縣 佛宮寺 文物保管所藏 遼刻本 影印: 原書: 版框: 高146mm, 寬260mm) 上海古籍出版社

6. 《蒙求》桂湖村(講) 漢籍國字解全書 第45卷. 인본 1989. 9. 20. 高麗書林. 서울

7. 《蒙求》田興甫(補註蒙求國字解, 久保得二先生校訂, 編者 久保天隨) 博文館藏版 大正(1913) 2年 8월 30일 博文館 東京

8. 《蒙求》(上中下) 竹内松治(補註) 印本 1975. 4. 景仁文化社. 서울

9. 《譯註蒙求》柳在泳·崔瑞任(共譯) 이화문화사 2004. 12. 서울

10. 《蒙求》(上下, 原本) 林鍾旭(譯註) 도서출판 보고사. 1995. 11. 서울

11. 《文字蒙求》淸, 王筠 華聯出版社(印本) 1974. 臺灣 臺北

12. 《文字蒙求廣義》陳義 藝文印書館(印本) 1988. 臺灣 臺北

13. 〈十三經注疏〉(藝文印書館本), 〈二十五史〉(鼎文書局 活字本), 《史記》,《漢書》, 《後漢書》,《三國志》,《晉書》,《南史》,《北史》,《十八史略》,《世說新語》, 《晏子春秋》,《新序》,《說苑》,《西京雜記》,《韓詩外傳》,《潛夫論》,《顏氏家訓》,《孔子家語》,《列女傳》,《神仙傳》,《列仙傳》,《高士傳》,《搜神記》, 《博物志》,《列子》,《老子》,《莊子》,《六韜》,《詩品》,《戰國策》,《國語》, 《幼學瓊林》,《陶淵明集》,《千字文》,《三字經》,《百家姓》,《墨子》,《韓非子》,《呂氏春秋》,《論衡》,《抱朴子》,《新書》,《小學》,《唐宋文擧要》, 《古詩源》,《四書集註》,《文選》,《初學記》,《樂府詩集》,《藝文類聚》, 《太平御覽》,《太平廣記》,《北堂書鈔》,《資治通鑑》,《百子全書》,《金樓子》, 《三才圖會》,《新編諸子集成》,《竹林七賢研究》,《二十五史述要》,《中國歷史紀年表》등. 그 밖의 工具書와 中國通史類 등은 기재를 생략함.

해제

1. 책이름과 내용 및 체제

《주역周易》네 번째 괘인 몽괘蒙卦의 괘사卦辭에 "몽은 형통하다. 내가 동몽에서 구하는 것이 아니라 동몽이 나에게 구한다"(蒙, 亨. 匪我求童蒙, 童蒙求我)라 하였다. 그리고 단사彖辭에는 "내가 동몽에게 구하는 것이 아니라 동몽이 나에게 구한다는 것은 뜻이 응하는 것"(匪我求童蒙, 童蒙求我, 志應也)이라 하였다. 원의는 매우 심오한 의미를 함축하고 있지만 쉽게 풀이하여 "어리고 몽매한 아이들이 지식욕과 기본으로 익혀야 할 덕목 등을 나에게 요구한다"는 뜻쯤으로 보아도 될 것이다.

이에 그들에게 일러 주고 가르치며 깨우쳐 주어야 할 내용물을 교재로 만들어 그 이름을 《몽구蒙求》라 명명한 것이다. 그렇다면 어떻게 내용을 정리하여 아동들에게 알기 쉽고 실천하기 쉽도록 할 것인가 하는 문제에 대해 고민할 수밖에 없을 것이다. 내용물을 그대로 나열하거나 추형雛形의 가짓수만 제공한다고 해서 아무것도 모르는 몽폐蒙蔽 상태의 어린아이가 소화해 낼 수 있는 것은 아니기 때문이다. 교육과정으로 보아도 단계, 순차, 난이도, 심천, 층위는 물론 철학관과 우주관, 역사관을 적절히 배합하고, 그 학습 방법도 염두에 두어야 한다. 이에 중국 전통적인 운韻을 사용하고 외우기 쉽도록 정리하였으며 청각인상을 매끄럽게 하고 기억에 도움이 되도록 압축하여 4언 2구씩 제시하였던 것이다. 중국어는 기본적으로 운이 발달한 언어로써 《시경詩經》이래 4언체의 운대韻對 형식은 아동들에게도 쉽게 입에 외워지게 되어 있다. 그 때문에 동東운, 즉 [ㅎ/ㆁ]을 시작으로 하여 첫 구절이 (1)王戎簡要, 裴楷淸通 (2)孔明臥龍, 呂望非熊

(3)楊震關西, 丁寬易東 (4)謝安高潔, 王導公忠으로 제8자의 끝자인 통通, 웅熊, 동東, 충忠을 압운하였으며, 그 앞에는 각기 인명을 내세워 익히기 쉽도록 한 것이다. 그 다음의 호戶, 호虎, 호扈, 부簿도 역시 [ㅗ/ㅜ]의 우운 虞韻으로 이어져 총 4장 8구 32자씩 묶어 전편 298구 모두 4조組씩으로 하여 조구造句한 것이다. 이에 순서대로 운을 분석하여 보면 다음과 같다.

東, 虞, 歐, 泰, 支, 陌, 刪, 薺, 魚, 翰, 陽, 沃, 尤, 語, 先, 宥, 微, 質, 蕭, 皓, 齊, 隊, 元, 職, 靑, 馬, 冬, 寘, 佳, 屑, 侵, 銑, 支, 卦, 虞, 覺, 寒, 紙, 眞, 敬, 麻, 緝, 灰, 紙, 遇, 屋, 庚, 有, 霽, 葉, 虞, 養, 號, 藥, 豪, 寢, 寘, 陌, 支, 哿, 御, 合, 先, 梗, 阮, 月, 江, 紙, 嘯, 藥, 蒸, 潛, 遇, 錫, 先.

이러한 체재는 일찍이 남조南朝 양梁나라 때 주흥사周興嗣의 《천자문千字文》에서 이미 시작되었다. 그리하여 이량李良의 〈천몽구표薦蒙求表〉에도 "근세 주흥사의 《천자문》이 천하에 널리 퍼져 있지만 이 《몽구》에 미칠 수 있겠습니까?"(近代周興嗣撰《千字文》, 亦頒行天下, 豈若《蒙求》哉!) 하였던 것이다.(부록 참조)

그리고 내용에 있어서도 4언 2구가 서로 유사성이 있는 고사나 일화를 하나로 묶음으로써 연상법을 활용하여 쉽게 기억하도록 하였다. 이를테면 "왕융은 간요하고, 배해는 청통하다"라거나, "제갈공명은 누워있는 용이요, 문왕이 사냥 나가 얻을 것은 곰이 아니라 강태공" 등으로 하였다. 따라서 억지로 운을 맞추느라 일부 순통하지 못한 조구도 더러 보인다.

전체를 통계로 보면 본문은 4언 2구(총 8자)씩 298개 묶음으로 모두 2,384자이다. 그중 마지막 2구(297, 298) 16자는 이한 자신의 부언附言으로 고사와 관련이 없다. 또한 285구는 각기 2가지씩으로 고사나 일화를 묶어 짝을 이루었으나 11개(017, 025, 040, 121, 155, 170, 173, 175, 176, 189, 273)는 하나의 내용이면서 8자로 표현하여 실제 고사는 581개이다.

내용의 채록은 대체로 상고시대 고사 몇 개와 주대周代, 선진先秦의 춘추 전국을 거쳐 주로 서한西漢과 동한東漢, 삼국三國, 진晉의 역사와 인물, 일화가 주를 이루고 있으며 그 외 남조와 북조의 이야기를 일부 싣고 있다. 따라서 인용된 책은 정사正史 위주이며 이에 따라 《사기史記》, 《한서漢書》, 《후한서後漢書》, 《삼국지三國志》, 《진서晉書》, 《남사南史》, 《북사北史》에서 그 원전을 찾을 수 있다. 그렇다고 해서 그 소재의 채록을 정사에 그친 것은 아니다. 《시詩》, 《서書》, 《예禮》, 《논어論語》, 《맹자孟子》 등 유가儒家의 13경經은 물론, 《열자列子》, 《장자莊子》, 《묵자墨子》, 《한비자韓非子》, 《여씨춘추呂氏春秋》, 《논형論衡》, 《회남자准南子》, 《안자춘추晏子春秋》와 《국어國語》, 《전국책戰國策》, 그리고 《신서新序》, 《설원說苑》, 《서경잡기西京雜記》, 《한시외전韓詩外傳》, 《신서新書》, 《잠부론潛夫論》, 《세설신어世說新語》, 《공자가어孔子家語》, 《풍속통風俗通》, 《열녀전列女傳》, 《박물지博物志》, 《수신기搜神記》, 《신선전神仙傳》, 《도연명집陶淵明集》, 《열선전列仙傳》, 《고사전高士傳》, 《육도六韜》, 《신어新語》 등 이루 헤아릴 수 없다. 게다가 《초국선현전楚國先賢傳》, 《삼보결록三輔決錄》, 왕은王隱 《진서晉書》, 사승謝承 《후한서後漢書》, 《진한춘추晉漢春秋》, 《진양추晉陽秋》 및 각 《보서譜序》 등 일서와 경사자집經史子集 등에 고루 분포되어 있다.

지금 전하는 《몽구》는 대체로 〈일존총서佚存叢書〉본, 〈기보총서畿輔叢書〉본이 있으며, 〈총서집서초편叢書集成初編〉본은 〈학진토원學津討原〉본을 근거로 배인排印한 것으로, 〈사고전서四庫全書〉본도 이와 같다. 그리고 〈속수사고전서續修四庫全書〉(唐 李翰撰으로 되어 있음)에도 실려 있다.

2. 찬자撰者와 주자註者

《몽구》는 당唐나라 때 이한李瀚이 지었다. 그는 지금 전하는 그대로 298구, 2384자의 본문을 운문 형식으로 짓고 그에 맞게 각 구절마다 주를 붙였다. 따라서 책의 원제목은 사실 《몽구집주蒙求集註》가 맞을 것이다. 그 뒤 송나라 때 이르러 서자광徐子光이 그 주의 오류를 바로잡고 보충하여 《몽구보주蒙求補注》를 낸 것이다. 이한은 그 사적이 제대로 알려져 있지 않다. 다만 동시대 이화李華의 서문과 같은 고을의 요주자사饒州刺史 이량李良이 당 천보天寶 5년(746)에 올린 〈몽구를 추천하는 표문〉(薦蒙求表)을 통해 일부를 엿볼 수 있을 뿐이다. 그 기록에 의하면 이한은 안평(安平. 지금의 河北 饒陽, 당시 饒州의 屬縣) 사람으로 신주信州의 사창참군(司倉參軍. 일부본에는 司馬倉參軍으로 되어 있음)을 지냈으며, 학예에 엄통淹通하고 이식理識에 정미한 인물로써 옛 사람의 장적狀跡을 음운별로 묶고 사류별로 대對를 이루어 3천여 언을 지어 구절마다 주를 붙여 만여 가지 일을 정리하여 《몽구》라는 책을 지었는데, 서너 살의 어린아이도 쉽게 외우고 익혀 사람들을 놀라게 하였다고 한다.(부록 참조)

그러나 〈사고전서총목제요四庫全書總目提要〉에는 이한을 진(晉: 오대의 後晉. 936~946)나라 때 인물로 이광예李匡乂의 《자가집資暇集》을 근거로 이광예의 종인宗人이며 이면지李勉之의 친족이라 하였다. 그리고 나아가 《신오대사新五代史》(29) 상유한桑維翰전을 근거로 "처음 이한이 한림학사가 되어 술을 좋아하였으며, 술로 인한 과실이 많아 후진 고조 석경당石敬瑭이 부박浮薄한 인물로 여겼는데 그 사람이 바로 이한이다"(初, 李瀚爲翰林學士, 好飮而多酒過. 晉高祖以爲浮薄, 當卽其人也)라 하였다. 그러나 상유한전의 이 구절은 상유한의 직위인 한림학사 제도의 존폐에 대한 간단한 설명을 곁들이기 위해 이한이라는 자의 행적을 부기한 것에 불과한 것이며 당나라 때 《몽구》를 지은 이한과는 다른 인물이다. 즉 문장의 앞뒤를 보면 "乃出延廣於河南, 拜維翰中書令, 復爲樞密使, 封魏國公, 事無巨細, 一以委之. 數月之間, 百度寢理. 初, 李瀚爲翰林學士, 好飮而多酒過, 高祖以爲浮薄. 天福五年九月, 詔廢翰林學士, 按《唐六典》歸其職於中書舍人, 而端明殿學士·樞密院學士皆廢. 及維翰爲樞密使, 復奏置學士, 而悉用親舊爲之"라 하여 한림학사 제도에 대한 설명이며 이한에 대한 내용은 아니다. 그럼에도 《중국역대인명대사전中國歷代人名大辭典》(上海古籍出版社, 1999)에는 이를 그대로 옮겨 적어 "李瀚: 五代時人, 仕後晉, 官翰林學士, 好飮而多酒過, 石敬瑭以爲浮薄. 有《蒙求集註》"라 하였고, 《간명중국고적사전簡明中國古籍辭典》(吉林文史出版社 1987)에도 "蒙求集註: 宋徐子光注. 二卷. 書前冠以後晉李瀚撰《蒙求》原文, 後以每二句八字爲一節, 分別取正史紀傳, 注出人物故實, 雖入選人物較多, 但所記頗爲精賅. 個別有傳疑失檢之處"라 하여 역시 오류를 범하고 있으며, 나아가 같은 페이지에 "蒙求: 兒童讀物, 唐李瀚撰. 三卷"이라 하여 모순을 일으키고 있다. 이한을 후진의 이한으로 보는 것은 오류이다. 우선 책 출현 당시 서문을 쓴 이화(?~767)와 시대적으로 맞지 않을 뿐 아니라 천표薦表에 나타난 관직 사창참군司倉參軍, 그리고 표를 올린 천보 5년(746)과도 현격하게 차이가 나기 때문이다.

한편 《몽구》의 작자를 이한李翰으로 보는 견해이다. 조공무晁公武의 《군재독서지郡齋讀書志》 주에 의하면 주중부周中孚와 황정감黃廷鑑 등은 이화의 종인宗人 이한李翰이 지은 것이라 하였다. 이 이한은 《구당서舊唐書》(190)

문원전(文苑傳, 下)과 《신당서新唐書》(203) 문예전文藝傳 이화李華의 부록으로 실려 있으며 《전당문全唐文》(430)에도 그 이름이 보인다. 그러나 이름이 비슷할 뿐 전혀 다른 인물이다.

다음으로 서문을 쓴 이화는 당 조주趙州 찬황贊皇 사람으로 자는 하숙遐叔, 현종玄宗 천보(天寶: 742~755) 연간에 감찰어사監察御史를 거쳐 시어사侍御史에 올랐으며 예부禮部와 이부吏部의 원외랑員外郞을 거쳤다. 그리고 뒤에 관직을 버리고 산양山陽에 은거하며 당시 명사 소영지蕭穎之와 교유하며 불교에 심취하였던 인물이다. 그러면서 평소 선비 추천에 힘을 쏟아 명망을 얻고 있었으며, 이때에 안평 사람 이한의 《몽구》를 보고 서문을 써준 것이다. 그의 사적은 《구당서》(190) 문원전과 《신당서》(203) 문예전文藝傳에 실려 있으며 《당시기사唐詩紀事》(21)에도 기록이 보이며 《이하숙문집李遐叔文集》을 남기기도 하였다. 특히 《고문진보古文眞寶》에 실린 〈조고전장문弔古戰場文〉을 통해 우리에게도 널리 알려진 인물이다.

이어서 〈천표薦表〉를 쓴 이량李良은 당 종실의 후예로써 단양공丹楊公에 봉해졌으며 현종 개원(開元: 713~741) 연간에 태자중윤太子中允을 거쳐 천보 연간에 요주자사饒州刺史에 올랐고 그때 이 〈천몽구표薦蒙求表〉(746)를 올린 것이다. 그는 대종代宗 때에는 계주자사桂州刺史에 옮겨가 대력大曆 2년(767) 산료山獠의 반란 때 계주가 함락되자 성을 버리고 도망친 인물이기도 하다.

이한의 《몽구집주》는 송宋나라 때 서자광徐子光이 보충하고 주를 교정하여 오늘에 전하게 되었다. 그러나 서자광의 사적에 대해서는 역시 제대로 알려진 것이 없다. 다만 일부본에 그의 직함을 "광록대부행우산기시랑光祿大夫行右散騎侍郎"이라 하였고, 특히 우리나라 조선朝鮮시대 간본에 《표제서장원보주몽구標題徐狀元補注蒙求》라 하여 그가 진사과에 장원을 하였던 인물임을 일러주는 단서를 제공하고 있을 뿐이다.

서자광은 〈몽구보주서蒙求補注序〉에서 이렇게 말하였다.

"이한의 주는 근본을 궁구함이 적고 사류의 엇갈림이 많으며 오류가 있어 학자들이 불편을 겪게 되었다. 그러나 이것이 어찌 이한 자신이 그러한 오류를 범한 것이겠는가? 아마 후세 계속 전해오는 과정에서 그러한 오류가 답습된 것이 아닌가 한다. 이에 나는 이러한 이한의 용의를 가상히 여겼으나 그 미비함을 안타깝게 여겨 사전史傳을 섭렵하고 백가百家의 책을 방증으로 삼아 본원을 궁구하여 그 꽃을 줍고 그 열매를 맛보게 되었다."(然鮮究本根, 類多舛訛, 賢者病焉. 豈瀚之所載然歟? 抑亦後世傳襲之誤也. 予嘗嘉其用意, 而惜其未備. 於是 漁獵史傳, 旁求百家, 窮本探源, 攟華食實. 부록 참조)

그러면서 그 날짜를 "己酉年仲冬辛卯吉日"이라 밝혔으나 안타깝게도 연호年號를 쓰지 않아 구체적으로 어느 해인지 알 수 없게 되고 말았다. 혹 남송南宋 효종孝宗 순희淳熙 16년 기유己酉 즉 1189년이 아닌가 하나 확증을 지을 수는 없다.

3. 《몽구》의 영향과 전래

당나라 때 《몽구》가 선하先河를 이루자, 뒤이어 같은 몽학蒙學 계열의 책이 쏟아져 나왔다. 아예 책이름도 《몽구》를 그대로 사용하여 역사, 인문, 제도, 문자, 수신, 경서, 교학 등 이루 말할 수 없는 분야별 특징을 그대로 옮겨 담아 아동용으로, 혹은 초보적 학습서로써 구성을 이루어 정리하였던 것이다. 이러한 풍조에 의해 찬집된 수많은 책은 이 《몽구》가 얼마나 이상적인 구성을 이룬 것인지를 나타내는 반증이기도 하다. 이에 이들 서명을 나열해 보면 다음과 같다. 우선 중국 내에서 역대 이래 30여 종이 훨씬 넘게 출현하였다.

元好問(宋)《十七史蒙求》	王逢源(宋)《十七史蒙求》
王令《十七史蒙求》	王洙《次韻蒙求》
方逢辰(宋)《名物蒙求》	徐伯益(宋)《訓女蒙求》
黎獻(宋)《事類蒙求》	舒津(宋)《續蒙求》
王舜兪(宋)《左氏蒙求》	劉班(宋)《兩漢蒙求》
范鎭(宋)《本朝蒙求》	程俱(宋)《南北史蒙求》
程俱(宋)《班左蒙求》	孫應符(宋)《家塾蒙求》
孫應符(宋)《宗室蒙求》	雷壽之(宋)《漢臣蒙求》
李伉(宋)《系蒙求》	鄭氏(宋)《歷代蒙求》
邵笴(宋)《孝悌蒙求》	吳逢道(宋)《六言蒙求》
葉子老(宋)《和李翰蒙求》	柳正夫(宋)《西漢蒙求》
胡宏(宋)《叙古蒙求》	釋志明(金)《禪苑蒙求》
胡炳文(元)《純正蒙求》	李廷機(明)《新蒙求》
吳化龍(明)《左氏蒙求》	羅澤南(淸)《養正蒙求》

王筠(淸)《文字蒙求》　　　　　釋靈操《釋氏蒙求》
康基淵《家塾蒙求》

　　한편 일본에서는 족리足利(1300년대 후반부터 1400년대 초)시대에 이미 한반도를 통해 들어간 이래 유행하기 시작한 것으로 보고 있다. 특히 일본의 《삼대실록三代實錄》 원경元慶 2년(1538) 8월 條에 貞保親王飛香舍가 처음으로 《몽구》를 읽었다는 기사가 있으며, 《부상집扶桑集》에는 都良香이 처음 《몽구》의 시 한 수를 언급한 내용이 있으나 그 이전에 이미 수입된 것으로 보고 있다. 그러다가 덕천德川(1600년대 초반)시대에는 《십팔사략十八史略》, 《소학小學》과 더불어 동몽서童蒙書로써 극성을 이루어 최고의 지위를 누리기도 하였다. 특히 당시 최고 통행본으로는 조선에서 간행된 《표제서장원보주몽구標題徐狀元補注蒙求》였음이 일본의 《몽구국자해蒙求國字解》(桂湖村 講 漢籍國字解全書 第45卷. 인본)에 자세히 실려 있다. 그런데 이 조선 간본은 지금 우리나라에는 전하지 아니하고 도리어 그 책을 가져간 일본에서 강백적 岡白駒이 전주箋註를 달아 출간한 《표제서장원몽구교본標題徐狀元蒙求校本》 (上中下)이 들어와 소장되어 있다.

　　좌우간 일본은 덕천시대부터 명치시대에 이르면서 《몽구》에 대한 주석과 연구 및 아류의 찬집이 유행하여 《일본몽구日本蒙求》(恩田仲任), 《석서몽구釋書蒙求》(釋祖寬), 《몽구속소蒙求續紹》(菅亨), 《본조몽구本朝蒙求》(菅亨), 《몽구습유蒙求拾遺》(大江廣保), 《부상몽구扶桑蒙求》(岸鳳), 《예림몽구藝林蒙求》(松田順之), 《상화몽구桑華蒙求》(木下公定), 《화한효자몽구和漢孝子蒙求》(加藤熙), 《자경몽구自警蒙求》(藤澤恒), 《본조수신몽구本朝修身蒙求》(林研心), 《황조몽구皇朝蒙求》(山下直溫), 《일본몽구속편日本蒙求續編》(堤正勝), 《서수몽구瑞穗蒙求》(田澤抱一),

《유동교훈몽구幼童教訓蒙求》(村井淸), 《동서몽구東西蒙求》(山賀新太郞), 《세계몽구世界蒙求》(平井正等), 《속몽구교본續蒙求校本》(黑神正臣), 《국자몽구國字蒙求》(伊東有鄰) 등이 쏟아져 나왔다.

그런가 하면 우리나라 조선시대에도 미암眉巖 유희춘(柳希春: 1513~1577)이 《속몽구續蒙求》를 지었으며, 이규경(李圭景: 1788~?)은 《십삼경몽구十三經蒙求》를 짓다가 완성하지 못하였다는 기록이 보이고 있다. 그리고 이미 《표제서장원보주몽구標題徐狀元補注蒙求》를 출간하였으며, 홍익주(洪翼周: 純祖~憲宗 때 인물)가 《몽구주해蒙求註解》를 내었던 것이 1책 56장으로 장서각(藏書閣. 1-201)에 소장되어 있다. 이 판본은 주해소인註解小引에 "梧樓漫題"라 하였으며 발문跋文에 "先君子積學累工, 蒐集抄述, 各自成書者多. 蒙求註解其一也. ……手書一冊, ……閱覽焉. ……入于火倖湯, 此篇拾灰燼之餘而…… 己亥(1839)首次男(洪)祐慶泣識"라 하여 그 아들 홍우경이 화재 속에서 겨우 찾아내었다고 기록되어 있어 지금은 그 원래 모습을 볼 수가 없다.

한편 앞서 말한 대로 《표제서장원보주몽구標題徐狀元補注蒙求》는 일본으로 건너가 일본의 《몽구》 붐을 일으킨 통행본이었으나, 도리어 일본 강백적岡白駒의 전주본箋註本이 역수입되어 국립도서관(國立圖書館: 古 2520-32)에 소장되어 있으니 실로 안타까운 일이다.

이상으로 보아《몽구》원래 초기 모습은 지금의 제목에 해당하는 것이
곧 원문이었으며, 일련번호를 부여하여 제시하면 다음과 같다.

《蒙求》(上)

001. 王戎簡要, 裴楷清通	002. 孔明臥龍, 呂望非熊
003. 楊震關西, 丁寬易東	004. 謝安高潔, 王導公忠
005. 匡衡鑿壁, 孫敬閉戶	006. 郅都蒼鷹, 甯成乳虎
007. 周嵩狼抗, 梁冀跋扈	008. 郗超髥參, 王珣短簿
009. 伏波標柱, 博望尋河	010. 李陵初詩, 田橫悲歌
011. 武仲不休, 士衡患多	012. 桓譚非讖, 王商止訛
013. 嵇呂命駕, 程孔傾蓋	014. 劇孟一敵, 周處三害
015. 胡廣補闕, 袁安倚賴	016. 黃霸政殊, 梁習治最
017. 墨子悲絲, 楊朱泣岐	018. 朱博烏集, 蕭芝雉隨
019. 杜后生齒, 靈王出髭	020. 賈誼忌鵬, 莊周畏犧
021. 燕昭築臺, 鄭莊置驛	022. 瓘靖二妙, 岳湛連璧
023. 邵說一枝, 戴憑重席	024. 鄺陽長裾, 工符縫掖
025. 鳴鶴日下, 士龍雲閒	026. 晉宣狼顧, 漢祖龍顏
027. 鮑靚記井, 羊祜識環	028. 仲容青雲, 叔夜玉山
029. 毛義奉檄, 子路負米	030. 江革巨孝, 王覽友弟
031. 蕭何定律, 叔孫制禮	032. 葛豐刺擧, 息躬歷詆
033. 管寧割席, 和嶠專車	034. 時苗留犢, 羊續懸魚
035. 樊噲排闥, 辛毗引裾	036. 孫楚漱石, 郝隆曬書

037. 枚皋詣闕, 充國自贊　　038. 王衍風鑒, 許劭月旦

039. 賀循儒宗, 孫綽才冠　　040. 太叔辯給, 摯仲辭翰

041. 山濤識量, 毛玠公方　　042. 袁盎卻坐, 衛瓘撫牀

043. 于公高門, 曹參趣裝　　044. 庶女振風, 鄒衍降霜

045. 范冉生塵, 晏嬰脫粟　　046. 詰汾興魏, 鼉令王蜀

047. 不疑誣金, 卞和泣玉　　048. 檀卿沐猴, 謝尚鴝鵒

049. 太初日月, 季野陽秋　　050. 荀陳德星, 李郭仙舟

051. 王忳繡被, 張氏銅鉤　　052. 丁公遽戮, 雍齒先侯

053. 陳雷膠漆, 范張鷄黍　　054. 周侯山崿, 會稽霞舉

055. 季布一諾, 阮瞻三語　　056. 郭文遊山, 袁宏泊渚

057. 黃琬對日, 秦宓論天　　058. 孟軻養素, 揚雄草玄

059. 向秀聞笛, 伯牙絶絃　　060. 郭槐自屈, 南康猶憐

061. 魯恭馴雉, 宋均去獸　　062. 廣客蛇影, 殷師牛鬪

063. 元禮模楷, 季彥領袖　　064. 魯褒錢神, 崔烈銅臭

065. 梁竦廟食, 趙溫雄飛　　066. 枚乘蒲輪, 鄭均白衣

067. 陵母伏劍, 軻親斷機　　068. 齊后破環, 謝女解圍

069. 鑿齒尺牘, 荀勗音律　　070. 胡威推縑, 陸績懷橘

071. 羅含吞鳥, 江淹夢筆　　072. 李庣清貞, 劉驎高率

073. 蔣詡三逕, 許由一瓢　　074. 楊僕移關, 杜預建橋

075. 壽王議鼎, 杜林駁堯　　076. 西施捧心, 孫壽折腰

077. 靈輒扶輪, 魏顆結草　　078. 逸少傾寫, 平子絶倒

079. 澹臺毀璧, 子罕辭寶　　080. 東平爲善, 司馬稱好

081. 公超霧市, 魯般雲梯　　082. 田單火牛, 江逌爇雞

083. 蔡裔隕盜, 張遼止啼　　084. 陳平多轍, 李廣成蹊

085. 陳遵投轄, 山簡倒載　　086. 淵客泣珠, 交甫解佩

087. 龔勝不屈, 孫寶自劾　　088. 呂安題鳳, 子猷尋戴

089. 董宣彊項, 翟璜直言　　090. 紀昌貫蝨, 養由號猿

091. 馮衍歸里, 張昭塞門　　092. 蘇韶鬼靈, 盧充幽婚

093. 震畏四知, 秉去三惑　　094. 柳下直道, 叔敖陰德

095. 張湯巧詆, 杜周深刻　　096. 三王尹京, 二鮑糾慝

097. 孫康映雪, 車胤聚螢　　098. 李充四部, 井春五經

099. 谷永筆札, 顧愷丹青　　100. 戴逵破琴, 謝敷應星

101. 阮宣杖頭, 畢卓甕下　　102. 文伯羞鼈, 孟宗寄鮓

103. 史丹青蒲, 張湛白馬　　104. 隱之感隣, 王脩輟社

105. 阮放八雋, 江彪四凶　　106. 華歆忓旨, 陳群戚容

107. 王濬懸刀, 丁固生松　　108. 姜維膽斗, 盧植音鐘

109. 桓溫奇骨, 鄧艾大志　　110. 楊脩捷對, 羅友黙記

111. 杜康造酒, 蒼頡制字　　112. 樗里智囊, 邊韶經笥

113. 滕公佳城, 王果石崖　　114. 買妻恥醮, 澤室犯齋

115. 馬后人練, 孟光荊釵　　116. 顏叔秉燭, 宋弘不諧

117. 鄧通銅山, 郭況金穴　　118. 秦彭攀轅, 侯霸臥轍

119. 淳于炙輠, 彥國吐屑　　120. 太眞玉臺, 武子金埒

121. 巫馬戴星, 宓賤彈琴　　122. 郝廉留錢, 雷義送金

123. 逢萌挂冠, 胡昭投簪　　124. 王喬雙鳧, 華佗五禽

125. 程邈隸書, 史籀大篆　　126. 王承魚盜, 丙吉牛喘

127. 賈琮褰帷, 郭賀露冕　　128. 馮媛當熊, 班女辭輦

129. 王充閱市, 董生下帷　　130. 平叔傅紛, 弘治凝脂

131. 楊寶黃雀, 毛寶白龜　　132. 宿瘤採桑, 漆室憂葵

133. 韋賢滿籯, 夏侯拾芥　　134. 阮簡曠達, 袁耽俊邁

135. 蘇武持節, 鄭衆不拜　　136. 郭巨將坑, 董永自賣

137. 仲連蹈海, 范蠡泛湖　　138. 文寶緝柳, 溫舒截蒲

139. 伯道無兒, 嵆紹不孤　　140. 綠珠墜樓, 文君當壚

《蒙求》(下)

141. 伊尹負鼎, 甯戚扣角　　142. 趙壹坎壈, 顏駟蹇剝

143. 龔遂勸農, 文翁興學　　144. 晏御揚揚, 五鹿嶽嶽

145. 蕭朱結綬, 王貢彈冠　　146. 龐統展驥, 仇覽棲鸞

147. 諸葛顧廬, 韓信升壇　　148. 王裒柏慘, 閔損衣單

149. 蒙恬製筆, 蔡倫造紙　　150. 孔伋縕袍, 祭遵布被

151. 周公握髮, 蔡邕倒屣　　152. 王敦傾室, 紀瞻出妓

153. 暴勝持斧, 張綱埋輪　　154. 靈運曲笠, 林宗折巾

155. 屈原澤畔, 漁父江濱　　156. 魏勃掃門, 潘岳望塵

157. 京房推律, 翼奉觀性　　158. 甘寧奢侈, 陸凱貴盛

159. 干木當義, 於陵辭聘　　160. 元凱傳癖, 伯英草聖

161. 馮異大樹, 千秋小車　　162. 漂母進食, 孫鍾設瓜

163. 壺公謫天, 薊訓歷家　　164. 劉玄刮席, 晉惠聞蟆

165. 伊籍一拜, 酈生長揖　　166. 馬安四至, 應璩三入

167. 郭解借交, 朱家脫急　　168. 虞延刻期, 盛吉垂泣

169. 豫讓呑炭, 鉏麑觸槐
170. 阮孚蠟屐, 祖約好財
171. 初平起石, 左慈擲杯
172. 武陵桃源, 劉阮天台
173. 王儉墜車, 褚淵落水
174. 季倫錦障, 春申珠履
175. 甄后出拜, 劉楨平視
176. 胡嬪爭樗, 晉武傷指
177. 石慶數馬, 孔光溫樹
178. 翟湯隱操, 許詢勝具
179. 優旃滑稽, 落下歷數
180. 曼容自免, 子平畢娶
181. 師曠清耳, 離婁明目
182. 仲文照鏡, 臨江折軸
183. 欒巴噀酒, 偃師舞木
184. 德潤傭書, 君平賣卜
185. 叔寶玉潤, 彦輔氷清
186. 衛后髮鬒, 飛燕體輕
187. 玄石沈湎, 劉伶解酲
188. 趙勝謝躄, 楚莊絶纓
189. 惡來多力, 飛廉善走
190. 趙孟疵面, 田駢天口
191. 張憑理窟, 裴頠談藪
192. 仲宣獨步, 子建八斗
193. 廣漢鉤距, 弘羊心計
194. 衛青拜幕, 去病辭第
195. 酈寄賣友, 紀信詐帝
196. 濟叔不癡, 周兄無慧
197. 虞卿擔簦, 蘇章負笈
198. 南風擲孕, 商受斮涉
199. 廣德從橋, 君章拒獵
200. 應奉五行, 安世三篋
201. 相如題柱, 終軍棄繻
202. 孫晨藁席, 原憲桑樞
203. 端木辭金, 鍾離委珠
204. 季札挂劍, 徐穉置芻
205. 朱雲折檻, 申屠斷鞅
206. 衛玠羊車, 王恭鶴氅
207. 管仲隨馬, 倉舒稱象
208. 丁蘭刻木, 伯瑜泣杖
209. 陳逵豪爽, 田方簡傲
210. 黃向訪主, 陳寔遺盜
211. 龐儉鑿井, 陰方祀竈
212. 韓壽竊香, 王濛市帽
213. 勾踐投醪, 陸抗嘗藥
214. 孔愉放龜, 張顥墮鵲

215. 田預儉素, 李恂清約　　216. 義縱攻剽, 周陽暴虐

217. 孟陽擲瓦, 賈氏如皋　　218. 顏回簞瓢, 仲蔚蓬蒿

219. 麋竺收資, 桓景登高　　220. 雷煥送劍, 呂虔佩刀

221. 老萊斑衣, 黃香扇枕　　222. 王祥守柰, 蔡順分椹

223. 淮南食時, 左思十稔　　224. 劉惔傾釀, 孝伯痛飲

225. 女媧補天, 長房縮地　　226. 季珪士首, 安國國器

227. 陸玩無人, 賈詡非次　　228. 何晏神伏, 郭奕心醉

229. 常林帶經, 高鳳漂麥　　230. 孟嘉落帽, 庾敳墮幘

231. 龍逢板出, 張華台坼　　232. 董奉活燮, 扁鵲起虢

233. 寇恂借一, 何武去思　　234. 韓子孤憤, 梁鴻五噫

235. 蔡琰辯琴, 王粲覆棋　　236. 西門投巫, 何謙焚祀

237. 孟嘗還珠, 劉昆反火　　238. 姜肱共被, 孔融讓果

239. 端康相代, 亮陟隔坐　　240. 趙倫瘤怪, 梁孝牛禍

241. 桓典避馬, 王尊叱馭　　242. 鼂錯峭直, 趙禹廉倨

243. 亮遺巾幗, 備失匕箸　　244. 張翰適意, 陶潛歸去

245. 魏儲南館, 漢相東閣　　246. 楚元置醴, 陳蕃下榻

247. 廣利泉涌, 王霸冰合　　248. 孔融坐滿, 鄭崇門雜

249. 張堪折轅, 周鎮漏船　　250. 郭伋竹馬, 劉寬蒲鞭

251. 許史侯盛, 韋平相延　　252. 雍伯種玉, 黃尋飛錢

253. 王允千里, 黃憲萬頃　　254. 虞騑才望, 戴淵峰穎

255. 史魚黜殯, 子囊城郢　　256. 戴封積薪, 耿恭拜井

257. 汲黯開倉, 馮煖折券　　258. 齊景駟千, 何曾食萬

259. 顧榮錫炙, 田文比飯　　260. 稚珪蛙鳴, 彥倫鶴怨

261. 廉頗負荊, 須賈擢髮
262. 孔翊絶書, 申嘉私謁
263. 淵明把菊, 眞長望月
264. 子房取履, 釋之結韤
265. 郭丹約關, 祖逖誓江
266. 賈逵問事, 許愼無雙
267. 婁敬和親, 白起坑降
268. 簫史鳳臺, 宋宗鷄窓
269. 王陽囊衣, 馬援薏苡
270. 劉整交質, 五倫十起
271. 張敞畫眉, 謝鯤折齒
272. 盛彦感蟲, 姜詩躍鯉
273. 宗資主諾, 成瑨坐嘯
274. 伯成辭耕, 嚴陵去釣
275. 董遇三餘, 譙周獨笑
276. 將閭仰天, 王凌呼廟
277. 二疏散金, 陸賈分橐
278. 慈明八龍, 禰衡一鶚
279. 不占殞車, 子雲投閣
280. 魏舒堂堂, 周舍諤諤
281. 無鹽如漆, 姑射若氷
282. 邾子投火, 王思怒蠅
283. 苻朗皁白, 易牙淄澠
284. 周勃織薄, 灌嬰販繒
285. 馬良白眉, 阮籍青眼
286. 黥布開關, 張良燒棧
287. 陳遺飯感, 陶侃酒限
288. 楚昭萍實, 束晳竹簡
289. 曼倩三冬, 陳思七步
290. 劉寵一錢, 廉范五袴
291. 氾毓字孤, 郗鑒吐哺
292. 苟弟轉酷, 嚴母掃墓
293. 洪喬擲水, 陳泰挂壁
294. 王述忿狷, 苟粲惑溺
295. 宋女愈謹, 敬姜猶績
296. 鮑照篇翰, 陳琳書檄
297: 浩浩萬古, 不可備甄.
298: 芟煩摭華, 爾曹勉㫋

蒙求集註卷上

唐　李瀚　撰

宋　徐子光　註

王戎簡要裴楷清通

晋書王戎字濬冲琅邪臨沂人幼而頴悟神彩秀徹
視日不眩裴楷見而目之曰戎眼爛爛如巖下電阮
籍素與戎父渾為友戎年十五隨渾在郎舍籍二
十歲籍與之交籍適渾俄頃輒去過視戎良久然後
出謂渾曰濬冲清賞非卿倫也共卿言不如共阿戎
談歷官至司徒　晋裴楷字叔則河東聞喜人明悟
有識量少與戎齊名鍾會薦於文帝辟相國椽及吏
部郎缺帝問會曰裴楷清通王戎簡要皆其選也
於是用楷楷風神高邁容儀俊爽博涉羣書特精理
義時謂之王人又稱見叔則如近玉山映照人也轉
中書郎出入官省見者蕭然改容武帝登阼探策以
卜世數多少既而得一不悦羣臣失色楷曰臣聞天

得一以清地得一以寧王侯得一以為天下貞帝大
悦累遷中書令侍中

孔明卧龍呂望非熊

蜀志諸葛亮琅邪陽都人躬耕隴畝好為梁父吟每
自比管仲樂毅時人莫之許惟崔州平徐庶與亮
善謂為信然時先主屯新野徐庶見之謂曰諸葛孔
明卧龍也將軍豈願見之乎此人可就見不可屈致
宜枉駕顧之先主遂詣亮凡三往反乃見因屏人與
語大悦於是情好日密關公張公等不悦先主曰孤
之有孔明猶魚之有水也願勿復言及稱尊位以亮
為丞相漢晋春秋曰亮家南陽鄧縣襄陽城西號曰
隆中　六韜曰文王將田史編布卜曰田于渭陽將
有得焉非龍非彲非虎非羆兆得公侯天遺汝師以
之佐裏施及三王文王乃齋三日田于渭陽卒見太
公坐茅以漁文王勞而問之乃載與歸立為師舊本
作非熊非羆疑流俗承誤後世莫知是正耳按後漢

《蒙求集註》四庫全書(文淵閣本)

蒙求集註卷上

晉　李瀚　撰
朱　徐子光　補註
昭文　張海鵬　校

王戎簡要裴楷清通

晉書王戎字濬冲琅邪臨沂人幼而頴悟神彩秀徹視日不眩裴楷見而目之曰戎眼爛爛如嚴下電阮籍素與戎之父渾爲友戎年十五隨渾在郎舍少籍二十歲籍與之交籍每適渾去輒過視戎良久然後出謂渾曰濬冲清賞非卿倫也共卿言不如共阿戎談歷官至司徒○晉書裴楷字叔則河東聞喜人明悟有識量少與戎齊名鍾會薦於文帝辟相國掾遷吏部郎缺帝問會會曰裴楷清通王戎簡要皆其選也是用楷風神高邁容儀俊爽博涉羣書特精理義時謂之玉人又稱見之者如近玉山映照人也轉中書郎出入省見者蕭然改容武帝登阼探策以卜世數多少既而得一帝既不悅羣臣失色楷曰臣聞天得一以清地得一以寧王侯得一以爲天下貞帝大悅累遷中書令侍中

孔明臥龍呂望非熊

蜀志諸葛亮琅邪陽都人躬耕隴畝好爲梁父吟每自比管仲樂毅時人莫之許惟崔州平徐庶與亮友善謂爲信然時先主屯新野徐庶見之謂曰諸葛孔明臥龍也將軍豈願見之乎此人可就見不可屈致宜枉駕顧之先主遂詣亮凡三往乃見因屏人曰計事善之於是情好日密關羽張飛等不悅先主曰孤之有孔明猶魚之有水也願勿復言及稱尊號以亮爲丞相漢晉春秋曰亮家南陽鄧縣襄陽城西號曰隆中○六韜文王將田史編布卜曰田於渭陽將大得焉非龍非彲非虎非羆兆得公侯天遺汝師以

學津討原본 《蒙求集註》(上下) 臺灣 藝文印書館에서 百部叢書集成으로 영인 출간한 것이다.

蒙求卷之上　　　　　　　畿輔叢書

唐安平李瀚撰註

王戎簡要
晉王戎字大仲瑯邪人裴楷字叔則時吏部闕文帝問
其人於鍾會會曰裴楷清通王戎簡要皆其選也於是
用楷及武帝登祚探策以卜世數既而得一不悅楷曰
天得一以清地得一以寧王侯得一以爲天下正帝大
悅後累遷中書令

裴楷清通
事見上註

蒙求卷上

孔明臥龍
蜀志諸葛亮字孔明漢末往襄州刺史徐庶見之謂先
主曰諸葛孔明臥龍也將軍願見之乎先主凡三往乃
見因與計事善之關羽等不悅先主曰孤有孔明猶魚
之得水也後以爲相

呂望非熊
六韜文王將田史編卜曰將大獲焉非龍非羆非虎非
熊兆得公侯天遺汝師以之佐昌施及三王文王乃齋
三日田於渭陽見太公坐石以漁王乃載與俱歸立爲
師補註舊本作非熊非羆疑俗承誤莫知正爾

一

기보총서본《蒙求》上下 2권으로 되어 있으며 臺灣 藝文印書館에서 百部叢書集成으로 影印 出刊한 것이다.

〔上缺〕

燕昭築臺　鄭莊置驛
郤詵一枝　戴憑重席
士龍雲間　晉宣狼顧
漢祖龍顏　王符隆準
羊祜識環　叔孫制禮
子路負米　樊噲排闥
辛毗引裾　管寧割席
和嶠專車　蕭何定律
充國自劾　賀循儒宗
孫綽才冠　毛萇捧檄
鮑靚記非　馮驩彈鋏
王衍鳳鑒　孫楚漱石
時苗留犢　葛豐刺舉
江革忠孝　仲容青雲
息躬歷詆　羊續懸魚
許劭月旦　郅隆聰書
王覽友悌　叔夜玉山
許仲詞翰　衛瓘撫牀

山濤識量　毛玠公方　衛瓘撫牀
于公高門　曹參趙裝　鄭行降霸
范冉生塵　晏嬰脫粟　鹽令王國
不疑誑金　卞和泣玉　謝尚鸜鵒
泰初日月　李野陽秋　李郭仙舟
王恭緤被　張氏銅鉤　雍齒先侯
陳寔遺盜　范張雞黍　袁宏論天
季布一諾　阮瞻三語　袁安泊堵
黃琬對日　蔡邕論天　揚雄草玄
向秀聞笛　伯牙絕絃　南郡猶妹

齊臺殷墼　子罕辭寶　東平為善
壽王辨鼎　魏顆結草　司馬稱好
蔣詡三逕　許由一瓢　江逌藜鶉
羅含吞鳥　杜林駿草　田單火牛
荀勗音律　楊僕移關　陳平多轍
陵母伏劍　胡威絕貪　吳安趨風
趙溫雄飛　李廣法貞　交甫解珮
李斯領袖　杜稿建橋　蘇韶鬼靈
魯襲鼓神　劉驎高率　甘姬貫風
崔列銅臭　孫壽折腰　養由號猿
殷師牛閒　平子絕倒　子猷弄戴
元禮模楷　陸績懷橘　子獻琴戴

公超霧市　魯般雲梯　田單火牛
蔡荀殖盜　張逸止帝　李廣成蹊
陳遵不屈　孫策自期　交甫解珮
龔遂歸里　山簡倒載　子猷弄戴
董宣強項　住座直言　養由號猿
馮衍歸里　張招襃門　盧充幽婚
楊震四知　秉燭三惑　叔救陰德
張湯巧詆　三王尹京　二鮑刺廉
孫康映雪　李充四部　井丹五經
谷永筆札　戴逵破琴　謝敷應星

〈續修 四庫全書〉子部 類書類 (3권) 唐李翰으로 되어 있다. 앞부분이 脫落되어 있다.
上海古籍出版社 印本

標題徐狀元補注蒙求校本卷上　岡白駒箋註

王戎簡要　　裴楷清通

晉書王戎字濬沖琅邪臨沂人幼而頴悟神彩秀徹視日不眩裴楷見而目之曰戎眼爛爛如巖下電阮籍素與戎父渾爲友戎年十五隨渾在郎舍渾官所少籍二十歲籍與之交籍每適渾去報過視戎良久然後出謂渾曰濬沖……

晉楷字叔則河東聞喜人明悟有識量智識少與戎齊帝問鍾會曰裴……

《標題徐狀元補注蒙求校本》岡白駒(日) 解題 부분을 참조할 것

補註蒙求國字解卷之一

東湖　田　興甫　註解
平安　松　正槙　刪訂、

●王戎簡要　裴楷清通

訓譯　晉書、王戎、字は濬沖、瑯邪臨沂の人、幼にして穎悟、神彩秀徹、日を視て眩がず、裴楷見て、之を目して曰く、戎が眼、爛爛たること、巖下の電の如しと、阮籍、素より戎が父渾と友たり、戎年十五、渾に隨つて郎舎に在り、籍より少きこと二十歳、籍、之と交る、籍、渾に適いて去る毎に、輒ち過ぎて戎を視、其や久うして然る後に出づ、渾に謂つて曰く、濬沖の清賞、卿が倫に非ず、卿と共に言ふは、阿戎と談するに如かずと、官を歷て司徒に至る◉晉の裴楷、字は叔則、河東聞喜の人、明悟にして識量あり、少うして戎と名を齊しうず、鍾會、文帝に薦め、相國の掾に辟さる、吏部郎缺くるに及び、帝、鍾會に問ふ、會曰く、裴楷は清通、王戎は簡要なりと、ここに於て楷を用ふ、楷、風神高邁、容儀俊爽、博く群書に渉り、特に理義に精し、時に之を玉人と謂ふ、又稱す、叔則を見れば、玉山に近くが如く、人を照映すと、中書郎に轉じ、宜省に出入するに、見る者、肅然として容を改む、楷曰く、臣聞く、天は一を得て以て清く、地は一を得て以て寧く、王侯は一を得て以て天下の貞たりと、帝大に悅ぶ、中書令侍中に累遷す、

●晉書　列傳十三

王戎。字濬沖。瑯邪臨沂人。幼而穎悟。神彩秀徹。

穎悟ハ、知惠ノハシ　カクサトキヲ云フ

彩神ハ、心バヘ　ノ文彩アルナ

《補注蒙求國字解》田興甫(日)　大正2년(1913)　博文館(東京)

補注蒙求　卷上

王戎簡要　裴楷清通

晉書王戎字濬沖、琅邪臨沂人。幼而穎悟、神彩秀徹、視日不眩。裴楷見而目之曰、戎眼爛爛、如巖下電。阮籍素與戎父渾爲友、戎年十五、隨渾作郎舍（郎官所次會）。少籍二十歲、籍與之交。籍每適渾去、輒過視戎、良久、然後出。謂渾曰、濬沖清賞（晴明可賞）、非卿倫也。共卿言、不如共阿戎談（阿入聲、發語辭、多加之人、如阿耶阿妹阿大中郎）。歴官至司徒。

晉裴楷字叔則。河東聞喜人。明悟有識量（智識量度）、少與戎齊名。鍾會薦於文帝（晉文帝道稱也）、辟相國掾（文帝仕魏爲相國、楷爲掾、有禮有史正曰掾副曰史）。缺（吏部郎、主選舉學選能盡一風俗理人倫者爲之）。帝問鍾會曰、裴楷清通（清而能通）、王戎簡要（簡而能）、皆其選也。於是用楷風神高邁（神遠情高過衆、風采容儀俊爽博涉羣書。特精理義（魏晉時謂老易學爲理、學通義卽老易之義也）。時謂之玉人。又稱見叔則、如近玉山。照映人也。轉中書郎、出入官省（省、禁也）。見者肅然改容。武帝登祚。探策以卜世數多少。既而得一不悅。楷曰、臣聞天得一以清、地得一以寧、王侯得一以爲天下貞（此老子書）。帝大悅。累遷中書令侍中。

孔明臥龍　呂望非熊

蜀志。諸葛亮字孔明、琅邪陽都人。躬耕隴畝（隴與壠同）。好爲梁父吟（梁父齊地名、齊城門、蓋此城之門、辭曰、步出齊城門、遙望蕩陰里、里中有三墳、纍纍正相似、問是誰家塚、田彊古冶氏、力能排南山、又能絕地理、一朝被讒言、二桃殺三子、誰能爲此謀、相國齊晏子）。每自比管仲樂毅、時人莫之許、惟崔州平、徐庶與亮友善、謂爲信然。時先主（劉備）屯新野。徐庶見之謂曰、諸

《補注蒙求》竹內松治(日) 1975 景仁文化社 印本

ねあやまりうそ多ければ、覽るもの之れをうれへり、豈翰の
記載する所古よりしてか、るか、さて亦後世此の書を傳へつ
ぐ際に自然に誤るに至りしか、予は嘗て翰の川意の周到なる
を嘉みして其の未だ十分に備はらざるを惜む、是に於てひろ
く史傳をわたりみ、あまねく百家の書を求めて、根本を推
し究め、源を探り知り、其のよき所をとり要所を咀嚼して之
れを補へり、舊註にて大抵傳記に見ることなき記事にて、其
の語淺薄あやまりみだらなるものは就て訂正を加へたり、又
書籍の中にてま、古き事實の概略を擧げ傳ふ可き者あれば、
其一つ一つ大なるものをとりて附け加へり、此れによりて、
庶幾くは明なること日や星の天につらなり美しくかゞやき
てみるべきが如きものあらん、名づけて補註と曰ふ、將にこ
れを以て遺忘を檢索するの用に備へ討論の助となさんとす、
加之是れ亦文詞の手本のちかみちたるものに非ずや、時に淳
熙十六年己酉十一月辛卯の吉き日に徐子光序す、

卷上

王戎簡要　裴楷清通

晉書、王戎字濬仲、琅邪臨沂人幼而
穎悟、神彩秀徹、視日不眩、裴楷見而

目之曰、戎眼爛爛如巖下電、阮籍素
與戎父渾爲友、戎年十五、隨渾在郎
舍、少籍二十歳、籍與之交、籍每適渾
去、輒過視戎良久然後出、謂渾曰濬
仲清賞非卿倫也、共卿言不如共阿
戎談、歷官至司徒、

【字解】〔琅邪〕郡の名、〔臨沂〕縣の名、〔穎悟〕すぐれてかしこくさと
し、〔神彩〕風儀なり、〔秀徹〕すきとほる如くすぐれて美し、〔眩〕めま
ひす、くらむ、〔目之〕見て品評す、〔爛爛〕明に光るさま、〔巖下電〕岩
の下の暗き所にひかる電光、特に明に光りて見ゆるよりいふ、〔素〕平
素なり、〔郎舍〕郎官の官舍、〔良久〕稍久し、〔清賞〕精神風儀清淨にし
て尊びあがむべきこと、賞はほめあがむること、〔卿倫〕卿は同輩を呼
ぶ語、あなた、倫は輩に同じ、ともがら、〔阿戎〕阿は人を呼ぶとき冠ら
す語助の字.

【義解】　晉書に曰く、王戎は字を濬仲といひ、琅邪郡臨沂縣
の人なり、幼にしてすぐれてかしこくさとく、風儀はすきと
ほるやうにすぐれて美しく、眸子かゞやき清き故日の光をみ
てくらまず、裴楷見て之れを品評して曰く、戎が眼は尋常な
らず、明に光りかゞやきて恰も巖下のくらき所に光る電光の
如しとほめたり、阮籍は平素より戎が父渾と友として親交あ

《蒙求》漢籍國字解全書(45) 桂湖村(講)(日) 高麗書林(印本) 1989. 서울

文字蒙求卷一　以下二卷列
字率以類聚

象形
易曰百官以治萬民以察知文字爲記事
而作如今之帳簿而已有實字無虛字後
世之虛字皆借實字爲之也字因事造而事由物起
牛羊物也牟半則事也艸木物也出毛丳鹵皆事也
故班書蓺文志曰六書謂象形象事意象聲轉注
假借其次第最先說文及周禮鄭注皆不及也鐘鼎
象形字皆畫成其物隨體詰屈李斯變爲小篆欲其
大小齊同不能無所伸縮遂有不象者矣茲兼采古
文以便
初學

日　日中有黑影初無定在
即所謂三足烏者也
月　月圓時少闕
時多且讓日
雲与煙
同形下

細上大倒轉○字卽是云字
一象天一則
再加雨爲雲遂成形聲字
地影詞藻家所謂顧兔桂樹也
故作上下弦時形也中一筆本是
雲云
雨雨雨
地气上騰也

再加雨爲雲遂成形聲字
冂則天气下降也陰陽
和而後雨黙則雨形
文電下云從申虹下云申電也皆可證
申
電之古文也電光閃爍
有長有短字形象之說
籀文作昂小篆作卬不復成爲象形
气　此雲气
之正字
經典作乞而訓爲求本是假借借用旣久遂以气代气氣
乃饎之古字又作氒粲論語不使勝食氣中庸旣稟稱事

清　王筠의 《文學蒙求》《蒙求》 이후 쏟아져 나온 蒙求類의 一例

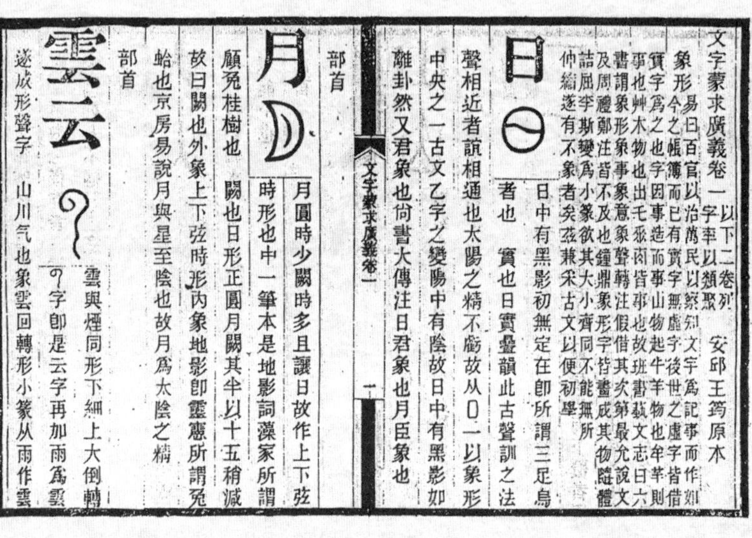

《文學蒙求廣義》王筠의 《文學蒙求》를 淸代 陳義가 廣義를 붙인 것.
臺灣 藝文印書館 印本(1988) 《몽구》류 출간의 예

차례

◈ 책머리에

◈ 일러두기

◈ 해제

  1. 책이름과 내용 및 체제

  2. 찬자撰者와 주자註者

  3.《몽구》의 영향과 전래

  4.《몽구》원문

蒙求 下

蒙求 上

蒙求 上

몽구 蒙求

(061~120)

061. 魯恭馴雉, 宋均去獸

061-① 魯恭馴雉
꿩조차 순치한 노공

후한後漢의 노공魯恭은 자가 중강仲康이며 부풍扶風 평릉平陵 사람이다. 숙종肅宗 때에 중모령中牟令이 되어 오로지 덕화德化로써 다스림을 삼고 형벌은 사용하지 않았다. 당시 군국郡國마다 메뚜기 피해로 농사를 망치고 있었는데 마치 어금니처럼 엉망이 된 농작물이 그 경계지역에 연이어 펼쳐졌지만 중모 땅으로는 들어오지 않는 것이었다. 하남윤河南尹 원안袁安이 이를 듣고 그것이 사실이 아닐 것으로 의심하여 인서연仁恕掾 비친肥親으로 하여금 가서 살펴 확인하도록 하였다. 노공이 그를 데리고 들로 나가 함께 뽕나무 아래에 앉았다. 그때 꿩 한 마리가 그들 곁을 지나가고 있었는데 마침 그 곁에 아이들이 놀고 있었다. 비친이 아이들에게 물었다.

"어찌하여 꿩을 잡지 않는 것이냐?"

그러자 아이들은 이렇게 대답하는 것이었다.

"꿩이 지금 새끼를 거느리고 가고 있습니다."

비친은 구연瞿然히 놀라 일어서며 노공과 작별을 이렇게 작별을 고하였다.

"제가 온 것은 그대의 행정 자취를 관찰하고자 한 것입니다. 지금 벌레가 이 경내를 침범하지 않았고, 그대의 교화는 조수鳥獸에게까지 미치고 있으며, 어린아이들도 인자한 마음을 가지고 있으니 세 가지가 기이한 것입니다."

그리고 부서로 돌아가 장계를 써서 유안에게 보고하였다. 이 해에 가화嘉禾가 노공이 편히 앉아 쉬는 뜰에 자라났다. 유안은 이 일도 글로 써서 상황을 임금에게 보고하였다. 황제는 이를 기이하게 여겼다. 그가 그 군에 재임한 지 3년, 그의 관할 주州에 더욱 특이한 일도 일어났다. 그가 관직을

떠나자 관리와 백성들이 모두 그를 그리워하였다. 뒤에 그는 사도司徒에
올랐다. 그는 성격이 겸손하고 물러설 줄 알며 임금에게 올리는 주의奏議의
문장은 모두 경서經書에 의거하였으며 말없이 도움을 주었다. 그러나
스스로를 잘 드러내지 않는 성격이어서 그 때문에 강직剛直하다는 칭찬은
듣지 못하였다.

後漢, 魯恭字仲康, 扶風平陵人. 肅宗時, 拜中牟令. 專以德化爲理,
不任形罰. 郡國螟傷稼, 太牙緣界, 不入中牟. 河南尹袁安聞之,
疑其不實, 使仁恕掾肥親往廉之. 恭隨行阡陌, 俱坐桑下. 有雉過
而止其傍.

傍有童兒, 親曰:「兒何不捕之?」

兒言:「雉方將雛」

親瞿然起, 與恭訣曰:「所以來者, 欲察君政迹耳. 今蟲不犯境,
化及鳥獸, 豎子有仁心. 三異也」

還府以狀白安. 是歲嘉禾生恭便坐庭中. 安上書言狀, 帝異之.
在郡三年, 州擧尤異. 去官吏人思之.

後爲司徒. 性謙退, 奏議依經, 潛有補益. 然不自顯, 故不以剛
直爲稱.

【魯恭】 자는 仲康. 中牟 땅의 현령이 되어 인정을 베풀자 메뚜기 재해가 나도
그 땅에는 들어오지 않았으며 아이들도 뽕나무 아래 노는 꿩을 잡지 않았
다고 함.《後漢書》魯恭傳 참조.

【肅宗】 肅宗孝章皇帝. 章帝 劉炟. 후한의 제3대 황제. 明帝 劉莊의 아들.
76년~88년까지 재위함.

【袁安】 자는 邵公. 汝南 汝陽 사람으로 章帝 때 司徒에 올랐던 인물.《後漢書》
에 전이 있음. '袁安倚賴'[015] 참조.

【仁恕掾】 ‘仁恕’는 後漢의 옥을 담당하던 관직 이름.

【往廉之】 ‘廉’은 ‘察’과 같음.

【阡陌】 ‘천’은 동서, ‘맥’은 남북으로 난 길. 종횡으로 뻗은 길. 논밭 사이의 동서로 통한 길.

1. 《後漢書》魯恭傳

魯恭字仲康, 扶風平陵人也. 其先出於魯(傾)[頃]公, 爲楚所滅, 遷於下邑, 因氏焉. 世吏二千石, 哀平閒, 自魯而徙. 祖父匡, 王莽時, 爲羲和, 有權數, 號曰「智囊」. 父某, 建武初, 爲武陵太守, 卒官. 時恭年十二, 弟丕七歲, 晝夜號踊不絶聲, 郡中賻贈無所受, 乃歸服喪, 禮過成人, 鄕里奇之. 十五, 與母及丕俱居太學, 習《魯詩》, 閉戶講誦, 絶人閒事, 兄弟俱爲諸儒所稱, 學士爭歸之. 太尉趙憙慕其志, 每歲時遣子問以酒糧, 皆辭不受. 恭憐丕小, 欲先就其名, 託疾不仕. 郡數以禮請, 謝不肯應, 母强遣之, 恭不得已而西, 因留新豐敎授. 建初初, 丕擧方正, 恭始爲郡吏. 太傅趙憙聞而辟之. 肅宗集諸儒於白虎觀, 恭特以經明得召, 與其議. 憙復擧恭直言, 待詔公車, 拜中牟令. 恭專以德化爲理, 不任刑罰. 訟人許伯等爭田, 累守令不能決, 恭爲平理曲直, 皆退而自責, 輟耕相讓. 亭長從人借牛而不肯還之, 牛主訟於恭. 恭召亭長, 勅令歸牛者再三, 猶不從. 恭歎曰:「是敎化不行也」欲解印綬去. 掾史泣涕共留之, 亭長乃慙悔, 還牛, 詣獄受罪, 恭貰不問. 於是吏人信服. 建初七年, 郡國螟傷稼, 犬牙緣界, 不入中牟. 河南尹袁安聞之, 疑其不實, 使仁恕掾肥親往廉之. 恭隨行阡陌, 俱坐桑下, 有雉過, 止其傍. 傍有童兒, 親曰:「兒何不捕之?」兒言「雉方將雛」. 親瞿然而起, 與恭訣曰:「所以來者, 欲察君之政迹耳. 今蟲不犯境, 此一異也; 化及鳥獸, 此二異也; 豎子有仁心, 此三異也. 久留, 徒擾賢者耳.」還府, 具以狀白安. 是歲, 嘉禾生恭便坐廷中, 安因上書言狀, 帝異之. 會詔百官擧賢良方正, 恭薦中牟名士王方, 帝卽徵方詣公車, 禮之與公卿所擧同, 方致位侍中. 恭在事三年, 州擧尤異, 會遭母喪去官, 吏人思之.

2. 《幼學瓊林》

魯恭爲中牟令, 桑下有馴雉之異; 郭伋爲幷州守, 兒童有竹馬之迎.

061-② 宋均去獸
맹수를 몰아낸 송균

후한後漢의 송균宋均은 자가 숙상叔庠이며 남양南陽 안중安衆 사람이다. 광무제光武帝 때에 구강태수九江太守로 옮겨갔는데 그 군에는 호랑이의 피해가 많아 자주 백성들의 우환거리가 되었다. 그리하여 항상 사냥꾼을 모집하여 함정을 설치하곤 하였지만 그래도 여전히 많은 이들이 상해를 입고 있었다. 송균은 부임하자 곧 속현屬縣에 이러한 조칙을 하달하였다.

"무릇 호표虎豹란 산에 있는 것이며 원타黿鼉는 물에 의지해 사는 것으로써 각기 자신이 의탁하는 바가 있다. 게다가 강회江淮에 맹수가 많은 것은 북방 지역에 닭이나 돼지가 많은 이치와 같다. 지금 이들이 백성에게 해가 되는 것은 그 허물이 잔혹한 관리에게 있다. 백성을 노고롭게 하여 호랑이 그물을 치고, 잡고자 하는 것은 백성을 불쌍히 여기는 근본이 아니다. 함정을 철거하여 짐승을 본성대로 살게 하라."

그 뒤 많은 사람들이 전하는 말에 따르면 호랑이들이 서로 더불어 동쪽으로 강을 건너 사라졌다고 한다.

後漢, 宋均字叔庠, 南陽安衆人. 光武時, 遷九江太守. 郡多虎暴, 數爲民患. 常募設檻穽, 猶多傷害.

均到, 下詔屬縣曰:「夫虎豹在山, 黿鼉在水, 各有所託. 且江淮之有猛獸, 猶北土之有雞豚也. 今爲民害, 咎在殘吏. 而勞勤張捕, 非憂恤之本. 可一去檻穽.」

其後傳言, 虎相與東游度江.

【宋均】자는 叔庠. 후한 때 인물로 光武帝 때 九江太守에 올라 虎患을 제거한 것으로 유명함.《後漢書》에 전이 있음.

【光武帝】世祖光武皇帝. 光武帝. A.D.25~57년 재위. 東漢(後漢)의 첫 황제. 劉秀. 자는 文叔. 長沙 定王 劉發의 후손. 漢 景帝가 유발을 낳고, 유발이 春陵節侯 劉買를 낳았으며 뒤에 封地가 南陽 白水鄕으로 옮겨져 그곳을 春陵이라 하고 가문을 이루었음. 그리고 유매의 막내아들이 劉外였으며 그가 劉回를 낳았고, 유회가 南頓令 劉欽을 낳았으며 유흠이 유수를 낳았음. 이가 동한을 일으켜 낙양에 도읍을 하여 유씨 왕조를 이은 것이며 이를 東漢(後漢)이라 부름.

【檻穽】'檻'은 기구나 틀을 설치하여 짐승을 잡는 우리. '穽'은 구덩이에 빠지게 하여 잡는 함정.

【黿鼉】큰 자라나 악어의 일종.

참고 및 관련 자료

1.《後漢書》宋均傳

宋均字叔庠, 南陽安衆人也. 父伯, 建武初爲五官中郞將. 均以父任爲郞, 時年十五, 好經書, 每休沐日, 輒受業博士, 通《詩禮》, 善論難. 至二十餘, 調補辰陽長. 其俗少學者而信巫鬼, 均爲立學校, 禁絶淫祀, 人皆安之. 以祖母喪去官, 客授穎川. 後爲謁者. 會武陵蠻反, 圍武威將軍劉尙, 詔使均乘傳發江夏奔命三千人往救之. 旣至而尙已沒. 會伏波將軍馬援至, 詔因令均監軍, 與諸將俱進, 賊拒厄不得前. 及馬援卒於師, 軍士多溫溼疾病, 死者太半. 均慮軍遂不反, 乃與諸將議曰:「今道遠士病, 不可以戰, 欲權承制降之何如?」諸將皆伏地莫敢應. 均曰:「夫忠臣出竟, 有可以安國家, 專之可也」乃矯制調伏波司馬呂种守沅陵長, 命种奉詔書入虜營, 告以恩信, 因勒兵隨其後. 蠻夷震怖, 卽共斬其大帥而降, 於是入賊營, 散其衆, 遣歸本郡, 爲置長吏而還. 均未至, 先自劾矯制之罪. 光武嘉其功, 迎賜以金帛, 令過家上冢. 其後每有四方異議, 數訪問焉. 遷上蔡令. 時府下記, 禁人喪葬不得侈長. 均曰:「夫送終踰制, 失之輕者. 今有不義之民, 尙未循化, 而遽罰過禮, 非政之先.」竟不肯施行. 遷九江太守. 郡多虎暴, 數爲民患, 常募設檻穽而猶多傷害. 均到, 下記屬縣曰:「夫虎豹在山, 黿鼉在水, 各有所託. 且江淮之有猛獸, 猶北土之有雞豚也. 今爲民害, 咎在殘吏, 而勞勤張捕,

非憂恤之本也. 其務退姦貪, 思進忠善, 可一去檻穽, 除削課制.」其後傳言虎
相與東游度江. 中元元年, 山陽·楚·沛多蝗, 其飛至九江界者, 輒東西散去, 由是
名稱遠近. 浚遒縣有唐·后二山, 民共祠之, 衆巫遂取百姓男女以爲公嫗, 歲歲
改易, 既而不敢嫁娶, 前後守令莫敢禁. 均乃下書曰:「自今以後, 爲山娶者皆娶
巫家, 勿擾良民.」於是遂絶. 永平元年, 遷東海相, 在郡五年, 坐法免官, 客授
潁川. 而東海吏民思均恩化, 爲之作歌, 詣闕乞還者數千人. 顯宗以其能, 七年,
徵拜尙書令. 每有駁議, 多合上旨. 均嘗刪翦疑事, 帝以爲有姦, 大怒, 收郎縛
格之. 諸尙書惶恐, 皆叩頭謝罪. 均顧屬色曰:「蓋忠臣執義, 無有二心. 若畏威
失正, 均雖死, 不易志」小黃門在傍, 入具以聞. 帝善其不撓, 卽令貰郎, 遷均
司隸校尉. 數月, 出爲河內太守, 政化大行. 均(常)[嘗]寢病, 百姓耆老爲禱請,
旦夕問起居, 其爲民愛若此. 以疾上書乞免, 詔除子條爲太子舍人. 均自扶輿詣
闕謝恩, 帝使中黃門慰問, 因留養疾. 司徒缺, 帝以均才任宰相, 召入視其疾,
令兩驪扶之. 均拜謝曰:「天罰有罪, 所苦浸篤, 不復奉望帷幄!」因流涕而辭.
帝甚傷之, 召條扶侍均出, 賜錢三十萬. 均性寬和, 不喜文法, 常以爲吏能弘厚,
雖貪汙放縱, 猶無所害;至於苛察之人, 身或廉法, 而巧黠刻削, 毒加百姓, 災害
流亡所由而作. 及在尙書, 恆欲叩頭爭之, 以時方嚴切, 故遂不敢陳. 帝後聞其
言而追悲之. 建初元年, 卒於家. 族子意.

062. 廣客蛇影, 殷師牛鬪

062-① 廣客蛇影
뱀 그림자를 무서워한 악광의 손님

《진서晉書》에 실려 있다.

악광樂廣은 자가 언보彦輔이며 남양南陽 육양淯陽 사람이다. 하남윤河南尹이 되었을 때 항상 자신을 가까이한 친구가 있었는데 오랫동안 소식이 끊겨 다시 찾아오지 않는 것이었다. 악광이 그 이유를 알아보았더니 그는 이렇게 전해 오는 것이었다.

"그가 전날 악광께서 술을 내려주셔서 바야흐로 마시려 할 때 갑자기 잔 속에 뱀이 보였다는 것입니다. 심히 께름칙하게 여겼지요. 이윽고 그 술을 억지로 마시고 나서 병이 나고 말았다는 것입니다."

당시 하남의 청사廳事 벽에 각궁角弓이 걸려 있었는데 옻칠을 하고 뱀의 형상을 그려 넣은 것이었다. 악광은 그가 말한 잔 속의 뱀이란 이 각궁이 비친 그림자일 것으로 여겼다. 그리하여 다시 그 위치에 술자리를 마련하고 그 객에게 물었다.

"지금도 잔 속에 뱀이 보입니까?"

그 객이 말하였다.

"보이는 것이 지난번과 똑같습니다."

악광이 그 이유를 설명해 주자 객은 활연히 마음이 풀렸고 앓던 병도 사라진 듯이 나았다.

악광은 자신의 임지에서의 행정은 그 당시에는 그렇게 칭송받지 못하였지만 매번 그가 임지를 떠나고 나면 사람들의 사랑과 그리움을 남겼다.

무릇 사람을 평가할 때도 반드시 먼저 그의 장점을 칭찬하면 단점은 말하지 않아도 저절로 드러난다고 여겼다. 뒤에 그는 왕융王戎을 대신하여

상서령尚書令이 되었다. 처음 왕융이 악광을 추천하였는데 그 끝에도
왕융의 자리를 잇게 되어 당시 사람들은 이를 아름다운 일로 여겼다.

《晉書》: 樂廣字彦輔, 南陽淯陽人. 遷河南尹, 常有親客, 久闊不
復來. 廣問其故.

答曰:「前在坐, 蒙賜酒, 方飮忽見盃中有蛇, 意甚惡之, 旣飮而病.」

于時河南廳事壁上有角弓, 漆畫作蛇. 廣意盃中蛇旣角弓影也.

復置酒於前處, 謂客曰:「盃中復有所見不?」

答曰:「所見如初.」

廣乃告其所以. 客豁然意解, 沈痾頓愈.

廣所在爲政, 無當時功譽, 每去職, 遺愛爲人所思. 凡論人, 必先
稱其所長, 則所短不言而自見. 後代王戎, 爲尚書令. 始戎薦廣而
終踐其位. 時人美之.

【樂廣】 자는 彦輔(?~304). 王衍과 같은 시대 인물로 당시 청담 풍조에 이름을
날렸음. 여러 관직을 거쳐 王戎을 이어 尚書令이 됨. 그 때문에 흔히 '樂令'
으로도 불림. 두 딸이 있어 하나는 衛玠에게, 하나는 成都王(司馬穎)에게
시집을 보냈으나 마침 사마영과 長沙王(司馬乂)의 싸움이 심해지자 근심을
품고 죽음. 《晉書》(43)에 전이 있음. 단 '樂'은 성씨의 경우 '악'(yue)으로
읽으나(예 : 樂毅) 《世說新語辭典》(1992, 四川)에서는 '락'(le)의 항목에 실려
있어 '락광'으로 되어 있음. '彦輔水清'[185] 참조.
【久闊】 久遠疎闊의 줄인 말.
【角弓】 쇠뿔이나 양의 뿔로 꾸민 활.
【王戎】 자는 濬沖(234~305). 王安豐으로도 불림. 王綏의 아버지이며 安豐
縣侯를 역임함. 성격이 인색하였으며 禮敎에 얽매이지 않았음. 阮籍, 山濤,
向秀, 阮咸, 嵇康, 劉伶과 더불어 '竹林七賢'으로 불림. 《晉書》(43)에 전이
있음.

참고 및 관련 자료

1. 《晉書》(43) 樂廣傳

樂廣字彦輔, 南陽淯陽人也. ……嘗有親客, 久闊不復來. 廣問其故. 答曰: 「前在坐, 蒙賜酒, 方欲飲, 見盃中有蛇, 意甚惡之, 旣飮而疾.」于時河南廳事壁上有角, 漆畫作蛇. 廣意盃中蛇卽角影也. 復置酒於前處, 謂客曰: 「酒中復有所見不?」答曰: 「所見如初.」廣乃告其所以. 客豁然意解, 沈痾頓愈. ……廣所在爲政, 無當時功譽, 然每去職, 遺愛爲人所思. 凡所論人, 必先稱其所長, 則所短不言而自見矣. ……代王戎爲尙書令. 始戎薦廣而終踐其位. 時人美之.

2. 《幼學瓊林》

杯中蛇影, 自起猜疑; 塞翁失馬, 難分禍福.

062-② 殷師牛鬪
소싸움이 귀에 들리는 은사

진晉나라 은중감殷仲堪은 진군陳郡 사람이다. 아버지 은사殷師는 진릉태수晉陵太守였다. 처음 아버지가 몇 년을 병으로 고생하자, 중감은 옷에 허리띠도 풀지 않은 채 의학을 스스로 공부하였는데 그 정밀하고 오묘한 부분까지 연구해 내었다. 약을 집다가 눈물에 섞여 그만 눈을 하나 잃고 말았다. 아버지 상에 몸을 여윌 정도였으며, 효성으로 이름이 났다.

효무제孝武帝가 그를 불러 중서자中庶子로 삼으면서 서로 사랑하였다. 아버지가 죽기 전 귀에 소리가 너무 잘 들리는 병을 앓게 되어, 침대에 기어가는 개미소리를 듣고 소가 싸우는 것이라 하였다. 황제도 평소 그러한 병을 앓고 있는 사람이 있다는 소리를 들었지만 그가 구체적으로 누구

인지는 모르고 있었다. 이때 은중감에게 이렇게 물었다.

"이러한 병을 앓고 있는 자가 누구인고?"

이 질문에 은중감은 눈물을 흘리며 일어나 이렇게 대답하였다.

"저는 진퇴유곡進退維谷입니다."

황제는 그러한 질문을 한 것을 부끄럽게 여겼다.

은중감은 청언淸言에 능하였다. 그는 매번 이렇게 말하곤 하였다.

"사흘만 《도덕론道德論》을 읽지 않으면 곧바로 혀의 뿌리가 굳어져버린다."

그의 담론은 한강백韓康伯과 이름을 나란히 하였다.

뒤에 그는 임시로 강릉江陵을 진수하는 사절로 갔다가 환현桓玄의 추격 병에게 쫓겨 죽음을 당하고 말았다.

晉, 殷仲堪, 陳郡人. 父師晉陵太守. 初師病積年, 仲堪衣不解帶, 躬學醫術, 究其精妙, 執藥揮淚, 遂眇一目. 居喪毀, 以孝聞. 孝武帝召爲中庶子, 甚相親愛. 其父嘗患耳聰, 聞牀下蟻動, 謂之牛鬪. 帝素聞之, 而不知其人.

至是, 問仲堪曰:「患此者爲誰?」

仲堪流涕而起曰:「臣進退維谷」

帝有愧焉. 仲堪能淸言.

每云:「三日不讀《道德論》, 便覺舌本閒彊」

其談理與韓康伯齊名. 後假節鎭江陵, 爲桓玄追兵逼殺.

【殷仲堪】(?~399) 太常 殷融의 손자이며 殷仲文의 종형. 문장과 청언(현담)에 능하여 당시 韓康伯과 이름을 나란히 하였음. 振威將軍, 荊州刺史 등을 지냈으며 청렴하였음. 《晉書》(84)에 전이 있음.

【殷師】은중감의 아버지. 晉陵太守를 역임함.

【孝武帝】晉 武帝. 司馬炎. 西晉의 개국군주. 司馬昭의 長子. 자는 安世. 咸熙 2年(265)에 魏나라로부터 禪讓의 형식으로 나라를 이어받아 晉나라를 세우고

洛陽을 도읍으로 함. 재위 26년(265~290). 묘호는 世祖.《晉書》(3)에 紀가 있음.

【中庶子】公族의 업무를 담당함.

【進退維谷】《詩經》大雅 桑柔篇의 구절. 進退兩難과 같음.

【韓康伯】【韓豫章】韓伯. 자는 康伯. 穎川人. 秀才로 천거되어 著作郞에 부름을 받았으나 응하지 않음. 뒤에 侍中, 丹陽尹, 吏部尙書, 領軍將軍, 豫章太守 등의 벼슬을 지냄. 죽은 후 太常에 추증됨.《晉書》(75)에 전이 있음.

【桓玄】자는 敬道(369~404). 大司馬 桓溫의 막내아들. 南郡公에 봉해졌었음. 劉裕의 기병에 맞섰다가 建康에서 참수당함.《晉書》(99)에 전이 있음. 大司馬 桓溫의 서자.

【追兵逼殺】은중감은 桓玄의 발호를 두려워하여 楊佺期와 혼인 관계를 맺어 환현을 물리치고자 하였으나 安帝의 隆安 3년(399년) 환현은 병사를 일으켜 江陵을 공격하여 은중감과 양전기를 죽여 버렸음.

참고 및 관련 자료

1.《晉書》(84) 殷仲堪傳

殷仲堪, 陳郡人也. 祖融, 太常·吏部尙書. 父師, 驃騎諮議參軍·晉陵太守·沙陽男. 仲堪能淸言, 善屬文, 每云三日不讀《道德論》, 便覺舌本間强. 其談理與韓康伯齊名, 士咸愛慕之. ……父病積年, 仲堪衣不解帶, 躬學醫術, 究其精妙, 執藥揮淚, 遂眇一目. 居喪哀毁, 以孝聞. 服闋, 孝武帝召爲太子中庶子, 甚相親愛. 仲堪父嘗患耳聰, 聞牀下蟻動, 謂之牛鬪. 帝素聞之, 而不知其人. 至是, 從容問仲堪曰:「患此者爲誰?」仲堪流涕而起曰:「臣進退惟谷.」帝有愧焉.

2.《世說新語》文學篇

殷仲堪云:「三日不讀道德經, 便覺舌本間强.」

3.《世說新語》紕漏篇

殷仲堪父病虛悸, 聞牀下蟻動, 謂是牛鬪. 孝武不知是殷父, 問仲堪:「有一殷, 病如此不?」仲堪流涕而起曰:「臣『進退唯谷』.」

063. 元禮模楷, 季彦領袖

063-① 元禮模楷
천하의 표준이 된 이원례

후한後漢의 이응李膺은 자가 원례元禮이며 영천潁川 양성襄城 사람이다. 성품이 간요하고 뻣뻣하여 남과 사귀거나 접촉하는 일이 없었다. 효렴과 孝廉科에 천거되어 높은 점수로 등제, 하남윤河南尹에 올랐다. 그런데 당의 黨議의 사건이 일어나자 유언비어가 돌고 돌아 태학太學에까지 들어가 태학생 3만여 명이 곽림종郭林宗과 가위절賈偉節을 그들의 영수로 삼고 아울러 이응, 진번陳蕃, 왕창王暢 등을 서로 돌려가며 칭찬하고 중시하게 되었다.

그리하여 태학에서는 이러한 말이 퍼졌다.

"천하여 모범 이원례, 강한 위세를 겁내지 않는 진중거, 천하의 수재 왕숙무."

당시 장성張成이 풍각風角이라는 점술에 능하여 머지않아 사면이 있을 것이라 하면서 자식들로 하여금 사람을 죽여도 된다고 교사하였다. 이응이 이를 조사하여 장성의 아들을 처형해 버렸다.

그러자 장성의 제자들이 이렇게 상소하였다.

"이응 등은 함께 작당하여 조정을 비방하고 있습니다."

환제桓帝는 크게 노하여 그 당인黨人들을 체포하여 이응 등이 붙들려 들어가게 되었다. 뒤에 사면되어 고향으로 돌아오기는 하였지만, 종신토록 벼슬에 나갈 수 없는 금고禁錮의 형을 받았고 당의 명부는 왕부王府에 비치하게 되었다. 이로 말미암아 해내에서는 서로 표방하여 명사들의 칭호가 생겨나게 된 것이다. 즉 가장 위로는 삼군三君, 그 다음은 팔준八俊, 팔고八顧, 팔급八及, 팔주八廚라 하였는데 이는 고대 팔원八元, 팔개八凱 등을

빗댄 것이다. 이응이 사예교위司隷校尉가 되자 여러 황문黃門과 상시常侍들은
모두가 허리를 굽히고 숨을 죽였다. 그리하여 닷새 한 번씩의 목욕 휴가도
반납한 채 감히 궁성宮省을 나가지도 못한 채 근무하였다. 이때 조정의
기강이 무너졌으나 이응만은 홀로 그 기풍을 지켜 감으로써 스스로 명성을
높였다. 선비로써 그에게 면접을 허락받은 자가 있으면 이를 '등용문登龍門'
이라 불렀다.

  영제靈帝 때 조절曹節이 유사有司를 풍자하여 상소를 올림으로써 옛날
당인이었던 자들이 다시 체포되어 모두가 옥중에서 죽고 말았다.

  後漢, 李膺字元禮, 潁川襄城人. 性簡亢無所交接. 擧孝廉高第,
遷河南尹. 及黨議起, 流言轉入太學, 諸生三萬餘人, 郭林宗·賈偉
節爲其冠, 竝與膺·陳蕃·王暢更相褒重.

  學中語曰:「天下模楷李元禮, 不畏彊禦陳仲擧, 天下俊秀王叔茂.」

  時張成善風角, 推占當赦, 敎子殺人. 膺按殺之.

  其弟子上書告:「膺等共爲部黨誹訕朝廷.」

  桓帝震怒, 逮捕黨人, 收執膺等. 後赦歸田里, 禁錮終身, 而黨名
猶書王府. 由是海內共相標榜, 指名士爲之稱號. 上曰三君, 次曰
八俊·八顧·八及·八廚, 猶古之八元·八凱也. 膺拜司隷校尉, 諸黃門·
常侍, 皆鞠躬屛氣, 休沐不敢復出宮省. 是時朝廷綱紀頹阤. 膺獨
持風裁, 以聲名自高. 士有被其容接者, 名爲『登龍門』.

  靈帝時, 曹節諷有司奏, 捕前黨, 皆死獄中.

【李膺】字는 元禮(110~169). 인물 품평에 가장 뛰어났던 사람. 孔融과의 '小時
了了', '登龍門' 등의 고사를 남김. 뒤에 당쟁의 얽혀 자결함.《後漢書》(67)에
전이 있음. '元禮模楷'[063] 및 '李郭仙舟'[050] 참조.

【黨議】桓帝 때 范滂·李膺·郭泰 등이 당을 조직하여 정치를 비판했던 사건.

【郭林宗】郭泰. 郭太로도 표기함. 字는 林宗(127~169). 經典에 博通하여 제자가 천여 명에 이르렀으며 당시 학문을 조종으로 추앙받았음. 뒤에 范曄이 《後漢書》를 쓰면서 자신의 아버지(范泰)의 이름을 피휘하여 ‘郭太’로 표기하였음. 《後漢書》(68)에 전이 있음. 李元禮(李膺)가 극찬하였던 인물. ‘林宗折巾’[154] 및 ‘李郭仙舟’[050] 참조.

【賈偉節】賈彪. 《後漢書》 賈彪傳에 “初仕州郡, 擧孝廉, 補新息長. 小民困貧. 多不養子. 彪嚴爲其制, 與殺人同罪. 城南有盜劫害人者, 北有婦人殺子者. 彪出案發, 而掾吏欲行南. 彪怒曰: 「賊寇害人, 此則常理; 母子相殘, 逆天違道.」 遂驅車北行, 案驗其罪. 城南賊聞之, 亦面縛自首”라 함.

【陳蕃】자는 仲擧(?~168). 汝南人. 太傅에 이르렀으며 桓帝때 대장군 竇武와 宦官을 탄핵하다가 해를 입었음. 《後漢書》(66)에 傳이 있음. ‘陳蕃下榻’[246] 참조.

【王暢】字는 叔茂.

【風角】점술의 일종. ‘角’은 방향. 사방의 방향에서 일어난 바람의 형태에서 길흉을 판단하는 점의 일종.

【桓帝】東漢 제11대 황제. 劉志. 劉翼의 아들이며 147~167년 재위함.

【三君】竇武·劉叔·陳蕃 세 사람을 가리킴.

【八俊】李膺·荀翌·杜密·王暢·劉右·魏朗·趙典·朱寓 여덟 사람.

【八顧】郭泰·宗慈·巴肅·夏馥·范滂·尹勳·蔡衍·羊陟 여덟 사람.

【八及】張儉·岑晊·劉表·陳翔·孔昱·范康·檀敷·翟超 여덟 사람.

【八廚】度尙·張邈·王考·劉儒·胡母班·秦周·蕃嚮·王章 여덟 사람.

【八元】高辛氏에게서 벼슬한 여덟 명의 八才子를 가리킴.

【隤阤】‘隤’는 ‘頹’와 같음. ‘阤’는 ‘墮’와 같음. 퇴락하여 무너짐. 雙聲連綿語.

【登龍門】‘용문’은 黃河의 중류에 있은 急流. 山西省 河津縣과 陝西省 韓城縣의 경계에 있으며 물살이 세어 잉어도 오르지 못한다 함. 잉어가 이곳을 오르면 용이 된다고 전해져 등용문이라 함. 李膺을 용문에 비유하여 그 문에 들어가 이응에게 인정으로 받으면 명사로써 널리 알려지며 立身出世의 길이 열린다는 뜻에서 붙여진 것.

【靈帝】동한 제12대 황제 劉宏. 158~189년 재위함.

【曹節】靈帝 때의 환관 이름.

1.《後漢書》黨錮傳(李膺)

李膺字元禮, 潁川襄城人也. 祖父脩, 安帝時爲太尉. 父益, 趙國相. 膺性簡亢, 無所交接, 唯以同郡荀淑·陳寔爲師友. 初擧孝廉, 爲司徒胡廣.所辟, 擧高第, 再遷靑州刺史. 守令畏威明, 多望風弃官. 復徵, 再遷漁陽太守. 尋轉蜀郡太守, 以母老乞不之官. 轉護烏桓校尉. 鮮卑數犯塞, 膺常蒙矢石, 每破走之, 虜甚憚懾. 以公事免官, 還居綸氏, 敎授常千人. 南陽樊陵求爲門徒, 膺謝不受. 陵後以阿附宦官, 致位太尉, 爲節[志]者所羞. 荀爽嘗就謁膺, 因爲其御, 旣還, 喜曰: 「今日乃得御李君矣.」其見慕如此. 永壽二年, 鮮卑寇雲中, 桓帝聞膺能, 乃復徵爲度遼將軍. 先是羌虜及疏勒·龜玆, 數出攻鈔張掖·酒泉·雲中諸郡, 百姓屢被其害. 自膺到邊, 皆望風懼服, 先所掠男女, 悉送還塞下. 自是之後, 聲振遠域. 延熹二年徵, 再遷河南尹. 時宛陵大姓羊元羣罷北海郡, 臧罪狼藉, 郡舍溷軒有奇巧, 乃載之以歸. 膺表欲按其罪, 元羣行賂宦豎, 膺反坐輸作左校. 是時朝庭日亂, 綱紀積阤, 膺獨持風裁, 以聲名自高. 士有被其容接者, 名爲登龍門.

2.《世說新語》德行篇

李元禮風格秀整, 高自標持, 欲以天下名敎是非爲己任. 後進之士, 有升其堂者, 皆以爲「登龍門」.

3.《世說新語》品藻篇

汝南陳仲擧·潁川李元禮二人, 共論其功德, 不能定先後. 蔡伯喈評之曰:「陳仲擧彊於患上, 李元禮嚴於攝下; 犯上難, 攝下易」仲擧遂在三君之下, 元禮居八俊之上.

4.《十八史略》(3)

陳蕃繼秉爲太尉. 數言李膺, 以爲司隸校尉. 宦官畏之, 皆鞠躬屛氣, 不敢出宮省. 時朝廷綱紀頹弛, 膺獨持風裁, 以聲名自尙. 士有被其容接者, 名爲登龍門云. 太學諸生三萬餘人. 郭泰·賈彪爲之冠. 與陳蕃·李膺. 更相推重. 學中語曰: 「天下模楷李元禮, 不畏強禦陳仲擧」於是中外承風, 競以臧否相尙.

5.《十八史略》(3)

李膺初雖廢錮, 士大夫皆高其道, 而汚穢朝廷. 更相標榜, 爲稱號. 竇武, 陳蕃, 劉淑爲三君, 言一世之所宗也. 李膺, 荀昱, 杜密, 王暢, 劉祐, 魏朗, 趙典, 朱寓, 爲八俊, 言人英也. 郭泰, 范滂, 尹勳, 巴肅, 宗慈, 夏馥, 蔡衍, 羊陟, 爲八顧, 言能以德行引人也. 張儉, 翟超, 岑晊, 苑康, 劉表, 陳翔, 孔昱, 檀敷, 爲八及,

言能導人追宗也. 度尙, 張邈, 王孝, 劉儒, 胡母班, 秦周, 蕃嚮, 王章, 爲八廚,
言能以利救人也. 及陳蕃·竇武用事, 復擧拔膺等. 陳竇死, 膺等復廢錮. 曹節,
諷有司, 奏諸鉤黨, 膺詣詔獄考死. 滂就捕, 母與訣曰:「汝今得與李杜齊名,
死亦何憾?」滂跪受敎, 再拜而辭. 顧其子曰:「使汝爲惡, 惡不可爲. 使汝爲善,
我不爲惡」聞者爲之流涕. 黨人死者百人, 其死徒廢錮者, 又六七百人. 郭泰私痛
曰:「詩云:『人之云亡, 邦國殄瘁.』漢室滅矣. 但未知『瞻烏爰止, 于誰之屋』耳.」
泰雖好臧否, 而不爲危言覈論. 故處濁世. 而禍不及焉.

063-② 季彦領袖
후진의 영수가 될 배계언

진晉나라 배수裴秀는 자가 계언季彦이며 하동河東 문희聞喜 사람이다.
어려서 학문을 좋아하였으며 풍류와 절조가 있었고, 8세에 능히 문장을
지었다. 그의 숙부 배휘裴徽는 이름이 널리 알려져 빈객이 매우 많았다.
배수가 10세 남짓 되었을 때 배휘를 찾아오는 사람들은 나갈 때는 꼭
배수를 거쳐 만나보았다. 배수의 어머니는 신분이 천하였다. 그의 아버지의
본처인 선씨宣氏는 그를 예로써 대하지 아니하였다. 그리하여 그로 하여금
손님에게 음식 그릇이나 나르는 일을 시켰다. 그런데도 음식을 날라 오는
그를 보면 모두가 일어서는 것이었다. 그의 어머니는 이를 보고 이렇게
말하였다.

"신분이 미천하기가 이와 같건만 이러한 대접을 받는 것은 바로 내 어린
아들 때문이다."

선씨도 이를 알고 그 뒤부터는 그에게 그러한 일을 시키지 않았다.

당시 사람들은 이렇게 말하였다.

"후진의 영수가 될 사람으로 배수가 있도다!"

무제武帝 때 그는 사공司空이 되었다. 배수는 유학儒學을 널리 들은 것이 있어 정사政事에 그것을 기준으로 삼기에 마음을 기울였다. 그는 지관地官의 직책이었으므로 《우공지역도禹貢地域圖》를 그려 이를 임금에게 바쳤더니 임금은 이를 비부祕府에 소장하였다. 그 책에는 지도를 제작하는 체제 여섯 가지를 싣고 있다. 첫째 '분율分率'로써 폭과 둘레의 도수를 변별해야 한다는 것, 둘째 '준망準望'으로 피차의 지리상 형체를 정확히 해야 한다는 것, 셋째 '도리道里'로써 정해진 것을 숫자로 표시하여 기록해야 한다는 것, 넷째 '고하高下'로써 지세의 높낮이, 다섯째 '방사方邪'로써 반듯하고 기운 정도, 여섯째 '우직迂直'으로 굽고 곧은 상태를 표시해야 한다는 것 등이다. 이 여섯 가지는 각기 그 지도의 땅을 근거로 무엇에 적합한지를 결정하는 것으로써 평탄하고 험한 차이를 비교할 수 있어야 한다는 것이었다.

晉, 裴秀字季彦, 河東聞喜人. 少好學, 有風操, 八歲能屬文. 叔父徽有盛名, 賓客甚衆. 秀年十餘歲, 有詣徽者, 出則過秀. 秀母賤, 嫡母宣氏不之禮.

嘗使進饌於客, 見者皆爲之起, 母曰:「微賤如此, 當應爲小兒故也」.
宣氏知遂止.

時人爲之語曰:「後進領袖有裴秀!」.

武帝時爲司空. 秀儒學洽聞留心政事, 以職在地官, 作《禹貢地域圖》奏之, 藏於祕府. 制圖之體有六. 一曰『分率』, 所以辨廣輪之度, 二曰『準望』, 所以正彼此之體. 三曰『道里』, 所以定所由之數. 四曰『高下』, 五曰『方邪』, 六曰『迂直』. 此六者各因地而制宜. 所以校夷險之異.

【裴秀】 자는 季彦(224~271). 晉나라 때 인물. 裴潛의 아들. 司空에까지 올랐
   으며《禹貢地域圖》18편이 있어 지리학의 기초를 다짐. (지금은 서문만 전함.)
   《晉書》(35)에 전이 있음. 일부 판본에는 자가 '秀彦'으로 되어 있음.
【裴徽】 자는 文季. 삼국시대 위나라 사람. 裴楷의 아버지이며 裴潛의 아우.
   그의 네 아들 裴黎·裴康·裴楷·裴綽은 모두 당시의 名士로 이름을 날렸음.
   《三國志》魏書 裴潛傳 注 참조.
【武帝】 晉 武帝. 司馬炎. 西晉의 개국군주. 司馬昭의 長子. 자는 安世. 咸熙
   2年(265)에 魏나라로부터 禪讓의 형식으로 나라를 이어받아 晉나라를 세우고
   洛陽을 도읍으로 함. 재위 26년(265~290). 묘호는 世祖.《晉書》(3)에 紀가
   있음.

1.《晉書》(35) 裴秀傳

裴秀字季彦, 河東聞喜人也. 祖茂, 漢尚書令. 父潛, 魏尚書令. 秀少好學, 有風操,
八歲能屬文. 叔父徽有盛名, 賓客甚衆. 秀年十餘歲, 有詣徽者, 出則過秀. 然秀
母賤, 嫡母宣氏不之禮. 嘗使進饌於客, 見者皆爲之起. 秀母曰:「微賤如此, 當應
爲小兒故也.」宣氏知遂止. 時人爲之語曰:「後進領袖有裴秀!」. ……秀儒學洽
聞留心政事, 當禪代之際, 總納言之要, 其所裁當, 禮無違者. 又以職在地官,
以〈禹貢〉山川地名, 從來久遠, 多有變易. 後世說者或强牽引, 漸以闇昧. 於是
甄摘舊文, 疑者則闕, 古有名而今無者, 皆隨事注列, 作《禹貢地域圖》十八篇,
奏之, 藏於祕府. 其序曰: ……制圖之體有六焉. 一曰『分率』, 所以辨廣輪之度也,
二曰『準望』, 所以正彼此之體也. 三曰『道里』, 所以定所由之數也. 四曰『高下』,
五曰『方邪』, 六曰『迂直』. 此三者各名因地而制宜. 所以校夷險之異也. 有圖象
而無分率, 則無以審遠近之差; 有分率而無準望, 雖得之於一隅, 必失之於他方;
有準望而無道里, 則施於山海絶隔之地, 不能以相通; 有道里而無高下·方邪·
迂直之校, 則徑路之數必與遠近之實相違, 失準望之正矣, 故以此六者參而考之.
然遠近之實定於分率, 彼此之實定於道里, 度數之實定於高下·方邪·迂直之算.
故雖有峻山鉅海之隔, 絶域殊方之迥, 登降詭曲之因, 皆可得擧而定者. 準望之
法旣正, 則曲直遠近無所隱其形也.

2.《世說新語》賞譽篇

諺曰:「後來領袖有裴秀.」

3.《禹貢地域圖》의 序文

宥圖象而無分率, 則無以審遠近之差. 有分率而無準望, 雖得之於一隅, 必失之
於他方. 有準望而無道理, 則施於山海絶隔之地, 不能以相通. 有道理而無高下·
方邪·迂道之校, 則徑路之數, 必與遠近之實相違, 失準望之正矣. 故以此六者,
參而攷之, 然遠近之實, 定於分率, 彼此之實, 定於道里, 度數之實, 定於高下·
方邪·迂道之算. 故雖, 有峻山鉅海之隔絶域殊方之迴, 登陵詭曲之因, 皆可得舉
而定者. 準望之法旣正, 則曲直遠近, 無隱其形也.

064. 魯褒錢神, 崔烈銅臭

064-① 魯褒錢神
노포의 〈전신론〉

《진서晉書》에 실려 있다.

노포魯褒는 자가 원도元道이며 남양南陽 사람이다. 학문을 좋아하여 많은 공부를 하였다. 집이 가난하여 자립할 수밖에 없었다.

원강元康 연간의 뒤에는 사회의 기강이 크게 무너졌다. 노포는 탐욕과 비루함에 빠진 당시 세태를 안타까워하며 이에 이름을 감춘 채 〈전신론 錢神論〉이라는 글을 지어 당시를 풍자하였다. 그 내용은 대략 다음과 같다.

"친하기는 형과 같으니 그의 자는 공방孔方이다. 이를 잃으면 가난하고 약해지며 이를 얻으면 부유하고 창성해진다. 날개가 없건만 날아다니고, 발이 없건만 내닫는다. 아무리 엄숙한 얼굴이라도 환하게 풀어주며 열기 어려운 누구의 입도 열어준다. 돈이 많은 자는 앞자리를 차지하고 돈이 적은 사람은 뒷자리로 밀려난다. 돈의 도움은 길하기만 할 뿐 불길한 것이란 없애준다. 그러니 어찌 꼭 독서를 하여 성공한 뒤에야 부자가 되는 것인가? 옛날 여공呂公은 유방劉邦이 거짓으로 쓴 돈 액수의 목판을 받고 즐거워하였고, 한 고조는 소하가 남보다 조금 더 보태준 것을 두고 뒤에는 2천 호를 더 봉해 주었다. 탁문군卓文君은 아버지에게 받은 돈으로 술집 추한 옷과 치마를 벗어 던지고 비단옷을 입었으며, 사마상여司馬相如는 그 돈으로 지붕 높은 수레를 타고 독비곤犢鼻褌을 벗어 던졌다. 관직이 높아지고 이름이 드날리는 것도 모두가 돈이면 다 되는 것이다. 덕이 없어도 신분을 높여주고, 세력이 없어도 사람이 들끓게 하는 것은 바로 돈이다. 돈이면 금문金門을 열치고 자달紫闥로 들어갈 수 있으며, 위험한 것도 편안한 것으로 바꿀 수 있고, 죽는 자도 살려낼 수 있다. 돈이면 귀한 자를 천하게 부릴 수 있고, 살아 있는 자를 죽게 할 수도 있다. 속담에 '귀 없는 돈이 귀신도 부린다'라 하였으니 사람에게는 지금은 오직 돈일 뿐이다."

당시 시속을 질시하던 자들은 이 글을 널리 퍼뜨려 읽었다. 뒤에 그는 어떻게 생을 마쳤는지 알려지지 않았다.

《晉書》: 魯褒字元道, 南陽人. 好學多聞, 以貧素自立. 元康之後, 綱紀大壞, 褒傷時貪鄙, 乃隱姓名, 而著〈錢神論〉以刺之. 其略曰: 「親之如兄, 字曰孔方. 失之則貧弱, 得之則富昌; 無翼而飛, 無足而走. 解嚴毅之顏, 開難發之口. 錢多者處前, 少者居後. 錢之所祐, 吉無不利. 何必讀書, 然後富貴? 昔呂公欣悅於空版, 漢高克之於嬴二. 文君解衣裳而被錦綉, 相如乘高蓋而解犢鼻. 官尊名顯, 皆錢所致. 無德而尊, 無勢而熱, 排金門而入紫闥. 危可使安, 死可使活, 貴可使賤, 生可使殺. 諺曰: 『錢無耳, 可使鬼.』凡今之人, 唯錢而已」

疾時者傳其文. 後莫知所終.

【魯褒】자는 元道. 본문 내용대로 〈錢神論〉의 문장으로 유명함.《晉書》 隱逸傳 참조.

【元康之後】元康은 晉 惠帝의 연호. 291~299년. 당시 賈皇后와 그 외척의 專橫으로 백성들은 기근에 허덕이고 있어 사회 풍조가 무너졌음. 그리하여 이익을 탐하고 뇌물을 주고받는 것이 공공연하게 이루어졌음.

【孔方】동전의 별칭. 동전은 外圓內方의 모습으로 가운데에 네모난 구멍이 있어 이렇게 부른 것.

【高祖】漢 高祖 劉邦. 자는 季. 沛郡 豐邑 출신으로 秦나라 말 義兵을 일으켜 項羽와 결전 끝에 漢 帝國을 설립함. 太祖高皇帝. 漢 帝國을 세운 임금. B.C.202~B.C.195년 재위함.《史記》高祖本紀 참조.

【呂公欣悅】유방이 亭長이라는 신분일 때 呂公(呂后의 아버지)이 沛縣에 내려 오자 그에게 대범하게 헛돈 '一萬錢'을 거짓으로 표기하여 바쳐 그의 사위가

된 고사.《史記》高祖本紀에 "單父人呂公善沛令, 避仇從之客, 因家沛焉. 沛中
豪桀吏聞令有重客, 皆往賀. 蕭何爲主吏, 主進, 令諸大夫曰:「進不滿千錢, 坐之
堂下.」高祖爲亭長, 素易諸吏, 乃紿爲謁曰「賀錢萬」, 實不持一錢. 謁入, 呂公
大驚, 起, 迎之門. 呂公者, 好相人, 見高祖狀貌, 因重敬之, 引入坐. 蕭何曰:
「劉季固多大言, 少成事.」高祖因狎侮諸客, 遂坐上坐, 無所詘. 酒闌, 呂公因目
固留高祖. 高祖竟酒, 後. 呂公曰:「臣少好相人, 相人多矣, 無如季相, 願季自愛.
臣有息女, 願爲季箕帚妾.」酒罷, 呂媼怒呂公曰:「公始常欲奇此女, 與貴人.
沛令善公, 求之不與, 何自妄許與劉季?」呂公曰:「此非兒女子所知也.」卒與
劉季. 呂公女乃呂后也, 生孝惠帝·魯元公主"라 함.

【漢高克之】역시 고조 유방의 고사.《漢書》蕭何傳에 "蕭何, 沛人也. 以文毋
害爲沛主吏掾. 高祖爲布衣時, 數以吏事護高祖. 高祖爲亭長, 常佑之. 高祖以
吏繇咸陽, 吏皆送奉錢三, 何獨以五. 秦御史監郡者, 與從事辨之. 何乃給泗水卒
史事, 第一. 秦御史欲入言徵何, 何固請, 得毋行"라 함. 뒤에 고조가 천하를
통일하고 신하들에게 봉토를 나누어 주게 되었을 때 소하에게 2천 호의
봉토를 더 주어 소하의 은혜에 보답하였음.

【金門】金馬門의 약자. 한나라의 未央宮에 있던 문. 궁궐문을 일컫는 말.

【紫闥】왕궁의 문. 왕궁을 가리킴.

참고 및 관련 자료

1.《晉書》(94) 隱逸傳(魯褒)

魯褒字元道, 南陽人也. 好學多聞, 以貧素自立. 元康之後, 綱紀大壞, 褒傷時
貪鄙, 乃隱姓名, 而著〈錢神論〉以刺之. 其略曰:

「錢之爲體, 有乾坤之象, 內則其方, 外則其圓. 其積如山, 其流如川. 動靜有時,
行藏有節, 是正便易, 不患耗折. 難折象壽, 不匱象道, 故能長久, 爲世神寶. 親之
如兄, 字曰孔方. 失之則貧弱, 得之則富昌; 無翼而飛, 無足而走. 解嚴毅之顏,
開難發之口. 錢多者處前, 少者居後. 處前者爲君長, 在後者爲臣僕. 君長者豐
衍而有餘, 臣僕者窮竭而不足.《詩》云:『哿矣富人, 哀此煢獨.』錢之爲言泉也,
無遠不往, 無幽不至. 京邑衣冠, 疲勞講肆, 厭聞淸談, 對之睡寐, 見我家兄,
莫不驚視. 錢之所祐, 吉無不利. 何必讀書, 然後富貴? 昔呂公欣悅於空版, 漢高
克之於嬴二. 文君解布裳而被錦繡, 相如乘高蓋而解犢鼻. 官尊名顯, 皆錢所致.

襄未 497

空版至虛, 而況有實? 贏二雖少, 而致親密. 由此論之, 謂爲神物. 無德而尊,
無勢而熱, 排金門而入紫闥. 危可使安, 死可使活, 貴可使賤, 生可使殺. 是故忿爭
非錢不勝, 幽滯非錢不拔, 怨讐非錢不解, 令問非錢不發. 洛中朱衣, 當途之士,
愛我家兄, 皆無已已. 執我之手, 抱我終始, 不計優劣, 不論年紀, 賓客輻輳, 門常
如市. 諺曰:『錢無耳, 可使鬼.』凡今之人, 唯錢而已. 故曰軍無財, 士不來; 軍無賞,
士不往. 仕無中人, 不如歸田. 雖有中人, 而無家兄, 不異無翼而欲飛, 無足而欲行」
蓋疾時者共傳其文. 襃不仕, 莫知其所終.

064-② 崔烈銅臭
몸에서 구리 냄새가 나는 최열

후한後漢의 최열崔烈은 탁군涿郡 안평安平 사람이다. 북주北州에 그 이름이
존중받았고 군郡의 태수와 구경九卿까지 역임하였다.

영제靈帝 때에 홍도문鴻都門을 열어놓고 관작官爵을 돈으로 팔고 있었다.
공경公卿 이하는 모두 그 직위에 따라 값이 차등이 있었으며, 부자는
먼저 돈을 납입하고 가난한 자의 경우 그 관직을 받은 뒤 2배로 값을
치러야 했다. 그 때문에 혹사는 상시常侍나 아보阿保를 통해 별도로 관직을
사는 일에 줄을 대고 있었다. 이때 단경段熲 같은 사람은 비록 공훈과
명예가 있었지만 모두가 먼저 재물을 납입한 다음에야 공公의 지위에
오를 수 있었다.

최열은 부모傅母를 통해 돈 5백만을 주어 사도司徒에 올랐다. 어느 날
그가 아들 최균崔鈞에게 이렇게 물었다.

"내가 드디어 삼공三公의 지위에 올랐다. 남들이 논의가 어떻더냐?"
그러자 아들 최균이 말하였다.

"아버님께서 어려서부터 영명하시다 칭찬들을 하지요. 게다가 구경과 태수까지 역임하셨으니 삼공에 오르시는 것은 당연하다 말합니다. 그러나 지금 사도에 오르신 것을 두고 천하가 실망하고 있습니다."

최열이 물었다.

"무슨 연유로 그러냐?"

최균이 말하였다.

"입방아를 찧는 자들이 구리 냄새가 난다고 싫어합디다."

최열은 뒤에 태위太尉에 올랐다가 동탁董卓이 주멸당하고 나서는 성문 교위城門校尉가 되었다.

後漢, 崔烈涿郡安平人. 有重名於北州, 歷郡守九卿.

靈帝時開鴻都門榜賣官爵. 公卿以下皆有差. 富者先入錢, 貧者 到官而後倍輸. 或因常侍阿保, 別自通達. 是時段熲等雖有功勳名譽, 然皆先輸貨財而後登公位. 烈因傅母入錢五百萬爲司徒.

嘗問其子鈞曰:「吾居三公, 於議者如何?」

鈞曰:「大人少有英稱, 歷位卿守, 人謂當爲三公. 今登其位, 天下失望.」

烈曰:「何爲然也?」

鈞曰:「論者嫌其銅臭.」

後拜太尉, 董卓旣誅, 拜城門校尉.

【崔烈】漢 靈帝가 鴻都門을 열어놓고 공개적으로 官爵을 팔자 崔烈이라는 사람은 원래 冀州의 명사였으나 결국 5백만 전으로 관직을 사서 司徒의 지위에 올랐음. 《後漢書》崔駰傳 참조.

【北州】幽州. 涿郡은 유주에 속하였음.

【靈帝】동한 제12대 황제 劉宏. 158~189년 재위함.

【鴻都門】궁궐의 문 이름. 그 문 안쪽에 학교를 두어 책을 보관하고 관리 채용 시험을 치르기도 하였음.

【段熲】자는 紀明(?~179). 동한 武威 姑臧 사람으로 陽陵令을 거쳐 桓帝 때 中郎將에 오름. 泰山 지역 농민 반란을 진압한 공로로 列侯에 올랐으며 靈帝 때에는 羌族을 토벌하기도 함. 다시 穎川太守를 거쳐 太尉에 올랐으나 宦官 제거의 일에 연루되어 옥에 갇혔다가 죽음을 당함. 《後漢書》에 전이 있음.

【崔均】崔烈의 아들.

【銅臭】돈은 구리로 만들어 돈으로 관직을 얻었기 때문에 구리 냄새가 난다고 비꼰 것임.

【董卓】東漢 말 隴西 臨洮 출신으로 자는 仲穎. 어릴 때 羌族과 어울려 涼州의 실력자가 되었으며 靈帝 때 東中郎將이 되어 盧植을 대신하여 黃巾賊을 물리치기도 함. 少帝 때 군사를 이끌고 洛陽에 입성, 소제를 폐하고 獻帝를 옹립한 다음 정권을 농단함. 이에 袁紹 등이 동탁을 성토하여 군사를 일으키자 낙양 궁궐을 불태우고 헌제를 협박, 長安으로 수도를 옮겼으나 王允의 모략에 빠져 자신의 부장 呂布에게 살해되었음.

참고 및 관련 자료

1. 《後漢書》(42) 崔駰傳

寔從兄烈, 有重名於北州, 歷位郡守·九卿. 靈帝時, 開鴻都門榜賣官爵, 公卿州郡下至黃綬各有差. 其富者則先入錢, 貧者到官而後倍輸, 或因常侍·阿保別自通達. 是時段熲·樊陵·張溫等雖有功勤名譽, 然皆先輸貨財而後登公位. 烈時因傅母入錢五百萬, 得爲司徒. 及拜日, 天子臨軒, 百僚畢會. 帝顧謂親倖者曰:「悔不小靳, 可至千萬.」程夫人於傍應曰:「崔公冀州名士, 豈肯買官? 賴我得是, 反不知姝邪!」烈於是聲譽衰減. 久之不自安, 從容問其子鈞曰:「吾居三公, 於議者何如?」鈞曰:「大人少有英稱, 歷位卿守, 論者不謂不當爲三公; 而今登其位, 天下失望.」烈曰:「何爲然也?」鈞曰:「論者嫌其銅臭.」烈怒, 舉杖擊之. 鈞時爲虎賁中郎將, 服武弁, 戴鶡尾, 狼狽而走. 烈罵曰:「死卒, 父檛而走. 孝乎?」鈞曰:「舜之事父, 小杖則受, 大杖則走, 非不孝也.」烈慙而止. 烈後拜太尉.

2. 《十八史略》(3)

開西邸賣官, 各有賈. 崔烈以五百萬得司徒, 問其子:「以外議何如?」子曰:「人嫌其銅臭耳.」

3. 《幼學瓊林》

崔烈以錢買官, 人皆惡其銅臭; 秦嫂不敢視叔, 自言畏其多金.

065. 梁竦廟食, 趙溫雄飛

065-① 梁竦廟食
사당의 식사를 대접받은 양송

후한後漢의 양송梁竦은 자가 숙경叔敬이며 안정安定 오저鳥底 사람이다. 문을 잠그고 스스로 수양하면서 경적經籍을 읽는 것으로써 즐거움을 삼았다. 그리하여 저서 몇 편을 지어 그 이름을 《칠서七序》라 하였다.

반고班固가 이를 보고 이렇게 칭찬하였다.

"공자가 《춘추春秋》를 짓자 난신적자亂臣賊子가 두려워하였고, 양송이 《칠서》를 지으니 자리를 훔쳐 밥만 축내는 자들이 부끄러워하도다."

양송은 자신의 재능을 자부하며 울분 속에 뜻을 펴지 못하였다. 그는 일찍이 높은 곳에 올라 멀리 바라보며 이렇게 탄식하였다.

"대장부가 세상에 살면서 살아서는 의당 봉후封侯가 되고 죽어서는 묘당의 식사를 대접받아야 한다. 그렇게 하지 못한다면 한가하게 살면서 자신의 뜻을 길러 《시서詩書》로써 자신의 즐거움을 족한 것으로 여겨야 한다. 주군州郡의 직책이란 한갓 사람을 노고롭게 하는 것일 뿐이다."

뒤에 그는 조정에 불렸으나 나가지 않았다.

숙종肅宗이 그의 두 딸을 궁중으로 받아들여 모두가 귀인貴人이 되었다. 그 중 소귀인小貴人은 화제和帝를 낳았으며 두황후竇皇后가 이를 양자로 들여 아들로 길렀다. 그러자 여러 두씨들은 양귀인이 뜻을 얻었다고 자신들을 해치지나 않을까 하여 드디어 참언을 퍼뜨려 두 귀인을 죽이고 말았으며, 양송조차 반역을 꾀한다고 모함하여 옥중에서 죽게 만들었다.

화제가 등극하자 양송에게 포친민후褒親愍侯라는 작위를 추봉追封하였다.

後漢, 梁竦字叔敬, 安定烏底人. 閉門自養, 以經籍爲娛, 著書數篇, 名曰《七序》.

班固見而稱曰:「孔子著《春秋》, 而亂臣賊子懼; 梁竦作《七序》, 而竊位素餐者慙.」

竦自負其才, 鬱鬱不得意.

嘗登高遠望, 歎息言曰:「大丈夫居世, 生當封侯, 死當廟食. 如其不然, 閑居可以養志, 詩書足以自娛. 州郡之職徒勞人耳」

後辟命不就.

肅宗納其二女, 皆爲貴人. 小貴人生和帝, 竇皇后養以爲子. 諸竇恐梁氏得志爲己害, 遂譖殺二貴人, 而陷竦以惡逆, 死獄中. 和帝立, 追封褒親愍侯.

【梁竦】 자는 叔敬. 安定 사람으로 和帝의 외할아버지. 《七序》를 지음.
【班固】 자는 孟堅(32~92). 漢나라 抹風 安陵(지금의 陝西省 咸陽市) 출신. 아버지 班彪가 《漢書》를 완성하지 못한 채 죽자 明帝가 반고를 蘭臺令史에서 蘭臺郎·典校秘書로 삼아 《漢書》를 완성토록 명하였음. 다시 章帝 建初 4년(79)에 《白虎通德論》을 완성했으며, 작품으로는 〈兩都賦〉, 〈幽通賦〉, 〈答賓戲〉, 〈典引〉, 〈封燕然山銘〉 등이 있음. 和帝 永元 元年(89)에는 두헌(竇憲)의 中護軍이 되어 흉노를 토벌하러 나서기 함. 뒤에 宦官의 모함을 입어 옥사하였음. 《後漢書》(40)에 傳이 있음.
【竊位素餐】 尸位素餐과 같음. 높은 직위에 자리만 차지한 채 밥만 축내는 관리. 《詩經》 魏風 伐檀에 "坎坎伐檀兮, 寘之河之干兮, 河水淸且漣猗. 不稼不穡, 胡取禾三百廛兮. 不狩不獵, 胡瞻爾庭有縣貆兮. 彼君子兮, 不素餐兮"라 함.
【州郡之職】 고을의 刺史. 郡의 太守 등을 말함.
【肅宗】 章帝 劉炟. 후한의 제3대 황제. 明帝 劉莊의 아들. 76~88년까지 재위함.
【貴人】 궁중 后妃의 직급. 王妃의 하나. 황후의 다음 지위.
【和帝】 동한의 제4대 황제 劉肇. A.D.89~105년 재위함.
【竇皇后】 동한 章帝의 황후. 화제의 養母.

참고 및 관련 자료

1. 《後漢書》梁竦傳

竦字叔敬, 少習《孟氏易》, 弱冠能教授. 後坐兄松事, 與弟恭俱徙九眞. 旣徂南土, 歷江·湖, 濟沅·湘, 感悼子胥·屈原以非辜沈身, 乃作《悼騷賦》, 繫玄石而沈之. 顯宗後詔聽本郡. 竦閉門自養, 以經籍爲娛, 著書數篇, 名曰《七序》. 班固見而稱曰:「孔子著《春秋》而亂臣賊子懼, 梁竦作《七序》而竊位素餐者懅.」性好施, 不事産業. 長嫂舞陰公主贍給諸梁, 親疎有序, 特重敬竦, 雖衣食器物, 必有加異. 竦悉分與親族, 自無所服. 竦生長京師, 不樂本土, 自負其才, 鬱鬱不得意. 嘗登高遠望, 歎息言曰:「大丈夫居世, 生當封侯, 死當廟食. 如其不然, 閑居可以養志, 《詩書》足以自娛, 州郡之職, 徒勞人耳.」後辟命交至, 並無所就. 有三男三女, 肅宗納其二女, 皆爲貴人. 小貴人生和帝, 竇皇后養以爲子, 而竦家私相慶. 後諸竇聞之, 恐梁氏得志, 終爲己害, 建初八年, 遂譖殺二貴人, 而陷竦等以惡逆. 詔使漢陽太守鄭據傳考竦罪, 死獄中, 家屬復徙九眞. 辭語連及舞陰公主, 坐徙新城, 使者護守. 宮省事密, 莫有知和帝梁氏生者.

065-② 趙溫雄飛
웅비를 꿈꾼 조온

후한後漢의 조온趙溫은 자가 자유子柔이며 촉군蜀郡 성도成都 사람이다. 처음 그가 경조군승京兆郡丞이라는 벼슬이 되었을 때 이렇게 탄식하였다.

"대장부라면 응당 웅비雄飛할 일이지, 어찌 암컷이 땅에 엎드려 있듯이 낮은 관직에 얽매어 있으랴?"

그러고는 드디어 관직을 버리고 떠나 버렸다.

그 뒤 흉년이 들어 기근이 심해지자, 그는 집안의 곡식을 모두 풀어 가난하고 굶주린 자들을 구제하여 그로 인해 살아난 자가 수만 명이 되었다.

헌제獻帝가 서쪽 장안으로 옮겨왔을 때 드디어 그는 삼공三公의 지위에 오르게 되었다.

後漢, 趙溫字子柔, 蜀郡成都人.
初爲京兆郡丞, 歎曰:「大丈夫當雄飛. 安能雌伏?」
遂棄官去.
歲饑, 散家糧振窮餓, 所活萬餘人.
獻帝西遷, 遂爲三公.

【趙溫】 후한 獻帝 때의 인물. 자는 子柔, 成都 출신. 《後漢書》에 전이 있음.
【雄飛】 큰 뜻을 가지고 높이 날아 훌륭한 일을 해냄.
【獻帝】 동한 마지막 황제 劉協. 189~220년 재위함. 曹氏 부자에게 휘둘려 제대로 皇權을 행사하지 못하였으며, 결국 220년 曹丕(魏 文帝)에게 제위를 선양하여 漢나라가 종말을 고함.

참고 및 관련 자료

1. 《後漢書》(17) 趙溫傳
溫字子柔, 初爲京兆(郡)丞, 歎曰:「大丈夫當雄飛, 安能雌伏!」遂棄官去. 遭歲大飢, 散家糧以振窮餓, 所活萬餘人. 獻帝西遷都, 爲侍中, 同輿輦至長安, 封江南亭侯, 代楊彪爲司空, 免, 頃之, 復爲司徒, 錄尙書事. 時李傕與郭汜相攻, 傕遂虜掠禁省, 劫帝幸北塢, 外內隔絶. 傕素疑溫不與己同, 乃內溫於塢中. 又欲移乘輿於黃白城. 溫與傕書曰:「公前託爲董公報讎, 然實屠陷王城, 殺戮大臣, 天下不可家見而戶說也. 今與郭汜爭睚眥之隙, 以成千鈞之讎, 人在塗炭, 各不聊生. 曾不改悟, 遂成禍亂. 朝廷仍下明詔, 欲令和解. 上命不行, 威澤日損. 而復欲移轉乘輿, 更幸非所, 此誠老夫所不達也. 於《易》, 一爲過, 再爲涉, 三而弗改, 滅其頂, 凶. 不如早共和解, 引軍還屯, 上安萬乘, 下全人民, 豈不幸甚.」傕大怒, 欲遣人殺溫. (董卓)[李傕]從弟應, 溫故掾也, 諫之數日, 乃獲免. 溫從車駕都許. 建安十三年, 以辟司空曹操子丕爲掾, 操怒, 奏溫辟(忠)臣子弟, 選擧不實, 免官. 是歲卒, 年七十二.

066. 枚乘蒲輪, 鄭均白衣

066-① 枚乘蒲輪
부들로 바퀴를 엮어 편하게 한 수레를 탄 매승

전한前漢의 매승枚乘은 자가 숙叔이며 회음准陰 사람이다. 오왕吳王 비(濞, 劉濞)의 낭중郎中이 되었을 때 오왕이 반역을 모의하자 매승이 글을 올려 간언하였다. 왕은 그의 간언을 듣지 않았다가 결국 붙잡혀 죽고 말았다. 매승은 이 일로 이름이 알려졌다. 경제景帝가 그를 불러 홍농도위弘農都尉로 삼았다.

매승은 오랫동안 대국大國의 상빈上賓이었기 때문에 많은 영웅 준걸들과 함께 사귀면서 군의 관리 업무는 달갑게 여기지 않았다. 이에 병을 핑계로 관직을 버리고 다시 양梁나라로 가서 놀았다. 그 양梁 효왕孝王이 죽자 그는 고향 회음으로 돌아왔다. 무제武帝가 즉위하자, 매승은 나이가 들어 무제의 부름에 편안한 수레에 부드러운 바퀴의 좋은 수레를 타고 가다가 도중에서 죽고 말았다.

前漢, 枚乘字叔, 淮陰人. 爲吳王濞郎中, 王謀爲逆, 乘奏書諫.
王不用卒見禽滅. 乘由是知名, 景帝召拜弘農都尉. 乘久爲大國上賓,
與英俊竝游, 不樂郡吏. 以病去官, 復遊梁. 及孝王薨, 歸淮陰.
武帝卽位, 乘年老. 迺以安車蒲輪徵乘道死.

【枚乘】 전한 때의 인물. 학자이며 문인. 자는 叔(叔則), 혹은 叔達. 《漢書》에 전이 있음.
【吳王】 劉濞(B.C.215~B.C.154). 한 고조 유방의 조카로 吳王에 봉해짐. 景帝 3년 (B.C.154)에 楚, 趙, 膠東, 膠西, 濟王, 淄川등과 소위 七國之亂을 일으켰다가

죽음.《漢書》荊燕吳傳 참조.

【景帝】西漢 4대 황제. 劉啓. B.C.156~B.C.141년까지 16년간 재위함. 文帝의
아들이며 梁孝王(劉武)의 형. 文景之治를 이루어 한나라 기반을 다짐.

【梁孝王】文帝의 아들이며 景帝의 아우. 이름은 劉武. 梁나라에 諸侯王으로
봉해짐. 지극히 사치를 부렸음.《史記》梁孝王世家 및 《漢書》文三王傳 참조.

【武帝】西漢 5대 황제 劉徹. 景帝(劉啓)의 아들이며 B.C.140~B.C.87년까지
54년간 재위함. 대내외적으로 학술, 강역, 문학 등 여러 방면에 걸쳐 많은
치적을 남겨 강력한 帝國을 건설함.

【蒲輪】'蒲'는 부들. 이것으로 바퀴를 싸서 진동을 줄인 노인용 수레.

참고 및 관련 자료

1.《漢書》(21) 枚乘傳

枚乘字叔, 淮陰人也, 爲吳王濞郎中. 吳王之初怨望謀爲逆也. 吳王不用乘策,
卒見禽滅.……漢旣平七國, 乘由是知名. 景帝召拜乘爲弘農都尉. 乘久爲大國
上賓, 與英俊並游, 得其所好, 不樂郡吏, 以病去官. 復游梁, 梁客皆善屬辭賦,
乘尤高. 孝王薨, 乘歸淮陰. 武帝自爲太子聞乘名, 及卽位, 乘年老, 乃以安車
蒲輪徵乘, 道死. 詔問乘子, 無能爲文者, 後乃得其孽子皋.

066-② 鄭均白衣
백의상서 정균

　　후한後漢의 정균鄭均은 자가 중우仲虞이며 동평東平 임성任城 사람이다.
어려서 황로술黃老書을 좋아하였다. 건초建初 연간에 직언直言으로 천거
되었지만 나가지 않았다가 공거公車에 특별히 불려 벼슬길에 나서게 되었다.

다시 승진하여 상서_{尚書}에 올랐으며 여러 차례 충언을 올려 채택되었으며 숙종(肅宗, 章帝)도 그를 존중하였다. 뒤에 사직하고 고향으로 돌아갔다. 뒤에 숙종이 동쪽을 순수할 때 정균의 집에 직접 들러 특별히 상서의 녹_祿을 종신토록 누릴 수 있도록 하사해 주었다. 이리하여 당시 그를 백의상서 白衣尚書라 불렀다.

後漢, 鄭均字仲虞, 東平任城人. 少好黃老書. 建初中擧直言不詣. 公車特徵. 再遷尚書, 數納忠言, 肅宗重之. 後告歸. 帝東巡, 乃幸均舍, 勅賜尚書祿, 以終其身, 時號爲白衣尚書.

【鄭均】 자는 仲虞. 黃老術에 밝았으며 직언을 좋아하였고 尚書에 오름.《後漢書》에 전이 있음.
【黃老書】 黃帝와 老子를 시조로 하는 道家의 책. 한나라 때 흥했던 黃老術의 여러 책들.
【建初】 後漢 章帝(劉炟)의 연호. 76~83년까지 8년간임.
【肅宗】 章帝 劉炟. 후한의 제3대 황제. 明帝 劉莊의 아들. 76~88년까지 재위함.
【白衣尚書】 '백의'는 서민. 서민이 되어서도 상서의 봉록을 받았다는 뜻.

참고 및 관련 자료

1.《後漢書》鄭均傳

鄭均字仲虞, 東平任城人也. 少好黃老書. 兄爲縣吏, 頗受禮遺, 均數諫止, 不聽. 卽脫身爲傭, 歲餘, 得錢帛, 歸以與兄. 曰:「物盡可復得, 爲吏坐臧, 終身捐棄.」兄感其言. 遂爲廉絜. 均好義篤實, 養寡嫂孤兒, 恩禮敦至. 常稱病家廷, 不應州郡辟召. 郡將欲必致之, 使縣令譎將詣門, 旣至, 卒不能屈. 均於是客於濮陽. 建初三年, 司徒鮑昱辟之, 後擧直言, 並不詣. 六年, 公車特徵, 再遷尚書, 數納忠言, 肅宗敬重之. 後以病乞骸骨, 拜議郎, 告歸, 因稱病篤, 帝賜以衣冠. 元和元年, 詔告廬江太守·東平相曰:「議郎鄭均, 束脩安貧, 恭儉節整, 前在機密,

以病致仕, 守善貞固, 黃髮不怠. 又前安邑令毛義, 躬履遜讓, 比徵辭病, 淳絜之風,
東州稱仁. 書不云乎:『章厥有常, 吉哉!』其賜均·義穀各千斛, 常以八月長吏
存問, 賜羊酒, 顯茲異行」明年, 帝東巡過任城, 乃幸均舍, 勑賜尙書祿以終其身,
故時人號爲「白衣尙書」. 永元中, 卒於家.

067. 陵母伏劍, 軻親斷機

067-① 陵母伏劍
칼에 엎어져 죽은 왕릉의 어머니

전한前漢의 왕릉王陵은 패현沛縣 사람이다. 고조高祖 유방이 처음 군사를 일으켰을 때 왕릉도 무리 수천 명을 모아 일어났었다. 그는 고조가 항우項羽를 공격할 때 자신의 군사를 고조의 한군漢軍에 넘겨주었다. 그러자 항우는 왕릉의 어머니를 인질로 잡아 군중에 가두어 두고 있었다. 왕릉의 사자가 항우에게 이르자 항우는 왕릉의 어머니를 동쪽을 향해 앉혀두고 왕릉을 불렀다. 왕릉의 어머니는 몰래 사신을 보내면서 이렇게 울었다.

“나를 위해 내 아들 왕릉에게 일러주시오. 한왕 고조를 잘 섬기라 하더라고. 한왕 고조는 덕 있는 어른이시니 어머니가 이렇게 잡혀 있다고 해서 두 가지 마음을 가져서는 안 된다고 말이오. 내 죽음으로써 사자를 보냅니다.”

그러고는 칼을 대고 엎어져 죽었다.

前漢, 王陵沛人. 高祖起, 陵亦聚黨數千人. 及高祖擊項羽, 迺以兵屬漢. 羽取陵母置軍中. 陵使至, 則東向坐陵母, 以招陵.

陵母私送使者, 泣曰:「爲妾語陵. 善事漢王. 漢王長者, 母以老妾故持二心, 妾以死送使者」

遂伏劍而死.

【王陵】漢 高祖 劉邦을 따라 나섰던 장수. 어머니를 잃으면서 큰 공을 세운 것으로 유명함.

【項羽】項籍. 秦末 24살에 봉기하여 천하를 호령한 霸王.《史記》項羽本紀에
"項籍者, 下相人也. 字羽. 初起時, 年二十四"라 하였음. 그는 楚 義帝를 假王
으로 세워 놓고, 자신이 天下를 휘어잡자 스스로를 西楚霸王이라 하였음.
《史記》項羽本紀 참조.
【東鄕坐】喪禮로써 왕릉의 어머니를 죽은 것처럼 보이게 한 것임. 상례에서는
남자는 서쪽으로, 여자일 경우 동쪽으로 향하게 함.
【長者】有德者. 어른.

참고 및 관련 자료

1.《漢書》(10) 王陵傳

王陵, 沛人也. 始爲縣豪, 高祖微時兄事陵. 及高祖起沛, 入咸陽, 陵亦聚黨數千人,
居南陽, 不肯從沛公. 及漢王之還擊項籍, 陵乃以兵屬漢. 項羽取陵母置軍中,
陵使至, 則東鄕坐陵母, 欲以招陵. 陵母旣私送使者, 泣曰:「願爲老妾語陵,
善事漢王. 漢王長者, 毋以老妾故持二心. 妾以死送使者」遂伏劍而死. 項王怒,
亨陵母. 陵卒從漢王定天下. 以善雍齒, 雍齒, 高祖之仇, 陵又本無從漢之意,
以故後封陵, 爲安國侯.

067-② 軻親斷機
짜던 베를 잘라버린 맹자의 어머니

《고열녀전古列女傳》에 실려 있다.

추읍鄒邑 맹가孟軻의 어머니는 묘소 근처에 살았다. 그러자 그 아들
맹자가 어려서 놀이를 하는데 무덤에서 장례지내고 제사지내는 일을
흉내내는 놀이를 하는 것이었다. 맹자 어머니는 이렇게 말하였다.

“이곳은 내 아들이 살 곳이 아니로구나.”

그리하여 그곳을 떠나 시장 가에 거처를 정하였다.

그랬더니 놀이가 온통 상인들이 물건 자랑하는 것이며 값을 흥정하는 것들이었다. 어머니는 다시 이렇게 말하였다.

“이곳 역시 내 아들이 살 곳이 아니로다.”

다시 학관學官 곁에 거처를 정하였다. 그러자 맹자는 조두俎豆를 설치하고 읍양揖讓하며 진퇴進退하는 모습을 따라서 흉내내는 놀이를 하는 것이었다. 맹자 어머니가 말하였다.

“진실로 가히 내 아들이 살 만한 곳이로다.”

드디어 그곳을 거처로 정하였다.

맹자가 외지로 나가 공부를 하여 이윽고 돌아오자, 맹자 어머니가 어디까지 공부를 하였는지 물었다. 맹자가 대답하였다.

“스스로 됐다고 여겨 돌아왔습니다.”

그러자 어머니는 짜고 있던 길쌈을 칼로 베어버리며 이렇게 말하였다.

“네가 중간에 학문을 그만둔 것은 내가 베를 잘라버리는 것과 같다.”

맹자는 두려워하며 아침저녁으로 쉬지 않고 부지런히 공부하였으며 자사子思를 스승으로 모셔 드디어 이름난 유학자가 되었다.

군자들은 이렇게 말하였다.

“맹자의 어머니는 어머니로서의 도리를 알았던 여인이다.”

《古列女傳》: 鄒孟軻母, 其舍近墓. 孟子少嬉遊, 爲墓閒之事.

孟母曰: 「此非吾所以居處子也.」

乃去, 舍市傍. 其嬉戲乃賈人衒賣之事.

又曰: 「此非吾所以居處子也.」

復徙舍學官之旁. 其嬉戲乃設俎豆, 揖讓進退.

孟母曰: 「眞可以居吾子矣.」

遂居.

及孟子旣學而歸, 孟母問學所至.

孟子曰:「自若也.」

孟母以刀斷其織曰:「子之廢學, 若吾斷斯織也.」

孟子懼, 旦夕勤學不息, 師事子思, 遂成名儒.

君子謂:「孟母知爲人母之道.」

【古列女傳】지금의 《列女傳》劉向이 편찬함. 漢나라까지의 여성들의 전기를 母儀, 賢明, 仁智, 貞順, 節義, 變通, 嬖孽 등 일곱 가지로 나누어 정리하였으며 續集 1권이 첨가되어 있음. 뒤에 《列女傳》이라는 이름의 책이 각 정사에도 들어있고 그 외의 같은 이름의 책이 나와 유향의 이 책을 구별하여 《古列女傳》이라 함.

【孟軻】孟子. 儒家의 亞聖.

【衒賣】자랑하여 물건 따위를 팖.

【俎豆】'俎'는 제사 또는 饗宴 때 바치는 물건을 올려놓는 방형의 상. '豆'는 음식을 담는 그릇. 禮器.

【子思】孔子의 손자 孔伋. 孟子의 스승.

참고 및 관련 자료

1.《列女傳》節義篇 鄒孟軻母

鄒孟軻之母也, 號孟母, 其舍近墓, 孟子之小也, 嬉游爲墓間之事·踴躍築埋. 孟母曰:「此非吾所以居處子也.」乃去, 舍市傍, 其嬉戲爲賈人衒賣之事. 孟母又曰:「此非吾所以居處子也.」復徙舍學宮之傍, 其嬉遊乃設俎豆揖讓進退. 孟母曰:「眞可以居吾子矣.」遂居之. 及孟子長, 學六藝, 卒成大儒之名. 君子謂:「孟母善以漸化.」詩云:『彼姝者子, 何以予之?』此之謂也. 孟子之小也, 旣學而歸, 孟母方績, 問曰:「學何所至矣?」孟子曰:「自若也.」孟母以刀斷其織. 孟子懼而問其故. 孟母曰:「子之廢學, 若吾斷斯織也. 夫君子學以立名, 問則廣知, 是以居則安寧, 動則遠害. 今而廢之, 是不免於廝役, 而無以離於禍患也. 何以異於織績而食, 中道廢而不爲? 寧能衣其夫子, 而長不乏糧食哉? 女則廢其所食,男則墮於修德, 不爲竊盜, 則爲虜役矣.」孟子懼, 且夕勤學不息, 師事子思, 遂成天下之名儒. 君子謂:「孟母知爲人母之道矣.」詩云:『彼姝者子, 何以告之?』此之謂也. 孟子既娶, 將入私室, 其婦袒而在內, 孟子不悅, 遂去不入. 婦辭孟母而求去, 曰:「妾聞夫婦之道, 私室不與焉. 今者妾竊墮在室, 而夫子見妾, 勃然不悅, 是客妾也. 婦人之義, 蓋不客宿, 請歸父母.」於是孟母召孟子而謂之曰:「夫禮:『將入門, 問孰存?』所以致敬也.『將上堂, 聲必揚.』所以戒人也.『將入戶, 視必下.』恐見人過也. 今子不察於禮, 而責禮於人, 不亦遠乎?」孟子謝, 遂留其婦. 君子謂:「孟母知禮而明於姑母之道.」孟子處齊而有憂色. 孟母見之曰:「子若有憂色, 何也?」孟子曰:「不敏.」異日閒居, 擁楹而歎. 孟母見之曰:「鄉見子有憂色, 曰不也. 今擁楹而歎, 何也?」孟子對曰:「軻聞之: 君子稱身而就位, 不爲苟得而受賞, 不貪榮祿. 諸侯不廳, 則不達其上; 聽而不用, 則不踐其朝. 今道不用於齊, 願行而母老, 是以憂也.」孟母曰:「夫婦人之禮: 精五飯, 羃酒漿, 養舅姑, 縫衣裳而己矣. 故有閨內之脩而無境外之志. 易曰:『在中饋, 无攸遂.』詩曰:『無非無儀, 惟酒食是議.』以言婦人無擅制之義, 而有三從之道也. 故年少則從乎父母, 出嫁則從乎夫, 夫死則從乎子, 禮也. 今子成人也, 而我老矣. 子行乎子義, 吾行乎吾禮.」君子謂:「孟母知婦道.」詩云:『載色載笑, 匪怒伊教.』此之謂也. 訟曰:『孟子之母, 教化列分. 處子擇藝, 使從大倫. 子學不進, 斷機示焉. 子遂成德, 爲當世冠.』

2.《韓詩外傳》(9)

孟子少時誦, 其母方織. 孟輟然中止, 乃復進. 其母知其諠也, 呼而問之曰:「何爲中止?」對曰:「有所失復得.」其母引刀裂其織, 以此誡之. 自是之後, 孟子不復諠矣. 孟子少時, 東家殺豚. 孟子問其母曰:「東家殺豚, 何以爲?」母曰:「欲啖汝.」其母自悔而言曰:「吾懷妊是子, 席不正, 不坐; 割不正, 不食; 胎教之也. 今適有知而欺之, 是教之不信也.」乃買東家豚肉以食之, 明不欺也. 詩曰:『宜爾子孫, 繩繩兮.』言賢母使子賢也.

3.《韓詩外傳》(9)

孟子妻獨居, 踞, 孟子入戶視之. 白其母, 曰:「婦無禮, 請去之.」母曰:「何也?」曰:「踞.」其母曰:「何知之?」孟子曰:「我親見之.」母曰:「乃汝無禮也, 非婦無禮. 禮不云乎?『將入門, 問孰存; 將上堂, 聲必楊; 將入戶, 視必下.』不掩人不備也. 今汝獨往燕私之處, 入戶不有聲, 令人踞而視之, 是汝之無禮也. 非婦無禮也.」於是孟子自責, 不敢去婦. 詩曰:『采葑采菲, 無以下體?』

4.《藝文類聚》(94)

韓詩外傳曰: 孟子少時, 東家嘗殺猪, 孟子問其母曰:「東家殺猪, 何以爲?」其母曰:「欲啖汝」其母悔失言曰:「吾懷妊是子, 席不正, 不坐; 割不正, 不食; 胎敎之也. 今適有知而欺之, 是敎之不信也.」乃買東家猪肉以食之, 明不欺也.

5.《韓非子》外儲說左上(曾子의 일화로 되어 있음)

曾子之妻之市, 其子隨之而泣. 其母曰:「女還, 顧反爲女殺彘.」妻適市來, 曾子欲捕彘殺之. 妻止之曰:「特與嬰兒戲耳.」曾子曰:「嬰兒非與戲也. 嬰兒非有知也, 待父母而學者也, 聽父母之敎. 今子欺之, 是敎子欺也. 母欺子, 子而不信其母, 非以成敎也.」遂烹彘也.

6.《幼學瓊林》老壽幼誕篇

列俎豆而習禮儀, 孟氏沖年乃爾; 執干戈以衛社稷, 汪踦小子能然.

7.《文選》(11)〈景福殿賦〉注

孟軻母者, 卽孟子母也, 號曰孟母. 其舍近墓. 孟子之少也, 嬉戲爲墓間之事, 踊躍築埋. 孟母曰:「此非所以居處子也.」乃去. 舍市傍, 其子嬉戲爲賈. 又曰:「此非所以居處子也.」乃舍學宮之傍. 其子遊戲, 乃設俎豆, 揖讓進退. 曰:「此可以居子.」遂居. 及孟子長, 學六藝, 卒成大儒. 故將廣智, 必先多聞.

8.《文選》(16)〈閑居賦〉注

列女傳曰: 孟母舍近墓, 孟子嬉戲爲墓間之事. 孟母曰:「此非所以居子處也.」乃去, 舍市旁, 其子嬉戲爲賈衒. 孟母又曰:「此非所以居子處也.」乃舍學宮之旁, 其子嬉戲乃設俎豆, 進退揖讓. 孟母曰:「此眞可以居子矣.」遂居之. 及孟子長, 學六藝, 卒成大儒.

9.《太平御覽》(829)

列女傳曰: 孟子之小也, 旣學而歸, 孟母方績, 問曰:「學何所至矣?」子曰:「自若也.」母以刀斷其織. 子懼而問其故. 母曰:「子之廢學, 若吾斷斯織也. 夫君子學以立名, 問則廣知, 是以居則安寧, 動則遠害. 今而廢之, 則是不免於廝役, 而無以離於患禍. 何以異於織績而食, 中道廢而不爲? 豈能衣其夫子, 而長不乏糧食哉?」孟子懼, 旦夕勤學不息.

10.《十八史略》(1)

孟子其門人也. 名軻, 魯孟孫之後, 生於鄒, 幼被慈母三遷之敎, 長受業子思之門. 道旣通, 游齊梁, 不用. 退與萬章之徒, 難疑答問, 作七篇.

068. 齊后破環, 謝女解圍

068-① 齊后破環
연환을 깨어버린 제나라 왕후

《전국책戰國策》에 실려 있다.

제齊나라 민왕閔王이 죽음을 당하자 그 아들 법장法章이 이름을 바꾸고 거莒나라 태사太史 집에서 고용살이를 하고 있었다. 태사교太史敫의 딸은 그가 기이하고 아름다운 모습을 하고 있어 보통 사람이 아닐 것이라 여기고 있었다. 그리하여 그를 가련히 여기며 항상 몰래 옷과 음식을 제공하며 드디어 정이 들어 사사롭게 정을 통하였다. 법장이 왕이 되었으니 이가 바로 영왕襄王이다. 태사씨의 딸은 왕후가 되었다. 영왕이 죽자 아들 건建이 왕이 되었다. 왕후는 진秦나라를 조심해 섬겼고 제후들에게 믿음을 샀다. 그리하여 건이 들어선 다음 40여 년을 병화兵禍를 입지 않았다.

진秦 소왕昭王이 일찍이 사신을 보내어 왕후에게 연환連環의 옥을 주면서 이렇게 말하였다.

"제나라에는 똑똑한 자가 많다던데 이 연환을 풀 수 있겠소?"

왕후가 이를 군신들에게 보여 주었지만 누구도 이를 풀지 못하는 것이었다.

이에 왕후는 망치를 가져다 이를 깨뜨렸다. 그리고 진나라 사신에게 이렇게 말하였다.

"삼가 풀었습니다."

《戰國策》曰: 齊閔王遇弑. 其子法章變姓名, 爲莒太史家庸夫. 太史敫女奇其狀貌, 以爲非常人. 憐而常竊衣食之, 與私焉. 法章立,是爲襄王. 以太史氏女爲王后. 襄王卒, 子建立. 后事秦謹, 與諸侯信. 以故建立四十餘年不受兵.

秦昭王嘗使使者遺后玉連環, 曰:「齊多智, 解此環不?」

后以示群臣, 群臣不知解. 后引椎椎破之, 謝秦使曰:「謹以解矣.」

【戰國策】劉向이 집록한 史書. 전국시대에 策士들의 유세와 책략 등을 나라별로 정리한 것임.

【齊閔王】전국시대 齊나라 군주. 湣王으로도 표기함. 淖齒의 난을 입어 죽음을 당함. B.C.300~B.C.284년까지 17년간 재위하였으며 襄王이 뒤를 이음. 《十八史略》(1)에 "湣王滅宋而驕, 燕昭王以齊嘗破燕之故, 與諸侯合謀而攻齊. 燕軍入臨淄, 湣王走莒. 楚將淖齒救齊, 反殺湣王, 而與燕共分齊之侵地"라 함.

【法章】전국시대 齊나라 襄王(B.C.283~B.C.265년까지 19년간 재위). 민왕의 아들. 齊나라가 패했을 때 신분을 숨기고 莒의 대부집 하인으로 들어가 그의 딸과 정을 통하여 왕위에 복귀한 다음 그녀를 왕후로 삼았음.

【太史敳】莒의 대부.

【建】齊王 建(田建). 전국시대 齊나라의 마지막 군주. 秦始皇 통일 전쟁에 휘말려 나라가 망함. 시호가 없어 '齊王建'이라 불림. B.C.264~B.C.221년 망할 때까지 44년간 재위함.

【秦昭王】전국시대 진나라 군주. 전국시대 秦나라 군주. B.C.306~B.C.251년까지 56년간 재위함.

【連環】쇠사슬과 같이 서로 엇물려 있어 풀 수 없는 옥의 고리.

참고 및 관련 자료

1. 《戰國策》齊策(6)

齊負郭之民孤狐咺(喧)者, 正議閔王, 斮之檀衢, 百姓不附. 齊孫室子陳擧直言, 殺之東閭, 宗族離心. 司馬穰苴爲政者也, 殺之, 大臣不親. 以故燕擧兵, 使昌國君將而擊之. 齊使向子將而應之. 齊軍破, 向子以輿一乘亡. 達子收餘卒, 復振,與燕戰, 求所以償(賞)者, 閔王不肯與, 軍破走. 王奔莒, 淖齒數之曰:「夫千乘‧博昌之間, 方數百里, 雨血沾衣, 王知之乎?」王曰:「不知.」「嬴‧博之間, 地坼至泉, 王知之乎?」王曰:「不知.」「人有當闕而哭者, 求之則不得, 去之則聞其聲, 王知之乎?」王曰:「不知.」淖齒曰:「天雨血沾衣者, 天以告也; 地坼至泉者, 地以告也; 人有當闕而哭者, 人以告也. 天地人皆以告矣, 而王不知戒焉, 何得無誅乎?」於是殺閔王於鼓里. 太子乃解衣免服, 逃太史之家漑園. 君王后, 太史氏女, 知其貴人, 善事之. 田單以卽墨之城, 破亡餘卒, 破燕兵, 紿騎劫, 遂以復齊, 邊迎太子於莒, 立之以爲王. 襄王卽位, 君王后以爲后, 生齊王建.

2.《戰國策》齊策(6)

齊閔王之遇殺, 其子法章變姓名, 爲莒太史家庸夫. 太史敫女, 奇法章之狀貌, 以爲非常人, 憐而常竊衣食之, 與私焉. 莒中及齊亡臣相聚, 求閔王子, 欲立之. 法章乃自言於莒. 共立法章爲襄王. 襄王立, 以太史氏女爲王后, 生子建. 太史敫曰:「女無謀(媒)而嫁者, 非吾種也, 汙吾世矣.」終身不覩. 君王后賢, 不以不覩之故, 失人子之禮也.

襄王卒, 子建立爲齊王. 君王后事秦謹, 與諸侯信, 以故建立四十有餘年不受兵.

秦始皇(昭王)嘗使使者遺君王后玉連環, 曰:「齊多知, 而解此環不?」君王后以示羣臣, 羣臣不知解. 君王后引椎, 椎破之, 謝秦使曰:「謹以解矣.」及君王后病且卒, 誡建曰:「羣臣之可用者某.」建曰:「請書之.」君王后曰:「善.」取筆牘受言. 君王后曰:「老婦已亡(忘)矣!」君王后死後, 后勝相齊, 多受秦間金玉, 使賓客入秦, 皆爲變辭, 勸王朝秦, 不脩攻戰之備.

3.《史記》田敬仲完世家

湣王之遇殺, 其子法章變名姓爲莒太史敫家庸. 太史敫女奇法章狀貌, 以爲非恆人, 憐而常竊衣食之, 而與私通焉. 淖齒既以去莒, 莒中人及齊亡臣相聚求湣王子, 欲立之. 法章懼其誅己也, 久之, 乃敢自言「我湣王子也」. 於是莒人共立法章, 是爲襄王. 以保莒城而布告齊國中:「王已立在莒矣.」襄王既立, 立太史氏女爲王后, 是爲君王后, 生子建. 太史敫曰:「女不取媒因自嫁, 非吾種也, 汙吾世.」終身不覩君王后. 君王后賢, 不以不覩故失人子之禮.

068-② 謝女解圍
도련님의 포위를 풀어 준 사도온

진晉나라 왕응지王凝之의 처 사씨謝氏는 자가 도온道韞이다. 총명하고 식견이 있었으며 말솜씨가 뛰어났다. 숙부 사안謝安이 일찍이 이러한 질문을 던졌다.

"《시경詩經》 중에 어느 구절이 가장 훌륭한가?"

도온은 이렇게 말하였다.

"윤길보尹吉甫가 지어 부른 '화목하기가 마치 맑은 바람 같도다. 중산보仲山甫가 길이 읊어 자신의 심정을 위로하였네'라는 구절입니다."

사안은 이렇게 말하였다.

"아름다운 시인의 깊은 정취가 있구나!"

또 한 번은 가족이 모두 안으로 모여 있는데 갑자기 눈이 퍼붓는 것이었다.

이에 사안이 물었다.

"저 눈은 무엇과 흡사한가?"

사안의 형의 아들 사랑謝朗이 말하였다.

"'소금을 공중에서 뿌리고 있네'라 하면 가히 그에 맞을 듯합니다."

그러자 사도온은 이렇게 말하였다.

"'버들 솜이 바람에 흩날리도다'라는 것만 못합니다."

사안은 크게 즐겁게 여겼다.

왕응지의 아우는 왕헌지王獻之였는데 일찍이 손님들과 더불어 담론을 벌이고 있었다. 그런데 왕헌지의 이론이 꺾여 기를 펴지 못하자, 사도온은 비녀를 보내어 왕헌지에게 이렇게 말하도록 하였다.

"도련님의 포위를 풀어 주고자 한다."

이에 푸른 비단으로 보장步障을 만들어 자신을 감추고는 헌지가 앞서 논의한 일을 펴서 밝히자 빈객들이 그를 꺾을 수가 없었다.

晉, 王凝之妻謝氏, 字道韞. 聰識有才辯.

叔父安嘗問:「《詩》何句最佳?」

道韞稱:「吉甫作頌:『穆如淸風, 仲山甫永懷, 以慰其心.』」

安謂:「有雅人深致!」

又嘗內集, 俄而雪驟下.

安曰:「何所似也?」

安兄子朗曰:「散鹽空中, 差可擬.」

道韞曰:「未若柳絮因風起.」安大悅.

凝之弟獻之, 嘗與賓客談議, 詞理將屈.

道韞遣婢白獻之曰:「欲爲小郎解圍.」

乃施靑綾步障自蔽, 申獻之前議, 客不能屈.

【王凝之】자는 叔平(?~399). 王羲之의 둘째아들. 당시 유행하던 五斗米道를 신봉하였음. 《晉書》(80)에 전이 있음.

【道韞】謝道蘊. 사안의 조카딸. 여인으로써 뛰어난 文才가 있었음.

【謝安】字는 安石(320~385). 謝裒의 아들이며 謝琰(望蔡)의 아버지. 謝奕의 동생. 덕망이 있고 기개가 높아 桓彝, 王濛의 사랑을 받음. 처음에는 벼슬에 뜻을 버리고 王羲之, 支遁 등과 산수를 즐기며 조정의 부름에 응하지 않았으나 40이 넘어 桓溫의 司馬를 거쳐 吳興太守, 侍中, 吏部尙書, 太保錄尙書事 등의 관직을 지냄. 뒤에 다시 太傅에 추증되었으며 시호는 文靖. 《晉書》(79)에 전이 있음.

【吉甫作誦】周宣王이 仲山甫와 같은 현명하고 능통한 자를 임명하여 주나라 왕실을 중흥시킨 것을 尹吉甫가 찬미한 작품.

【謝朗】자는 長度. 어릴 때 이름이 胡兒. 謝安의 형 謝據의 장자이며 謝重의 아버지. 사안의 조카인 셈. 著作郎과 東陽太守를 지냄. 《晉書》(79)에 전이 있음. 《晉陽秋》에 "朗字長度, 安次兄據之長子. 安蚤知之. 文義艶發, 名亞於玄. 仕至東陽太守"라 함.

【柳絮】 버드나무의 열매가 익어서 씨 위의 털이 솜처럼 날리는 것. 이 고사에서 유래하여 여성의 문학적 재능을 '유서재(柳絮才)'라 함.

【王獻之】 자는 子敬(344~388). 王羲之의 일곱째 아들. 처음에 郗曇의 딸과 결혼하였으나 뒤에 簡文帝의 新安公主와 재혼함. 吳興太守, 尙書令 등을 역임함. 丹靑에 재능이 있었고 아버지 王羲之와 함께 글씨에도 능하여 '二王'이라 불렸음. 지금 남아있는 墨迹으로는 眞書의 '洛神賦十三行', 行書 '鴨頭丸帖', 草書 '十二月帖' 등이 유명함. 《晉書》(80)에 전이 있음.

【小郎】 시동생. 도련님.

【步障】 원래는 고대 귀인이 出行할 때 먼지·진흙이 날아들지 않도록 길 양편에 천으로 막는 것.

1. 《晉書》(96) 列女傳(王凝之妻謝氏)

王凝之妻謝氏, 字道韞, 安西將軍奕之女也. 聰識有才辯. 叔父安嘗問:「《毛詩》何句最佳?」道韞稱:「吉甫作頌:『穆如淸風, 仲山甫永懷, 以慰其心.』」安謂:「有雅人深致!」又嘗內集, 俄而雪驟下, 安曰:「何所似也?」安兄子朗曰:「散鹽空中, 差可擬.」道韞曰:「未若柳絮因風起.」安大悅. ……凝之弟獻之, 嘗與賓客談議, 詞理將屈, 道韞遣婢白獻之曰:「欲爲小郎解圍.」乃施靑綾步鄣自蔽, 申獻之前議, 客不能屈.

2. 《世說新語》言語篇

謝太傅寒雪日內集, 與兒女講論文義; 俄而雪驟, 公欣然曰:「白雪紛紛何所似?」兄子胡兒曰:「撒鹽空中差可擬」兄女曰:「未若柳絮因風起.」公大笑樂. 卽公大兄無奕女, 左將軍王凝之妻也.

069. 鑿齒尺牘, 荀勗音律

069-① 鑿齒尺牘
습착치의 편지 전달

《진서晉書》에 실려 있다.

습착치習鑿齒는 자가 언위彦威이며 양양襄陽 사람이다. 어려서 지기志氣가 있었으며, 그 박학함이 소문과 같았고 문필로 널리 칭해졌다. 형주자사荊州刺史 환온桓溫이 그를 불러 종사從事로 삼았으며 여러 관직을 거쳐 별가別駕가 되었다. 환온이 출정할 때면 습착치는 혹 그를 따라 나서기도 하고 혹은 남아 지키기도 하였으며 그에 맞은 직책을 맡아 처리하는 일마다 요체를 잡았으며 맡은 일마다 공적을 쌓았다. 척독尺牘으로 전달하는 논의論議에 뛰어나 환온은 그를 큰 그릇으로 여겨 대우하였다. 뒤에 환온이 형양태수滎陽太守로 나갔다. 당시 환온은 바라서는 안 될 제위를 엿보고 있었다. 습착치는 그 군郡에 머물면서 《한진춘추漢晉春秋》를 지어 이를 바로잡아 주고자 한漢나라 광무제光武帝로부터 시작하여 진晉나라 민제愍帝까지의 일을 기록하였다. 뒤에 전국사典國史로 불려 그 일을 하다가 생을 마쳤다.

당초 습착치는 일찍이 손작孫綽과 함께 길을 간 적이 있었다. 손작은 성격이 화통하고 솔직하면서 농담으로 남을 조롱하기를 잘하였다. 당시 손작이 앞서가고 있었는데 습착치를 뒤돌아보며 이렇게 말하였다.

"이리고 이리니 기왓장과 돌이 뒤에 남는군!"

그러자 습착치가 이를 받아 이렇게 말하였다.

"까불고 까부니 겨와 쭉정이가 앞서가네!"

《晉書》: 習鑿齒字彦威, 襄陽人. 少有志氣, 博學洽聞, 以文筆著稱. 荊州刺史桓溫辟爲從事, 累遷別駕. 溫出征伐, 鑿齒或從或守, 所在任職. 每處機要, 莅事有績. 善尺牘論議, 溫甚器遇之. 出爲滎陽太守.

時溫覬覦非望. 鑿齒在郡, 著《漢晉春秋》, 以裁正之. 起漢光武, 終晉愍帝. 後徵典國史, 會卒.

初鑿齒嘗與孫綽共行. 綽性通率, 好譏調.

時綽在前, 顧鑿齒曰:「沙之汰之, 瓦石在後!」

鑿齒曰:「簸之颺之, 糠粃在前!」

【習鑿齒】자는 彦威(?~384). 襄陽人. 桓溫의 戶曹參軍을 지냈으며 뒤에 滎陽太守에 오름.《漢晉春秋》54권을 써서 蜀을 정통으로 보고 魏나라를 篡逆한 것으로 여겨 桓溫이 晉室을 엿보는 것을 비난함. 苻堅이 襄陽을 함락한 후 그를 長安까지 불러 대접함.《晉書》(82)에 전이 있음.

【桓溫】桓公(312~373). 자는 元子. 明帝의 사위. 荊州刺史를 지냈으며, 蜀을 정벌하고 前秦을 쳐부숨. 簡文帝를 세우고 자신이 다시 왕위를 빼앗고자 하였음. 시호는 武侯. 그의 아들 桓玄이 드디어 제위를 찬탈하여 楚나라를 세운 다음 아버지 환온을 宣武皇帝로 추존함.《晉書》(98)에 전이 있음.

【別駕】州刺史의 보좌관.

【尺牘】글자를 쓰는 한 자 정도 길이의 나무 조각. 편지의 뜻으로 쓰임. 간결한 표현을 중시함.

【非望】바라서는 안 되는 것을 바람. 제위를 엿봄.

【光武帝】世祖光武皇帝. 光武帝. A.D.25~57년 재위. 東漢(後漢)의 첫 황제. 劉秀. 자는 文叔. 長沙 定王 劉發의 후손. 漢 景帝가 유발을 낳고, 유발이 春陵節侯 劉買를 낳았으며 뒤에 封地가 南陽 白水鄉으로 옮겨져 그곳을 春陵이라 하고 가문을 이루었음. 그리고 유매의 막내아들이 劉外였으며 그가 劉回를 낳았고, 유회가 南頓令 劉欽을 낳았으며 유흠이 유수를 낳았음. 이가 동한을 일으켜 낙양에 도읍을 하여 유씨 왕조를 이은 것이며 이를 東漢(後漢)이라 부름.

【晉愍帝】愍帝로도 표기하며 서진 마지막 제4대 황제. 司馬鄴. 吳王 司馬晏의 아들이며 西晉이 망함. 313~317년 재위함.

【孫綽】자는 興公(314~371). 孫楚의 손자로 형 孫統과 남으로 내려와 벼슬에 뜻을 버리고 〈遂初賦〉를 씀. 그 외에 〈遊天台山賦〉가 유명하며 뒤에 庾亮·殷浩·王羲之의 막료를 거쳐 永嘉太守·散騎常侍를 지냄. 桓溫이 수도를 洛陽으로 옮기려 하자 상소하여 반대함. 廷尉卿에 이르렀으며 長樂侯를 습봉받음.《晉書》(56)에 전이 있음.

【沙汰】조리로 나쁜 부분을 가림. 쌀 등을 일음.

【簸】키로 켜서 곡물의 곡식과 쭉정이나 먼지를 가려내기 위해 까부는 것.

【糠粃】겨와 쭉정이라는 뜻으로 쓸모없는 물건에 비유하여 이르는 말.

참고 및 관련 자료

1.《晉書》(82) 習鑿齒傳

習鑿齒字彦威, 襄陽人也. 宗族富盛, 世爲鄕豪. 鑿齒少有志氣, 博學洽聞, 以文筆著稱. 荊州刺史桓溫辟爲從事, 江夏相袁喬深器之, 數稱其才於溫, 轉西曹主簿, 親遇隆密. ……累遷別駕. 溫出征伐, 鑿齒或從或守, 所在任職. 每處機要, 莅事有績. 善尺牘論議, 溫甚器遇之. ……出爲滎陽太守. ……時溫覬覦非望. 鑿齒在郡, 著《漢晉春秋》, 以裁正之. 起漢光武, 終晉愍帝. 於三國之時, 蜀以宗室爲正, 魏武雖受漢禪晉, 尙爲篡逆, 至文帝平蜀, 乃爲漢亡而晉始興焉. 引世祖諱炎興而爲禪受, 明天心不可以勢力强也. 凡五十四卷. 後以脚疾, 遂廢於里巷. 及襄陽陷於苻堅, 堅素聞其名, 與道安俱興而致焉. 旣見, 與語, 大悅之, 賜遺甚厚. 又以其蹇疾, 與諸鎭書:「昔晉氏平吳, 利在二陸; 今破漢南, 獲士裁一人有半耳.」俄以疾歸襄陽. 尋而襄鄧反正, 朝廷欲徵鑿齒, 使典國史, 會卒, 不果.

2.《世說新語》排調篇

王文度·范榮期俱爲簡文所要; 范年大而位小, 王年小而位大; 將前, 更相推在前; 旣移久, 王遂在范後. 王因謂曰:「簸之揚之, 糠粃在前.」范曰:「洮之汰之, 沙礫在後.」

069-② 荀勖音律
음률에 뛰어난 순욱

진晉나라 순욱荀勖은 자가 공증公曾이며 영천潁川 영음潁陰 사람으로 한漢나라 때 사공司空 순상荀爽의 증손이다. 우뚝하고 숙성하여 열 살에 능히 문장을 지었으며 자라서 학문에 박식하게 되었으며 행정과 정치에 통달하였다.

무제武帝가 위나라로부터 제위를 선양 받자 그는 중서감中書監으로 발탁되어 시중侍中의 업무까지 겸하면서 저작著作을 통솔하였다. 그리고 가충賈充과 함께 율령律令을 제정하고 음악에 관한 업무도 관장하였다. 그리하여 율려律呂를 수정하여 이 모두가 함께 세상에 통행되게 되었다.

당초 순욱이 길을 가다가 조趙나라 상인이 몰고 가는 소의 방울 소리를 듣고 그 소리를 기억하고 있었다. 그가 음악을 관장하는 일을 맡았을 때 음악이 조화를 이루지 못하는 것이었다. 이에 그는 이렇게 말하였다.

"조나라의 소에 달린 방울이라면 이 음을 조율할 수 있을 것이다."

그리하여 군국郡國에 하달하여 모든 소의 방울을 보내도록 하였는데 과연 그 중에 조율할 수 있는 방울이 있었다.

또 한 번은 황제 곁에 있을 때 식사가 진상되었다. 그러자 순욱은 앉아 있던 이들에게 이렇게 말하였다.

"이는 고생을 많이 한 나무로 지은 음식이로다."

황제가 주방의 선부膳夫에게 물어보았더니 과연 음식을 만들 때 사용한 장작은 못 쓰는 옛날 수레바퀴였다는 것이다. 이리하여 온 세상 사람들은 그의 명확한 지식에 감복하였다.

위에 그는 상서령尚書令이 되었다. 순욱은 오랫동안 중서中書의 부서에 있었으므로 기밀의 사안에 대하여 전문으로 관장하고 있었는데 이때에 실각하여 상서령으로 옮기자 크게 한스러워하고 있었다. 그런데 어떤 이가 이러한 기분을 모른 채 순욱을 축하하는 것이었다.

그러자 순욱은 이렇게 말하였다.

"나의 봉황지鳳凰池를 빼앗겼는데 그대들이 나를 축하한다고?"

당초 태자가 아직 혼인을 결정하지 못하고 있었을 때 순욱은 좌위장군左衛將軍 풍담馮紞과 황제의 한가한 틈을 엿보아 함께 가충의 딸 가남풍賈南風이 재색이 세상에 뛰어나다고 말하여 결국 그와 혼인을 결정하게 되었다. 이 일로 그는 당시 정직한 사람들로부터 질시를 받았으며, 황제에게 잘 보이고자 한 짓이라고 놀림을 받았다. 황제도 평소 태자가 혼암하고 약하다는 것을 알고 있었다. 황제는 뒤에 그가 나라를 어지럽히지나 않을까 걱정을 하여 순욱과 화교和嶠를 보내어 태자의 일을 관찰하도록 하였다. 두 사람이 돌아와 순욱은 태자는 덕이 있다고 칭찬을 하였고 화교는 태자는 처음과 달라진 것이 없다고 보고하였다. 이에 천하에서는 화교는 귀하게 여겼고 순욱은 천한 인물로 치부하고 말았다.

晉, 荀勖字公曾, 潁川潁陰人, 漢司空爽曾孫. 岐嶷夙成, 十餘歲能屬文, 長博學, 達於從政.

武帝受禪, 拜中書監, 加侍中, 領著作. 與賈充共定律令, 旣掌樂事, 又修律呂, 竝行於世. 初勖於路逢趙賈人牛鐸, 識其聲. 及掌樂, 音韻未調.

乃曰:「得趙之牛鐸則諧矣.」

遂下郡國, 悉送牛鐸, 果得諧者.

又嘗在帝坐進飯. 謂在坐人曰:「此勞薪所炊.」

帝遣問膳夫, 實用故車脚. 擧世伏其明識.

後守尙書令. 勖久在中書, 專管機事, 及失之甚悵恨. 或有賀之者.

勖曰:「奪我鳳凰池, 諸君賀我耶?」

初太子婚未定, 勖與左衛將軍馮紞伺帝間, 竝稱賈充女才色絶世, 遂成婚. 當時甚爲正直者所疾, 而獲佞媚之譏. 帝素知太子闇弱,

恐後亂國, 遣勖及和嶠往觀之. 勖還盛稱太子之德, 而嶠云太子
如初. 於是天下貴嶠而賤勖.

【荀勖】 '荀勗'으로도 표기함. 자는 公曾(?~289). 荀爽의 증손으로 대장군
曹爽의 掾이 되었으나 조상이 피살되자 司馬昭에게 발탁되어 記室로서
裴秀, 羊祜와 함께 機密을 담당함. 뒤에 司馬炎이 晉나라를 일으키자
安陽令·侍中·中書監, 光祿大夫, 儀同三司 등을 지냄. 晉初 晉律을 제정
하였으며 음악에도 조예가 깊었고 당시의 서적을 정리하기도 함. 《晉書》(39)
에 전이 있음.

【司空爽】 荀爽. 자는 慈明(128~190). 일명 諝. 荀淑의 여섯째 아들. 당시 사람
들이 "荀氏入龍, 慈明無雙"이라 할 정도로 12세에 이미 《春秋》·《論語》에
밝았음. 司空을 지냈음. 《後漢書》(62)에 전이 있음.

【岐嶷】 어릴 때부터 재능이 뛰어났음을 이르는 말. 《詩經》 大雅 生民篇에
"誕實匍匐 克岐克嶷"라 함.

【武帝】 晉 武帝. 司馬炎. 西晉의 개국군주. 司馬昭의 長子. 자는 安世. 咸熙
2年(265)에 魏나라로부터 禪讓의 형식으로 나라를 이어받아 晉나라를 세우고
洛陽을 도읍으로 함. 재위 26년(265~290). 묘호는 世祖. 《晉書》(3)에 紀가
있음.

【從政】 《論語》에 雍也篇에 "季康子問, 仲由可使從政也與"라 함.

【賈充】 자는 公閭(217~282). 賈逵의 아들. 西晉 초에 司空, 侍中, 尙書令,
太尉 등을 지냄. 〈晉律〉을 제정한 인물. 《晉書》(40)에 전이 있음. 그의 딸은
賈南風이었음.

【律呂】 陽의 六律과 陰에 六呂. 音律·音樂을 말함.

【牛鐸】 소의 뿔에 걸린 방울.

【勞薪】 못쓰는 材木으로 만든 장작.

【鳳凰池】 中書省에 있는 연못의 이름. 중서성의 별칭. 천자의 총애를 받았던
지위였음을 말함.

【賈充女才】 賈南風. 惠帝의 황후. 가충은 侍中·尙書令으로서 총애를 받아
무제가 태자가 되자 권세를 잡아 太尉 荀顗·시중 荀勖·越騎校尉 馮紞과
黨을 이루어 이를 朝野에서 전횡하였음. 武帝는 처음에 太子를 위해서

衛瓘의 딸을 妃로 삼으려 하였지만, 가충의 아내 郭槐는 楊皇后의 측근에
뇌물을 주어 자신의 딸을 비로 들이도록 꾸몄음. 무제는 위씨와 가씨의
두 집안을 비교하여 가남풍을 탐탁하게 여기지 않았으나, 순욱·순의·풍님
등이 가충의 딸의 재색을 칭찬하여 결국 남풍을 비로 삼게 된 것임. 당시
가남풍은 열다섯 살로 태자보다 두 살이 위였음. 남풍은 질투심이 심하고
권모술수에 뛰어나 남을 음해하는 행동을 서슴지 않았음.

【賈充】字는 公閭(217~282), 三國時代 賈逵의 아들. 魏에서 벼슬하여 司馬氏의
속관이 되었음. 西晉 초기에 司空·侍中·尙書令·太尉 등 요직은 지냈으며
晉律을 제정함. 두 딸이 齊王妃와 太子妃가 되어 정권을 독단하였으며
臨潁侯·魯郡公에 봉해졌음. 죽은 후 太宰에 추증됨.《晉書》(卷40)에 傳이
있음.

【太子闇弱】晉 惠帝는 혼암하고 어리석어 가남풍에게 조종을 받았음.

【和嶠】자는 長輿. 太子少傅, 中書令, 散騎常侍, 光祿大夫 등을 역임함. 성품
이 인색하고 돈에 대하여 집착을 가졌다 함.《晉書》(45)에 전이 있음. '和嶠
專車'[033] 참조.

참고 및 관련 자료

1.《晉書》(39) 荀勖傳

荀勖字公曾, 潁川潁陰人, 漢司空爽曾孫也. 祖棐, 射聲校尉. 父肸, 早亡. 勖依
于舅氏. 岐嶷夙成, 年十餘歲能屬文. 從外祖魏太傅鍾繇曰:「此兒當及其
曾祖.」旣長, 遂博學, 達於從政. ……武帝受禪, 改封濟北郡公. 勖以羊祜讓,
乃固辭爲侯. 拜中書監, 加侍中, 領著作, 與賈充共定律令. ……旣掌樂事, 又修
律呂, 並行於世. 初, 勖於路逢趙賈人牛鐸, 識其聲. 及掌樂, 音韻未調. 乃曰:
「得趙之牛鐸則諧矣.」遂下郡國, 悉送牛鐸, 果得諧者. 又嘗在帝坐進飯. 謂在
坐人曰:「此勞薪所炊.」咸未之信. 帝遣問膳夫, 乃云:「實用故車脚.」舉世伏
其明識. ……時帝素知太子闇弱, 恐後亂國, 遣勖及和嶠往觀之. 勖還盛稱太子
之德, 而嶠云太子如初. 於是天下貴嶠而賤勖. ……久之, 以勖守尙書令. 勖久
在中書, 專管機事, 及失之, 甚罔罔悵恨. 或有賀之者. 勖曰:「奪我鳳凰池,
諸君賀我邪?」

070. 胡威推縑, 陸績懷橘

070-① 胡威推縑
비단을 부하에게 나누어 준 호위

《진서晉書》에 실려 있다.

호위胡威는 자가 백무伯武이며 회남淮南 수춘壽春 사람이다. 아버지 호질胡質은 충성과 청렴함으로 이름이 났었으며 위魏나라에 봉사하여 형주자사荊州刺史가 되었다. 호위가 수도에서 아버지를 뵙고자 떠났는데 집이 가난하여 거마나 동복僮僕이 없어 스스로 나귀를 몰아 홀로 갔다. 이윽고 아버지가 계신 곳에 이르러 아버지를 뵙고 돌아오게 되자 아버지는 비단 한 필을 내려주었다. 이에 호위는 이렇게 말하였다.

"아버님께서 맑고 고매한 분으로써 어디에서 이러한 비단을 얻으신 것입니까?"

아버지는 이렇게 답하였다.

"내 봉록의 남은 것이다."

호위는 이를 받아 돌아가겠다고 말씀을 드리고 나서, 마침내 받았던 것을 아버지 막하에 일하고 있는 도독에게 내려주고 말았다.

뒤에 서주자사徐州刺史가 되었디. 행정에 부지린힘을 다하여 풍화風化가 크게 이루어졌다. 조정으로 들어오자 무제武帝가 물었다.

"그대와 아버지는 누가 더 청렴한가?"

호위는 이렇게 대답하였다.

"아버지의 청렴함은 남들이 이를 알까 걱정하는 청렴함이요, 저의 청렴함은 남들이 모를까봐 안달하는 청렴함입니다. 저는 아버지에 비하여 미치지 못할 만큼 요원합니다."

《晉書》: 胡威字伯武, 淮南壽春人. 父質, 以忠淸稱, 仕魏爲荊州刺史. 威自京師定省, 家貧, 無車馬僮僕, 自驅驢單行. 旣至, 見父而歸, 父賜絹一匹.

威曰: 「大人淸高, 何得此絹?」

答曰: 「是吾俸祿之餘.」

威受之, 辭歸. 卒取與質帳下都督. 後爲徐州刺史. 勤於政術, 風化大行.

入朝, 武帝謂曰: 「卿孰與父淸?」

對曰: 「臣父淸恐人知, 臣淸恐人不知. 是臣不及遠也.」

【胡威】 일명 胡貔. 자는 伯虎. 혹 伯武. 당시 제일 청렴하였다고 소문났던 인물. 安豐太守, 徐州刺史 등을 거쳐 靑州刺史 등을 역임하였으며 平春侯에 봉해짐. 《晉書》(90)에 전이 있음.

【壽春】 지금의 安徽省 壽縣. 漢나라 제후국 淮南國의 수도였음.

【胡質】 호위의 아버지. 魏나라 때 荊州刺史를 역임함.

【定省】 '昏定晨省'의 준말. 자식이 부모의 잠자리를 살피고 아침에 안부를 묻는 것. 효도의 다른 말임. 《禮記》曲禮(上)에 "凡爲人子之禮: 冬溫而夏淸, 昏定而晨省, 在醜夷不爭"라 함.

【帳下】 장막 아래라는 뜻으로 幕下·配下·部下와 같음.

【武帝】 晉 武帝. 司馬炎. 西晉의 개국군주. 司馬昭의 長子. 자는 安世. 咸熙 2年(265)에 魏나라로부터 禪讓의 형식으로 나라를 이어받아 晉나라를 세우고 洛陽을 도읍으로 함. 재위 26년(265~290). 묘호는 世祖. 《晉書》(3)에 紀가 있음.

참고 및 관련 자료

1. 《晉書》(90) 良吏傳(胡威)

胡威字伯武, 一名貔, 淮南壽春人也. 父質, 以忠淸著稱, 少與鄕人蔣濟·朱績俱知名於江淮間, 仕魏至征東將軍·荊州刺史. 威早厲志尙. 質之爲荊州也, 威自

京都定省, 家貧, 無車馬僮僕, 自驅驢單行. 每至客舍, 躬放驢, 取樵炊爨, 食畢,
復隨侶進道. 旣至, 見父, 停廐中十餘日. 告歸, 父賜絹一匹爲裝. 威曰:「大人
淸高, 不審於何得此絹?」質曰:「是吾俸祿之餘, 以爲汝糧耳.」威受之, 辭歸,
質帳下都督先威未發, 請假還家, 陰資裝於百餘里, 要威爲伴, 每事佐助. 行數
百里, 威疑而誘問之, 旣知, 乃取所賜絹與都督, 謝而遣之. 後因他信以白質,
質杖都督一百, 除吏名. 其父子淸愼如此. 於是名譽著聞. 拜侍御史, 歷南鄉侯·
遷徐州刺史. 勤於政術, 風化大行. 後入朝, 武帝語及平生, 因歎其父淸, 謂威曰:
「卿孰與父淸?」對曰:「臣不如也.」帝曰:「卿父以何爲勝耶?」對曰:「臣父淸
恐人知, 臣淸恐人不知. 是臣不及遠也.」帝以威言直而婉, 謙而順. 累遷監豫州
諸軍事·右將軍·豫州刺史, 入爲尙書, 加奉車都尉.

2.《三國志》(27) 魏志 胡質傳

胡質字文德, 楚國壽春人也. 少與蔣濟·朱績俱知名於江淮間, 仕州郡. 蔣濟爲
別駕, 使見太祖. 太祖問曰:「胡通達, 長者也, 寧有子孫不?」濟曰:「有子曰質,
規模大略不及於父, 至於精良綜事過之.」太祖卽召質爲頓丘令.

070-② 陸績懷橘
어머니를 위해 먹던 귤을 품은 육적

《오지吳志》에 실려 있다.

육적陸績은 자가 공기公紀이며 오吳나라 사람이다. 나이 여섯에 구강九江
에서 원술袁術을 만나게 되었을 때 원술이 그에게 귤을 주었다. 육적은
그 중 세 개를 가슴에 몰래 품고 있다가 떠나면서 인사할 때 그만 그것이
땅에 떨어지고 말았다. 원술이 물었다.

"육랑, 손님으로 왔다가 귤을 몰래 품고 가서야 되겠느냐?"

육적은 무릎을 꿇고 이렇게 말하였다.

"어머니께 가져다 드리려던 것입니다."

원술은 크게 기이하게 여겼다.

육적은 박학다식하였고 성력星歷과 산수算數까지 널리 읽지 않은 것이 없었다. 손권孫權이 그를 불러 연掾으로 삼았는데 그는 너무 직설적이어서 꺼림의 대상이 되기도 하였다. 그리하여 물러나 울림태수鬱林太守에 편장군偏將軍의 직함을 겸하게 되었다. 육적은 유가儒家의 아풍雅風에 관심을 가졌던 터라 그러한 직함이 뜻에 맞지 않았다. 그리하여 비록 군사軍事의 업무를 맡고 있었지만 저술을 그치지 않았다. 그리하여 〈혼천도渾天圖〉를 짓고, 《주역周易》의 주와 현학玄學을 해석하여 모두가 세상에 전하고 있다.

《吳志》: 陸績字公紀, 吳人.

年六歲, 於九江見袁術. 術出橘, 績懷三枚, 去, 拜辭墮地.

術謂曰:「陸郎作賓客而懷橘乎?」

績跪曰:「欲歸遺母.」

術大奇之.

績博學多識, 星歷算數, 無不該覽. 孫權辟爲掾, 以直道見憚. 出爲鬱林太守, 加偏將軍. 績意在儒雅, 非其志也. 雖有軍事, 著述不廢. 作〈渾天圖〉, 注《易》釋玄, 皆傳於世.

【陸績】 자는 公紀(186~219). 그의 아버지 陸康은 한말 廬江太守를 지냈음. 육적은 박학다식하여 천문, 律曆과 算術에 밝았음. 孫權이 奏曹掾을 삼았으며 뒤에 鬱林太守를 지냄.《三國志》(57) 吳書에 전이 있음.

【袁術】 袁紹의 사촌동생. 後漢 獻帝 때 帝號를 바꾼 지 2년 후에 劉備에게 망함.

【孫權】 자는 仲謀(182~252). 삼국 吳나라 大帝. 仲謀. 江東에 손씨 집안이 이루어 놓은 세력을 바탕으로 강동 6군을 점거하고 222년에 吳王으로 책봉을

받은 다음 229년에 자립하여 帝를 칭하며 국호를 吳라 하였으며, 즉시 武昌에서 建業으로 수도를 옮겨 삼국시대를 열었음. 재위 23년 만에 죽어 그 아들 孫亮이 뒤를 이음. 《三國志》(47)에 전이 있음.

【偏將軍】左將軍과 같음.

【釋玄】'玄'은 老子 '玄玄'의 道. 道家의 宗旨를 말함.

1. 《三國志》(57) 吳志 陸績傳.

陸績字公紀, 吳郡吳人也. 父康, 漢末爲廬江太守. 績年六歲, 於九江見袁術. 術出橘, 績懷三枚, 去, 拜辭墮地, 術謂曰:「陸郎作賓客而懷橘乎?」績跪答曰: 「欲歸遺母.」術大奇之. ……績容貌雄壯, 博學多識, 星歷算數, 無不該覽. 孫權統事, 辟爲奏曹掾, 以直道見憚. 出爲鬱林太守, 加偏將軍, 給兵二千人. 績旣有躄疾, 又意在儒雅, 非其志也. 雖有軍事, 著述不廢. 作〈渾天圖〉, 注《易》釋玄, 皆傳於世.

2. 《二十四孝》懷橘遺親

後漢, 陸績, 字公紀, 六歲時, 到九江拜見袁術, 術出橘待之. 績懷橘二枚, 及跪, 拜辭, 墮地. 術曰:「陸郎作賓客而懷橘乎?」績跪答曰:「吾母性之所愛, 欲歸以遺母.」術大奇之. 有詩爲頌. 詩曰:『孝悌皆天性, 人間六歲兒. 袖中懷橘實, 遺母報深慈.』

071. 羅含呑鳥, 江淹夢筆

071-① 羅含呑鳥
입 안으로 새를 삼킨 나함

《진서晉書》에 실려 있다.

나함羅含은 자가 군장君章으로 계양桂陽 뇌양耒陽 사람이다. 어려서 고아가 되어 숙모 주씨朱氏에 의해 양육되었다. 젊어서 뜻이 고상하였다. 일찍이 낮에 누워 있는데, 꿈에 문채가 이상한 새 한 마리가 그의 입 안으로 날아드는 것이었다. 이에 놀라 일어나 이를 말하였더니 숙모 주씨가 이렇게 말하였다.

"새에 문채가 있다면 너는 뒤에 틀림없이 문장가가 될 것이다."

이로부터 그의 문장의 아름다움은 날로 새로워갔다. 강하태수江夏太守 사상謝尙은 이렇게 칭찬하였다.

"군장은 가히 상湘 땅의 임랑琳琅이라 할 만하다."

환온桓溫은 그를 강좌江左의 으뜸이라 여겼다. 여러 차례 승진하여 장사상長沙相이 되었으며, 벼슬을 그만 둔 뒤에는 중산대부中散大夫 작위가 더해져 그 집 문에는 말을 매는 횡목이 설치되었다. 처음 나함이 관사에 있을 때 어떤 흰 참새가 그 집 건물에 둥지를 틀고 있었다. 그런데 그가 집으로 돌아가자 정원의 섬돌에 갑자기 난초와 국화가 떨기를 이루어 자라기 시작하였다. 사람들은 이를 그의 덕화德化가 감응한 것이라 여겼다.

《晉書》: 羅含字君章, 桂陽耒陽人. 幼孤, 爲叔母朱氏所養. 少有志尚, 嘗晝臥, 夢一鳥文彩異常, 飛入口中, 因驚起說之.

朱氏曰:「鳥有文彩 汝後必有文章」

自此藻思日新.

江夏守謝尙稱曰:「君章可謂湘中之琳琅」

桓溫以爲江左之秀. 累遷長沙相, 致仕, 加中散大夫, 門施行馬.

初, 含在官舍, 有一白雀, 栖集堂宇. 及還家, 階庭忽蘭菊叢生,
以爲德化之感.

【羅含】 자는 君章. 謝尙과 桓溫이 '湘中之琳琅'·'江左之秀'라 극찬하였던 인물.
長沙相 등을 지냄.《晉書》(92)에 전이 있음.

【藻思】 詩歌와 文章데 대한 재능.

【謝尙】 자는 仁祖(308~357). 謝鯤의 아들이며 王導가 '小安豐'이라 불렀음.
給事黃門侍郎을 거쳐 建武將軍, 歷陽太守, 江夏, 義陽 등 都督을 지냄.
穆帝 때 尙書僕射를 지냄. 음악과 기예에 밝았으며 太樂을 처음으로 정리
하였던 인물.《晉書》(79)에 전이 있음. '謝尙鴝鵒'[048] 참조.

【湘中】 洞庭湖로 흐르는 湘水의 유역. 지금의 湖南省.

【琳琅】 아름다운 玉. 雙聲連綿語의 物名.《書經》禹貢에 '球琳琅玕'이라 하였
으며 여기서는 詩文에 뛰어난 사람에 비유한 것임.

【桓溫】 자는 元子(312~373). 明帝의 사위. 荊州刺史를 지냈으며, 蜀을 정벌하고
前秦을 쳐부숨. 簡文帝를 세우고 자신이 다시 왕위를 빼앗고자 하였었음.
시호는 武侯. 그의 아들 桓玄이 드디어 제위를 찬탈하여 楚나라를 세운
나음 아버지 환온을 宣武皇帝로 주존함.《晉書》(98)에 전이 있음.

【江左】 江東. 晉나라의 元帝가 長江을 건너 江左의 建業(南京)에 도읍을
정하였으며 東晉이라는 뜻.

【行馬】 말 따위가 도망치거나 들어오는 것을 막기 위해 두른 울타리나 목책.
漢魏 때 三公의 문에 이를 설치하였으며 晉나라 고관으로써 퇴직한 자의
집에도 이를 설치하였음.

【白雀】 흰 참새. 상서롭게 여겼음.

1. 《晉書》(92) 文苑傳(羅含)

羅含字君章, 桂陽耒陽人也. 曾祖彦, 臨海太守. 父綏, 榮陽太守. 含幼孤, 爲叔母朱氏所養. 少有志尙, 嘗晝臥, 夢一鳥文彩異常, 飛入口中, 因驚起說之. 朱氏曰:「鳥有文彩 汝後必有文章.」自此後藻思日新. 弱冠, 州三辟, 不就. ……後爲郡功曹, 刺史庾亮以爲部江夏從事. 太守謝尙與含爲外方之好, 乃稱曰:「羅君章可謂湘中之琳琅.」尋轉州主簿. ……溫嘗與僚屬譙會, 含後至. 溫問衆坐曰:「此何如人?」或曰:「可謂荊楚之材.」溫曰:「此自江左之秀, 豈惟荊楚而已?」徵爲尙書郞. 溫雅重其才, 又表轉征西戶曹參軍. 俄遷宜郡太守. 及溫封南郡公, 引爲郞中令. 尋徵正員郞, 累遷散騎常侍·侍中, 仍轉廷尉·長沙相. 年老致仕, 加中散大夫, 門施行馬. 初, 含在官舍, 有一白雀, 棲集堂宇. 及致仕還家, 階庭忽蘭菊叢生, 以爲德行之感焉. 年七十七卒, 所著文章行於世.

2. 《世說新語》規箴篇

羅君章爲桓宣武從事, 謝鎭西作江夏, 往檢校之. 羅旣至, 初不問郡家事, 徑就謝數日, 飲酒而還. 桓公問有何事? 君章云:「不審公謂謝尙是何似人?」桓公曰:「仁祖是勝我許人!」君章云:「豈有勝公人而行非者? 故一無所問」桓公奇其意, 而不責也.

071-② 江淹夢筆
꿈속에 붓을 빼앗긴 강엄

《남사南史》에 실려 있다.

강엄江淹은 자가 문통文通이며 제양濟陽 고성考城 사람이다. 어려서 고아가 되었으며 집이 가난하였다. 그는 한때 사마상여司馬長卿와 양홍梁伯鸞의 인물됨을 흠모하여 장구章句의 학문에는 뜻을 두지 않았으며 문장을 잘 짓겠노라 뜻을 두었다. 제齊나라에 벼슬하여 시중비서감侍中 祕書監이 되었고, 다시 양梁나라에 이르러서는 금자광록대부金紫光祿大夫에 올랐다. 강엄은 문장으로 널리 드러났으나, 만년에는 재능과 생각이 미미해지고 퇴보하였다고 한다. 그가 선성태수宣城太守였을 때, 어느 날 업무가 끝나고 집에 돌아왔을 때였다. 꿈에 어떤 사람이 나타나 자신을 장협(張景陽)이라 하면서 "전에 비단 한 필을 그대에게 맡겼었는데 지금 되돌려 줄 수 있겠지"라고 하는 것이었다. 꿈속에 강엄이 자신의 품을 뒤졌더니 몇 자밖에 되지 않은 비단이 있어 이를 그에게 주었다. 그러자 그는 크게 성을 내며 "어찌 모두 잘라 써버리고 이것만 남았는가?"라고 하면서 곁에 있던 구지丘遲를 돌아보며 이렇게 말하는 것이었다.

"이처럼 몇 자밖에 남지 않았으니 더 이상 쓸모가 없소. 그대에게 드리겠소."

이로부터 강엄의 문장은 엎질러져 쇠퇴하고 말았다.

그리고 다시 어느 날 꿈에 장부 하나가 나타나 자신을 곽박郭璞이라 하면서 "내 그대에게 붓을 맡겨 놓은 지 꽤 여러 해가 되었소. 지금 돌려받을 수 있겠지요"라고 하는 것이었다. 강엄이 품속을 뒤졌더니 오색의 붓 한 자루가 나와 이를 돌려주었다. 그로부터 그의 시에서 아름답던 구절은 끊어지고 말았다. 당시 사람들은 이 때문에 강엄의 재능이 다한 것이라 여겼다.

《南史》: 江淹字文通, 濟陽考城人. 少孤貧. 嘗慕司馬長卿·梁伯鸞之爲人, 不事章句之學, 留情文章. 仕齊爲侍中祕書監, 入梁至金紫光祿大夫. 淹以文章顯, 晚節才思微退云. 爲宣城太守, 時罷歸.

夢一人自稱張景陽, 謂曰:「前以一匹錦相寄, 今可見還」

淹探懷中得數尺與之. 此人大恚曰:「那得割截都盡?」

顧見丘遲謂曰:「餘此數尺, 旣無所用, 以遺君」

自爾淹文章躓矣.

又嘗夢, 一丈夫自稱郭璞, 謂曰:「吾有筆在卿處多年, 可以見還」
淹乃探懷中, 得五色筆一, 以授之. 爾後爲詩絶無美句. 時人謂之
才盡.

【江淹】자는 文通(444~504, 혹은 505). 南朝 梁나라 때 文人. 濟陽 考城(지금의
河南省 考城縣) 출신. 司馬相如를 흠모하였으며 宋에서 齊나라로, 다시
梁으로 이어지면서 散騎常侍를 지냈으며 뒤이어 金紫光祿大夫를 역임함.
강엄의 시는 幽深奇麗하여 宋·齊 시인 鮑照와 비슷함.《梁書》(14) 및《南史》
(59)에 傳이 있으며 明, 張溥가 집일한《江醴陵集》이 있음.《文選》(39)에
〈詣建平王上書〉의 글이 전함. '江淹夢筆'[071] 및 '鄒衍降霜'[044] 참조.
【司馬長卿】司馬相如(B.C.179~B.C.118). 자는 長卿. 成都 출신으로 漢代 최고의
賦 작가. 漢 武帝에게 賦를 올려 宮中詩人으로 활약함.〈子虛賦〉,〈上林賦〉,
〈大人賦〉,〈諭巴蜀檄〉 등을 남겼으며 본《西京雜記》에는 사마상여에 관한
기록을 비교적 많이 싣고 있음.《史記》,《漢書》의 司馬相如傳 참조.
【梁伯鸞】梁鴻. 字는 伯鸞. 後漢의 處士. '梁鴻五噫'[234] 참조. 그의 아내 孟光
과의 고사로 유명함.
【金紫光祿大夫】광록대부는 顧問과 應對를 맡은 관리. 금자는 金印紫綬를
더한 사람. 광록대부의 最上 직위.
【張景陽】張恊(張協). 張載의 아우. 형제 모두 太康 문인으로써 文名이 뛰어
났었음. 河間內史에 이르렀음.
【丘遲】자는 希範. 梁나라 사람. 문학에 재주가 있었으며 永嘉太守를 역임함.
【郭璞】字는 景純(276~324). 晉나라 河東 聞喜人. 經術에 밝고 박학다식하였
으며 著作佐朗. 王敦의 記室參軍 등을 지냈음. 元帝 때에 尙書郎을 역임하였
으며 王敦의 起兵을 저지하다가 피살되었음.《爾雅》·《方言》·《穆天子傳》
등에 注를 썼으며《晉書》(72)에 傳이 실려 있음.

참고 및 관련 자료

1.《南史》(59) 江淹傳
江淹, 字文通, 濟陽考城人也. 天監元年, 爲散騎相侍, 左衛將軍, 遷金紫光祿

大夫卒. 謚曰憲伯. 淹少以文章顯, 晚節才思微退, 云爲宣城太守時罷歸, 始泊
禪靈寺渚, 夜夢一人自稱張景陽, 謂曰:「前以一匹錦相寄, 今可見還.」淹探懷
中得數尺與之, 此人大恚曰:「那得割截都盡?」顧見丘遲謂曰:「餘此數尺旣
無所用, 以遺君.」自爾淹文章躓矣. 又嘗宿於冶亭, 夢一丈夫自稱郭璞, 謂淹
曰:「吾有筆在卿處多年, 可以見還.」淹乃探懷中得五色筆一以授之. 爾後爲
詩絶無美句, 時人皆謂之才盡. 凡所著述百餘篇, 自撰爲前後集, 並齊史十志,
並行于世. 嘗欲爲赤縣經以補山海之闕, 竟不成.

2.《梁書》(14) 江淹傳

江淹, 字文通, 濟陽考城人也. 少孤貧好學, 沉靜少交遊. 起家南徐州從事,
轉奉朝請. 宋建平王景素好士, 淹隨景素在南兗州. 光陵令郭彦文得罪, 辭連淹,
繫州獄. 淹獄中上書曰: ……四年, 卒, 是年六十二. 高祖爲素服擧哀. 賵錢三萬,
布五十匹, 謚曰憲伯. 淹少以文章顯, 晚節才思微退, 時人皆謂之才盡. 凡所著述
百餘篇, 自撰爲前後集, 並齊史十志, 並行于世.

072. 李廞淸貞, 劉驎高率

072-① 李廞淸貞
맑고 곧은 이흠

《세설신어世說新語》에 실려 있다.

이흠李廞은 이무증李茂曾의 다섯째 아들로서 청정淸貞하여 원대한 지조가 있었다. 어릴 때는 매우 병약하여 혼인이나 벼슬에 관한 어떤 것도 들으려 하지 않았다.

승상 왕도王導가 예를 갖추어 그를 불러 승상부丞相府의 연掾으로 삼고자 하였다. 그러자 이흠은 왕도가 보낸 임명장 편지를 들고는 이렇게 웃었다.

"승상 왕도茂弘께서 나에게 기껏 하나의 작위로써 거짓을 부리는 사람으로 다시 만들고자 하는군!"

《世說》: 李廞, 茂曾第五子, 淸貞有遠操. 少羸病, 不肯婚宦.
王丞相欲招禮之, 辟爲府掾.
廞得牋命笑曰:「茂弘乃復以爵假人!」

【李廞】 자는 宗子. 李公府로 불림. 글씨에도 뛰어났었다 함.
【茂曾】 李重. 자는 茂曾. 李廞의 아버지. 平陽太守, 尙書吏部郎을 역임함.
【王丞相】 王導(276~339). 자는 茂弘. 어릴 때 자는 阿龍. 王敦의 從弟. 서진이 망하자 王敦과 함께 司馬睿를 황제로 추대하여 東晉을 세움. 그 공으로 丞相이 되었으며 號를 '仲父'라 하였음. 천하의 권세를 잡아 당시 "王與馬, 共天下"라 하였음. 元帝와 明帝, 成帝를 차례로 즉위시켰음. 아울러 남방

세족의 도움으로 강남에서의 동진 정권을 안정시킴. 《晉書》(65)에 전이 있음.
【以爵】《世說新語》에는 '以一爵'으로 되어 있음.

1.《世說新語》棲逸篇
李廞是茂曾第五子, 淸貞有遠操, 而少羸病, 不肯婚宦. 居在臨海, 住兄侍中墓下. 旣有高名, 王丞相欲招禮之, 故辟爲府掾. 廞得牋命, 笑曰:「茂弘乃復以一爵假人?」

072-② 劉驎高率
고매하고 솔직한 유린지

《진서晉書》에 실려 있다.

유린지劉驎之는 자가 자기子驥이며 남양南陽 사람이다. 젊어서 질박하고 소박함을 숭상하여 마음을 비우고 욕심을 줄였으며 겉치레 예의나 품행에는 관심을 두지 않아 사람들이 그를 제대로 알지 못하고 있었다.

산택을 유람하기를 좋아하면서 둔일遯逸에 뜻을 두고 있었다. 거기장군車騎將軍 환충桓沖이 그 이름을 듣고 청하여 장사長史 벼슬을 해 줄 것을 부탁하였으나 유린지는 굳이 사양하였다. 그가 양기陽岐 땅에 살 때에 내왕하는 자들 중 누구 하나 찾아오지 않는 자가 없을 정도였다. 그럴 때마다 유린지는 스스로 직접 나서서 그들을 대접하였다. 이에 사군자士君子들은 자못 그러한 방문이 그를 노고롭게 한다고 찾아가기를 꺼려하게 되었다. 무릇 남이 주는 물건은 하나도 그는 받지 않았다.

《세설신어世說新語》에는 "유린지는 고매하고 솔직하며, 역사와 전기에 밝았다"고 기록되어 있다.

《晉書》: 劉麟之字子驥, 南陽人. 少尙質素, 虛退寡欲, 不修儀操, 人莫之知. 好游山澤, 志存遯逸. 車騎將軍桓沖聞其名, 請爲長史, 麟之固辭. 居于陽岐, 來往莫不投之. 麟之躬自供給, 士君子頗以勞累, 更憚過焉. 凡人致贈, 一無所受.

《世說》載:「麟之高率, 善史傳.」

【劉麟之】 자는 子驥. 혹 遺民. 南陽(지금의 河南省 南陽) 사람.《晉書》(94)에는 '劉驎之'로 표기되어 있음.

【桓沖】 자는 幼子(329~384). 車騎將軍을 지냈으며 桓溫의 아우. 384년 謝安이 먼저 苻堅을 대패시켰다는 소식을 듣고 화병으로 죽음.《晉書》(74)에 전이 있음.

【陽岐】 陽岐村. 荊州에서 2백 리 밖. 長江가에 있음.〈任誕篇〉 참조. 일부 본에는 '岐陽'으로 되어 있음.

참고 및 관련 자료

1.《晉書》(94) 隱逸傳(劉驎之)

驎麟之字子驥, 南陽人. 光祿大夫耽之族也. 驎之少尙質素, 虛退寡欲, 不修儀操, 人莫之知. 好游山澤, 志存遯逸. 嘗採藥至衡山, 深入忘反, 見有一澗水, 水南有二石困, 一困閉, 一困開, 水深廣不得過. 欲還, 失道, 遇伐弓人, 問徑, 僅得還家. 或說困中皆仙靈方藥諸雜物, 驎至欲更尋索, 終不復知處也. 車騎將軍桓沖聞其名, 請爲長史, 驎之固辭不受. ……居於陽岐, 在官道之側, 人物來往,莫不投之. 驎之躬自供給, 士君子頗以勞累, 更憚過焉. 凡人致贈, 一無所受. 去驎之家百餘里, 有一孤姥, 病將死, 歎息謂人曰:「誰當埋我, 惟有劉長史耳! 何由令知?」驎之先聞其有患, 故往候之, 值其命終, 乃身爲營棺殯送之. 其仁愛隱惻若此. 卒以壽終.

2.《世說新語》棲逸篇

南陽劉驎之, 高率善史傳, 隱於陽岐. 于時苻堅臨江, 荊州刺史桓沖將盡訏謨之益, 徵爲長史, 遣人船往迎, 贈貺甚厚. 驎之聞命, 便升舟, 悉不受所餉; 緣道以乞窮乏, 比至上明亦盡. 一見沖, 因陳無用, 翛然而退. 居陽岐積年, 衣食有無, 常與村人共. 值己匱乏, 村人亦知之; 甚厚, 爲鄉間所安.

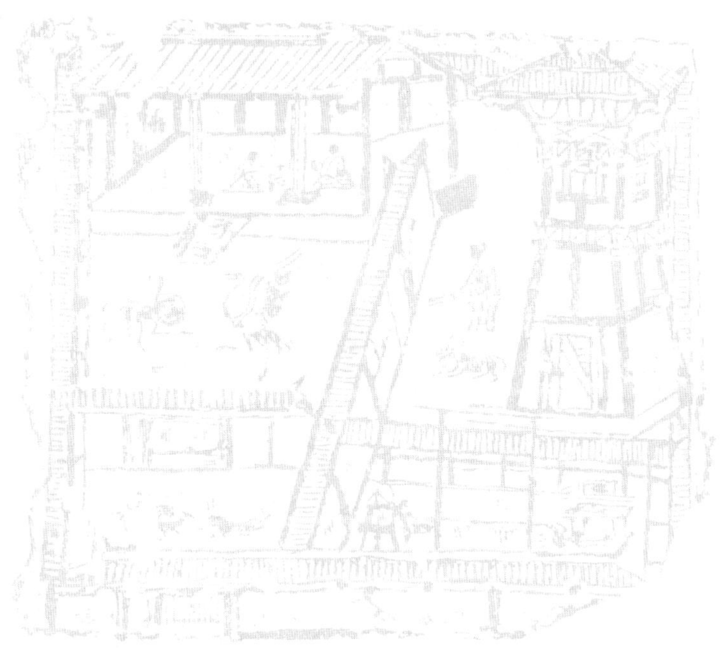

073. 蔣詡三逕, 許由一瓢

073-① 蔣詡三逕
오솔길 셋을 만들어 놓은 장후

전한前漢의 장후蔣詡는 자가 원경元卿이며 두릉杜陵 사람이다. 연주자사兗州刺史가 되어 청렴하고 강직한 것으로써 이름이 났었다. 왕망王莽이 섭정을 하자 그는 병을 핑계로 사직하고 고향으로 돌아와 버렸다.

《삼보결록三輔決錄》에는 이렇게 말하였다.

"장후는 집에 대나무밭에 세 오솔길을 만들어 놓았는데 오직 친구 구중求仲과 양중羊仲만이 그 길로 드나들며 더불어 놀 수 있었다."

前漢, 蔣詡字元卿, 杜陵人. 爲兗州刺史, 以廉直爲名. 王莽居攝, 以病免歸鄕里.

《三輔決錄》曰:「詡舍中竹下開三逕, 唯故人求仲·羊仲從之游」

【蔣詡】 동한 말 인물. 자는 元卿, 兗州刺史를 지냈으나 王莽이 섭정하자 귀향하여 강직하게 생을 마침.
【王莽】 字는 巨君(B.C.45~23). 漢 元皇后의 조카. 어려서 고아가 되어 독서 끝에 성망을 얻었음. 뒤에 太傅가 되어 安漢公에 봉해졌으며 平帝가 죽은 후 겨우 두 살인 孺子 嬰을 옹립하고 자신은 攝皇帝가 되었다가 初始 元年(A.D. 8) 정권을 찬탈, '新'을 세워 '西漢'의 종말을 고함. 그러나 천하의 혼란이 일어나 地皇 4年(23)에 劉玄·赤眉軍·綠林軍에게 살해되고 말았음. 《漢書》(99)에 그 傳이 있음.
【三輔決錄】 東漢 趙岐가 지은 책.

【三逕】羊仲과 求仲 두 사람의 隱士의 고사를 지칭한 것. 西漢 말 兗州刺史 蔣詡는 王莽의 횡포를 보고 벼슬을 버리고 杜陵에 은거하였는데 그는 가시로 자신의 집을 가리고 살았음. 그의 집 곁에는 오직 세 갈래의 오솔길이 있어 이 길로 당시 같은 뜻으로 은거하고 있던 羊仲과 求仲만이 왕래할 수 있었다 함.

【求仲·羊仲】二仲이라 부름. 隱士. 수레 만드는 일을 직업으로 하였음.

참고 및 관련 자료

1. 《漢書》王貢兩龔鮑傳(薛方)

始隃麋郭欽, 哀帝時爲丞相司直, 奏免豫州牧鮑宣·京兆尹薛修等, 又奏董賢, 左遷盧奴令, 平帝時遷南郡太守. 而杜陵蔣詡元卿爲兗州刺史, 亦以廉直爲名. 王莽居攝, 欽·詡皆以病免官, 歸鄕里, 臥不出戶, 卒於家.

2. 《陶淵明集》集聖賢羣輔錄(上)

求仲. 羊仲: 右二人不知何許人, 皆治車爲業, 挫廉逃名. 蔣元卿之去兗州, 還杜陵, 荊棘塞門. 舍中有三逕, 不出, 惟二人從之遊. 時人謂之「二仲」. 見嵆康高士傳.

073-② 許由一瓢
허유의 표주박 하나

《일사전逸士傳》에 실려 있다.

허유許由가 기산箕山에 은거하면서 물을 마실 잔이나 그릇조차 없어 손으로 물을 떠서 마실 지경이었다. 어떤 사람이 그에게 표주박 하나를 주어 이로써 물을 떠 마시도록 하였다. 그러나 그는 그 표주박으로 물을 떠 마시고는 나무에 이를 걸어두었는데 바람이 불 때마다 표주박이 흔들려

달랑달랑 소리가 나는 것이었다. 허유는 이조차 귀찮게 여겨 드디어 그
것을 내다버리고 말았다.

《逸士傳》: 許由隱箕山. 無盃器, 以手捧水飲之. 人遺一瓢, 得以
操飲. 飲訖掛於木上, 風吹瀝瀝有聲. 由以爲煩, 遂去之.

【逸士傳】逸棲, 隱逸한 선비를 열거하며 그들의 생애를 기록한 책.
【許由】상고시대의 高士, 堯가 天下를 그에게 선양하려 하자 받지 않고
  箕山에 숨어들었다 함. 巢父와 병칭됨.《莊子》逍遙遊篇과 皇甫謐《高士傳》
  (上)을 볼 것.
【箕山】지금의 河南省 登封縣의 동남쪽에 있고 堯임금 때 許由와 巢父가
  은둔하여 살던 곳.

참고 및 관련 자료

1.《高士傳》(上)

許由, 字武仲, 陽城槐里人也, 爲人據義履方, 邪席不坐, 邪膳不食. 後隱於沛
澤之中. 堯讓天下於許由曰:「日月出矣, 而爝火不息, 其於光也, 不亦難乎? 時雨
降矣, 而猶浸灌, 其於澤也, 不亦勞乎? 夫子立而天下治, 而我猶尸之. 吾自視
缺然, 請致天下」許由曰:「子治天下, 天下旣已治矣. 而我猶代子, 吾將爲名乎?
名者, 實之賓也. 吾將爲實乎? 鷦鷯巢於深林, 不過一枝; 偃鼠飲河, 不過滿腹.
歸休乎君, 予無所用天下爲. 庖人雖不治庖, 尸祝不越樽俎而代之矣」不受而
逃去. 齧缺遇許由曰:「子將奚之?」曰:「將逃堯」曰:「奚謂邪?」曰:「夫堯知
賢人之利天下也, 而不知其賊天下也. 夫唯外乎賢者知之矣」由於是遁耕於中
岳潁水之陽箕山之下, 終身無經天下色. 堯又召爲九州長, 由不欲聞之, 洗耳於
潁水濱. 時其友巢父牽犢欲飲之, 見由洗耳, 問其故. 對曰:「堯欲召我爲九州長,
惡聞其聲, 是故洗耳」巢父曰:「子若處高岸深谷, 人道不通, 誰能見子? 子故
浮游欲聞, 求其名譽, 汚吾犢口」牽犢上流飲之. 許由沒, 葬箕山之巓, 亦名許
由山, 在陽城之南十餘里. 堯因就其墓, 號曰箕山公神, 以配食五嶽, 世世奉祀,

至今不絕也.『武仲潔脩, 毫邪不處. 黃屋將歸, 紫芳高擧. 潁汲箕田, 羞穨汙鄙,
俎豆公神, 綿綿無已.』

2.《帝王世紀》皇甫謐

許由字武仲, 陽城槐里人也. 堯舜皆師而學事焉. 後隱於沛澤之中, 堯乃致天下
而讓焉. 由爲人據義履方, 邪席不坐, 邪膳不食, 聞堯讓而去. 其友巢父聞由爲
堯所讓, 以爲汙己, 乃臨池洗耳. 池主怒曰:「何以汙我水?」由於是遜耕於中
嶽潁水之陽, 箕山之下, 終身無經天下色. 死葬箕山之巓, 在陽城之南十里. 堯因
就其墓, 號曰箕山公神, 以配食五嶽: 世世奉祀, 至今不絕也.

074. 楊僕移關, 杜預建橋

074-① 楊僕移關
함곡관의 관적을 옮긴 양복

전한前漢의 양복楊僕은 의양宜陽 사람이다. 무제武帝 때 그는 누선장군樓船將軍이 되었다. 당초 그가 함곡관函谷關의 홍농弘農에 살았는데, 그가 이윽고 공을 세우자 그는 관외關外의 백성임을 부끄럽게 여겨 글을 올려 자신의 관적을 동관東關으로 옮겨 줄 것을 청하면서 그에 필요한 비용은 자신의 재산으로 충당하겠다고 하였다. 이에 그를 신안新安으로 옮겨 주었는데 그곳은 홍농으로부터 3백 리 거리였으며 이 까닭으로 원래 관적貫籍이었던 함곡관은 홍농현에 소속되게 되었다.

前漢, 楊僕宜陽人. 武帝時爲樓船將軍. 初函谷關在弘農. 僕旣有功. 恥爲關外民, 上書乞徙東關, 以家財給其用度. 於是徙於新安. 去弘農三百里, 以故關爲弘農縣.

【楊僕】서한 무제 때의 혹리. 樓船將軍을 지냄. 《漢書》 酷吏傳 참조.
【武帝】西漢 5대 황제 劉徹. 景帝(劉啓)의 아들이며 B.C.140~B.C.87년까지 54년간 재위함. 대내외적으로 학술, 강역, 문학 등 여러 방면에 걸쳐 많은 치적을 남겨 강력한 帝國을 건설함.
【樓船將軍】水軍을 총괄하는 장군. 漢 武帝 때의 무관 관직. '누선'은 이층 이상으로 마루를 설치한 戰艦.
【用度】필요로 하는 비용.

참고 및 관련 자료

1. 《漢書》(60) 酷吏傳

楊僕, 宜陽人也. 以千夫爲吏. 河南守擧爲御史, 使督盜賊關東, 治放尹齊, 以敢擊行. 稍遷至主爵都尉, 上以爲能. 南越反, 拜爲樓船將軍, 有功, 封將梁侯. 東越反, 上欲復使將, 爲其伐前勞, 以書勅之曰:「中略.」與王溫舒俱跛東越. 後復與左將軍荀彘俱擊朝鮮, 爲彘所縛, 語在〈朝鮮傳〉. 還, 免爲庶人, 病死.

074-② 杜預建橋
다리를 건설한 두예

《진서晉書》에 실려 있다.

두예杜預는 자가 원개元凱이며 경조京兆 두릉杜陵 사람이다. 박학통달하였으며 흥폐興廢의 원인을 밝히는 데에 뛰어났다. 그는 항상 이렇게 말히였디.

"덕이란 바라는 대로 미칠 수 없지만 공을 세우는 것과 말을 잘하는 것은 바라는 대로 이룰 수 있다."

문제文帝의 누이 고륙공주高陸公主를 아내로 맞아 장가를 들었으며 상서랑尙書郎에 올랐다. 무제武帝 때에는 탁지상서度支尙書가 되었다.

두예가 맹진孟津의 나루가 물이 험하여 배가 전복되는 재해를 걱정하여 부평진富平津에 다리를 건설할 것을 청하였다. 이에 조정에서 이를 논의에 부쳤는데 이렇게 여겼다.

"은주殷周시대에 도읍으로 삼았던 이곳에 여러 성현들을 거쳐오면서 다리를 놓지 않았으니 다리를 놓아서는 안 됩니다."

그러자 두예는 이렇게 말하였다.

"'배를 만들고 다리를 놓았다' 하였으니 물에 다리를 놓았었다는 말입니다."

마침내 다리가 놓아지자 무제는 백료를 거느리고 완공의 모임에 임하여 술잔을 들고 두예를 가리키며 이렇게 말하였다.

"그대가 아니었더라면 이 다리가 완성되지 못하였을 거요."

그러자 두예는 이렇게 대답하였다.

"폐하의 명철하심이 아니었더라면 저 역시 그 미미한 공을 베풀 수 없었을 것입니다."

《晉書》: 杜預字元凱, 京兆杜陵人. 博學多通, 明於興廢之道.

常言:「德不可以企及, 立功立言, 可庶幾也.」

尚文帝妹高陸公主, 拜尚書郞. 武帝時拜度支尚書.

預以孟津渡險有覆沒之患, 請建河橋于富平津.

議者以爲:「殷周所都歷聖賢而不作者, 必不可立也.」

預曰:「造舟爲梁則河橋之謂也.」

及橋成, 帝從百僚臨會, 擧觴屬預曰:「非君此橋不成.」

對曰:「非陛下之明, 臣亦不得施其微巧.」

【杜預】 자는 元凱(222~284). 京兆 杜陵人. 杜恕의 아들이며 杜甫의 선대. 河南尹, 度支尙書, 荊州都督 등을 거쳐 羊祜가 죽자 뒤를 이어 鎭南大將軍이 됨. 치적이 훌륭하여 당시 백성과 조정에서는 그를 '杜父', '杜武庫'라 불렀음. 太康 원년에 吳를 평정한 공로로 當陽侯에 봉해짐. 經學에도 밝아 《春秋左傳經傳集解》를 남김. 《三國志》(16)와 《晉書》(34)에 전이 있음.

【文帝】 魏 文帝 曹丕를 가리킴. 220~226년 재위.

【武帝】晉 武帝. 司馬炎. 西晉의 개국군주. 司馬昭의 長子. 자는 安世. 咸熙 2年(265)에 魏나라로부터 禪讓의 형식으로 나라를 이어받아 晉나라를 세우고 洛陽을 도읍으로 함. 재위 26년(265~290). 묘호는 世祖.《晉書》(3)에 紀가 있음.

【造舟爲梁】《詩經》 大雅 大明篇에 "大邦有子, 俔天之妹. 文定厥祥, 親迎 于渭. 造舟爲梁, 不顯其光"라 함.

참고 및 관련 자료

1.《晉書》(34) 杜預傳

杜預字元凱, 京兆杜陵人也. 祖畿, 魏尙書僕射. 父恕, 豫州刺史. 預博學多通, 明於興廢之道. 常言:「德不可以企及, 立功立言, 可庶幾也.」初, 其父與宣帝 不相能, 遂以幽死, 故預久不得調. 文帝嗣立, 預尙文帝妹高陸公主, 起家拜尙 書郎, 襲祖爵豐樂亭侯. 武帝時拜度支尙書.

075. 壽王議鼎, 杜林駁堯

075-① 壽王議鼎
오구수왕의 보정에 대한 논의

전한前漢의 오구수왕吾丘壽王은 자가 자공子贛이며 조趙나라 사람이다. 광록대부光祿大夫가 되었을 때 분음汾陰에서 보정寶鼎이 발견되어 이를 종묘에 가지고 가서 전시하고 감천궁甘泉宮에 소장하였다. 그러자 신하들이 모두 주정周鼎을 얻었다고 축하하였지만 오구수왕은 홀로 주정이 아니라 여겼다. 무제武帝가 이를 묻자 그는 이렇게 대답하였다.

"제가 듣기로 주나라의 덕은 후직后稷에서 시작하여 공류公劉 때에 성장하였으며 태왕大王 때에 커져 문왕文王, 무왕武王 때에 완성되었으며 주공周公 때에 드러났다 하였습니다. 그 덕과 은택이 위로 하늘을 밝히고 아래로 지하의 샘까지 스며들어 소통되지 않은 곳이 없었습니다. 그러자 하늘이 그에 응하여 은나라의 정이 주나라 때 출토되었던 것이며, 이 때문에 그것을 주정이라 이름하였던 것입니다. 지금 우리 한나라는 고조高祖로부터 주나라를 이었으며, 폐하에 이르러 조상의 업을 크게 넓히셨습니다. 그리하여 하늘의 상서로움이 한꺼번에 이르러오며 진기한 복이 모두 나타나고 있는 것입니다. 하늘의 복에 덕이 있음으로 해서 보정이 저절로 출토된 것입니다. 따라서 이는 한보漢寶이지 주보周寶가 아닙니다."

무제가 말하였다.

"훌륭하오."

그러고는 그에게 황금 10근을 하사하였다.

前漢, 吾丘壽王字子贛, 趙人. 爲光祿大夫. 汾陰得寶鼎, 薦見宗廟, 藏於甘泉宮. 群臣皆賀得周鼎, 壽王獨以爲非.

武帝問之, 對曰:「臣聞周德始乎后稷, 長於公劉, 大於大王, 成於文武, 顯於周公. 德澤上昭天, 下漏泉, 無所不通. 上天報應, 鼎爲周出. 故名曰周鼎. 今漢自高祖繼周, 至於陛下恢廓祖業, 功德愈盛. 天瑞竝至, 珍祥畢見, 天祚有德, 而寶鼎自出. 迺漢寶, 非周寶也.」

上曰:「善.」

賜黃金十斤.

【吾丘壽王】人名. 吾丘는 복성. 虞丘壽王으로 씀. 壽王은 이름.《漢書》에 전이 있음.

【汾陰】지명. 漢나라 때의 縣. 지금의 山西省 榮河縣 북쪽.

【寶鼎】周鼎, 九鼎. 원래 夏나라 때 禹임금이 천하의 구리를 모아 九州를 본떠 아홉 개의 鼎을 만들었음. 뒤에 周나라로 이어져 宗主國의 상징이 되었음. 뒤에 秦의 통일과정에서 사라졌으며 그 중의 일부를 발견한 것임. 漢 武帝 元鼎 4年(B.C.113)에 汾陰 사람 巫錦이 寶鼎을 발견하여 바쳤다고 함.

【甘泉宮】漢나라 무제 때의 궁궐 이름.

【武帝】西漢 5대 황제 劉徹. 景帝(劉啓)의 아들이며 B.C.140~B.C.87년까지 54년간 재위함. 대내외적으로 학술, 강역, 문학 등 여러 방면에 걸쳐 많은 치적을 남겨 강력한 帝國을 건설함.

【侍中】황제를 가까이 모시는 직책.

【后稷】周나라의 시조로 堯임금 때 農官. 이름은 棄.《史記》周本紀 참조.

【公劉】后稷의 증손으로 백성의 옹호를 받음. 夏나라 말 桀王의 暴政을 피해 戎狄의 땅으로 옮겨와 자리잡았음. 心性이 어질어 수레를 몰 때에도 살아 있는 갈대풀을 피해 다녔다고 함.

【太王】太公이라고도 하며 文王의 조부. 古公亶父(古公亶甫). 성덕이 있었으며 그 왕위를 文王(姬昌)에게 이을 뜻을 비치자, 古公의 세 아들 중 泰伯과 虞仲이 도망가고 막내 季歷을 통해 昌에게 이어지도록 하였음. 뒤에 그를

높여 太王·太公이라 추존하였고 그가 기다리던 인물이라는 뜻으로 呂尙을
'太公望'이라 일컬었음. 《史記》 周本紀 참조.

【文王】 西伯昌·姬昌. 武王의 아버지.

【武王】 文王의 아들로 殷의 紂를 멸하였음.

【周公】 姬旦. 文王의 아들이며 武王의 아우. 成王이 어려서 왕위에 오르자
숙부인 周公이 섭정하였음. 儒家의 聖賢으로 추앙함.

【高祖】 한나라 개국 군주 劉邦을 가리킴.

참고 및 관련 자료

1. 《漢書》(34) 吾丘壽王傳

吾丘壽王字子贛, 趙人也. 年少, 以善格五召待詔. 詔使從中大夫董仲舒受春秋,
高材通明. 遷侍中中郎, 坐法免. 上書謝罪, 願養馬黃門, 上不許. 後願守塞扞
寇難, 復不許. 久之, 上疏願擊匈奴, 詔問狀, 壽王對良善, 復召爲郎. 及汾陰得
寶鼎, 武帝嘉之, 薦見宗廟, 臧於甘泉宮. 羣臣皆上壽賀曰:「陛下得周鼎.」壽王獨
曰非周鼎. 上聞之, 召而問之, 曰:「今朕得周鼎, 羣臣皆以爲然, 壽王獨以爲非,
何也? 有說則可, 無說則死.」壽王對曰:「臣安敢無說! 臣聞周德始乎后稷, 長於
公劉, 大於大王, 成於文武, 顯於周公. 德澤上昭, 天下漏泉, 無所不通. 上天報應,
鼎爲周出, 故名曰周鼎. 今漢自高祖繼周, 亦昭德顯行, 布恩施惠, 六合和同. 至於
陛下, 恢廓祖業, 功德愈盛, 天瑞並至, 珍祥畢見. 昔秦始皇親出鼎於彭城而不
能得, 天祚有德而寶鼎自出, 此天之所以與漢, 乃漢寶, 非周寶也.」上曰:「善.」
羣臣皆稱萬歲. 是日, 賜壽王黃金十斤. 後坐事誅.

2. 《說苑》 善說篇

孝武皇帝時, 汾陰得寶鼎, 而獻之於甘泉宮, 羣臣賀, 上壽曰:「陛下得周鼎.」侍中
虞丘壽王獨曰:「非周鼎.」上聞之, 召而問曰:「朕得周鼎, 羣臣皆以爲周鼎, 而壽王
獨以爲非, 何也? 壽王有說則生, 無說則死.」對曰:「臣壽王安敢無說? 臣聞夫
周德始産于后稷, 長於公劉, 大於大王, 成於文武, 顯於周公, 德澤上洞, 天下
漏泉, 無所不通, 上天報應 鼎爲周出, 故名曰周鼎. 今漢自高祖繼周, 亦昭德顯行,
布恩施惠, 六合和同, 至陛下之身逾盛, 天瑞竝至, 徵祥畢見. 昔始皇帝親出鼎
於彭城而不能得. 天祚有德, 寶鼎自至, 此天之所以予漢, 乃漢鼎, 非周鼎也.」
上曰:「善.」羣臣皆稱萬歲. 是日賜虞丘壽王黃金十斤.

075-② 杜林駁堯
두림의 요임금 제사에 대한 논박

　　후한後漢의 두림杜林은 자가 백산伯山이며 부풍扶風 무릉茂陵 사람이다. 시어사侍御史의 벼슬을 받아 교사郊祀의 제도에 대한 문제가 크게 거론되었다. 많은 사람들이 주周나라는 시조인 후직后稷을 교제郊祭에 모셨으니 한漢나라는 의당 그 시조인 요堯임금을 모셔야 한다고 하였다. 황제는 이 일을 공경 대부들에게 논의할 것을 하달하였다. 그리하여 많은 이들이 그의 의견에 동의하였고 광무제光武帝 역시 그렇다고 여겼다.

　　그러나 두림은 주나라는 후직으로 말미암아 흥하게 되었으나, 한나라는 고조 유방 한 사람에 의해 특수하게 일으킨 나라이므로 요임금과는 아무런 연관이 없다고 여겼다. 즉 조종祖宗의 고사故事는 의당 순리에 맞아야 한다고 여겼던 것이다. 이로써 두림의 의견으로 확정이 되었다.

　　그 뒤 그는 대사공大司空의 벼슬로 생을 마쳤다.

　　後漢, 杜林字伯山, 扶風茂陵人. 拜侍御史, 大議郊祀制. 多以爲周郊后稷, 漢當祀堯. 詔下公卿議. 議者僉同, 光武亦然之. 林獨以爲周室之興祚由后稷.

　　漢業特起, 功不緣堯. 祖宗故事, 所宜因循. 定林議. 終大司空.

【杜林】 후한 때의 유명한 儒學者. 자는 伯山. 侍御史를 거쳐 大司空에 이름. 《漢書》에 전이 있음.

【郊祀】 天子가 圜丘에서 동짓날에 天祭를 지내던 원형의 제단에서 올리는 제사 의식.

【當祀堯】 漢나라는 같은 火德인 堯임금의 천명을 이어받았다고 여겼던 것임.

【后稷】周나라의 시조. 姬棄.

【光武帝】世祖光武皇帝. 光武帝. A.D.25~57년 재위. 東漢(後漢)의 첫 황제.
劉秀. 자는 文叔. 長沙 定王 劉發의 후손. 漢 景帝가 유발을 낳고, 유발이
春陵節侯 劉買를 낳았으며 뒤에 封地가 南陽 白水鄉으로 옮겨져 그곳을
春陵이라 하고 가문을 이루었음. 그리고 유매의 막내아들이 劉外였으며
그가 劉回를 낳았고, 유회가 南頓令 劉欽을 낳았으며 유흠이 유수를 낳았음.
이가 동한을 일으켜 낙양에 도읍을 하여 유씨 왕조를 이은 것이며 이를
東漢(後漢)이라 부름.

참고 및 관련 자료

1. 《後漢書》(17) 杜林傳

杜林字伯山, 扶風茂陵人也. 父鄴, 成哀閒爲涼州刺史. 林少好學沈深, 家旣多書,
又外氏張竦父子喜文采, 林從竦受學, 博洽多聞, 時稱通儒. 初爲郡吏. 王莽敗,
盜賊起, 林與弟成及同郡范逡·孟冀等, 將細弱俱客河西. 道逢賊數千人, 遂掠
取財裝, 褫奪衣服, 拔刃向林等將欲殺之. 冀仰曰:「願一言而死. 將軍知天神乎?
赤眉兵衆百萬, 所向無前, 而殘賊不道, 卒至破敗. 今將軍以數千之衆, 欲規霸王
之事, 不行仁恩而反遵覆車, 不畏天乎?」賊遂釋之, 俱免於難. 隗囂素聞林志節,
深相敬待, 以爲持書平. 後因疾告去, 辭還祿食. 囂復欲令彊起, 遂稱篤. 囂意雖
相望, 且欲優容之, 乃出令曰:「杜伯山天子所不能臣, 諸侯所不能友, 蓋伯夷·
叔齊恥食周粟. 今且從師友之位, 須道開通, 使順所志」林雖拘於囂, 而終不屈節.
建武六年, 弟成物故, 囂乃聽林持喪東歸. 旣遣而悔, 追令刺客楊賢於隴坻遮
殺之. 賢見林身推鹿車, 載致弟喪, 乃歎曰:「當今之世, 誰能行義? 我雖小人,
何忍殺義士!」因亡去. 光武聞林已還三輔, 乃徵拜侍御史, 引見, 問以經書故
舊及西州事, 甚悅之, 賜車馬衣被. 羣寮知林以名德用, 甚尊憚之. 京師士大夫,
咸推其博洽. 河南鄭興·東海衛宏等, 皆長於古學. 興嘗師事劉歆, 林旣遇之,
欣然言曰:「林得興等固諧矣, 使宏得林, 且有以益之.」及宏見林, 闇然而服.
濟南徐巡, 始師事宏, 後皆更受林學. 林前於西州得漆書《古文尙書一卷, 常寶
愛之, 雖遭難困, 握持不離身. 出以示宏等曰:「林流離兵亂, 常恐斯經將絶. 何意
東海衛子·濟南徐生復能傳之, 是道竟不墜於地也. 古文雖不合時務, 然願諸
生無悔所學」宏·巡益重之, 於是古文遂行. 明年, 大議郊祀制, 多以爲周郊后稷,

漢當祀堯. 詔復下公卿議, 議者僉同, 帝亦然之. 林獨以爲周室之興, 祚由后稷,
漢業特起, 功不緣堯. 祖宗故事, 所宜因循. 定從林議. 後代王良爲大司徒司直.
林薦同郡范逡·趙秉·申屠剛及隴西牛邯等, 皆被擢用, 士多歸之. 十一年, 司直
官罷, 以林代郭憲爲光祿勳. 內奉宿衛, 外總三署, 周密敬愼, 選擧稱平. 郞有
好學者, 輒見誘進, 朝夕滿堂. 十四年, 羣臣上言:「古者肉刑嚴重, 則人畏法令;
今憲律輕薄, 故姦軌不勝. 宜增科禁, 以防其源.」詔下公卿. 林奏曰:「夫人情
挫辱, 則義節之風損; 法防繁多, 則苟免之行興. 孔子曰『導之以政, 齊之以刑,
民免而無恥. 導之以德, 齊之以禮, 有恥且格.』古之明王, 深識遠慮, 動居其厚,
不務多辟, 周之五刑, 不過三千. 大漢初興, 詳覽失得, 故破矩爲圓, 斲彫爲樸,
蠲除苛政, 更立疏網, 海內歡欣, 人懷寬德. 及至其後, 漸以滋章, 吹毛索疵,
詆欺無限. 果桃菜茹之饋, 集以成臧, 小事無妨於義, 以爲大戮, 故國無廉士,
家無完行. 至於法不能禁, 令不能止, 上下相遁, 爲敝彌深. 臣愚以爲宜如舊制,
不合翻移.」帝從之. 後皇太子彊求乞自退, 封東海王, 故重選官屬, 以林爲王傅.
從駕南巡狩. 時諸王傅數被引命, 或多交游, 不得應詔; 唯林守愼, 有召必至.
餘人雖不見譴, 而林特受賞賜, 又辭不敢受, 帝益重之. 明年, 代丁恭爲少府.
二十二年, 復爲光祿勳. 頃之, 代朱浮爲大司空. 博雅多通, 稱爲任職相. 明年薨,
帝親自臨喪送葬, 除子喬爲郞. 詔曰:「公侯子孫, 必復其始, 賢者之後, 宜宰城邑.
其以喬爲丹水長.」

076. 西施捧心, 孫壽折腰

076-① 西施捧心
통증에 가슴을 두드린 서시

《장자莊子》에 실려 있다.

서시西施가 가슴에 통증이 있어 그 눈을 찌푸리곤 하였다. 그러자 그 마을의 어떤 추녀가 이를 보고 그것이 아름다운 교태인 줄로 여겨 돌아가 역시 가슴을 치며 눈을 찌푸렸다. 그는 눈 찌푸리는 것을 아름답게 보았지, 원래 아름다워 그렇게 보인다는 것은 알지 못했던 것이다.

서시는 월越나라 여자로 소위 말하는 서자(西子, 西施)라는 여인이다. 절세미인의 자태를 타고 나 월왕越王 구천勾踐이 오왕吳王 부차夫差에게 바쳤다. 부차는 이를 사랑하여 마침내 나라를 망치고 말았던 것이다.

《莊子》曰: 西施病心而矉其眉. 其里之醜人, 見而美之, 歸亦捧心而矉其眉. 彼知美矉, 而不知矉之所以美. 西施越女, 所謂西子也. 有絶世之美, 越王勾踐獻之吳王夫差. 夫差嬖之, 卒之傾國.

【西施】춘추 말기 越나라의 미녀. 越王 句踐이 吳王 夫差에게 주어 오나라를 정벌하였음.
【矉】'눈썹 찡그리다'의 뜻. '效矉'의 고사임. 남을 흉내내는 것을 뜻함.
【勾踐】'句踐'으로도 표기하며 춘추 말기 越나라 군주. 월나라는 會稽(지금의 浙江 紹興)를 중심으로 발달했던 나라.
【夫差】춘추 말 吳나라 군주로 월왕 구천과 항쟁을 벌였으며 나라가 망함. 오나라는 지금의 江蘇省 蘇州를 중심으로 발달했던 나라.

참고 및 관련 자료

1.《莊子》天運篇

西施病心而矉其里, 其里之醜人見之而美之, 歸亦捧心而矉其里. 其里之富人見之, 堅閉門而不出, 貧人見之, 挈妻子而去走. 彼知矉美, 而不知矉之所以美. 惜乎, 而夫子其窮哉!

076-② 孫壽折腰
손수의 절요보라는 기이한 행동

후한後漢의 양기梁冀가 대장군大將軍이 되자 그 아내 손수孫壽도 양성군襄城君에 봉해져 적불赤紱까지 하사받아 장공주長公主와 동급 대우를 받았다. 손수는 미색이 뛰어나고 요염한 자태를 가져 수미愁眉·제장嘖妝·타마계墮馬髻·절요보折腰步·우치소齲齒笑 등 요상한 표정을 지어 이로써 아름답고 매혹적인 태도로 삼았다. 성격은 사람을 꼼짝 못하게 묶고 질투심까지 대단하여 능히 양기를 제어할 정도였다. 양기는 이러한 아내를 심히 사랑하면서도 꺼렸다. 뒤에 양기가 결국 패하자 손수도 자살하고 말았다.

後漢, 梁冀爲大將軍. 其妻孫壽封襄城君, 加賜赤紱, 比長公主. 壽色美善爲妖態, 作愁眉·嘖妝·墮馬髻·折腰步·齲齒笑, 以爲媚惑. 性鉗忌, 能制御冀. 冀甚寵憚之. 及冀敗自殺.

【梁冀】 자는 伯卓. 順帝·桓帝 皇后의 오빠로 大將軍이 되었음. 횡포가 심하자 質帝가 그를 跋扈將軍이라 불렀음. 梁冀는 뒤에 質帝를 독살하고(146년) 桓帝를 세우고 나서 20여 년간 정권을 농단하자 桓帝가 참다못해 單超 등과 공모하여 梁冀를 체포, 梁冀는 자살하고 族滅당하였음.

【孫壽】 梁冀의 아내. 梁冀가 襄城君에 봉해지자 사람들이 孫壽를 일컬어 "色美而善爲妖態"라 하였음. 梁冀가 죽은 후 孫壽도 주살당하였음.

【赤紱】 '紱'은 '불(芾)'과 같음. 무두질한 가죽으로 만든 무릎덮개. 제후나 대부 이상이 사용할 수 있었다 함.

【愁眉】 근심스러운 눈빛을 띠는 것. 《搜神記》에 "愁眉者, 細而曲折"이라 함.

【嗁妝】 '嗁'는 '啼'와 같음. '妝'은 '粧'과 같음. 우는 모습을 화장으로 꾸민 것. 《搜神記》에 "啼妝者, 薄拭目下, 若啼處"라 함.

【墮馬髻】《搜神記》에 "墮馬髻者, 作一邊"이라 함. 말 위에 탔을 때 상투가 한쪽으로 기우는 모습을 한 것.

【折腰步】 다리가 체중을 견디지 못하는 것과 같은 모양. 《搜神記》에 "折腰 步者, 足不任下體"라 함.

【齲齒笑】 치통이 있는 듯이 마치 소가 잇몸을 드러내고 웃는 모습을 함. 《搜神記》에 "齲齒笑者, 若齒痛, 樂不欣欣"이라 함.

참고 및 관련 자료

1. 《後漢書》 梁冀傳

冀字伯卓, 爲人鳶肩豺目, 洞精矘眄, 口吟舌言, 裁能書計. 少爲貴戚, 逸游自恣. 性嗜酒, 能挽滿·彈棋·格五·六博·蹴鞠·意錢之戲, 又好臂鷹走狗, 騁馬鬪雞. 初爲黃門侍郞, 轉侍中, 虎賁中郞將, 越騎·步兵校尉, 執金吾. 永和元年, 拜河南尹. 冀居職暴恣, 多非法, 父商所親客洛陽令呂放, 頗與商言及冀之短, 商以讓冀, 冀卽遣人於道刺殺放. 而恐商知之, 乃推疑於放之怨仇, 請以放弟禹爲洛陽令, 使捕之, 盡滅其宗親·賓客百餘人. 商薨未及葬, 順帝乃拜冀爲大將軍, 弟侍中不疑爲河南尹. 及帝崩, 沖帝始在繈褓, 太后臨朝, 詔冀與太傅趙峻·太尉李固參錄尙書事. 冀雖辭不肯當, 而侈暴滋甚. 沖帝又崩, 冀立質帝. 帝少而聰慧, 知冀驕橫, 嘗朝羣臣, 目冀曰:「此跋扈將軍也.」冀聞, 深惡之, 遂令左右進鴆加煮餅, 帝卽日崩. 復立桓帝, 而枉害李固及前太尉杜喬, 海內嗟懼, 語在《李固傳》.

建和元年, 益封冀萬三千戶, 增大將軍府擧高第茂才, 官屬倍於三公. 又封不疑
爲潁陽侯. 不疑弟蒙西平侯, 冀子胤襄邑侯, 各萬戶. 和平元年, 重增封冀萬戶,
并前所襲合三萬戶. 弘農人宰宣素性佞邪, 欲取媚於冀, 乃上言大將軍有周公之功,
今旣封諸子, 則其妻宜爲邑君. 詔遂封冀妻孫壽爲襄城君, 兼食陽翟租, 歲入
五千萬, 加賜赤紱, 比長公主. 壽色美而善爲妖態, 作愁眉, 嗁妝, 墮馬髻, 折腰步,
齲齒笑, 以爲媚惑. 冀亦改易輿服之制, 作平上軿車, 埤幘, 狹冠, 折上巾, 擁身扇,
狐尾單衣. 壽性鉗忌, 能制御冀, 冀甚寵憚之.

2.《搜神記》(6)

漢桓帝元嘉中, 京都婦女作愁眉, 嗁妝·墮馬髻·折腰步·齲齒笑. 愁眉者, 細而
曲折. 嗁妝者, 薄拭目下, 若嗁處. 墮馬髻者, 作一邊. 折腰步者, 足不任下體.
齲齒笑者, 若齒痛, 樂不欣欣. 始自大將軍梁冀妻孫壽所爲, 京都翕然, 諸夏效之.
天戒若曰:「兵馬將往收捕, 婦女憂愁, 蹴眉嗁哭, 吏卒掣頓, 折其腰脊, 令髻邪傾.
雖强語笑, 無復氣味也.」到延熹二年, 冀擧宗合誅.

077. 靈輒扶輪, 魏顆結草

077-① 靈輒扶輪
빠진 바퀴를 끌어내어 살려준 영첩

《좌전左傳》에 실려 있다.

진晉 영공靈公은 임금답지 못하였다. 조선자趙宣子가 자주 간언을 하자, 영공은 걱정을 하여 선자와 술을 마시며 병사를 매복시켜 놓았다가 공격하여 죽일 참이었다. 이에 영공은 맹견 부오夫獒로 하여금 그를 물어 버리도록 시켰다. 그러자 선자의 수레 오른쪽을 지키던 미명彌明이 그 개를 쳐서 죽여 버렸다. 선자는 이렇게 말하였다.

"사람을 버리고 개를 사용하다니. 비록 사납다 해도 어찌 사람을 당하겠는가?"

그러고는 싸우다가 탈출하였으나 미명은 그때 죽음을 당하고 말았다.

당초 선자가 수산首山에서 사냥을 하다가 뽕나무 그늘에서 쉬고 있었는데 영첩靈輒이라는 사람이 굶주려 있는 것을 보게 되었다. 그는 사흘을 아무것도 먹지 못한 상태였는데 선자가 그에게 음식을 주었더니 그는 반을 남기는 것이었다. 선자가 이를 묻자 그는 이렇게 대답하였다.

"벼슬한답시고 밖을 떠돈 지가 3년이 되었습니다. 어머니가 살아 계신 지 여부를 몰랐다가 지금 어머니 가까이 왔으니 어머니께 갖다 드리려 합니다."

선자는 아낌없이 모두 먹도록 하여 그를 위해 한 소쿠리 밥과 고기를 자루에 넣어 가지고 가도록 주었다.

이윽고 선자가 영공에게 당할 때 그는 영공의 복병이 되어 있었는데 창을 거꾸로 하고 영공의 무리들을 막아 선자가 벗어날 수 있게 해 주었던 것이다.

선자가 그 까닭을 묻자 그는 이렇게 대답하였다.

"뽕나무 그늘 아래 굶었던 사람입니다."

선자가 그 이름과 사는 곳을 물었으나 그는 일러주지 아니한 채 물러나, 드디어 선자를 달아날 수 있도록 하고 자신도 사라져 버렸다.

《左傳》曰: 晉靈公不君. 趙宣子驟諫. 公患之, 飮宣子酒, 伏甲將攻之. 公嗾夫獒. 其車右提彌明搏殺之.

宣子曰:「棄人用犬. 雖猛何爲?」

鬪且出, 明死之.

初宣子田於首山, 舍于翳桑, 見靈輒餓. 不食三日, 宣子食之, 舍其半.

問之, 曰:「宦三年矣. 未知母之存否, 今近焉. 請以遺之.」

使盡之, 而爲之簞食與肉, 寘諸橐以與之.

旣而與爲公介, 倒戟以禦公徒而免之.

問何故, 對曰:「翳桑之餓人也.」

問其名居, 不告而退, 遂自亡也.

【晉靈公】晉 文公의 손자이며 襄公의 아들. 이름은 夷皐. B.C.620~607년까지 14년간 재위.

【宣子】趙宣子. 趙盾. 宣孟이라고도 부르며 趙衰의 아들. 晉나라의 正卿이 됨. 宣子는 그의 諡號. 그의 뒤를 이은 것이 趙朔이며 조삭의 일족은 大夫인 屠岸賈에게 멸망당했지만 조삭의 유복자인 趙武를 기다려 신하인 杵臼와 程嬰이 복수하여 나라를 일으켰음.

【彌明】선자의 부하.

【夫獒】'夫'는 '大'자로 보기도 함. '獒'는 4尺의 猛犬.

【車右】수레의 오른쪽에서 모시고 함께 타는 것.

【翳桑】'예'는 '蔭'. 그늘이 짙게 드리워진 뽕나무.

【宦】외지를 떠돌며 벼슬살이를 하는 것.
【簞食】《論語》에 "一簞食一瓢飮"이라 하였으며 '簞'은 대나무로 둥글게 짠 밥을 넣는 그릇. 도시락.
【橐】작은 전대. 자루나 주머니.
【倒戟】창을 거꾸로 하고 대들어 자기편에게 덤비는 것.

1. 《左傳》宣公 2년

晉靈公不君, 厚歛以彫牆; 從臺上彈人, 而觀其辟丸也; 宰夫胹熊蹯不熟, 殺之, 寘諸畚, 使婦人載以過朝. 趙盾·士季見其手, 問其故, 而患之. 將諫, 士季曰: 「諫而不入, 則莫之繼也. 會請先, 不入, 則子繼之.」三進, 及溜, 而後視之, 曰: 「吾知所過矣, 將改之.」稽首而對曰: 「人誰無過, 過而能改, 善莫大焉. 詩曰: 『靡不有初, 鮮克有終.』夫如是, 則能補過者鮮矣. 君能有終, 則社稷之固也, 豈唯羣臣賴之. 又曰『袞職有闕, 惟仲山甫補之』, 能補過也. 君能補過, 袞不廢矣.」猶不改. 宣子驟諫, 公患之, 使鉏麑賊之. 晨往, 寢門闢矣, 盛服將朝. 尙早, 坐而假寐. 麑退, 歎而言曰: 「不忘恭敬, 民之主也. 賊民之主, 不忠; 棄君之命, 不信. 有一於此, 不如死也.」觸槐而死. 秋九月, 晉侯飮趙盾酒, 伏甲, 將攻之. 其右提彌明知之, 趨登, 曰: 「臣侍君宴, 過三爵, 非禮也.」遂扶以下. 公嗾夫獒焉, 明搏而殺之. 盾曰: 「棄人用犬, 雖猛何爲!」鬬且出. 提彌明死之. 初, 宣子田于首山, 舍于翳桑, 見靈輒餓, 問其病. 曰: 「不食三日矣.」食之, 舍其半. 問之. 曰: 「宦三年矣, 未知母之存否, 今近焉, 請以遺之.」使盡之, 而爲之簞食與肉, 寘諸橐以與之. 旣而與爲公介, 倒戟以禦公徒而免之. 問何故. 對曰: 「翳桑之餓人也.」問其名居, 不告而退, 遂自亡也. 乙丑, 趙穿攻靈公於桃園. 宣子未出山而復. 大史書曰: 「趙盾弑其君」, 以示於朝. 宣子曰: 「不然.」對曰: 「子爲正卿, 亡不越竟, 反不討賊, 非子而誰?」宣子曰: 「嗚呼! 詩曰『我之懷矣, 自詒伊慼.』其我之謂矣.」孔子曰: 「董狐, 古之良史也, 書法不隱. 趙宣子, 古之良大夫也, 爲法受惡. 惜也, 越竟乃免.」宣子使趙穿逆公子黑臀于周而立之. 壬申, 朝于武宮.

077-② 魏顆結草
풀을 묶어 위과의 은혜에 보답한 고사

《좌전左傳》에 실려 있다.

진晉나라 위과魏顆는 위무자魏武子의 아들이다. 당초 위무자에게는 아끼는 첩이 있었는데 아들이 없었다. 위무자는 죽으면서 아들 위과에게 이렇게 유언하였다.

"반드시 이 여인을 재가시켜 주어라."

그런데 병이 위독해지자 이렇게 말하는 것이었다.

"이 여인을 반드시 나와 순장시켜다오."

마침내 아버지가 죽자 위과는 그 여인을 재가 시켜주면서 이렇게 말하였다.

"병이 위독할 때는 맑은 정신에서 말을 하는 것이 아니요. 나는 아버지께서 맑은 정신에서 하신 말씀을 따르고 있는 것이오."

뒤에 진秦나라 군사를 보씨輔氏 땅에서 패배시킬 때 위과는 그들을 공격하여 두회杜回를 사로잡았는데, 그 두회라는 자는 진나라의 힘센 장사였다. 위과는 어떤 노인이 풀을 묶어 두회가 그 풀에 걸리도록 하는 모습을 보게 되었다. 두회가 과연 걸려 넘어져 고꾸라지고 말았으며, 그 때문에 그를 사로잡을 수 있었던 것이다. 그날 밤 꿈에 노인이 나타나 이렇게 말하는 것이었다.

"나는 그대가 재가를 시켜 준 그 부인의 아비라오. 그대가 아버지께서 먼저 정신이 맑을 때 하신 명령을 따랐기 때문에 내 이로써 보답하는 것이오."

《左傳》曰: 晉, 魏顆, 武子之子. 初武子有嬖妾無子.

武子疾, 命顆曰:「必嫁是」

疾病則曰:「必以爲殉」

及卒顥嫁之, 曰:「疾病則亂, 吾從其治也.」

及敗秦師于輔氏, 獲杜回, 秦之力人也. 顥見老人結草以亢杜回, 杜回躓而顚, 故獲之.

夜夢之, 曰:「余而所嫁婦人之父也. 爾用先人之治命, 余是以報.」

【魏顥】 춘추시대 晉나라 위무자(魏犨)의 아들. 위과의 아들은 令狐文子 魏頡. 시호는 文子. 식읍이 令狐였음.
【杜回】 秦나라 장수.
【結草】 魯 宣公 15년(B.C.594) 晉나라가 潞나라를 공격하여 6월 18일 荀林父가 曲梁(지금의 潞城縣 서쪽)에서 대승하였고 26일에 드디어 潞나라가 멸망하고 말았음. 그러자 7월 秦나라가 그 틈에 晉나라를 쳐 輔氏 땅에 주둔하면서 전투를 벌여 魏顥가 杜回를 포로로 잡았음. '結草報恩'의 고사성어를 남긴 사건.

참고 및 관련 자료

1.《左傳》宣公 15년
秋七月, 秦桓公伐晉, 次于輔氏. 壬午, 晉侯治兵于稷, 以略狄土, 立黎侯而還. 及雒, 魏顥敗秦師于輔氏, 獲杜回, 秦之力人也. 初, 魏武子有嬖妾, 無子. 武子疾, 命顥曰:「必嫁是.」疾病, 則曰:「必以爲殉!」及卒, 顥嫁之, 曰:「疾病則亂, 吾從其治也.」及輔氏之役, 顥見老人結草以亢杜回. 杜回躓而顚, 故獲之. 夜夢之曰:「余, 而所嫁婦人之父也. 爾用先人之治命, 余是以報.」
2.《國語》晉語(7)
使令狐文子佐之, 曰:「昔克潞之役, 秦來圖敗晉功, 魏顥以其身卻退秦師于輔氏, 親止杜回, 其勳銘於景鍾, 至于今不育, 其子不可不興也.」

078. 逸少傾寫, 平子絶倒

078-① 逸少傾寫
대접을 아끼지 않은 왕우군의 아내

《진서晉書》에 실려 있다.

왕희지王羲之는 자가 일소逸少이며 사도司徒 왕도王導의 조카이다. 나이 열셋에 주의周顗를 찾아뵈었을 때 주의가 기이하게 여겼다. 당시 소 심장 구운 요리는 중한 음식으로서 앉은 빈객들이 감히 젓가락을 대지 못하고 있었다. 그때 주의가 이를 베어 왕희지에게 먹여주어 이로써 왕희지의 이름이 알려지게 되었다. 자라면서 언변에 뛰어났으며 성격이 굳센 것으로 칭송을 받았다. 특히 예서隸書에 뛰어나 고금의 최고로 인정을 받았다. 태위太尉 치감郗鑒이 문생門生들을 시켜 왕도 집안에서 사윗감을 고르도록 하였다. 그러자 왕도는 여러 자제들을 두루 앉혀 놓고 그 중 하나를 고르도록 하였다. 문생들이 돌아와 치감에게 이렇게 말하였다.

"왕씨 집안 여러 젊은이들은 모두 훌륭합니다. 그러나 사윗감을 고른다는 소식이 들어왔다는 말을 듣고 모두가 스스로 긍지를 가지고 있었습니다만 그 중 한 사람만이 동쪽 걸상에 앉아 태연히 먹을 것만 가지고 배를 채우며 전혀 못들은 체합디다."

치감이 말하였다.

"바로 이런 자가 훌륭한 사윗감이로다!"

이를 알아보았더니 바로 왕희지였다. 드디어 그에게 딸을 주었다. 왕희지는 벼슬이 우군장군右軍將軍과 회계내사會稽內史에 올랐다.

《세설신어世說新語》에는 이렇게 말하였다.

왕희지의 아내 치부인郗夫人이 두 아우 사공司空과 중랑中郞에게 이렇게 말하였다.

“왕씨 집안에서는 두 사씨謝氏의 방문을 받으면 광주리가 기울고 시렁이 거꾸로 되도록 큰 대접을 하면서 너희 두 사람이 왔을 때는 그저 평범하게 대접할 뿐이다. 그러니 번거롭게 자주 오지 말라!”

두 아우란 치음郗愔과 치담郗曇이며, 두 사씨란 사안석謝安石과 사만석謝萬石이다.

《晉書》: 王羲之字逸少, 司徒導從子. 年十三謁周顗, 顗異之. 時重牛心炙坐客未噉, 顗先割啗之, 於是始知名. 及長辯贍, 以骨髓稱. 尤善隷書, 爲古今之冠. 太尉郗鑒使門生求女壻於導, 導令徧觀子弟.

門生歸謂鑒曰:「王氏諸少竝佳. 然聞信至, 咸自矜持. 惟一人在東牀, 坦腹食, 獨若不聞.」

鑒曰:「正此佳壻邪!」

訪之乃羲之也. 遂妻之. 仕至右軍將軍·會稽內史.

《世說》曰: 郗夫人謂二弟司空·中郎曰:「王家見二謝傾筐倒屐, 見汝來平平耳. 無煩復往!」

二弟愔與曇也, 二謝安石與萬石也.

【王羲之】王右軍(303~361, 혹은 309~365, 321~379). 자는 逸少. 어릴 때 이름은 虎犢. 王尊의 조카. 어려서는 訥言하였으나 뒤에 정치와 예술에 큰 업적을 남김. 특히 글씨에 뛰어나 書聖으로 추앙받았음. 右軍將軍, 會稽內史, 臨川太守 등을 지냈음. 山陰道士와 《道德經》글씨를 거위와 바꾼 고사를 남겼으며 그 외에 작품으로 〈樂毅論〉·〈黃庭經〉·〈東方朔畫讚〉·〈姨母〉·〈初月〉·〈憂懸〉·〈喪亂〉 등을 남김. 〈蘭亭集序〉로 유명함. 《晉書》(80)에 전이 있음. 王右軍, 王逸少, 王羲之 등으로 불림. 그 아들 王獻之와 함께 글씨에 뛰어나 ‘二王’이라 함.

【王導】자는 茂弘(276~339). 어릴 때 자는 阿龍. 王敦의 從弟. 西晉이 망하자 王敦과 함께 司馬睿를 황제로 추대하여 東晉을 세움. 그 공으로 丞相이

되었으며 號를 '仲父'라 하였음. 천하의 권세를 잡아 당시 "王與馬, 共天下"라 하였음. 元帝와 明帝, 成帝를 차례로 즉위시켰음. 아울러 남방 세족의 도움으로 강남에서의 동진 정권을 안정시킴.《晉書》(65)에 전이 있음.

【周侯】周伯仁. 주의(周顗, 269~322). 자는 伯仁. 周浚의 장자. '三日僕射'와 王敦 기병 때 피살될 때 "我雖不殺伯仁, 伯仁由我而死"의 고사를 남김.《晉書》(69)에 전이 있음.

【噉·啗】'담(啖)'과 같음. '먹다'의 뜻.

【骨骾】'骾'은 本傳에는 '鯁'으로 되어 있음. '골경'은 고기뼈나 생선뼈처럼 날카로움을 말하여 임금의 허물에 直諫하는 충신을 가리킴.

【隷書】글씨체의 하나. 秦나라의 獄吏가 노예들도 이해하기 쉽도록 복잡한 篆書를 간략하게 만든 字體.

【郗夫人】王獻之의 처. 高平 郗曇의 딸 郗道茂.

【司空】郗夫人의 동생 郗愔. 자는 方回(313~384). 太宰 郗鑒의 아들이며 郗超의 아버지. 黃門侍郞과 臨海太守 등을 지냈으며 王羲之, 許詢과 이름을 함께 날렸음. 한때 병으로 은거하여 글씨에 정진하여 隷書에 능하여 道經 백 권을 베낌. 뒤에 다시 출사하여 會稽內史를 지냈으며 司空에 초빙되었으나 사양함. 侍中과 司空에 추증됨.《晉書》(67)에 전이 있음.

【中郞】郗曇. 자는 重熙(320~361). 郗鑒의 아들이며 郗恢의 아버지. 簡文帝가 발탁하여 撫軍과 司馬를 지냈으며 뒤를 이어 尚書吏部郞, 御史中丞 北中郞將, 丹陽尹, 徐州·兗州刺史 등을 지냄.《晉書》(67)에 전이 있음.

【倒庋】'倒'는 '傾'과 같음. '庋'는 음식물을 올려놓는 시렁이나 찬장.

1.《晉書》(80) 王羲之傳

王羲之字逸少, 司徒導之從子也. 祖正, 尙書郎. 父曠, 淮南太守. 元帝之過江也, 曠首創其議. 羲之幼訥於言, 人未之奇. 年十三, 嘗謁周顗, 顗察而異之. 時重牛心炙, 坐客未噉, 顗先割啗羲之, 於是始知名. 及長, 辯贍, 以骨鯁稱, 尤善隷書, 爲古今之冠, 論者稱其筆勢, 以爲飄若浮雲, 矯若驚龍. 深爲從伯敦, 導所器重. 時陳留阮裕有重名, 爲敦主薄. 敦嘗謂羲之曰:「汝是吾家佳子弟, 當不減阮主薄.」裕亦目羲之與王承, 王悅爲王氏三少. 時太尉郗鑒使門生求女壻於導, 導令就

東廂徧觀子弟. 門生歸, 謂鑒曰:「王氏諸少並佳, 然聞信至, 咸自矜持. 惟一人
在東牀坦服食, 獨若不聞.」鑒曰:「正此佳壻邪!」訪之, 乃羲之也, 遂以女妻之.
起家秘書郎, 征西將軍庾亮請爲參軍, 累遷長史. 亮臨薨, 上疏稱羲之清貴有
鑒裁. 遷寧遠將軍, 江州刺史. 羲之旣少有美譽, 朝廷公卿皆愛其才器, 頻召爲
侍中, 吏部尚書, 皆不就. 復授護軍將軍, 又推遷不拜. 揚州刺史殷浩素雅重之,
勸使應命, 乃遺羲之書曰:「悠悠者以足下出處足觀政之隆替, 如吾等亦謂爲然.
至如下足下出處, 正與隆替對, 豈可以一世之存亡, 必從足下從容之適? 幸徐
求衆心. 卿不時起, 復可以求美政不? 若豁然開懷, 當知萬物之情也.」羲之遂
報書曰:「吾素自無廊廟志, 直王丞相時果欲內吾, 誓不許之, 手跡猶存, 由來
尚矣, 不於足下參政面方進退.」自兒娶女嫁, 便懷尚子平之志, 數與親知言之,
非一日也. 若蒙驅使, 關隴, 巴蜀皆所不辭. 吾雖無專對之能, 直謹守時命, 宣國
家威德, 固當不動於凡使, 必寧遠近咸知朝廷留心於無外, 此所益殊不同居護
軍也. 漢末使太傅馬日磾慰撫關東, 皆不以吾輕微, 無所爲疑, 宜及初冬以行,
吾惟恭以待命.」羲之旣拜護軍, 又苦宜城郡, 不許, 乃以爲右軍將軍, 會稽內史.
時殷浩與桓溫不協, 羲之以國家之安在於內外和, 因以與浩書以戒之, 浩不從.
及浩將北伐, 羲之以爲必敗, 以善止之, 言甚切至. 浩遂行, 果爲姚襄所敗. 復圖
再擧, 又遺浩書曰:「知安西敗喪, 公私愴憚, 不能須臾去懷. 以區區江左, 所營
綜如此, 天下寒心, 固以久矣, 面加之敗喪, 此可熟念. 往事豈復可追, 願思弘
將來. 令天下寄命有所, 自隆中興之業. 政以道勝寬和爲本, 力爭武功, 作非所當,
因循所長, 以固大業, 想識其由來也. 自寇亂以來, 處內外之任者, 未有深謀遠慮,
括襄至計, 而疲竭根本, 各從所志, 竟無一功可論, 一事可記, 忠言嘉謨棄而莫用,
遂令天下將有土崩之勢, 何能不痛心悲慨也. 任其事者, 豈得辭四海之責! 追咎
往事, 亦何所復及, 宜更虛己求賢, 當與有識共之, 不可復令忠允之言常屈於當權.
今軍破於外, 資竭於內, 保淮之志非復所及, 莫過還保長江, 都督將各復舊鎮,
自長江於外, 羈縻而已. 任國鈞者, 引咎責躬, 深自貶降以謝百姓, 更與朝賢思布
平政, 除其煩苛, 省其賦役, 與百姓更始, 庶可以允塞羣望, 救倒懸之急. 使君
起於布衣, 任天下之重, 尚德之擧, 未能事事允稱, 當董統之任而敗喪至此, 恐闔
朝羣賢未有與人分其謗者. 今宜修德補闕, 廣廷羣賢, 與之分任, 尚未知獲濟所期.
若猶以前事爲未工, 故復求之於分外, 宇宙雖廣, 自容何所! 知言不必用, 或取
怨執政, 然當情慨所在, 正自不能不盡懷極言. 若必親征, 未達此旨, 果行者,
愚智所不解也. 願復與衆共之. 復被州符, 增運千石, 徵役兼至, 皆以軍期, 對之
喪氣, 罔知所厝. 自頃年割剝遺黎, 刑徒竟路, 殆同秦政, 惟未加參夷之刑耳,

恐勝廣之憂, 無復日矣」又與會稽王牋陳浩不宜北伐, 幷論時事曰:「古人恥其君
不爲堯舜, 北面之道, 豈不願尊其所事, 比隆往代, 況遇千載一時之運? 顧智力
屈於當年, 何得不權輕重處之也. 今雖有可欣之會, 內求諸己, 而所憂乃重於欣.
傳云,「自非聖人, 外寧必有內憂」. 今外不寧, 內憂已深. 古之弘大業者, 或不謀
於衆, 傾國以濟一時功者, 亦往往而有之. 誠獨運之明簇以邁衆, 暫勞之弊終
獲永逸者可也. 求之於今, 可得擬議乎! 夫廟算決勝, 必宜審量彼我, 萬全而後動.
功就之日, 便當因其衆而卽其實. 今功未可期, 而遺黎殲盡, 萬不餘一. 且千里
饋糧, 自古爲難, 況今轉運供繼, 西輸許洛, 北入黃河. 雖秦政之弊, 未至於此,
便以艾至. 今運無還期, 徵求日重, 以區區吳越經緯天下十分之九, 不亡何待!
而不道德量力, 不弊不已, 此封內所痛心歎悼而莫敢吐誠. 往者不可諫, 來者
猶可追, 願殿下更垂三思, 解而更將, 令殷浩, 荀羨還據合肥, 廣陵, 許昌, 譙郡,
梁, 彭城諸軍皆還保淮, 爲不可勝之基, 須根立勢擧, 謀之未晚, 此實當今策之
上者. 若不行此, 社稷之憂可計日而待. 安危之機, 考之虛實, 著於目前, 願運獨
斷之明, 定之於一朝也. 地淺而言深, 豈不知其未易. 然古人處間閻行陣之間,
尙或干時謀國, 評裁者不以爲譏, 況廁大臣末行, 豈可黙而不言裁! 存亡所係,
決在行之, 不可復持疑後機, 不定之於此, 後欲悔之, 亦無及也. 殿下德冠宇內,
以公實輔朝, 最可直道行之, 致隆當年, 而未允物望, 受殊遇者所以寤寐長歎,
實爲殿下惜之. 國家之慮深矣, 當恐伍員之憂不獨在昔, 麋鹿之游將不止臨藪
而已. 願殿下暫廢墟遠之懷, 以救倒懸之急, 可謂以亡謂存, 轉禍爲福, 則宗廟
之慶, 四海有賴也. 時東土饑荒, 羲之輒開倉振貸. 然朝廷賦役繁重, 吳會尤甚,
羲之每上疏爭之, 事多見海矣. 頃所陳論, 每蒙允納, 所以令下小得蘇息, 各安
其業. 若不耳, 此一郡久以蹈東海矣. 今事之大者未布, 遭運是也. 吾意望朝廷
可申下定期, 委之所司, 勿復催下, 但當歲終考其殿最. 長吏尤殿, 命檻車送詣
天臺. 三縣不擧, 二千石必冤, 或可左降, 令在疆塞極難之地. 又自吾到此, 從事
常有四五, 兼以臺司及都水御史行臺文符如雨, 倒錯違背, 不復可知. 吾又瞑目
循常推前, 取重者及綱紀, 輕者在五曹. 主者沿事, 未嘗得十日, 吏民趨走, 功費
萬計. 卿方任其重, 可徐尋所言. 江左平日, 揚州一良刺史便足統之, 況以羣才
而更不理, 正由爲法不一, 牽制者衆, 思簡而易從, 便足以保守成業. 倉督監耗
盜官米, 動以萬計, 吾謂誅嬰一人, 其後便斷, 而時意不同. 近檢校諸縣, 無不
皆爾. 餘姚近十萬斛, 重斂以資姦吏, 令國用空乏, 良可歎之. 自軍興以來, 征役
及充運死亡叛不反者衆, 虛耗至此, 而補代循常, 所在凋困, 莫知所出. 上命所差,
上道多叛, 則吏及叛者席卷同去. 又有循常, 輒令其家及同伍課捕. 百姓流亡,

戶口日減, 其源在此. 又有百工醫寺, 死亡絕沒, 家戶空盡, 差代無所, 上命不絕, 事起或十年, 十五年, 彈舉獲罪無懈息, 而無益實事, 何以堪之! 謂自今諸死罪原輕者及五歲刑, 可以充此, 其減死者, 可長充兵役, 五歲者, 可充雜工醫寺, 皆令移其家以實都邑. 都邑既實, 是政之本, 又可絕其亡叛. 不移其家, 逃亡之患復如初耳. 今除罪而充雜役, 盡移其家, 小人愚迷, 或以爲重於殺戮, 可以絕姦. 刑名雖輕, 懲肅實重, 豈非適時之宜邪!」義之雅好服食養性, 不樂在京師, 初渡浙江, 便有終焉之志. 會稽有佳山水, 名士多居之, 謝安未仕時亦居焉. 孫綽, 李充, 許詢, 支遁等皆以文義冠世, 並築室東土, 與義之同好. 嘗與同志宴集於會稽山陰之蘭亭, 義之自爲之序以申其志, 曰:「永和九年, 歲在癸丑, 暮春之初, 會于稽山陰之蘭亭, 修禊事也. 羣賢畢至, 少長咸集. 此地有崇山峻嶺, 茂林修竹, 又有清流激湍, 映帶左右, 引以爲流觴曲水, 列坐其次. 雖無絲竹管絃之盛, 一觴一詠, 亦足以暢敍幽情. 是日也, 天朗氣清, 惠風和暢, 仰觀宇宙之大, 修察品類之盛, 所以游目騁懷, 足以極視聽之娛, 信可樂也. 夫人之相與, 俯仰一世, 或取諸懷抱, 悟言一室之內, 或因寄所託, 放浪形骸之外. 雖趣舍萬殊, 靜躁不同, 當其欣於所遇, 暫得於己, 快然自足, 不知老之將至. 及其所之既倦, 情隨事遷, 感慨係之矣. 向之所欣, 俛仰之間, 以爲陳跡, 猶不能不以之興懷. 況修短隨化, 終期於盡. 古人云, 死生亦大矣, 豈不痛哉! 每覽昔人興感之由, 若咸一契, 未嘗不臨文嗟悼, 不能喻之於懷. 固之一死生爲虛誕, 齊彭殤爲妄作, 後之視今, 亦猶今之視昔, 悲夫! 故列敍時人, 錄其所述, 雖世殊事異. 所以興懷, 其致一也. 後之覽者, 亦將有感於斯文.」或以潘岳金谷詩序方其文, 義之比於石崇, 聞而甚喜. 性愛鵝, 會稽有孤居姥養一鵝, 善鳴, 求市未能得, 遂攜親友命駕就觀. 姥聞義之將至, 烹以待之, 義之歎惜彌日. 又山陰有一道士, 養好鵝, 義之往觀焉, 意甚悅, 固求市之. 道士云:「爲寫道德經, 當舉羣相贈耳.」義之欣然寫畢, 籠鵝而歸, 甚以爲樂. 其任率如此. 嘗詣門生家, 見棐几滑淨, 因書之, 眞草相半. 後爲其父誤刮去之, 門生驚懊者累日. 又嘗在蕺山見一老姥, 待六角竹扇賣之. 義之書其扇, 各爲五字. 姥初有慍色. 因謂姥曰:「但言是王右軍書, 以求百錢邪」姥如其言, 人競買之. 他曰, 姥又持扇來, 義之笑而不答. 其書爲世所重, 皆此類也. 每自稱「我書比鍾繇, 當抗行, 比張芝草, 猶當雁行也.」曾與人書云:「張芝臨池學書, 池水盡黑, 使人耽之若是, 未必後之也.」義之書初不勝庾翼, 郗愔, 及其暮年方妙. 嘗以章草答庾亮, 而翼深歎伏, 因與義之書云:「吾昔有伯英章草十紙, 過江顚狽, 遂乃亡失, 常歎妙迹永絕. 忽見足下答家兄書, 煥若神明, 頓還舊觀.」

時驃騎將軍王述少有名譽, 與羲之齊名, 而羲之甚輕之, 由是情好不協. 述先爲會稽, 以母喪居郡境, 羲之代述, 止一弔, 遂不重詣. 述每聞角聲, 謂羲之當候己, 輒灑掃而待之. 如此者累年, 而羲之竟不顧, 述深以爲恨. 及述爲揚州刺史, 將就徵, 周行郡界, 而不過羲之, 臨發, 一別而去. 先是, 羲之常謂賓友曰:「懷祖正當作尙書耳, 投老可得僕射. 更求會稽, 便自邈然.」及述蒙顯授, 羲之恥爲之下, 遣使詣朝廷, 求分會稽爲越州. 行人失辭, 大爲時賢所笑. 旣而內懷愧歎, 謂其諸子曰:「吾不減懷祖, 而位遇賢邈, 當由汝等不及坦之故邪!」述後檢察會稽郡, 辯其刑政, 主者疲於簡對. 羲之深恥之, 遂稱病去郡, 於父母墓前自誓曰:「維永和十二年三月癸卯朔, 九日辛亥, 小子羲之敢告二尊之靈. 羲之不天, 夙遭閔凶, 不蒙過庭之訓. 母兄鞠育, 得漸庶幾, 遂因人乏, 蒙國寵榮. 進無忠孝之節, 退違推賢之義, 每仰詠老氏, 周任之誡, 常恐死亡無日, 憂及宗祀, 豈在微身而已! 翅用寤寐永歎, 若墜深谷. 止足之分, 定之於今. 謹以今月吉辰肆筵設席, 稽顙歸誠, 告誓先靈. 自今之後, 敢渝此心, 貪冒苟進, 是有無尊之心而不子也. 子而不子, 天地所覆載, 名敎所不得容. 信誓之誠, 有如曒日!」羲之旣去官, 與東土人士盡山水之游, 弋釣爲娛. 又興道士許邁共修服食, 採藥石不遠千里, 偏游東中諸郡, 窮諸名山, 泛滄海, 歎曰:「我卒當以樂死.」謝安嘗謂羲之曰:「中年以來, 傷於哀樂, 與親友別, 輒作數日惡.」羲之曰:「年在桑楡, 自然至此. 頃正賴絲竹陶寫, 恒恐兒輩覺, 損其歡樂之趣.」朝廷以其誓苦, 亦不復徵之. 時劉惔爲丹楊尹, 許詢嘗就惔宿, 牀帷新麗, 飮食豐甘. 詢曰:「若此保全, 殊勝東山.」惔曰:「卿若知吉凶由人, 吾安得保此.」羲之在坐, 曰:「令巢許遇稷契, 當無此言.」二人並有愧色. 初, 羲之旣優游無事, 與吏部郎謝萬書曰:「古之辭世者或被髮陽狂, 或汚身穢跡, 可謂艱矣. 今僕坐而獲逸, 遂其宿心, 其爲慶幸, 豈非天賜! 違天不祥. 頃東游還, 修植桑果, 今盛敷榮, 率諸子, 抱弱孫, 游觀其間, 有一味之甘, 割而分之, 以娛目前. 雖楛德無殊邈, 猶欲敎養子孫以敦厚退讓. 或以輕薄, 庶令擧策數馬, 彷佛萬石之風. 君謂此何如? 比當與安石東游山海, 幷行田視地利, 頤養閑暇. 衣食之餘, 欲與親知時共歡讌, 雖不能興言高詠, 銜杯引滿, 語田里所行, 故以爲撫掌之資, 其爲得意, 可勝言邪! 常依陸賈, 班嗣, 楊王孫之處世, 甚欲希風數子, 老夫志願盡於此也.」萬後爲豫州都督, 又遺萬書誠之曰:「以君邁往不屑之韻, 而俯同羣辟, 誠難爲意也. 然所謂通識, 正自當隨事行藏, 乃爲遠耳. 願君每與士之下者同, 則盡善矣. 食不二味, 去不重席, 此復何有, 而古人以爲美談. 濟否所由, 實在積小以致高大, 君其存之」萬不能用, 果敗. 年五十九卒, 贈金紫光祿大夫. 諸子遵父先旨, 固讓不受.

2.《世說新語》雅量篇

郗太尉在京口, 遣門生與王丞相書, 求女壻. 丞相語郗信:「君往東廂, 任意選之.」
門生歸, 白郗曰:「王家諸郎, 亦皆可嘉, 聞來覓壻, 咸自矜持; 唯有一郎, 在東
牀上坦腹食, 如不聞.」郗公云:「正此好.」訪之, 乃是逸少. 因嫁女與焉.

3.《世說新語》賢媛篇

王右軍郗夫人, 謂二弟司空·中郎曰:「王家見二謝, 傾筐倒庋; 見汝輩來, 平平爾.
汝可無煩復往.」

078-② 平子絶倒
위개의 담론에 절도한 평자

진晉나라 위개衛玠는 현리玄理의 담론을 잘하였다. 그 뒤에는 많은 병을
얻어 몸이 파리하여 어머니는 늘 그로 하여금 담론을 하지 말도록 금지
시켰다. 그런데 좋은 날을 만나 친척과 친구들이 한 마디를 청하면 그 말을
듣고 미묘한 경지에 들었다며 자문하고 탄식하지 아니하는 이가 없었다.

왕징王澄은 자가 평자平子이며 그 이름이 높았는데 그는 어릴 때부터
위개를 추앙하고 복종하였다. 매번 위개가 한 말을 들을 때면 문득 탄식
하여 절도絶倒할 정도였다. 당시 사람들은 이를 두고 이렇게 말하였다.

"위개의 담론에 평자는 절도한다."

왕징은 왕현王玄과 왕제王濟 등과 그 명성을 함께 하였는데 모두가
위개의 문하에서 배출되었다. 그에 당시 세상 사람들은 이렇게 말하였다.

"왕씨 집안 세 아들이 위씨 집안 한 아들만 못하네."

왕징의 형 왕연王衍은 사람을 평가하는 감식이 있었는데 특히 왕징을
중시하였다. 위개는 이 때문에 이름이 드날리게 된 것이다.

왕징을 통해 평가를 받은 사람이면 왕연은 다시 말을 덧붙이지 않은
채 곧바로 이렇게 말하는 것이었다.
"이미 평자의 평가를 거친 사람이다."
왕징은 형주자사荊州刺史가 되었다가 왕돈王敦에게 죽음을 당하고 말았다.

晉, 衛玠好言玄理. 其後多病體羸, 母常禁其語. 遇有勝日, 親友
時請一言, 無不咨嗟, 以爲入微. 王澄字平子, 有高名, 少所推服.
每聞玠言, 輒歎息絕倒.

時人爲之語曰: 「衛玠談道, 平子絕倒.」

澄及王玄·王濟竝有盛名, 皆出玠下.

世云: 「王家三子, 不如衛家一兒.」

兄衍有人倫之鑒, 尤重澄. 由是顯名, 有經澄所題目者, 衍不復有言.

輒云: 「已經平子矣.」

爲荊州刺史, 爲王敦所害.

【衛玠】 자는 叔寶(287~313). 어릴 때는 虎라 부름. 衛瓘의 손자이며 衛恒의
아들. 《老莊》에 조예가 깊었음. 어려서 王澄, 王玄, 王濟와 함께 이름을 날려
"王家三子, 不如衛家一兒"라 하였음. 中原大亂 때 남으로 피난하여 王敦
에게 발탁됨. 太子洗馬를 지냈으며 王承과 더불어 '中興第一名士'로 불림.
《晉書》(36)에 전이 있음.
【王澄】 자는 平子(269~312). 王衍의 아우. 荊州刺史를 지냄. 뒤에 王敦에게
죽음을 당함. 《晉書》(43)에 전이 있음.
【王玄】 자는 眉子(?~313?). 王衍(夷甫)의 아들. 뒤에 尉氏 땅에 가는 길에 성곽
에서 피살당함. 《晉書》(43)에 전이 있음.
【玄理】 老莊의 道. 도가의 학설과 사상을 말함.
【王濟】 자는 武子(240?~285?). 王渾의 아들. 《易》과 《老莊》에 밝아 裴楷와
이름을 날렸으며 武帝의 딸 常山公主의 남편. 侍中을 역임함. 말에 대해서 잘
알았다고 함. 王愷와 사치와 호기를 다툰 일로도 유명함. 中書郞, 驍騎將軍,

侍中 등을 역임함.《晉書》(42)에 전이 있음. 왕제는 太原 晉陽 출신이었음.

【兄衍】王衍(256~311)을 가리킴. 자는 夷甫. 죽림칠현의 하나인 王戎의 從弟. 太尉를 지냄.《晉書》(43)에 전이 있음.

【尤重澄】王衍은 王澄, 周顗, 王敦을 차례로 등급을 정하였음.

【王敦】자는 處仲(266~324). 어릴 때는 阿黑이라 부름. 王含의 아우이며 王導의 從弟로 八王之亂 때 공을 세워 散騎常侍, 侍中, 靑州刺史, 鎭東大將軍 등을 지냄. 西晉이 망하자 司馬睿를 옹립하여 황제로 삼음. 뒤에 明帝 때 난을 일으켰다가 軍中에서 죽음.《晉書》(98)에 전이 있음.

1.《晉書》(36) 衛玠傳

衛玠字叔寶, 年五歲, 風神秀異. 祖父瓘曰:「此兒有異於衆, 顧吾年老, 不見其成長耳!」總角乘羊車入市, 見者皆以爲玉人, 觀之者傾都. 驃騎將軍王濟, 玠之舅也, 儁爽有風姿, 每見玠, 輒歎曰:「珠玉在側, 覺我形穢.」又嘗於人曰:「與玠同遊, 冏若明珠之在側, 朗然照人.」及長, 好言玄理. 其後多病體羸, 母恒禁其語. 遇有勝日, 親友時請一言, 無不咨嗟, 以爲入微. 琅邪王澄有高名, 少所推服. 每聞玠言, 輒歎息絶倒. 故時人爲之語曰:「衛玠談道, 平子絶倒.」澄及王玄·王濟並有盛名, 皆出玠下. 世云:「王家三子, 不如衛家一兒.」

2.《世說新語》賞譽篇

王平子邁世有儁才, 少所推服; 每聞衛玠言, 輒歎息絶倒.

3.《世說新語》識鑑篇

王平子素不知眉子, 曰:「志大其量, 終當死塢壁間!」

4.《世說新語》方正篇

衛玠始度江, 見王大將軍, 因夜坐; 大將軍命謝幼輿. 玠見謝, 甚悅之, 都不復顧王, 遂達且微言. 王永夕不得豫. 玠體素羸, 恆爲母所禁; 爾夕忽極, 於此病篤, 遂不起.

5.《衛玠別傳》

玠穎識通達, 天韻標令, 陳郡謝幼輿敬以亞父之禮. 論者以爲出王眉子, 平子, 武子之右. 世咸謂:「謂王三子, 不如衛家一兒.」娶樂廣女. 裴叔道曰:「妻女有冰淸之姿, 壻有璧潤之望; 所謂秦晉之匹也.」爲太子洗馬. 永嘉四年, 南至江夏, 與兄別於梁里澗, 謂曰:「在三之義, 人之所重, 今日忠臣致身之運, 可不勉乎?」行至豫章, 乃卒.

079. 澹臺毁璧, 子罕辭寶

079-① 澹臺毁璧
구슬을 부숴 버린 담대멸명

《박물지博物志》에 실려 있다.

담대멸명澹臺滅明은 자가 자우子羽이다. 하수를 건너면서 마침 천금의 구슬을 지니고 있었는데, 하수의 하백(河伯, 河神)이 그 구슬을 탐내어 심지어 양후陽侯는 파도를 일으키고, 두 마리 교룡이 그 배를 에워싸기까지 하는 것이었다. 자우는 왼손에 그 구슬을 잡고 오른손에 칼을 잡고는 교룡을 쳐서 모두 죽여 버렸다. 그리고 물을 다 건너자 세 번이나 그 구슬을 강물에 던졌지만, 그때마다 하백 역시 되돌려 주는 것이었다. 그러자 자우는 그 구슬을 부수어 버리고 떠났다.

《博物志》曰: 澹臺字子羽. 渡河齎千金之璧. 于河河伯欲之, 至陽侯波起兩鮫挾船. 子羽左操璧, 右操劒, 擊鮫皆死. 旣渡, 三投璧于河, 河伯躍而歸之, 子羽毁而去.

【博物志】晉나라의 張華가 지은 책.
【澹臺滅明】澹臺는 複姓, 이름은 滅明. 자는 子羽. 孔子 제자.
【陽侯波】옛날에 陽陵國侯가 익사하여 波神이 되었음. 《幼學瓊林》에 "水神曰 馮夷, 又曰陽侯"라 하였으며 이 전설은 《淮南子》覽冥訓 高誘 注와 《楚辭》 九章 哀郢 注에 실려 있음.
【兩鮫】《史記》의 〈仲尼弟子列傳〉 인용된 《水經注》에 "兩鮫夾舟. 子羽曰: 「吾可以義求, 不可以威刦.」 操劒斬蛟"이라 하였음.

참고 및 관련 자료

1.《博物志》(7)

澹臺子羽渡河, 齎千金之璧於河, 河伯欲之, 至陽侯波起, 兩鮫挾船. 子羽左摻璧, 右操劍, 擊鮫皆死. 旣渡, 三投璧於河伯, 河伯三躍而歸之, 子羽毀璧而去.

2.《搜神記》佚文 澹臺子羽齎璧渡河

澹臺子羽齎璧渡河, 風波忽起, 兩龍夾舟. 子羽奮劍斬龍, 波乃止. 登岸, 投璧於河, 河伯三歸之. 子羽毀璧而去.

3.《太平御覽》(930)

澹臺子羽, 齎千金之璧渡河, 河伯欲之, 陽侯波起, 兩蛟夾船. 子羽左操璧, 右操劒, 擊蛟皆死. 旣濟, 三投璧於河, 河伯三躍而歸之, 子羽毀璧而去.

4.《淮南子》覽冥訓

武王伐紂, 渡于孟津, 陽侯之波, 逆流而擊, 疾風晦冥, 人馬不相見. 於是武王左操黃鉞, 右秉白旄, 瞋目而撝之, 曰:「余任, 天下誰敢害吾意者!」於是風濟而波罷. 魯陽公與韓搆難, 戰酣日暮, 援戈而撝之, 日爲之反三舍.

079-② 子罕辭寶
보물을 사양한 사성자한

《좌전左傳》에 실려 있다.

송宋나라 어떤 사람이 옥을 얻어 이를 사성자한司城子罕에게 바쳤다. 사성자한이 이를 받지 않자 옥을 바쳤던 사람이 말하였다.

"옥공玉工에게 보였더니 그는 대단한 옥이라 합디다. 그래서 바치는 것입니다."

그러자 자한은 이렇게 말하였다.

“나는 탐욕을 부리지 않는 것으로써 보배로 삼고 있소. 그대는 옥을 보배로 여기고 있고. 만약 그대의 보배를 나에게 준다면 이는 두 사람 모두 보배를 상실하게 되는 것이오. 각기 자신의 보배를 그대로 가지고 있느니만 못하오.”

《左傳》曰: 宋人得玉, 獻諸司城子罕.

子罕弗受, 獻玉者曰:「以示玉人, 玉人以爲寶, 故獻之.」

子罕曰:「我以不貪爲寶. 爾以玉爲寶. 若以與我, 皆喪寶也. 不若人有其寶.」

【宋】 춘추시대 나라 이름. 周 武王이 殷나라를 멸한 다음 그 후손을 봉한
　　 제후국으로 지금의 河南 商丘 일대에 있었음.
【司城子罕】 이름은 喜, 子罕은 字. 宋나라의 宰相, 賢臣.

참고 및 관련 자료

1.《左傳》襄公 15

宋人或得玉, 獻諸子罕. 子罕弗受. 獻玉者曰:「以示玉人, 玉人以爲寶也, 故敢
獻之.」子罕曰:「我以不貪爲寶, 爾以玉爲寶. 若以與我, 皆喪寶也, 不若人有其寶.」
稽首而告曰:「小人懷璧, 不可以越鄕, 納此以請死也.」子罕寘諸其里, 使玉人
爲之攻之, 富而後使復其所.

2.《呂氏春秋》異寶篇

宋之野人耕而得玉, 獻之司城子罕. 子罕不受. 野人請曰:「此野人之寶也. 願相
國爲之賜而受之也.」子罕曰:「子以玉爲寶, 我以不受爲寶.」故宋國之長子曰:
「子罕非無寶也, 所寶者異也.」

3.《韓非子》喩老篇

宋之鄙人, 得璞玉而獻之子罕. 子罕不受. 鄙人曰:「此, 寶也. 宜爲君子器, 不宜
爲細人用.」子罕曰:「爾以玉爲寶, 我以不受子玉爲寶.」是鄙人欲玉, 而子罕不

欲玉. 故曰:「欲不欲, 而不貴難得之貨.」

4.《淮南子》精神訓

堯不以有天下爲貴, 故授舜; 子罕不以玉爲富, 故不受寶; 務光不以生害義, 故自投於淵; 由此觀之:「至貴不待爵, 至富不待財.」

5.《新序》節士篇

宋人有得玉者, 獻諸司城子罕, 子罕不受. 獻玉者曰:「以示玉人, 玉人以爲寶, 故敢獻之.」子罕曰:「我以不貪爲寶, 爾以玉爲寶. 若與我者, 皆喪寶也, 不若人有其寶.」故宋國之長者曰:「子罕非無寶也, 所寶者異也. 今以百金與搏黍以示兒子, 兒子必取搏黍矣; 以和氏之璧與百金以示鄙人, 鄙人必取百金矣, 以和氏之璧與道德之至言, 以示賢者, 賢者必取至言矣. 其知彌精, 其取彌精; 其知彌觕, 其取彌觕. 子罕之所寶者至矣.」

080. 東平爲善, 司馬稱好

080-① 東平爲善
선행을 가장 즐겁게 여긴 동평헌왕

후한後漢의 동평헌왕東平憲王 유창劉蒼은 현종顯宗, 明帝의 친동생이다. 어려서부터 경서를 좋아하였으며 고아한 품성에 지혜롭고 사려가 밝았다. 현종은 그를 애지중지하여 그를 표기장군驃騎將軍의 직함을 주어 삼공三公의 윗자리 등급에 앉혔다. 헌왕이 이윽고 자신의 봉국으로 돌아 갔다가 뒤에 다시 수도로 돌아와 황제를 뵙게 되었다. 이에 황제가 헌왕에게 물었다.

"집안에 있으면서 무슨 일을 하는 것이 가장 즐거운가?"

헌왕이 대답하였다.

"선을 행하는 것이 가장 즐겁습니다."

숙종肅宗이 즉위하여 그에 대한 은혜와 예가 전대보다 더욱 깊었다. 이윽고 그가 죽자 숙종은 동쪽으로 순수하면서 헌왕이 살던 궁궐에 들러 옛날 유람을 그리워하여 추모하며 유창의 아들에게 이렇게 말하였다.

"그 사람이 그리워 그가 살던 고향에 왔는데 그 터는 남아있으나 그 사람은 없구나!"

그리고 눈물을 흘리며 그의 능묘로 행차하여 태뢰太牢로써 제사를 올렸다.

後漢, 東平憲王蒼, 顯宗同母弟. 少好經書, 雅有智思. 顯宗愛重之, 拜驃騎將軍, 位三公上.

王旣還國, 後朝京師, 上問王:「處家何等最樂?」

王言:「爲善最樂.」

肅宗立, 恩禮踰於前世.

旣薨, 帝東巡守幸其宮, 追感念蒼, 謂其子曰:「思其人至其鄉, 其處在, 其人亡!」

因泣下, 幸其陵, 祠以太牢.

【東平憲王】 東平王. 劉蒼. 明帝의 아우로서 행실이 바르고 선행을 베풀었음. 《後漢書》에 전이 있음.

【顯宗】 明帝. 東漢 제2대 황제 劉莊. 光武帝의 아들. 廟號는 顯宗孝明皇帝. 58년~75년 재위함.

【肅宗】 章帝 劉炟. 후한의 제3대 황제. 廟號는 肅宗孝明皇帝. 明帝 劉莊의 아들. 76년~88년까지 재위함.

【太牢】 소·양·돼지 등 세 가지 고기를 갖추어 지내는 제사나 향연.

참고 및 관련 자료

1. 《後漢書》(32) 東平憲王傳

東平憲王蒼, 建武十五年封東平公, 十七年進爵爲王. 蒼少好經書, 雅有智思, 爲人美須髯, 要帶八圍, 顯宗甚愛重之. 及卽位, 拜爲驃騎將軍, 置長史掾史員四十人, 位在三公上. 十一年, 蒼與諸王朝京師. 月餘, 還國. 帝臨送歸宮, 悽然懷思, 乃遣使手詔國中傅曰:「辭別之後, 獨坐不樂, 因就車歸, 伏軾而吟, 瞻望永懷, 實勞我心, 誦及《采菽》, 以增歎息. 日者問東平王處家何等最樂, 王言「爲善最樂」, 其言甚大, 副是要腹矣. 今送列侯印十九枚, 諸王子年五歲已上能趨拜者, 皆令帶之.」

2. 《十八史略》(3)

十一年, 東平王蒼來朝. 蒼自上卽位初, 爲驃騎將軍, 五年而歸國, 至是入朝. 上問:「處家何以爲樂?」蒼曰:「爲善最樂.」

080-② 司馬稱好
잘했다고 칭찬만 하는 사마휘

　　후한後漢의 사마휘司馬徽는 자가 덕조德操이며 영천潁川 사람이다. 입으로는 절대 남의 단점을 말하지 아니하며, 남과 말을 나눌 때에는 호오好惡를 묻는 일이 없었으며 말끝마다 모두 "좋습니다"라고 할 뿐이었다. 어떤 시골 사람이 사마휘에게 안부를 물어도 모든 대답은 "좋습니다"였고, 어떤 사람이 자신의 아들이 죽었다고 진언을 해도 답을 "너무 잘 되었습니다"라 하는 것이었다. 이를 보다 못한 그 아내가 이렇게 질책하였다.
　　"남들이 당신에게 말을 하는 것은 당신이 덕이 있는 사람이라 여기기 때문입니다. 그런데 어찌 남의 아들이 죽었다는 말을 갑작스럽게 듣고도 곧바로 잘 되었다고 대답을 하십니까?"
　　그러자 사마휘는 이렇게 말하였다.
　　"그대의 말도 역시 아주 훌륭하오!"

　　後漢, 司馬徽字德操, 潁川人.
　　口不談人之短, 與人語, 莫問好惡, 皆言:「好」
　　有鄕人問徽安否, 答曰:「好」
　　有人自陳子死, 答曰:「大好」
　　妻責之曰:「人以君有德故相告. 何忽聞人子死, 便言好?」
　　徽曰:「卿言亦大好!」

　　【後漢】《後漢書》에는 그의 전기가 기록되어 있지 않음. 《三國志》蜀志 諸葛亮傳의 주와 龐統傳에 그의 언행이 약간 실려 있을 뿐임.

【司馬徽】자는 德操(?~208). 龐統이 그를 劉備에게 추천하여 이름이 나기
 시작하였음.《三國志》蜀書 龐統傳 주를 참고할 것.

義求 583

1.《三國志》蜀志 諸葛亮傳과 龐統傳 주를 참조할 것.

081. 公超霧市, 魯般雲梯

081-① 公超霧市
안개를 일으키고 시장을 세운 공초

후한後漢의 장해張楷는 자가 공초公超이며 성도成都 사람으로 하남河南에 살고 있었다. 《춘추春秋》와 《상서尚書》에 통달하여 그의 문도門徒가 항상 백 명에 이르렀다. 심지어 아버지와 장숙張夙과 무리를 이루었던 유학자들조차도 함께 그의 집을 찾아와 수레와 말이 거리를 메워 문도들이 어디 머물 곳이 없을 정도였다. 이에 황문黃門과 귀척貴戚의 집안에서는 그 골목에 차례로 집을 지어 그 집을 찾아갈 때 왕래의 편리함을 기다리곤 하였다. 그러자 장해는 이와 같이 떠들썩한 것을 싫어하여 곧바로 그곳을 피하였으며, 뒤에 홍농弘農 땅의 산 속으로 은둔해 버렸다. 그런데도 학자들이 그를 뒤따라 그가 사는 곳이면 시장을 이루었다. 그리하여 화음산華陰山 남쪽에 그만 공초시公超市라는 시장까지 들어서고 말았다.

오부五府에서 연달아 그를 불러 현량방정과賢良方正科로 천거하였지만 그는 나가지 않았다. 성품이 도술을 좋아하였으며 능히 5리 안을 안개로 뒤넣는 능력까시 있었나. 뒤에 안서安車로 그를 조빙하였으나 병을 핑계로 사양하고 말았다.

後漢, 張楷字公超, 成都人也. 家河南. 通《春秋》·《尚書》, 門徒常百人, 自父黨夙儒偕造門. 車馬塡街, 徒從無所止. 黃門貴戚家, 皆起舍巷次, 以候過客往來之利. 楷疾其如此, 輒從避之, 後隱弘農山中. 學者隨之, 所居成市. 華陰山南, 遂有公超市.

　五府連辟, 擧賢良方正不就. 性好道術, 能作五里霧. 後安車聘之, 以疾辭.

【張楷】자는 公超, 후한의 학자이며 五里霧中의 고사를 남긴 인물.《後漢書》에 전이 있음.
【尙書】本傳에는《古文尙書》로 되어 있으며 이는 공자의 집 벽 속에서 나온 蝌蚪文字로 쓰인《尙書》임.
【張夙】張楷의 아버지.
【五府】太傅·太尉·司徒·司空·大將軍 등 다섯 관청.

참고 및 관련 자료

1.《後漢書》張楷傳

楷字公超, 通《嚴氏春秋》·《古文尙書》, 門徒常百人. 賓客慕之, 自父黨夙儒, 偕造門焉. 車馬塡街, 徒從無所止, 黃門及貴戚之家, 皆起舍巷次, 以候過客往來之利. 楷疾其如此, 輒徙避之. 家貧無以爲業, 常乘驢車至縣賣藥, 足給食者, 輒還鄉里. 司隸擧茂才, 除長陵令, 不至官. 隱居弘農山中, 學者隨之, 所居成市, 後華陰山南遂有公超市. 五府連辟, 擧賢良方正, 不就. 漢安元年, 順帝特下詔告河南尹曰:「故長陵令張楷行慕原憲, 操擬夷·齊, 輕貴樂賤, 竄跡幽藪, 高志確然, 獨拔羣俗. 前比徵命, 盤桓未至, 將主者覸習於常, 優賢不足, 使其難進歟? 郡時以禮發遣.」楷復告疾不到. 性好道術, 能作五里霧. 時關西人裴優亦能爲三里霧, 自以不如楷, 從學之, 楷避不肯見. 桓帝卽位, 優遂行霧作賊, 事覺被考, 引楷言從學術, 楷坐繫廷尉詔獄, 積二年, 恆諷誦經籍, 作《尙書注》. 後以事無驗, 見原還家. 建和三年, 下詔安車備禮聘之, 辭以篤疾不行. 年七十, 終於家.

081-② 魯般雲梯
구름사다리를 만든 노반

《회남자淮南子》에 실려 있다.

초楚나라가 송宋나라를 공격하고자 하였다. 묵자墨子가 이를 듣고 안타깝게 여겨 초왕楚王을 만나 이렇게 말하였다.

"제가 보기에는 대왕께서는 틀림없이 의義를 손상할 뿐 송나라는 얻을 수 없습니다."

초왕이 물었다.

"공수반公輸般은 천하의 뛰어난 목수입니다. 그가 운제雲梯라는 기구를 만들어 이를 설치하여 송나라를 공격할 것인데 어찌 송나라를 취할 수 없다는 것입니까?"

묵자가 말하였다.

"공수반으로 하여금 공격 설비를 갖추라 하십시오. 저는 이를 막아내겠습니다."

이에 공수반이 송나라를 공격할 기구를 설치하였고 묵자는 송나라를 지킬 방비를 설치하였다. 아홉 번 공격하였지만 묵자는 아홉 번 모두 이들을 퇴각시켜 초나라는 공격해 들어갈 수가 없었고 결국 무기를 엎어놓고 공격을 그치고 말았다.

공수公輸는 노반魯般이다.

《淮南子》曰: 楚欲攻宋.

墨子聞而悼之, 見楚王曰:「臣見大王之必傷義, 而不得宋.」

王曰:「公輸天下之巧士. 作爲雲梯之械, 設以攻宋, 曷爲弗取?」

墨子曰:「令公輸設攻. 臣請守之.」

於是公輸般設攻宋之械, 墨子設守宋之備. 九攻而墨子九卻之.
弗能入, 乃偃兵不攻.

公輸魯般也.

【墨子】 墨翟. 墨家의 대표적인 인물로 兼愛, 非戰, 節葬 등을 주장함. 그의
  사상을 정리한 《墨子》 책이 전함.
【公輸】 魯般(班), 公輸般(班). 고대 아주 뛰어난 목수.《孟子》 離婁篇에 “離婁
  之明, 公輸子之巧, 不以規矩, 不能成方員; 師曠之聰, 不以六律, 不能正五音;
  堯舜之道, 不以仁政, 不能平治天下”라 함. 公輸盤, 公輸班. 魯나라 사람으로
  魯班으로도 불림. 뛰어난 巧匠으로 일찍이 楚 惠王이 宋을 칠 때 雲梯를
  만들자 墨子가 이를 저지한 사건으로 유명함.《禮記》 檀弓篇,《戰國策》,
  《墨子》 등에 그 이름이 보임.
【偃兵】 병기를 엎어놓고 더 이상 무력을 사용하지 않음. ‘偃武’라고도 함.

참고 및 관련 자료

1.《淮南子》修務訓

昔者, 楚欲攻宋, 墨子聞而悼之, 自魯趨而往, 十日十夜, 足重繭而不休息, 裂衣
裳裹足. 至於郢, 見楚王曰:「臣聞大王舉兵將攻宋, 計必得宋而後攻之乎? 忘其
苦衆勞民・頓兵剉銳・負天下以不義之名, 而不得咫尺之地, 猶且攻之乎?」王曰:
「必不得宋, 又且爲不義, 曷爲攻之?」墨子曰:「臣見大王之必傷義而不得宋.」
王曰:「公輸, 天下之巧士, 作雲梯之械設以攻宋, 曷爲弗取?」墨子曰:「令公
輸設攻, 臣請守之.」於是公輸般設攻宋之械, 墨子設守宋之備, 九攻而墨子九
却之, 弗能入. 於是乃偃兵, 輟不攻宋.

2.《戰國策》宋衛策

公輸般(班)爲楚設機, 將以攻宋. 墨子聞之, 百舍重繭, 往見公輸般, 謂之曰:
「吾自宋聞子. 吾欲藉子殺王(一生).」公輸般曰:「吾義固不殺王.」墨子曰:「聞公
爲雲梯, 將以攻宋. 宋何罪之有? 義不殺王而攻國, 是不殺少而殺衆. 敢問攻
宋何義也?」公輸般服焉, 請見之王. 墨子見楚王曰:「今有人於此, 舍其文軒,

鄰有弊輿而欲竊之; 舍其錦繡, 鄰有短褐而欲竊之; 舍其粱肉, 鄰有糟糠而欲竊之. 此爲何若人也?」王曰:「必爲有竊疾矣」墨子曰:「荊之地方五千里, 宋方五百里, 此猶文軒之與弊輿也; 荊有雲夢, 犀·兕·麋鹿盈之, 江·漢魚·鼈·黿·鼉爲天下饒, 宋所謂無雉·兔·鮒魚者也, 此猶粱肉之與糟糠也; 荊有長松·文梓·梗·枏(楠)·豫樟, 宋無長木, 此猶錦繡之與短褐也. 惡以王吏之攻宋, 爲與此同類也?」王曰:「善哉! 請無攻宋.」

3.《墨子》公輸篇

公輸盤爲楚造雲梯之械, 成, 將以攻宋. 子墨子聞之. 起于齊, 行十日十夜, 而至于郢. 見公輸盤, 公輸盤曰:「夫子何命焉爲?」子墨子曰:「北方有侮臣, 願藉子殺之」公輸盤不說. 子墨子曰:「請獻十金」公輸盤曰:「吾義固不殺人」子墨子起, 再拜曰:「請說之. 吾從北方, 聞子爲梯, 將以攻宋. 宋何罪之有? 荊國有餘于地, 而不足于民, 殺所不足, 而爭所有餘, 不可謂智. 宋無罪而攻之, 不可謂仁. 知而不爭, 不可謂忠. 爭而不得, 不可謂强. 義不殺少而殺衆, 不可謂知類.」公輸盤服. 子墨子曰:「然. 乎不已乎?」公輸盤曰:「不可. 吾旣已言之王矣.」子墨子曰:「胡不見我于王?」公輸盤曰:「諾.」子墨子見王. 曰:「今有人于此, 舍其文軒, 鄰有敝轝, 而欲竊之. 舍其錦繡, 鄰有短褐.」而(王)曰:「必爲竊疾矣.」子墨子曰:「荊之地, 方五千里. 宋之地, 方五百里. 此猶文軒之與敝轝也. 荊有雲夢, 犀兕麋鹿滿之, 江漢之魚鼈黿鼉, 爲天下富. 宋所爲無雉冤狐狸者也. 此猶粱肉之與糠糟也. 荊有長松文梓, 梗枏豫章, 宋無長木, 此猶錦繡之與短褐也. 臣以三事之攻宋也, 爲與此同類. 臣見大王之必傷義而不得.」王曰:「善哉! 雖然, 公輸盤爲我爲雲梯, 必取宋.」于是見公輸盤. 子墨子解帶爲城, 以牒爲械. 公輸盤九設攻城之機變, 子墨子九距之. 公輸盤之攻械盡, 子墨子之守圉有餘, 公輸盤詘. 而曰:「吾知所以距子矣, 吾不言.」子墨子亦曰:「吾知子之所以距我, 吾不言.」楚王問其故. 子墨子曰:「公輸子之意, 不過欲殺臣. 殺臣, 宋莫能守, 可攻也. 然臣之弟子禽滑釐等三百人, 已持臣守圉之器, 在宋城上, 而待楚寇矣. 雖殺臣, 不能絶也.」楚王曰:「善哉! 吾請無攻宋矣.」子墨子歸, 過宋, 天雨, 庇其閭中, 守閭者不內也. 故曰: 治于神者, 衆人不知其功; 爭于明者, 衆人知之.

4.《呂氏春秋》愛類篇

公輸般爲高雲梯, 欲以攻宋. 墨子聞之, 自魯往, 裂裳裹足, 日夜不休, 十日十夜而至於郢, 見荊王曰:「臣北方之鄙人也, 聞大王將攻宋, 信有之乎?」王曰:「然」墨子曰:「必得宋乃攻之乎? 亡其不得宋且不義猶攻之乎?」王曰:「必不得宋, 且有不義, 則曷爲攻之?」墨子曰:「甚善. 臣以宋必不可得」王曰:「公輸般,天下之巧工也, 已爲攻宋之械矣.」墨子曰:「請令公輸般試攻之, 臣請試守之.」
於是公輸般設攻宋之械, 墨子設守宋之備. 公輸般九攻之, 墨子九却之, 不能入,
故荊輟不攻宋. 墨子能以術禦荊、免宋之難者, 此之謂也.

5.《神仙傳》(4)

墨子者, 名翟, 宋人也. 仕宋爲大夫, 外治經典, 內修道術, 著書十篇, 號爲《墨子》,
世多學之者. 與儒家分塗, 務尙儉約, 頗毀孔子, 尤善戰守之功. 公輸班爲楚將,
作雲梯之械, 將以攻宋. 墨子聞之, 徒行詣楚, 足乃壞, 裂裳以裹之. 七日七夜
到楚, 見公輸班, 說之曰:「子爲云梯, 將以攻宋, 宋何罪之有耶? 楚餘於地而
不足於民, 殺所不足而爭所有餘, 不可謂智; 宋無罪而攻之, 不可謂仁; 知而不爭,
不可謂忠; 爭而不得, 不可謂强.」公輸班曰:「吾不可以言於王矣.」墨子曰:
「子令見我於王.」公輸班曰:「諾.」墨子見王曰:「今有人舍其文軒, 隣有弊轝,
而欲竊之; 舍其錦繡, 隣有短褐, 而欲竊之; 舍其粱肉, 隣有糟糠, 而欲竊之,
此爲何若人也?」楚王曰:「若然者, 必有狂疾.」翟曰:「楚有雲夢, 麋鹿滿之,
江漢魚鼈, 爲天下富, 宋無雉兎井鮒, 此猶粱肉之與糟糠也; 楚有枏梓松橡, 宋無
數尺之木, 此猶有錦繡之與短褐也. 臣聞大王吏議攻宋, 與此同也.」王曰:
「善哉! 然公輸班已爲雲梯, 謂必取宋.」於是見公輸班, 攻宋. 墨子解帶爲城,
以牒爲械. 公輸班乃設攻城之機, 九變, 而墨子九拒之. 公輸班之攻城械盡, 而墨子
之守有餘. 公輸班屈曰:「吾知所以攻子矣, 吾不言.」墨子曰:「吾知子所以攻我,
吾不言矣.」楚王問其故, 墨子曰:「公輸班之意, 不過欲殺臣, 謂宋莫能守耳.
然臣之弟子禽滑釐等三百人, 早已操臣守禦之器, 在宋城之上, 而待楚寇至矣.
雖殺臣不能絶也.」楚乃止, 不復攻宋焉. 墨子年八十有二, 乃歎曰:「世事已可
知矣, 榮位非可長保, 將委流俗以從赤松遊矣.」乃謝遣門人, 入山精思至道,
想像神仙. 於是, 夜常聞左右山間有誦書聲者, 墨子臥後, 又有人來, 以衣覆之,
墨子乃伺之. 忽有一人, 乃起問之曰:「君豈山嶽之靈氣乎? 將度世之神仙乎?
願且少留, 誨以道敎.」神人曰:「子有至德好道, 故來相候, 子欲何求?」墨子曰:
「願得長生, 與天地同畢耳.」於是, 神人授以素書《朱英丸方道靈敎戒五行變化》,
凡二十五卷, 告墨子曰:「子旣有仙分, 綠又聰明, 得此便成, 不必須師也.」墨子
拜受, 合作, 遂得其效, 乃撰集其要, 以爲《五行記》五卷. 乃得地仙, 隱居以避
戰國. 至漢武帝時, 遂遣使者楊邃, 束帛加璧, 以聘墨子, 墨子不出. 視其顏色,
常如五六十歲人, 周遊五嶽, 不止一處也.

082. 田單火牛, 江逌爇雞

082-① 田單火牛
쇠꼬리에 불을 붙여 적을 물리친 전단

《사기史記》에 실려 있다.

전단田單은 제齊나라 왕족 전씨田氏의 먼 혈통이다. 임치臨淄의 시연市掾
이었으며 그리 알려지지 않고 있었다. 그러다가 연燕나라가 악의樂毅로
하여금 제나라를 공격하여 깨뜨려 제나라 모든 성을 항복시키자, 전단은
그 틈을 탈출하여 동쪽 즉묵即墨을 보위하고 있었다. 연나라 군대가 그곳
까지 공격하자, 전단은 성 안을 수습하여 소 천여 두를 찾아내어 이들
소에게 비단 옷을 입히고 오색의 용무늬를 그려 넣었다. 그리고 그 뿔에
칼을 묶고 그 꼬리에는 갈대를 묶은 다음 기름칠을 하였다. 그리고 밤이
되자 성벽 수십 군데 구멍을 내어 쇠꼬리 끝에 불을 붙여 소를 풀어놓고
장사 5천 명을 뒤따르게 하였다. 소는 꼬리에 불이 붙자 노하여 연나라
군대를 향해 돌진하였다. 연나라 군대는 밤중에 크게 놀라 보았더니
모두가 용의 무늬가 있는 괴물로서 그에게 부딪치는 자는 모두 죽고
다치는 것이었다. 그러자 뒤따르던 병사 5천 명이 그 틈을 이용하여 함매
銜枚를 입에 물고 진격하였다. 그리고 성 안에서는 북을 치며 소리를
질러 응원하였다. 노인 어린이 할 것 없이 모두가 구리로 만든 악기를
두드려 소리를 내었는데, 그 소리는 천지를 진동할 정도였다. 이리하여
연나라는 크게 패배하였고 드디어 제나라 70여 개 성을 수복할 수 있었다.

그가 양왕襄王을 거莒 땅에서 맞이하자 왕은 전단에게 안평군安平君
이라는 봉호封號를 내렸다.

《史記》: 田單齊諸田疏屬也. 爲臨淄市掾, 不見知. 及燕使樂毅伐破齊, 盡降齊城而單得脫, 東保卽墨. 燕人攻之. 單乃收城中, 得千餘牛, 爲絳繒衣, 畫五彩龍文, 束兵刃於其角, 灌脂束葦於尾, 燒其端, 鑿城數十穴, 夜縱牛壯士五千人隨其後. 牛尾熱, 怒而奔燕軍. 燕軍夜大驚, 視之皆龍文, 所觸盡死傷. 五千人因銜枚擊之. 城中鼓譟從之. 老弱皆擊銅器爲聲, 聲動天地, 燕軍大敗, 遂復齊七十餘城.

迎襄王於莒, 王封單號安平君.

【田單】 전국시대 齊나라 사람으로 즉묵과 거에서 燕나라 군사를 물리쳐 잃었던 제나라 70여 성을 수복하였음. '火牛攻燕'의 고사를 남기기도 하였으며 뒤에 安平君에 봉해졌음.《史記》田單列傳 참조.

【臨淄】 춘추와 전국시대 제나라의 수도. 지금의 山東 淄博市 臨淄鎭.

【樂毅】 전국시대 燕나라 장군. 齊나라 70여 城을 빼앗았음. 뒤에 田單의 이간에 걸려 趙나라로 도망함.《史記》樂毅列傳 및《戰國策》燕策, 齊策 등 참조.

【破齊】 齊나라가 패하고 湣王은 도망하자 田單은 安平으로 달아났다가 즉묵을 근거로 연나라에 대항하였음.

【銜枚】 나무 막대기를 입에 물어 말소리를 내지 않도록 하는 전투의 기구.

【襄王】 민왕의 아들 法章. 齊나라가 패했을 때 신분을 숨기고 莒의 대부집 하인으로 들어가 그의 딸과 정을 통하여 왕위에 복귀한 다음 그녀를 왕후로 삼았음. '齊后破環'[068] 참조. B.C.283~B.C.265년까지 19년간 재위함.

참고 및 관련 자료

1.《史記》(22) 田單列傳

樂毅留徇齊五歲, 下齊七十餘城, 皆爲郡縣以屬燕, 唯獨莒·卽墨未服. 會燕昭王死, 子立爲燕惠王. 惠王自爲太子時嘗不快於樂毅, 及卽位, 齊之田單聞之,

乃縱反間於燕, 曰:「齊城不下者兩城耳. 然所以不早拔者, 聞樂毅與燕新王有隙,
欲連兵且留齊, 南面而王齊. 齊之所患, 唯恐他將之來.」於是燕惠王固已疑樂毅,
得齊反間, 乃使騎劫代將, 而召樂毅. 樂毅知燕惠王之不善代之, 畏誅, 遂西降趙.
趙封樂毅於觀津, 號曰望諸君. 尊寵樂毅以警動於燕·齊. 齊田單後與騎劫戰,
果設詐誑燕軍, 遂破騎劫於卽墨下, 而轉戰逐燕, 北至河上, 盡復得齊城, 而迎
襄王於莒, 入于臨菑. 燕惠王後悔使騎劫代樂毅, 以故破軍亡將失齊; 又怨樂
毅之降趙, 恐趙用樂毅而乘燕之弊以伐燕. 燕惠王乃使人讓樂毅, 且謝之曰:
「先王舉國而委將軍, 將軍爲燕破齊, 報先王之讎, 天下莫不震動, 寡人豈敢一日
而忘將軍之功哉! 會先王弃羣臣, 寡人新卽位, 左右誤寡人. 寡人之使騎劫代
將軍, 爲將軍久暴露於外, 故召將軍且休, 計事. 將軍過聽, 以與寡人有隙, 遂捐
燕歸趙. 將軍自爲計則可矣, 而亦何以報先王之所以遇將軍之意乎?」樂毅報
遺燕惠王書曰:「臣不佞, 不能奉承王命, 以順左右之心, 恐傷先王之明, 有害
足下之義, 故遁逃走趙. 今足下使人數之以罪, 臣恐侍御者不察先王之所以畜
幸臣之理, 又不白臣之所以事先王之心, 故敢以書對. 臣聞賢聖之君不以禄私親,
其功多者賞之, 其能當者處之. 故察能而授官者, 成功之君也; 論行而結交者,
立名之士也. 臣竊觀先王之舉也, 見有高世主之心, 故假節於魏, 以身得察於燕.
先王過舉, 廁之賓客之中, 立之羣臣之上, 不謀父兄, 以爲亞卿. 臣竊不自知, 自以
爲奉令承教, 可幸無罪, 故受令而不辭. 先王命之曰:『我有積怨深怒於齊, 不量
輕弱, 而欲以齊爲事.』臣曰:『夫齊, 霸國之餘業而最勝之遺事也. 練於兵甲,
習於戰攻. 王若欲伐之, 必與天下圖之. 與天下圖之, 莫若結於趙. 且又淮北宋地,
楚魏之所欲也, 趙若許而約四國攻之, 齊可大破也.』先王以爲然, 具符節南使臣
於趙. 顧反命, 起兵擊齊. 以天之道, 先王之靈, 河北之地隨先王而舉之濟上.
濟上之軍受命擊齊, 大敗齊人. 輕卒銳兵, 長驅至國. 齊王遁而走莒, 僅以身免;
珠玉財寶車甲珍器盡收入于燕. 齊器設於寧臺, 大呂陳於元英, 故鼎反乎歷室,
薊丘之植植於汶篁, 自五伯已來, 功未有及先王者也. 先王以爲愜於志, 故裂
地而封之, 使得比小國諸侯. 臣竊不自知, 自以爲奉命承教, 可幸無罪, 是以受
命不辭. 臣聞賢聖之君, 功立而不廢, 故著於春秋; 蚤知之士, 名成而不毀, 故
稱於後世. 若先王之報怨雪恥, 夷萬乘之彊國, 收八百歲之蓄積, 及至弃羣臣
之日, 餘教未衰, 執政任事之臣, 脩法令, 慎庶孽, 施及乎萌隸, 皆可以教後世.
臣聞之, 善作者不必善成, 善始者不必善終. 昔伍子胥說聽於闔閭, 而吳王遠
迹至郢; 夫差弗是也, 賜之鴟夷而浮之江. 吳王不寤先論之据以立功, 故沈子
胥而不悔; 子胥不蚤見主之不同量, 是以至於入江而不化. 夫免身立功, 以明

先王之迹, 臣之上計也. 離毀辱之誹謗, 墮先王之名, 臣之所大恐也. 臨不測之罪,
以幸爲利, 義之所不敢出也. 臣聞古之君子, 交絕不出惡聲; 忠臣去國, 不絜其名.
臣雖不佞, 數奉教於君子矣. 恐侍御者之親左右之說, 不察疏遠之行, 故敢獻書
以聞, 唯君王之留意焉」於是燕王復以樂毅子樂閒爲昌國君; 而樂毅往來復通燕,
燕趙以爲客卿. 樂毅卒於趙.

2.《戰國策》燕策(2)

昌國君樂毅爲燕昭王合五國之兵而攻齊, 下七十餘城, 盡郡縣之以屬燕. 三城
未下, 而燕昭王死. 惠王卽位, 用齊人反間, 疑樂毅, 而使騎劫代之將. 樂毅奔趙,
趙封以爲望諸君. 齊田單欺詐騎劫, 卒敗燕軍, 復收七十城以復齊. 燕王悔, 懼趙
用樂毅承燕之弊以伐燕. 燕王乃使人讓樂毅, 且謝之曰:「先王舉國而委將軍,
將軍爲燕破齊, 報先王之讎, 天下莫不振動, 寡人豈敢一日而忘將軍之功哉?
會先王棄羣臣, 寡人新卽位, 左右誤寡人. 寡人之使騎劫代將軍者, 爲將軍久
暴露於外, 故召將軍且休計事. 將軍過聽, 以與寡人有郤, 遂捐燕而歸趙. 將軍
自爲計則可矣, 而亦何以報先王之所以遇將軍之意乎?」

3.《十八史略》(1)

時齊城, 惟莒·卽墨不下. 卽墨人推田單爲將軍, 身操鍤, 與士卒分功. 妻妾編於
行伍, 收城中得牛千餘, 爲絳繒衣, 畫五彩龍文, 束兵刃其角, 灌脂束葦於尾,
燒其端, 鑿城數十穴, 夜縱牛, 壯士隨其後. 牛尾熱, 怒奔燕軍, 所觸盡死傷,
而城中鼓譟從之, 聲振天地. 燕軍敗走, 七十餘城皆復爲齊. 迎襄王於莒, 封單
爲安平君.

4.《十八史略》(1)

昭王卒, 惠王立. 惠王爲太子, 已不快於毅. 田單乃縱反間曰:「毅與新王有隙,
不敢歸, 以伐齊爲名, 齊人惟恐他將來, 卽墨殘矣」惠王果疑毅, 乃使騎刼代將,
而召毅. 毅奔趙, 田單遂得破燕, 而復齊城.

082-② 江逌熱雞
닭에 불을 붙여 적을 물리친 강유

진晉나라 강유江逌는 자가 도재道載이며 진류陳留 어현圉縣 사람이다. 중군장군中軍將軍 은호殷浩가 그를 청하여 자의참군諮議參軍으로 삼았으며 벼슬을 거쳐 장사長史가 되었다. 당시 강족羌族과 정령丁零이 배반하자 은호의 군대가 크게 겁을 먹었다. 강족의 추장 요양姚襄이 은호와 10리 떨어진 곳에 진영을 마련하여 은호를 위협하고 있었다.

은호는 강유에게 명령을 내려 이들을 공격하도록 하였다. 강유는 군대를 진격시켜 요양의 진영까지 밀고 들어서는 장교將校에게 이렇게 말하였다.

"지금 우리 병사가 정예병이 아닌 것은 아니지만 강족의 군사보다 무리가 적다. 게다가 저들의 참호가 방책은 매우 견고하여 힘을 겨루기가 어렵다. 내 마땅히 계략을 세워 이들을 깨뜨릴 것이다."

그리하여 수백 마리의 닭을 구하여 이를 긴 끈으로 묶어 연결시키고는 그 닭발에 불을 붙였다. 닭들이 놀라 흩어지며 날아올라 요양의 진영으로 날아들어 그 진영에 불이 붙고 말았다. 그리하여 그 진영이 혼란해진 틈을 타고 공격하였다. 요양은 그만 작은 패배에 위축되고 말았다. 강유는 뒤에 태상大常의 지위에 올랐다.

晉, 江逌字道載, 陳留圉人. 中軍將軍殷浩請爲諮議參軍, 遷長史. 時羌及丁零叛, 浩軍震懼. 姚襄去浩十里結營, 以逼浩. 浩令逌擊之.

逌進兵至襄營, 謂將校曰:「今兵非不精, 而衆少於羌. 且其塹柵甚固, 難與校力. 吾當以計破之.」

乃取數百雞, 以長繩連之, 繫火於足. 群雞駭散, 飛集襄營, 營火發, 因其亂而擊之. 襄遂小敗. 逌後遷大常.

【江逌】晉나라 때 인물로 자는 道載. 羌族을 평정하고 太常에 오름.《晉書》(83)
에 전이 있음.

【殷浩】자는 淵源(?~356). 殷羨(洪喬)의 아들이며 弱冠에 이미 이름이 났으며
玄言에 뛰어나 당시 풍류 재자의 숭앙을 받음. 정사에도 뛰어나 사람들은
그를 管仲이나 諸葛孔明에 비유할 정도였음. 建武將軍, 揚州刺史를 역임
하였으며 北征에 나섰다가 姚襄에게 패배하여 庶人으로 강등되기도 하였음.
'咄咄怪事'의 고사를 남김.《晉書》(77)에 전이 있음.

【羌】당시 서쪽 지역을 차지하고 있던 이민족.

【丁零】역시 서쪽 소수민족의 이름.

【爇鷄】'爇'은 불로 태우거나 사르는 것.

참고 및 관련 자료

1.《晉書》(83) 江逌傳

江逌字道載, 陳留圉人也. 曾祖蕤, 譙郡太守. 祖允, 蕪湖令. 父濟, 安東參軍.
……中軍將軍殷浩將謀北伐, 請爲諮議參軍. 浩甚重之, 遷長史. 浩方修復洛陽,
經營荒梗, 逌爲上佐, 甚有匡弼之益, 軍中書檄皆以委逌. 時羌及丁零叛, 浩軍
震懼. 姚襄去浩十里結營, 以逼浩. 浩令逌擊之. 逌進兵至襄營, 謂將校曰:「今兵
非不精, 而衆少於羌. 且其塹柵甚固, 難與校力. 吾當以計破之.」乃取數百雞,
以長繩連之, 繫火於足. 群雞駭散, 飛集襄營, 襄營火發, 因其亂, 隨而擊之.
襄遂小敗.

083. 蔡裔隕盜, 張遼止啼

083-① 蔡裔隕盜
채예의 호통에 혼절한 도적

《진서晉書》에 실려 있다.

채예蔡裔는 연주자사兗州刺史였는데, 용맹한 기운에 그 목소리는 마치 우레가 치는 것과 같았다. 일찍이 도둑 셋이 그의 집에 들어왔을 때, 채예가 침상을 치며 한 번 호통을 치자 도둑들이 모두 혼절해 쓰러지고 말았다. 그 때문에 은호殷浩가 장군이 되어 북정北征에 나섰을 때 그에게 군대의 선봉 임무를 맡겼던 것이다.

《晉書》: 蔡裔爲兗州刺史, 有勇氣, 聲若雷震. 嘗有三盜入室, 裔拊牀一呼, 而盜俱隕. 故殷浩爲中軍將軍北征, 委以軍鋒焉.

【蔡裔】진나라 때 인물.《晉書》(77)에 전이 있음.
【隕】떨어져 엎어짐.
【殷浩】자는 淵源(?~356). 殷羨(洪喬)의 아들이며 弱冠에 이미 이름이 났으며 玄言에 뛰어나 당시 풍류 재자의 숭앙을 받음. 정사에도 뛰어나 사람들은 그를 管仲이나 諸葛孔明에 비유할 정도였음. 建武將軍, 揚州刺史를 역임하였으며 北征에 나섰다가 姚襄에게 패배하여 서인으로 강등되기도 하였음. '咄咄怪事'의 고사를 남김.《晉書》(77)에 전이 있음.

참고 및 관련 자료

1. 《晉書》(77) 蔡裔傳

蔡裔者, 有勇氣, 聲若雷震. 嘗有二偸入室, 裔拊牀一呼, 而盜俱隕. 故浩委以軍鋒焉.

083-② 張遼止啼
아이의 울음을 그치게 하는 장료

《위지魏志》에 실려 있다.

장료張遼는 자가 문원文遠이며 안문鴈門 마읍馬邑 사람이다. 무예와 힘이 아주 뛰어나 전투에서 자주 공을 세웠으며 거듭 출세하여 전장군前將軍의 지위에 오르게 되었다.

구주舊注에는 이렇게 말하였다.

"강동江東에서 어린아이가 울면 '장료가 온다! 장료가 온다!'라고 겁을 주면 울음을 그치지 않는 경우가 없다."

《魏志》: 張遼字文遠, 鴈門馬邑人. 武力過人, 數有戰功, 累轉前將軍.

舊注曰:「江東小兒啼, 怖之曰:『遼來! 遼來!』無不止者」

【張遼】삼국시대 魏나라 인물로 자는 文遠. 무섭기로 이름난 사람.

【江東】江左와 같음. 삼국시대 吳나라와 동진 시대를 일컫는 말. 지금의 장강 남쪽 南京 일대를 말함.

1.《三國志》魏志(17) 張遼傳

張遼子文遠, 雁門馬邑人也. 本聶壹之後, 以避怨變姓. 少爲郡吏. 漢末, 幷州刺史丁原以遼武力過人, 召爲從事, 使將兵詣京都. 何進見詣河北募兵, 得千餘人, 還, 進敗, 以兵屬董卓. 卓敗, 以兵屬呂布, 遷騎都尉. 布爲李催所敗, 從布東奔徐州, 領魯相, 是年二十八. 太祖破呂布於下邳, 遼將其衆降, 拜中郎將, 賜爵關內侯. 數有戰功, 遷裨將軍.

084. 陳平多轍, 李廣成蹊

084-① 陳平多轍
집 앞에 수레바퀴 자국 많은 진평

전한前漢의 진평陳平은 양무陽武 호유戶牖 사람이다.

집이 가난하였지만 책읽기를 좋아하였고 황로술黃老術에 관심을 두고 있었다. 그는 생김이 키가 크고 아름다운 풍채를 가지고 있었다. 어른이 되어 아내를 맞을 때가 되자 부잣집에서는 그에게 딸을 주려하지 않았고 가난한 집은 진평이 성에 차지 않아 하였다. 한참이 지난 뒤 장부張負라는 부잣집에 손녀딸이 있었다. 그녀는 다섯 번 시집을 가서 그때마다 남편이 죽어 누구도 그녀를 다시 아내로 맞으려 하지 않았다. 이에 진평이 그녀를 아내로 맞이하겠노라 나섰다. 장부는 진평을 위대한 인물로 보고 그를 따라 그의 집을 가보았다. 그랬더니 부곽負郭의 막다른 골목에 자리를 걸어 문을 삼은 집이었다. 그러나 문 밖에는 많은 명사들이 다녀간 묵은 수레바퀴 자국이 나 있는 것이었다. 장부는 돌아와 아들 장중張仲에게 이렇게 말하였다.

"내 손녀딸을 진평에게 주고자 한다."

그러자 아들 장중이 말하였다.

"진평은 가난한데다가 먹고살기 위한 일도 없어 온 고을의 웃음거리입니다. 그런데 어찌 손녀딸을 그런 자에게 줄 수 있겠습니까?"

장부가 말하였다.

"진실로 진평처럼 잘생긴 자가 영원히 가난하란 법이 있겠느냐?"

그리고 마침내 손녀딸을 주고 술과 고기를 보내어 아내로 맞아들일 비용으로 쓰도록 하였다. 그리고 그 손녀딸에게는 이렇게 당부하였다.

"그 집안이 가난하다는 이유로 사람을 섬김에 삼가지 않는 짓을 해서는 안 된다."

그 마을에 사제社祭의 행사를 할 때 진평이 고기를 자르는 일을 맡았
는데 아주 균등하게 그 고기를 나누는 것이었다. 부로父老들이 이를 칭찬
하자 진평은 이렇게 말하였다.

"나로 하여금 천하를 자르라 하면 역시 이 고기처럼 나눌 것입니다."

진평은 고조高祖 유방을 따라 나서서 호군중위護軍中尉가 되어 여러 장군
들을 보호하는 책임을 맡았다. 고조가 진평에게 황금 4만 근을 주면서
마음대로 쓰되 그 사용처를 묻지 않겠다고 하였다. 진평은 이 황금으로써
초楚나라 군중에 풀어 반간계反間計로 사용하였다. 고조의 처음부터 천하
를 평정하기까지 과정에서 무릇 진평은 여섯 가지 기이한 계책을 내놓았다.

그래서 천하가 평정되자 그는 곡역후曲逆侯에 봉해졌고, 혜제惠帝 때에는
좌승상左丞相에 올랐으며, 여후呂后 때에는 우승상右丞相, 그리고 문제文帝
때에는 승상을 역임하여 왕실을 돕다가 삶을 마쳤다.

前漢, 陳平, 陽武戶牖人. 少家貧, 好讀書, 治黃老術. 爲人長大
美色. 及長可取婦, 富人莫與者, 貧者平亦媿之. 久之, 富人張負有
女孫. 五嫁夫輒死, 人莫敢取. 平欲得之. 負偉平, 隨至其家, 迺負
郭窮巷, 以席爲門. 然門外, 多長者車轍.

負歸謂其子仲曰:「吾欲以女孫予陳平」

仲曰:「平貧不事事, 一縣中盡笑其所爲. 奈何予之女?」

負曰:「固有美如陳平長貧者乎?」

卒與女, 予酒肉資以內婦.

戒其孫曰:「毋以貧故事人不謹」

里中社平爲宰, 分肉甚均.

父老善之. 平曰:「使平得宰天下, 亦如此肉矣」

從高祖爲護軍中尉, 盡護諸將. 出黃金四萬斤予平, 恣所爲不問
出入. 平多以金縱反間於楚軍.

自初從至天下定, 凡六出奇計. 定封曲逆侯, 惠帝時爲左丞相, 呂
后時爲右丞相, 又相文帝, 乃薨.

【陳平】?~B.C.178. 漢初의 인물. 처음 項羽를 따라 起兵하였으나 뒤에 劉邦
  에게 복속, 曲逆後에 봉해졌다가 左丞相에 오름. 뒤에 周勃 등과 呂后를
  간하고 文帝를 세움.《史記》(56)·《漢書》(40)에 傳이 있음.
【里中社】‘社’는 土地神. 春社와 秋社의 社日을 말함. 입춘과 입추 후 다섯
  번째 巳日을 가리킴. 이 날은 달과 돼지를 잡아 잔치를 벌임. 韓愈의 〈南溪
  始泛〉 시에 “願爲同社人, 鷄豚宴春秋”라 함.
【反間】三十六計 중의 反間計. 諜者나 間諜을 이용하여 적을 이간시키는 작전.
【惠帝】孝惠帝. 西漢 제2대 황제. 劉邦의 아들이며 이름은 劉盈. B.C.194~
  B.C.188년 재위함.
【呂后】高祖의 皇后로 惠帝의 어머니. 혜제가 죽은 후 여후가 한동안 천하를
  다스렸음.《史記》呂后本紀 참조.

1.《史記》(26) 陳丞相世家

陳丞相平者, 陽武戶牖鄉人也. 少時家貧, 好讀書, 有田三十畝, 獨與兄伯居.
伯常耕田, 縱平使游學. 平爲人長[大]美色. 人或謂陳平曰:「貧何食而肥若是?」
其嫂嫉平之不視家生產, 曰:「亦食穅覈耳. 有叔如此, 不如無有」伯聞之, 逐其
婦而弃之. 及平長, 可娶妻, 富人莫肯與者, 貧者平亦恥之. 久之, 戶牖富人有
張負, 張負女孫五嫁而夫輒死, 人莫敢娶. 平欲得之. 邑中有喪, 平貧, 侍喪, 以
先往後罷爲助. 張負旣見之喪所, 獨視偉平, 平亦以故後去. 負隨平至其家, 家乃
負郭窮巷, 以獘席爲門, 然門外多有長者車轍. 張負歸, 謂其子仲曰:「吾欲以女
孫予陳平」張仲曰:「平貧不事事, 一縣中盡笑其所爲, 獨奈何予女乎?」負曰:
「人固有好美如陳平而長貧賤者乎?」卒與女. 爲平貧, 乃假貸幣以聘, 予酒肉之
資以內婦. 負誡其孫曰:「毋以貧故, 事人不謹. 事兄伯如事父, 事嫂如母」平旣
娶張氏女, 齎用益饒, 游道日廣. 里中社, 平爲宰, 分肉食甚均. 父老曰:「善, 陳孺子
之爲宰!」平曰:「嗟乎, 使平得宰天下, 亦如是肉矣!」

2.《漢書》(10) 陳平傳

陳平, 陽武戶牖鄉人也. 少時家貧, 好讀書, 治黃帝·老子之術. 有田三十畝, 與兄伯居. 伯常耕田, 縱平使游學. 平爲人長大美色, 人或謂平:「貧何食而肥若是?」其嫂疾平之不親家生產, 曰:「亦食糠覈耳. 有叔如此, 不如無有!」伯聞之, 逐其婦棄之. 及平長, 可取婦, 富人莫與者, 貧者平亦媿之. 久之, 戶牖富人張負有女孫, 五嫁夫輒死, 人莫敢取, 平欲得之. 邑中有大喪, 平家貧侍喪, 以先王後罷爲助. 張負旣見之喪所, 獨視偉平, 平亦以故後去. 負隨平至其家, 家乃負郭窮巷, 以席爲門, 然門外多長者車轍. 張負歸, 謂其子仲曰:「吾欲以女孫予陳平」仲曰:「平貧不事事, 一縣中盡笑其所爲, 獨奈何予之女?」負曰:「固有美如陳平長貧者乎?」卒與女. 爲平貧, 乃假貸幣以聘, 予酒肉之資以內婦. 負戒其孫曰:「毋以貧故, 事人不謹. 事兄伯如事乃父, 事嫂如事乃母.」平旣取張氏女, 資用益饒, 游道日廣. 里中社, 平爲宰, 分肉甚均. 里父老曰:「善, 陳孺子之爲宰!」平曰:「嗟乎, 使平得宰天下, 亦如此肉矣!」

3.《十八史略》(2)

初陽武人陳平, 家貧好讀書, 里中社, 平爲宰, 分肉甚均, 父老曰:「善! 陳孺子之爲宰.」平曰:「嗟乎! 使平得宰天下, 亦如此肉矣.」初事魏王咎, 不用, 去事項羽, 得罪亡. 因爲無知求見漢王, 拜爲都尉參乘典護軍, 周勃言於王曰:「平雖美如冠玉, 其中未必有也. 臣聞平居家盜其嫂, 事魏不容, 亡歸楚. 又不容, 亡歸漢. 今大王令護軍, 受諸將金, 願王察之.」王讓魏無知, 無知曰:「臣所言者能也, 大王所問者行也, 今有尾生·孝己之行, 而無益成敗之數, 大王何暇用之乎?」王拜平護軍中尉, 盡護諸將, 諸將乃不敢復言.

084-② 李廣成蹊
저절로 오솔길을 이룬 이광

전한前漢의 이광李廣은 농서隴西 성기成紀 사람이다. 집안 대대로 활 쏘는 기술을 전수하여 무제武帝 때 우북평태수右北平太守에 오르자, 흉노匈奴는 그를 한나라 비장군飛將軍이라 부르며 피한 채 몇 년을 두고 변경에 들어오지도 못하였다.

이광이 사냥을 나섰다가 풀 속에 있는 돌을 호랑이인 줄로 잘못 보고 활을 쏘았다. 그랬더니 화살이 살대까지 박혀 들어가는 것이었다. 다가가 보았더니 돌이었다. 다른 날 다시 그 바위에 활을 쏘았으나 활이 꽂히지 않는 것이었다.

이광은 7개 군의 태수를 역임하였으며 그 기간은 앞뒤로 40여 년이었다. 그 동안 그는 상이나 하사품을 받으면 곧바로 그 휘하麾下에게 나누어 주었고, 음식은 사졸들과 동등하게 하였다. 그리고 그들에게 관대하고 느슨하게 하여 사졸들은 모두가 그에게 부림을 받는 것을 즐거워하였다.

원수元狩 연간에 전장군前將軍이 되어 대장군大將軍 위청衛靑을 따라 흉노 격파에 나섰으나 그만 잘못하여 길을 잃고 말았다. 위청이 천자에게 글을 올려 이광이 군사 통솔에 대한 실패의 곡절을 보고하고자 하여 장리長吏가 이광을 꾸짖으며 막부幕府로 가서 그 문서를 올렸다. 그러자 이광은 그 휘하 부하에게 이렇게 말하였다.

"나 이광은 머리를 묶을 때부터 흉노와 크고 작은 전투를 치른 것만도 70여 회나 된다. 그런데 지금 미혹하여 길을 잃었으니 이는 바로 하늘의 뜻이 아니겠는가! 그리고 내 나이 이미 예순이 넘었는데 다시 이 도필리刀筆吏를 상대하여 조사받을 수는 없다."

그러고는 칼을 끌어 스스로 목을 끊고 말았다.

백성들은 이를 듣고 그를 아는 사람, 모르는 사람, 혹은 노인이나 장년이나 할 것 없이 모두 눈물을 흘렸다.

찬贊에는 이렇게 말하였다.

"이장군은 순순여恂恂如하여 스스로를 낮은 사람인 것처럼 여겨 입으로는 남에게 사양하는 말을 하지 못하였다. 그가 죽는 날, 천하 사람으로 그를 알고 모르는 이를 막론하고 모두가 눈물을 흘렸도다. 그의 속마음은 진실로 사대부들에게 믿음을 주었던 것이다. 속담에 '복사꽃 오얏꽃이 말을 하지 않아도, 그 나무 나래 저절로 오솔길 생기나니'라 하였는데 이는 비록 작지만 크게 영향을 미침을 비유하여 말한 것이다.

前漢, 李廣隴西成紀人. 世世受射法, 武帝時拜右北平太守, 匈奴號曰漢飛將軍避之, 數歲不入界.

廣出獵, 見草中石以爲虎而射之, 中石沒矢, 視之石也. 他日射終不能入.

廣歷七郡太守, 前後四十餘年, 得賞賜輒分其麾下, 飮食與士卒共之, 寬緩不苛, 士樂爲用. 元狩中爲前將軍, 從大將軍衛靑擊匈奴, 惑失道. 靑欲上書報天子失軍曲折, 長吏責廣, 之幕府上簿.

廣謂其麾下曰: 「廣結髮與匈奴大小七十餘戰. 今又迷失道. 豈非天哉! 且廣年六十餘, 不能復對刀筆吏矣.」

遂引刀自剄.

百姓聞之, 知與不知, 老壯皆爲垂泣.

贊曰: 「李將軍恂恂如鄙人, 口不能出辭. 及死之日, 天下知與不知, 皆爲流涕. 彼其中心, 誠信於士大夫也. 諺曰: 『桃李不言, 下自成蹊.』 此言雖小, 可以喩大.」

【李廣】 ?~B.C.119. 西漢 때의 유명한 장군. 李陵의 조부. 文帝 때 武騎常侍를 지냈으며 武帝 때 右北平太守가 되어 匈奴를 격파함. '漢飛將軍'으로 불림. 《史記》와 《漢書》에 傳이 있음.

【武帝】西漢 5대 황제 劉徹. 景帝(劉啓)의 아들이며 B.C.140~B.C.87년까지
  54년간 재위함. 대내외적으로 학술, 강역, 문학 등 여러 방면에 걸쳐 많은
  치적을 남겨 강력한 帝國을 건설함.

【元狩】漢 武帝 때의 연호. B.C.122~B.C.117년까지 6년간.

【衛靑】자는 仲卿(?~B.C.106). 河東 平陽 출신으로 衛皇后의 아우이며 이름난
  장군. 漢 武帝에게 重用되어 大將軍에 올랐으며 長平侯에 봉해짐. 元朔 2년
  (B.C.127) 흉노를 정벌하고 다시 元狩 4년(B.C.119) 霍去病과 함께 흉노의
  주력부대를 격파함. 그의 아들 衛伉, 衛不疑, 衛登도 공을 세워 이름을 날림.
  《史記》와 《漢書》에 모두 전이 있음.

【沒矢】《史記》에는 '沒鏃'으로 되어 있음.

【刀筆吏】고대 竹札이나 竹簡을 사용하여 기록하였으며 틀린 곳은 수시로
  칼로 깎아 지웠음. 따라서 문서 기록의 낮은 관리를 뜻함.

【桃李】꽃이나 열매가 아름답고 풍부하여 저절로 그 아래에는 길이 생긴
  다는 뜻.

1. 《史記》(109) 李將軍列傳

廣出獵, 見草中石, 以爲虎而射之, 中石沒鏃, 視之石也. 因復更射之, 終不能
復入石矣. 廣所居郡聞有虎, 嘗自射之. 及居右北平, 虎騰傷廣, 廣亦竟射殺之.

2. 《漢書》(54) 李廣傳

廣出獵, 見草中石, 以爲虎而射之, 中石沒矢, 視之, 石也. 他日射之, 終不能復
入矣. 廣所居郡聞有虎, 常自射之. 及居右北平射虎, 虎騰傷廣, 廣亦射殺之.

3. 《西京雜記》(5)

李廣與兄弟共獵於冥山之北, 見臥虎焉. 射之, 一矢卽斃. 斷其髑髏以爲枕, 示服
猛也. 鑄銅象其形爲溲器, 示厭辱之也. 他日, 復獵於冥山之陽, 又見臥虎, 射之,
沒矢飲羽. 進而視之, 乃石也, 其形類虎. 退而更射, 鏃破簳折而石不傷. 余嘗
以問揚子雲, 子雲曰:「至誠則金石爲開」余應之曰:「昔人有遊東海者, 旣而風惡,
船漂不能制, 船隨風浪, 莫知所之. 一日一夜, 得至一孤洲, 共侶歡然. 下石植纜,
登洲煮食. 食未熟而洲沒, 在船者斫斷其纜, 船復漂蕩. 向者, 孤洲乃大魚, 怒掉
揚鬐, 吸波吐浪而去, 疾如風雲. 在洲死者十餘人. 又余所知陳縞, 質木人也,

入終南山采薪, 還晚, 趨舍未至, 見張丞相墓前石馬, 謂爲鹿也, 卽以斧撾之, 斧缺柯折, 石馬不傷. 此二者亦至誠也, 卒有沈溺缺斧之事, 何金石之所感偏乎?」子雲無以應余.

4.《太平廣記》(466)

昔人有遊東海者, 旣而風惡舡破, 補治不能制, 隨風浪, 莫知所之. 一日一夜, 得一孤洲, 共侶懽然. 下石植纜, 登洲煮食. 食未熟而洲沒, 在船者砍斷其纜, 舡復漂蕩. 向者, 孤洲, 乃大魚, 吸波吐浪, 去疾如風. 在洲上死者十餘人.

5.《搜神記》(11) 熊渠子射石

楚熊渠子夜行, 見寢石, 以爲伏虎, 彎弓射之, 沒金鍛羽. 下視, 知其石也. 因復射之, 矢摧無跡. 漢世復有李廣, 爲右北平太守, 射虎得石, 亦如之. 劉向曰:「誠之至也, 而金石爲之開, 況如人乎! 夫唱而不和, 動而不隨, 中必有不全者也. 夫不降席而匡天下者, 求之己也.」

6.《事物紀原》「虎枕」

李廣與兄游獵冥山北, 見猛虎, 一矢斃. 斷其頭爲枕, 示服也.

085. 陳遵投轄, 山簡倒載

085-① 陳遵投轄
수레 할을 뽑아 우물에 던진 진준

　　전한前漢의 진준陳遵은 자가 맹공孟公이며 두릉杜陵 사람이다. 경조사京兆史의 벼슬이었으며 방종하고 얽매임이 없었다. 뒤에 교위校尉가 되어 반란군을 쳐서 공을 세워 가위후嘉威侯에 봉해졌으며 장안長安 시내에 살게 되었다. 열후列侯와 근신近臣, 귀척貴戚들이 모두 그를 귀히 여기고 존중하였다. 그리하여 목수牧守의 당직에 해당하는 관직이나 군국郡國의 호걸로써 수도에 이른 자로서 서로 소개하여 진준의 집을 방문하지 아니하는 자가 없을 정도였다. 진준은 술을 좋아하여 매번 빈객을 집안에 가득 모아 크게 술을 마실 때면 그때마다 문득 문을 걸어 잠그고 빈객들이 타고 온 수레의 할轄을 뽑아 우물에 던져넣어 버리곤 하였다. 그리하여 중간에 아무리 급한 일이 있어도 빈객으로서 그 자리를 떠날 수 없도록 하였던 것이다.

　　前漢, 陳遵字孟公, 杜陵人. 爲京兆史, 放縱不拘. 後爲校尉, 擊賊有功, 封嘉威侯, 居長安中. 列侯·近臣·貴戚皆貴重之. 牧守當之官, 及郡國豪傑至京師者, 莫不相因到遵門.

　　遵嗜酒, 每大飮賓客滿堂, 輒關門, 取客去車轄, 投井中. 雖有急, 終不得去.

【陳遵】 자는 孟公. 京兆尹, 校尉 등을 지냈으며 嘉威侯에 봉해짐. '去轄'의 고사로 유명함.《漢書》游俠傳 참조.

【擊賊】趙朋과 霍鴻의 난을 토벌한 사건을 말함.
【轄】수레의 비녀장. 수레바퀴가 축에서 벗어나지 않도록 굴대머리에 끼워 두는 큰 못. 이것이 없으면 수레를 몰고 갈 수가 없음.

1. 《漢書》游俠傳(陳遵)

陳遵, 字孟公, 杜陵人也. 祖父遂, 字長子, 宣帝微時與有故, 相隨博奕, 隨負進. 及宣帝卽位, 用遂, 稍遷至太原太守, 乃賜遂璽書曰:「制詔太原太守: 官尊祿厚, 可以償博進矣. 妻君寧時在旁, 知狀.」遂於是辭謝, 因曰:「事在元平元年赦令前.」其見厚如此. 元帝時, 徵遂爲京兆尹, 至廷尉. 遵少孤, 與張竦伯松俱爲京兆史, 竦博學通達, 以廉儉自守, 而遵放縱不拘, 操行雖異, 然相親友, 哀帝之末俱著名字, 爲後進冠. 並入公府, 公府掾史率皆羸車小馬, 不上鮮明, 而遵獨極輿馬衣服之好, 門外車騎交錯. 又日出醉歸, 曹事數廢. 西曹以故事適之, 侍曹輒詣寺舍白遵曰:「陳卿今日以某事適.」遵曰:「滿百乃相聞.」故事, 有百適者斥, 滿百, 西曹白請斥. 大司徒馬宮大儒優士, 又重遵, 謂西曹:「此人大度士, 奈何以小文責之?」乃擧遵能治三輔劇縣, 補郁夷令, 久之, 與扶風相失, 自免去. 槐里大賊趙朋·霍鴻等起, 遵爲校尉, 擊朋鴻有功, 封嘉威侯. 居長安中, 列侯近臣貴戚皆貴重之. 牧守當之官, 及郡國豪傑至京師者, 莫不相因到遵門. 遵嗜酒, 每大飮, 賓客滿堂, 輒關門, 取客車轄投井中, 雖有急, 終不得去.

2. 《幼學瓊林》

醴酒不設, 楚王戊待士之意怠; 投轄於井, 漢陳遵留客之心誠.

085-② 山簡倒載
술에 취해 거꾸로 실려 오는 산간

진晉나라 산간山簡은 자가 계륜季倫이며 사도司徒 산도山濤의 아들이다. 온아하며 아버지의 풍모를 닮았다. 영가永嘉 연간에 정남장군征南將軍이 되어 양양襄陽을 진수하고 있었다. 그때 사방에서 도적이 들끓어 천하가 나누어 붕괴되고 있어 조야가 겁을 먹고 있었다. 그런데도 산간은 아무 일이 없다는 듯이 세월을 마치며 오직 술에 탐닉해 있을 뿐이었다. 여러 습씨習氏의 무리들은 형주荊州의 토박이 호족으로써 아름다운 원지園池를 소유하고 있었다. 산간은 매번 자주 그 못으로 놀이를 나가서 술을 차려 놓고 그때마다 실컷 취하였다. 그러고는 그 못의 이름을 고양지高陽池라 하였다. 당시 어린아이들은 이렇게 노래를 불렀다.

"산공은 어디서 오신 분이기에 고양지에 저토록 가시는 걸까?
 해지는 저녁이면 거꾸로 실려 돌아오면서 술 취해 아무것도 모르신다네.
 때때로 능히 말을 타기도 하지만 흰색 접리接羅는 거꾸로 썼네.
 채찍을 들어 갈강葛疆을 향하실 때면 '병주幷州의 아이는 어쩌겠는가?'"

갈강의 집은 병주에 있으며 산간이 아끼던 장군이다.

晉, 山簡字季倫, 司徒濤之子. 溫雅有父風. 永嘉中爲征南將軍, 鎭襄陽. 四方寇亂, 天下分崩, 朝野危懼. 簡優游卒歲, 唯酒是耽. 諸習氏, 荊土豪族, 有佳園池. 簡每出多之池上, 置酒輒醉. 名之曰高陽池.
時有童兒歌曰:『山公出何許, 往至高陽池. 日夕倒載歸, 酩酊無所知. 時時能騎馬, 倒著白接羅. 擧鞭向葛疆, 何如幷州兒.』
强家在幷州, 簡愛將也.

【山簡】 자는 季倫(253~312). 山濤의 아들. 太子舍人, 太子庶人, 侍中, 吏部
尙書, 靑州, 荊州, 雍州 등의 刺史를 지냈으며 천하에 대란이 일어나자 술에
빠져 정사를 돌보지 않다가 劉聰, 嚴嶷에게 패배를 당함. 죽은 뒤 征南
大將軍, 儀同三司에 추증됨. 《晉書》(43)에 전이 있음.

【山濤】 자는 巨源(205~283). 老莊에 심취하였으며 술을 좋아하였음. 嵇康, 阮籍,
呂安 등과 친하였으며 竹林七賢의 하나. 〈任誕〉편 참조. 《晉書》(43)에 전이
있음.

【永嘉】 晉 懷帝(司馬熾) 때의 연호. 307~312년까지 6년간. 劉淵이 稱帝하고
劉曜가 洛陽을 함락, 황제를 포로로 하여 잡아간 永嘉之亂(311)이 일어나
西晉이 기울기 시작하였음.

【有佳園池】 後漢의 侍中 習郁이 范蠡의 養魚池였던 곳을 빼앗아 연못을
만들어 釣魚臺를 세웠다 함. 襄陽府의 남쪽 8리쯤에 있음.

【高陽池】 酈食其가 한 高祖를 만났을 때의 고사를 본떠 山簡이 習家의
연못에 이 이름을 붙여준 것임.

【酩酊】 술에 잔뜩 취한 모습을 뜻하는 疊韻連綿語. 《晉書》에는 ‘茗艼’으로
되어 있으며 역시 疊韻連綿語임.

【白接羅】 하얀 모자. ‘접리’는 백로의 깃털로 장식하여 그물 형태로 만든
모자.

【葛彊】 산간이 아끼던 장군 이름. 그가 병주에 있어 幷州兒라 부른 것임.
판본과 기록에 따라 ‘葛彊’, ‘葛强’ 등으로 표기함.

1. 《晉書》(43) 山濤傳(山簡)

山簡字季倫, 性溫雅, 有父風. 年二十餘, 濤不之知也. 簡歎曰:「吾年幾三十,
而不爲家公所知!」後與譙國嵇紹, 沛郡劉謨, 弘農楊準齊名. …… 永嘉三年,
出爲征南將軍·都督荊湘交廣四州諸軍事·假節, 鎭襄陽. 于時四方寇亂, 天下
分崩, 王威不振, 朝野危懼. 簡優游卒歲, 唯酒是耽. 諸習氏, 荊土豪族, 有佳園池.
簡每出嬉遊, 多之池上, 置酒輒醉. 名之曰高陽池. 時有童兒歌曰:「山公出何許,
往至高陽池. 日夕倒載歸, 茗艼無所知. 時時能騎馬, 倒著白接羅. 舉鞭向葛彊彊,
『何如幷州兒?』」彊家在幷州, 簡愛將也.

2.《世說新語》任誕篇

山季倫爲荊州, 時出酣暢. 人爲之歌曰:「山公時一醉, 徑造高陽池; 日莫倒載歸, 茗艼無所知. 時復乘駿馬, 倒箸白接羅. 舉手問葛彊, 何如并州兒?」高陽池在襄陽; 彊是其愛將, 并州人也.

3.《太平御覽》556(《襄陽耆舊傳》)

峴山南有習家魚池者, 習郁之所作也. 郁將亡, 勅其兒煥曰:「我葬必近魚池.」煥爲起冢於池之北, 去地四十步.

4.《水經注》沔水 注

沔水又東, 入侍中襄陽侯習郁魚池, 池中起釣臺, 又作石洑, 逗引大池水, 於宅北作小魚池. 池長七十步, 廣二十步.

5.《襄陽記》

漢侍中習郁於峴山南, 依范蠡養魚法作魚池, 池邊有高隄, 種竹及長楸, 芙蓉菱茨覆水, 是遊燕名處也. 山簡每臨此池, 未嘗不大醉而還, 曰:「此是我高陽池也!」襄陽小兒歌之.

086. 淵客泣珠, 交甫解佩

086-① 淵客泣珠
눈물이 구슬이 되는 연객

구주舊注에 인용된 《박물지博物志》에 실려 있다.

"교인鮫人이 물에서 나와 사람 사는 동네로 가서 몰래 살면서 며칠을 두고 비단을 팔았다. 그가 떠날 때 주인으로부터 그릇을 달라하더니 그 그릇에 구슬로 눈물을 흘려 이를 가득 담아 주인에게 주었다."

그러나 지금 전하는 이 책에는 이러한 내용이 실려 있지 않다.

한편 좌사左思의 〈오도부吳都賦〉에는 이렇게 읊었다.

"천실泉室에 잠겨 비단을 짜서 이를 말았고　　　泉室潛織而卷綃,
　연객淵客이 강개하여 눈물로 구슬을 만들었네."　淵客慷慨而泣珠.

여기서 연객이란 아마 교인을 말하는 것이리라.

그리고 《술이기述異記》에는 이렇게 말히었다.

"남해南海 바다 속에 교인의 집이 있어 물 속에 살며 마치 물고기처럼 생겼다. 쉬지 않고 끊임없이 비단을 짜며 그 눈은 눈물을 흘릴 수 있는데 그것이 진주가 되어 쏟아진다."

舊注引《博物志》云:「鮫人從水中出, 向人家寄住, 積日賣綃. 臨去從主人索器, 泣而出珠, 滿盤以與主人.」

今本無載.

在左思〈吳都賦〉云:「泉室潛織而卷, 綃淵客慷慨而泣珠.」

淵客蓋鮫人也.

《述異記》曰:「南海中有鮫人室, 水居如魚. 不廢機織, 其眼能泣則出珠.」

【博物志】晉나라 때 張華가 지은 책.

【鮫人·淵客】'鮫'는 '蛟'와 같음. 인어로 여기던 물고기.

【左思】자는 太沖. 齊國人, 祕書를 지냄. 곧 '洛陽紙貴'의 고사를 낳은 인물. 바로 이 고사의 〈三都賦〉를 사람들이 서로 베끼려고 낙양의 종이가 모자라 종이 값이 급등하였다 함. 그 외에 〈詠史詩〉 8수가 유명함. 그의 문집은 사라졌으나 뒤에 《左太沖集》이 집일되어 있음. 《晉書》(92)에 전이 있음.

【吳都賦】《文選》(5)에 실려 있음. 吳都는 지금의 蘇州를 말함. 《文選》〈吳都賦〉 주에 "吳都者, 蘇州是也. 後漢末, 孫權乃都於建業, 亦號吳左太沖"이라 함.

【慷慨】슬퍼하는 모양. 雙聲連綿語.

【述異記】梁나라의 任昉이 지었다고 전해지며 실제로는 晉나라의 祖沖之가 지었으며 그것이 없어지자 뒷사람이 僞作한 것임.

참고 및 관련 자료

1. 《博物志》(2)

南海外有鮫人, 水居如魚, 不廢織績, 其眼能泣珠.

2. 《述異記》(下)

南海中有鮫人, 室水居如魚, 不廢機織, 其眼泣則出珠. 晉木玄〈虛海賦〉云: 「天琛水怪, 鮫人之室.」

3. 《搜神記》

南海之外有鮫人, 水居如魚, 不廢織績, 其眼泣則能出珠.

4. 《藝文類聚》(65)

搜神記曰: 南海之外有鮫人, 水居如魚, 不廢績織.

5.《藝文類聚》(48)

搜神記曰: 南海之外有鮫人, 水居如魚, 不廢絹績, 其人能泣珠.

6.《太平御覽》(790)

博物志曰: 南海水有鮫人, 水居如魚, 不廢織績, 其眼能泣珠.

7.《太平御覽》(803)

博物志曰: 鮫人從水出, 寓人家, 積日賣絹, 將去, 從主人索一器, 泣而成珠滿盤, 以與主人.

8.《文選》(5)〈吳都賦〉

其荒陬子侯譎決詭, 則有龍穴內蒸, 雲雨所儲. 陵鯉若獸, 浮石若桴. 雙則比目, 片則王餘. 窮陸飲木, 極沈水居. 泉室潛織而卷綃, 淵客慷慨而泣珠. 開北戶以向日, 齊南冥於幽都.

086-② 交甫解佩
정교보에게 구슬을 풀어 준 강비

《열선전列仙傳》에 실려 있다.

강비江妃의 두 여자는 모두가 화려한 복장을 하고 있었으며 두 개의 투명한 구슬을 차고 있었는데 그 크기는 달걀만 하였다. 이들이 강수江水와 한수漢水 사이의 물가에 놀러 나왔다가 정교보鄭交甫라는 사람을 만났다. 정교보는 그 여인들을 보고 마음이 동하였지만 그들이 신神이라는 것을 모르고 있었다. 그리하여 드디어 내려서서 그들과 말을 나누었다.

"원컨대 그대들이 차고 계신 구슬을 갖고 싶습니다."

두 여인은 이를 풀어 그에게 주었다. 교보는 이를 받아 가슴이 품고는 수십 걸음을 걷고 보았더니 그가 품었던 구슬이 사라지고 없었다. 그리하여 그 두 여인을 돌아다보았더니 홀연히 사라져 보이지 않는 것이었다.

《列仙傳》: 江妃二女, 皆麗服華裝, 佩兩明珠, 大如雞卵. 遊於江漢之湄, 逢鄭交甫. 交甫設之, 不知其神也.

遂下與言曰:「願請子之佩.」

二女解佩以與. 交甫受而懷之, 趨去數十步, 視其懷空無佩. 顧二女, 忽然不見.

【列仙傳】漢나라 劉向이 지은 신선들에 관한 전기를 모은 것.
【江妃二女】帝舜의 두 妃 娥皇과 女英. 堯임금의 두 딸.
【鄭交甫】鄭나라의 大夫.

1. 《列仙傳》(上)

江妃二女者, 不知何所人也. 出遊於江漢之湄, 逢鄭交甫. 見而悅之, 不知其神人也, 謂其僕曰:「我欲下廳其佩.」僕曰:「此間之人, 皆習於辭, 不得, 恐罹悔焉.」交甫不聽, 遂下與之言曰:「二女勞矣!」二女曰:「客子有勞. 妾何勞之有?」交甫曰:「橘是柚也, 我盛之以笥, 今附漢水, 將流而下. 我遵其傍, 採其芝而茹之, 以知吾爲不遜也. 願請子之佩!」二女曰:「橘是柚也, 我盛之以笥, 今附漢水, 將流而下. 我遵其旁, 採其芝而如之.」遂不解佩與交普. 交甫悅受, 而懷之中當心. 趨去數十步, 視佩空懷無佩, 顧二女, 忽然不見. 靈妃艷逸, 時見江湄. 麗服微步, 流盼生姿. 交甫遇之, 憑情言私. 鳴珮虛擲, 絕影焉追.

2. 《博物志》(6)

洞庭君山, 帝之二女居之, 曰湘夫人. 又《荊州圖經》曰:「湘君所游, 故曰君山」.

3. 《十八史略》(1)

堯聞之聰明, 舉於畎畝, 妻以二女, 曰娥黃·女英, 釐降于嬀汭.

087. 龔勝不屈, 孫寶自劾

087-① 龔勝不屈
왕망에게 굴복하지 않은 공승

　　전한前漢의 공승龔勝은 자가 군빈君賓이며, 공사龔舍는 자가 군천君倩으로 초楚나라 사람들이었다. 두 사람은 서로 친구 사이로 둘 모두 명절名節로 이름이 드날려 세상에서는 초나라의 두 공씨라 불렀다. 애제哀帝 때 공승은 광록대부光祿大夫가 되었는데, 왕망王莽이 정권을 거머쥐자 그만 사직을 고하고 고향으로 돌아와 버렸다. 왕망은 뒤에 사자를 보내어 그에게 강학좨주講學祭酒의 벼슬을 제의하였지만 그는 병을 핑계로 응하지 않았다. 왕망은 다시 사자로 하여금 새서璽書와 태자사우좨주太子師友祭酒의 직함을 나타내는 인수印綬, 안거安車를 끄는 말 네 마리를 받들고 군의 태수太守와 현의 장리長吏에 관에 속한 생도 천 명 이상을 대동하고 그가 사는 마을로 들어가 조서를 바치도록 하였다. 그러나 공승은 병이 위독하다고 핑계를 대며 동쪽으로 머리를 두고 겨우 조복朝服과 허리띠만을 갖춘 채 이렇게 말하였다.

　　“나는 한漢나라 조정으로부터 후한 은혜를 입었는데 이를 갚지 못하고 있소. 지금 늙어 아침저녁의 잠시 후면 죽어 땅에 묻힐 거요. 어찌 이 하나의 몸으로 두 임금을 섬겨 지하의 옛 군주를 뵐 수 있겠소?”

　　그리고 말을 마치자 음식을 입에 대지 않은 채 14일이 지나 죽고 말았다.

　　한편 공사는 오경五經에 능통하여 태산태수太山太守에 임명되었지만 몇 달 만에 사직하고 귀향해 버렸다. 애제哀帝가 사자를 보내어 광록대부光祿大夫에 임명하고 자주 휴가를 내려주겠다고 하였지만 끝내 나가지 않았다. 공사와 공승이 낙향해 있을 때 2천 석의 장리들은 처음 그곳에 부임하여 관직에 이를 때면 모두가 그들 집을 방문하여 사제師弟의 예를 갖추어 인사를 드렸다.

前漢, 龔勝字君賓, 舍字君倩, 楚人. 二人相友, 竝著名節, 世謂
楚兩龔. 哀帝時, 勝爲光祿大夫, 王莽秉政, 乞骸骨. 莽後遣使, 卽拜
講學祭酒, 稱疾不應. 復遣使者, 奉璽書·太子師友祭酒印綬·安車
駟馬, 與郡太守·縣長吏·官屬諸生千人以上, 入里致詔. 勝稱病篤,
東首加朝服抴紳.

勝曰:「吾受漢家厚恩, 亡以報. 今老旦暮入地. 誼豈以一身事二姓,
下見故主哉?」

語畢不開口飲食, 積十四日死.

舍通五經, 拜太山太守, 數月乞骸骨. 哀帝使使者拜光祿大夫,
數賜告, 終不起.

舍·勝歸鄕, 二千石長吏初到官, 皆至其家, 如師弟之禮.

【龔勝】 서한 말 인물. 자는 君賓. 楚나라 출신으로 공사와의 우정으로 유명함.
《漢書》에 전이 있음.

【龔舍】 공승의 친구이며 동향 사람.

【哀帝】 西漢 제10대 황제. 이름은 劉欣. 元帝(劉奭)의 둘째 아들 劉康의
아들로 제위에 오름. B.C.32~B.C.1년 재위함.

【王莽】 字는 巨君(B.C.45~23). 漢 元皇后의 조카. 어려서 고아가 되어 독서
끝에 성망을 얻었음. 뒤에 太傅가 되어 安漢公에 봉해졌으며 平帝가 죽은 후
겨우 두 살인 孺子 嬰을 옹립하고 자신은 攝皇帝가 되었다가 初始 元年
(A.D. 8) 정권을 찬탈, '新'을 세워 '西漢'의 종말을 고함. 그러나 천하의 혼란이
일어나 地皇 4年(23)에 劉玄·赤眉軍·綠林軍에게 살해되고 말았음.《漢書》(99)
에 그 傳이 있음.

【璽書】 天子의 도장을 찍은 칙서.

【太子師友】 태자의 太傅나 小傅.

【東首】 東枕. 임금이 신하의 병문안을 할 때면 병자는 동쪽으로 베개를 하고
맞음. 동쪽은 陽氣가 발생하는 곳으로 병이 중하더라도 죽지 않고 충성을
다할 것임을 나타내어 군주의 마음을 편하게 함에서 유래됨.

【扥紳】搢紳과 같음. '紳'은 고관의 큰 허리띠. 이곳에 笏이나 기록할 簡을
  꽂아 임금의 명령을 기다림.
【五經】儒家의 경전. 漢나라 때는 《易》,《詩》,《書》,《禮》,《春秋》를 오경
  으로 삼았음.

1. 《漢書》龔勝傳

勝字君賓, 舍字君倩. 二人相友, 並著名節, 故世謂之楚兩龔. 少皆好學明經,
勝爲郡吏, 舍不仕. 先是常又爲勝道高陵有子殺母者. 勝白之, 尙書問:「誰受?」
對曰:「受夏侯常.」尙書使勝問常, 常連恨勝, 卽應曰:「聞之白衣, 戒君勿言也.
奏事不詳, 妄作觸罪.」勝窮, 亡以對尙書, 卽自劾奏與常爭言, 洿辱朝廷. 事下
御史中丞, 召詰問, 劾奏「勝吏二千石, 常位大夫, 皆幸得給事中, 與論議, 不崇
禮義, 而居公門下相非恨, 疾言辯訟, 婿謾亡狀, 皆不敬.」制曰:「貶秩各一等.」
勝謝罪, 乞骸骨. 上乃復加賞賜, 以子博爲侍郎, 出勝爲渤海太守. 勝謝病不任
之官, 積六月免歸. 上復徵爲光祿大夫. 勝常稱疾臥, 數使子上書乞骸骨, 會哀
帝崩. 初, 琅邪邴漢亦以淸行徵用, 至京兆尹, 後爲太中大夫. 王莽秉政, 勝與
漢俱乞骸骨. 自昭帝時, 涿郡韓福以德行徵至京師, 賜策書束帛遣歸. 詔曰:
「朕閔勞以官職之事, 其務修孝弟以敎鄕里. 行道舍傳舍, 縣次具酒肉, 食從者
及馬. 長吏以時存問, 常以歲八月賜羊一頭, 酒二斛. 不幸死者, 賜複衾一, 祠以
中牢.」於是王莽依故事, 白遣勝·漢. 策曰:「惟元始二年六月庚寅, 光祿大夫·
太中大夫耆艾二人以老病罷. 太皇太后使謁者僕射策詔之曰: 蓋聞古者有司年
至則致仕, 所以恭讓而不盡其力也. 今大夫年至矣, 朕愍以官職之事煩大夫,
其上子若孫若同産·同産子一人. 大夫其修身守道, 以終高年. 賜帛及行道舍宿,
歲時羊酒衣衾, 皆如韓福故事. 所上子男皆除爲郎」於是勝·漢遂歸老于鄕里.
漢兄子曼容亦養志自修, 爲官不肯過六百石, 輒自免去, 其名過出於漢.

087-② 孫寶自劾
자신의 잘못을 탄핵한 손보

　전한前漢의 손보孫寶는 자가 자엄子嚴이며 영천潁川 언릉鄢陵 사람이다. 경서經書에 밝아 군의 관리가 되었다. 그러자 어사대부御史大夫 장충張忠이 그를 선발하여 속관으로 삼았는데 이는 자기 자식에게 경서를 가르치기 위한 것이었다. 손보는 스스로 자신을 나무라며 응하지 않았다. 뒤에 그는 주부主簿의 서리라는 낮은 직책이 되어 그곳 관사로 이사하여 옮겨갔다. 장충이 괴이히 여겨 사람을 보내어 직접 물어보도록 하였다.

　"전에 대부께서 그대를 위하여 큰 숙사를 지어 살도록 해 주었을 때 그대는 스스로 그럴 수 없다고 자신을 나무라며 떠나버렸소. 이는 그 높은 절의를 위해서였을 것이오. 지금 양부兩府의 높은 선비라면 주부 따위의 직책은 속된 것이라 하여 맡으려 하지 않는데 그대는 이미 그렇게 하였고 관사를 옮긴 것도 심히 즐겁게 여기고 있으니 어찌 전후가 서로 부합하지 않는 행동을 하오?"

　손보는 이렇게 말하였다.

　"높은 선비라면 주부 따위는 성에 차지 않는다 여기겠지요. 대부군大夫君께서 나 손보는 해낼 수 있을 것이라 하여 일을 맡기셨으며, 부府에서도 누구 하나 그릇되다 말한 자가 없었소. 선비로서 어찌 홀로 고매한 품격을 지킬 수 있겠소? 지난날 대인의 아들에게 글을 가르치는 일을 시키고자 나를 옮기게 하여 가까이하신 것입니다. 예禮에는 찾아와 배우는 것이요, 의義로는 가서 가르치는 법은 없소. 도란 굽힐 수 없는 것이지만 몸이야 굽힌들 무슨 상처가 되겠소? 게다가 선비란 제대로 만나지 못하면 하지 못할 일이 없는 것인데 하물며 주부라는 직책쯤이야 못할 이유가 있겠소?"

　장충이 이를 듣고 부끄러워하면서 글을 올려 손보를 추천하였다. 손보는 평제平帝 때에 대사농大司農에 올랐다.

前漢, 孫寶字子嚴, 潁川鄢陵人. 以明經爲郡吏, 御史大夫張忠辟爲屬欲令授子經, 寶自劾去. 後署主薄, 寶徙入舍.

忠怪, 使所親問曰:「前大夫爲君設除大舍, 子自劾去者, 欲爲高節也. 今兩府高士, 俗不爲主簿, 子旣爲之, 徙舍甚說, 何前後不相副也?」

寶曰:「高士不爲主簿. 而大夫君以寶爲可, 一府莫言非. 士安得獨自高? 前日君男欲學文, 移寶自近. 禮有來學, 義無往敎. 道不可詘, 身詘何傷? 且不遭者, 可無不爲, 況主簿乎?」

忠聞之憨, 上書薦寶. 平帝時爲大司農.

【孫寶】前漢 平帝 때의 인물. 자는 子嚴. 大司農에 오름. 《漢書》에 전이 있음.
【鄢陵】춘추시대 鄭나라 땅. 지금의 河南 鄢陵縣. 춘추시대 五大戰 중 하나인 鄢陵之戰이 벌어졌던 곳. 晉나라의 厲公이 楚나라 군대를 격파하였음. 뒤에 초나라 영토가 됨.
【張忠】당시의 御史大夫. 孫寶를 추천한 인물.
【兩府】丞相府와 御史府.
【平帝】西漢 제11대 황제. 劉衎. 元帝 劉奭의 아들. A.D.1~5년 재위함.

참고 및 관련 자료

1. 《漢書》孫寶傳

孫寶字子嚴, 潁川鄢陵人也. 以明經爲郡吏. 御史大夫張忠辟寶爲屬, 欲令授子經, 更爲除舍, 設儲偫. 寶自劾去, 忠固還之, 心內不平. 後署寶主簿, 寶徙入舍, 祭竈請比鄰. 忠陰察, 怪之, 使所親問寶:「前大夫爲君設除大舍, 子自劾去者, 欲爲高節也. 今兩府高士俗不爲主簿, 子旣爲之, 徙舍甚說, 何前後不相副也?」寶曰:「高士不爲主簿, 而大夫君以寶爲可, 一府莫言非, 士安得獨自高? 前日君男欲學文, 而移寶自近. 禮有來學, 義無往敎; 道不可詘, 身詘何傷? 且不遭者可無不爲, 況主簿乎!」忠聞之, 甚憨, 上書薦寶經明質直, 宜備近臣. 爲議郎, 遷諫大夫.

088. 呂安題鳳, 子猷尋戴

088-① 呂安題鳳
여안이 써놓고 간 '봉'이라는 글자

《세설신어世說新語》에 실려 있다.

혜강嵇康과 여안呂安은 아주 친한 사이였다. 매번 서로 보고 싶을 때면 이들은 천 리 먼 길도 수레를 몰아 달려오곤 하였다. 어느 날 여안이 늦게 도착하였더니 마침 혜강이 없었고 혜강의 형 혜희嵇喜가 있었는데, 문을 나와 여안을 맞이하여 안으로 안내하였다. 그러자 여안은 들어가지 않고 대신 대문에 '봉鳳'이라는 글자를 한 자 크게 써놓고는 돌아가 버렸다. 혜희는 무슨 뜻인지 알지 못한 채 좋은 뜻이려니 하고 즐겁게 여겼다. 그러나 '봉'자는 분해해 보면 '별 것 아닌 새'凡鳥라는 의미였다.

《世說》曰: 嵇康與呂安善, 每一相思, 千里命駕. 安後來, 值康不在. 喜出戶延之. 不入, 題門上作'鳳'字而去. 喜不覺, 猶以爲忻. 鳳字'凡鳥'也.

【嵇康】자는 叔夜(223~262). 어릴 때 고아였으며 奇才가 있었음. 老莊에 심취하였으며 시문에 능하였고 '竹林七賢'의 하나임. 뒤에 鍾會의 모함을 입어 司馬昭에게 죽음을 당함. 本姓은 奚氏였으나 뒤에 銍縣 嵇山 곁에 옮겨 살아 성을 嵇氏로 바꾸었다 함. 〈廣陵散曲〉, 〈琴賦〉, 〈養生論〉, 〈聲無哀樂論〉, 〈與山巨源絶交書〉 등이 유명함.《晉書》(49)에 전이 있음. '叔夜玉山'[028] 및 '嵇呂命駕'[013] 참조.

【呂安】稽康의 절친한 친구. 자는 仲悌. 東平人. 冀州刺史. 呂昭의 둘째아들.
【喜】稽喜. 혜강의 형. 揚州刺史를 역임함.

1.《世說新語》簡傲篇

稽康與呂安善, 每一相思, 千里命駕. 安後來, 値康不在, 喜出戶延之; 不入, 題門
上作「鳳」字而去. 喜不覺, 猶以爲欣, 故作「鳳」字, 凡鳥也.

2.《晉陽秋》

安字仲悌, 東平人, 冀州刺史昭之第二子, 志量開曠, 有拔俗風氣.

3.《晉紀》干寶

初, 安之交康也, 其相思則率爾命駕.

4.《晉百官名》

稽喜字公穆, 歷揚州刺史, 康兄也. 阮籍遭喪, 往弔之. 籍能爲靑白眼, 見凡俗
之士, 以白眼對之. 及喜往, 籍不哭, 見其白眼, 喜不懌而退. 康聞之, 乃齎酒挾
琴而造之, 遂相與善.

5.《晉紀》干寶

安嘗從康, 或遇其行, 康兄喜拭席而待之, 弗顧, 獨坐車中. 康母就說酒食, 求康
兒共語戲, 良久則去. 其輕貴如此.

088-② 子猷尋戴
눈 속에 대규를 찾아 떠난 왕자유

진晉나라 왕휘지王徽之는 자가 자여子猷이며 우군장군右軍將軍 왕희지王羲之
의 아들이다. 성품이 뛰어나고 얽매임이 없었으며 대사마大司馬환온桓溫의 참군이었다. 그는 머리를 풀어헤치고 허리띠를 풀어놓은 채 관부官府의 업무는 거들떠보지도 않는 등 마구 행동하였다. 일찍이 사람이 살지 않은 곳에 집을 짓고는 서둘러 그곳에 대나무를 심도록 하였다. 어떤 이가 그 이유를 묻자 왕휘지는 다만 휘파람만 불면서 그 대나무를 손으로 가리켰다.

"어찌 하루라도 이러한 군자 없이 살 수 있겠는가?"

일찍이 산음山陰에 살고 있을 때, 밤에 눈이 왔다가 곧 개면서 달빛이 청랑하여 사방이 환하게 비쳤다. 그는 홀로 술을 마시면서 좌사左思의 〈초은시招隱詩〉를 읊조리다가 문득 대규戴逵가 그리워졌다. 당시 대규는 섬剡 땅에 있었다. 이에 왕휘지는 곧바로 밤에 작은 배를 타고 그곳을 향하여 다음날 아침에야 겨우 닿을 수 있었다. 그러나 그는 대규의 집 문 앞에 이르자 배를 되돌리고 말았다. 어떤 이가 그 이유를 묻자 그는 이렇게 대답하였다.

"본래 흥이 돋아 온 것이다. 그런데 흥이 다하고 나니 되돌아가는 것이다. 어찌 반드시 대안도를 보아야 한다는 것이랴!"

그는 관직이 황문시랑黃門侍郎에 올랐다.

晉, 王徽之字子猷, 右軍羲之之子. 性卓擧不羈, 爲大司馬桓溫參軍, 蓬首散帶, 不綜府事. 嘗寄居空宅中, 便令種竹.

或問其故, 徽之但嘯詠, 指竹曰:「何可一日無此君邪?」

嘗居山陰, 夜雪初霽, 月色淸朗, 四望皎然. 獨酌酒詠左思〈招隱詩〉, 忽憶戴逵, 時逵在剡, 便夜乘小船詣之, 經宿方至, 造門不前而反.

人問其故, 曰:「本乘興而行. 興盡而反. 何必見安道邪!」

官至黃門侍郎.

【王徽之】 자는 子猷(?~388). 琅琊王氏. 王羲之의 다섯째 아들이며 王凝之의 아우. 王獻之의 형. 桓溫의 參軍과 黃門侍郎을 지냈음. 대나무를 좋아하였으며 한때 관직을 버리고 山陰에 은거하기도 하였음.《晉書》(80)에 전이 있음.

【王羲之】 王右軍(303~361, 혹은 309~365, 321~379). 자는 逸少. 어릴 때 이름은 虎犢. 王尊의 조카. 어려서는 訥言하였으나 뒤에 정치와 예술에 큰 업적을 남김. 특히 글씨에 뛰어나 書聖으로 추앙받았음. 右軍將軍, 會稽內史, 臨川太守 등을 지냈음. 山陰道士와 《道德經》글씨를 거위와 바꾼 고사를 남겼으며 그 외에 작품으로 〈樂毅論〉·〈黃庭經〉·〈東方朔畫讚〉·〈姨母〉·〈初月〉·〈憂懸〉·〈喪亂〉 등을 남김. 〈蘭亭集序〉로 유명함. 《晉書》(80)에 전이 있음. 王右軍, 王逸少, 王羲之 등으로 불림. 그 아들 王獻之와 함께 글씨에 뛰어나 '二王'이라 함.

【桓溫】 자는 元子(312~373). 明帝의 사위. 荊州刺史를 지냈으며, 蜀을 정벌하고 前秦을 쳐부숨. 簡文帝를 세우고 자신이 다시 왕위를 빼앗고자 하였었음. 시호는 武侯. 그의 아들 桓玄이 드디어 제위를 찬탈하여 楚나라를 세운 다음 아버지 환온을 宣武皇帝로 추존함. 《晉書》(98)에 전이 있음.

【左思招隱詩】 《文選》(22)에 〈左太沖招隱詩〉 2수가 실려 있음. 은자의 고결한 덕성을 추모해서 지은 작품. 이때 戴逵도 은둔해 있었기 때문에 왕휘지가 이 시를 읊으면서 대규를 그리워 찾아가고자 한 것임.

【左太沖】 左思. 자는 太沖. 齊國人, 祕書를 지냄. 곧 '洛陽紙貴'의 고사를 낳은 인물. 바로 이 고사의 〈三都賦〉를 사람들이 서로 베끼려고 낙양의 종이가 모자라 종이 값이 급등하였다 함. 그 외에 〈詠史詩〉 8수가 유명함. 그의 문집은 사라졌으나 뒤에 《左太沖集》이 집일되어 있음. 《晉書》(92)에 전이 있음.

【戴逵】 자는 安道(326~396). 거문고 연주에 뛰어났으며 회화에도 뛰어나 佛畫와 불상 조각을 많이 남김. 불교를 신봉했으나 인과설을 의심하여 〈釋疑論〉을 지었음. 영리를 추구하지 않고 氣節을 중시하여 國子博士에 초빙되었으나 나가지 않음. 《晉書》(94)에 전이 있음. '戴逵破琴'[100] 참조.

【左剡】 山陰은 浙江省 紹興縣. '剡'은 절강성 嵊縣 會稽山의 동쪽 즉 산음의 남쪽에 있었음.

1. 《晉書》(80) 王徽之傳

徽之字子猷. 性卓犖不羈, 爲大司馬桓溫參軍, 蓬首散帶, 不綜府事. 又爲車騎桓沖騎兵參軍, 沖問: 「卿署何曹?」 對曰: 「似是馬曹.」 又問: 「官幾馬.」 曰: 「不知馬, 何由如數!」 又問: 「馬比死多少?」 曰: 「未知生, 焉知死.」 嘗從沖行,値暴雨, 徽之因下馬排入車中, 謂曰:「公豈得獨擅一車!」沖嘗謂徽之曰:「卿在府日久, 比當相料理.」徽之初不酬答, 直高視, 以手版柱頰云:「西山朝來致有爽氣耳.」時吳中一士大夫家有好竹, 欲觀之, 便出坐輿竹下, 諷嘯良久. 主人酒掃請坐, 徽之不顧. 將出, 主人乃閉門, 徽之便以此賞之, 盡歡而去. 嘗寄居空宅中, 便令種竹. 或問其故, 徽之但嘯詠, 指竹曰:「何可一日無此君邪!」嘗居山陰, 夜雪初霽, 月色清朗, 四望晧然, 獨酌酒詠左思招隱詩, 忽憶戴逵. 逵時在剡, 便夜乘小船詣之, 經宿方至 造門不前而反. 人問其故, 徽之曰:「本乘興而行, 興盡而反, 何必見安道邪!」雅性放誕, 好聲色, 嘗夜與弟獻之共讀高士傳讚, 獻之賞井丹高潔. 徽之曰:「未若長卿慢世也.」其傲達若此. 時人皆欽其才而穢其行. 後爲黃門侍郎, 棄官東歸, 與獻之俱病篤. 時有術人云:「人命應終, 而有生人樂代者, 則死者可生.」徽之謂曰:「吾才爲不如弟, 請以餘年代之.」術者曰:「代死者, 以己年有餘, 得以足亡者耳. 今君與弟算俱盡, 何代也!」未幾, 獻之卒, 徽之奔哀不哭, 直上靈牀坐, 取獻之琴彈之, 久而不調, 歎曰:「嗚呼子敬, 人琴俱亡!」因頓絶. 先有背疾, 遂潰裂, 月餘亦卒. 子楨之.

2. 《世說新語》任誕篇

王子猷居山陰, 夜大雪, 眠覺, 開室, 命酌酒. 四望皎然. 因起仿偟, 詠左思〈招隱詩〉, 忽憶戴安道. 時戴在剡, 卽便夜乘小船就之. 經宿方至, 造門不前而返. 人問其故, 王曰:「吾本乘興而行, 興盡而返, 何必見戴!」

3. 《文選》(22)에 左思〈左太沖招隱詩〉

其一

杖策招隱士, 荒塗横古今. 巖穴無結構, 丘中有鳴琴.

白雪停陰岡, 丹葩曜陽林. 石泉漱瓊瑤, 纖鱗亦浮沈.

非必絲與竹, 山水有清音. 何事待嘯歌, 灌木自悲吟.

秋菊兼餱糧, 幽蘭間重襟. 躊躇足力煩, 聊欲投吾簪.

其二

經始東山廬, 果下自成榛. 前有寒泉井, 聊可瑩心神.

峭蒨靑蔥間, 竹柏得其眞. 弱葉棲霜雪, 飛榮流餘津.

爵服無常玩, 好惡有屈伸. 結綬生纏牽, 彈冠去埃塵.

惠連非吾屈, 首陽非吾仁. 相與觀所尙, 逍遙撰良辰.

089. 董宣彊項, 翟璜直言

089-① 董宣彊項
목이 뻣뻣한 관리 동선

후한後漢의 동선董宣은 자가 소평少平이며 진류陳留 어현圉縣 사람이다. 광무제光武帝 때에 낙양령洛陽令이 되었다. 당시 호양공주湖陽公主의 하인이 대낮에 사람을 죽이고 공주의 집에 숨어들어 관리가 그를 잡을 수가 없었다. 그러다가 공주가 외출할 때 그 하인을 곁에 태우고 나왔다. 동선은 이를 기다리고 있다가 수레를 가로막고 말을 두드려 세운 다음 큰 소리로 공주의 과실을 따졌다. 그리고 그 범인을 쳐서 죽여 버렸다.

공주가 이를 광무제에게 하소연하였다. 광무제는 노하여 동선을 불러 채찍으로 쳐서 죽일 참이었다.

동선은 머리를 땅에 조아리며 이렇게 말하였다.

"원컨대 한마디만 하고 죽고 싶습니다."

그러고는 이렇게 말하였다.

"폐하께서는 성덕으로써 한나라를 다시 일으켜 중흥中興하셨습니다. 그런데 양민을 죽인 노예 살인자를 풀어 주신다면 어떻게 천하를 다스리시겠습니까? 저는 채찍을 맞을 필요도 없이 스스로 죽겠습니다."

그러고는 머리를 기둥에 찧어 흐르는 피가 얼굴을 덮었다.

광무제는 동선으로 하여금 공주에게 사죄하도록 하였다. 그러나 동선은 이마저 거부하였다. 억지로 머리를 눌렀으나 그는 양손을 땅에 대고 버티며 끝내 굽히지 않는 것이었다.

공주가 이렇게 말하였다.

"문숙文叔은 백의白衣였을 때 도망자나 살인자를 숨겨주어도 관리 중 누구 하나 감히 우리 집 대문에도 얼씬거리지 못하더니 지금 천자가 되고도 그 위엄이 영令 벼슬 하나 누르지 못하느냐?”

광무제는 웃으며 이렇게 말하였다.

“천자는 백의와 같을 수가 없군요.”

그러고는 칙령을 내렸다.

“저 목이 뻣뻣한 낙양령을 내보내라!”

이에 돈 30만 전을 하사하였다. 동선은 이 돈을 여러 관리들에게 모두 나누어 주었다.

이로부터 그는 부호나 강한 자를 치고 공격하여 수도에서는 그의 호를 ‘와호臥虎’라 부르면서 이렇게 노래하였다.

“북채 소리 울리지 않으니 동소평 때문이로다.”

‘문숙’은 광무제의 자이다.

後漢, 董宣字少平, 陳留圉人. 光武時爲洛陽令. 時湖陽公主蒼頭, 白日殺人, 匿主家, 吏不能得. 及主出, 以奴驂乘. 宣候之, 駐車叩馬, 大言數主之失, 叱奴下車, 因格殺之. 主訴帝, 帝怒召宣, 欲箠殺之.

宣叩頭曰:「願一言而死.」

曰:「陛下聖德中興. 而縱奴殺良人, 何以理天下? 臣不須箠請自殺.」

卽以頭擊楹, 流血被面. 帝使宣謝主, 宣不從. 强使頓之, 兩手據地, 終不肯俯.

主曰:「文叔爲白衣時, 藏亡匿死, 吏不敢至門. 今爲天子, 威不能行一令乎?」

帝笑曰:「天子不與白衣同.」

因勅:「强項令出!」

賜錢三十萬, 宣悉以班諸吏.

由是搏擊豪强, 京師號爲臥虎. 歌之曰:「枹鼓不鳴董少平.」

文叔光武字也.

【董宣】후한 光武帝 때의 인물. 자는 少平. 洛陽令을 지냈으며 '强項令', '臥虎' 등으로 불림. 《後漢書》 酷吏傳 참조.

【光武帝】世祖光武皇帝. 光武帝. A.D.25~57년 재위함. 東漢(後漢)의 첫 황제. 劉秀. 자는 文叔. 長沙 定王 劉發의 후손. 漢 景帝가 유발을 낳고, 유발이 春陵節侯 劉買를 낳았으며 뒤에 封地가 南陽 白水鄕으로 옮겨져 그곳을 春陵이라 하고 가문을 이루었음. 그리고 유매의 막내아들이 劉外였으며 그가 劉回를 낳았고, 유회가 南頓令 劉欽을 낳았으며 유흠이 유수를 낳았음. 이가 동한을 일으켜 낙양에 도읍을 하여 유씨 왕조를 이은 것이며 이를 東漢(後漢)이라 부름.

【湖陽公主】東漢 光武帝 劉秀의 누나. 일찍 과부가 되어 宋弘과의 사이에 "糟糠之妻不下堂"의 고사를 남긴 공주. '宋弘不諧'[116] 참조.

【蒼頭】노예. 당시 머리에 파란 수건을 쓰고 있었기 때문에 그렇게 불렀음.

【箠殺】笞刑. 채찍으로 쳐서 죽임.

【文叔】光武帝 劉秀의 자. 《十八史略》(3)에 "世祖光武皇帝: 名秀, 字文叔. 長沙 定王發之後也. 景帝生發, 發生春陵節侯買. 侯再三世, 徙封以南陽白水鄕爲 春陵. 宗族往家焉. 買少子外, 外生回, 回生南頓令欽, 欽生秀於南頓. 有嘉禾 一莖九穗之瑞, 故名. 先是有望氣者, 望春陵曰:「氣佳哉! 鬱鬱葱葱然.」貨曰 貨泉, 人以其字爲白水眞人, 秀竟從白水起"라 함.

【强項令】목이 뻣뻣하여 머리를 숙이지 않는 영(令, 洛陽令)이라는 뜻. 董宣을 높이 여겨 부른 별명. '强'은 '疆'과 같음. 項은 목.

【枹鼓不鳴董少平】'枹'는 북을 치는 북채. 노래에 담긴 뜻은 洛陽에 도적이 있으면 太鼓로 경계하는 것과 같이 董少平이 낙양의 영이 되어 법을 행하는 것이 엄정했기 때문에 북소리를 울릴 필요가 없었음을 말한 것임.

1. 《後漢書》酷吏傳(董宣)

董宣字少平, 陳留圉人也. 初爲司徒侯霸所辟, 擧高第, 累遷北海相. 到官, 以大 姓公孫丹爲五官掾. 丹新造居宅, 而卜工以爲當有死者, 丹乃令其子殺道行人, 置屍舍內, 以塞其咎. 宣知, 即收丹父子殺之. 丹宗族親黨三十餘人, 操兵詣府, 稱冤叫號. 宣以丹前附王莽, 慮交通海賊, 乃悉收繫劇獄, 使門下書佐水丘岑盡殺之. 青州以其多濫, 奏宣考岑, 宣坐徵詣廷尉. 在獄, 晨夜諷誦, 無憂色. 及當出刑, 官屬具饌送之, 宣乃厲色曰:「董宣生平未曾食人之食, 況死乎!」乘車而去. 時同刑九人, 次應及宣, 光武馳使騶騎特原宣刑, 且令還獄. 遣使者詰宣多殺無辜, 宣具以狀對, 言水丘岑受臣旨意, 罪不由之, 願殺臣活岑. 使者以聞, 有詔左轉宣懷令, 令青州勿案岑罪. 岑官至司隸校尉. 後江夏有劇賊夏喜等寇亂郡境, 以宣爲江夏太守. 到界, 移書曰:「朝廷以太守能禽姦賊, 故辱斯任. 今勒兵界首, 檄到, 幸思自安之宜.」喜等聞, 懼, 卽時降散. 外戚陰氏爲郡都尉, 宣輕慢之, 坐免. 後特徵爲洛陽令. 時湖陽公主蒼頭白日殺人, 因匿主家, 吏不能得. 及主出行, 而以奴驂乘, 宣於夏門亭候之, 乃駐車叩馬, 以刀畫地, 大言數主之失, 叱奴下車, 因格殺之. 主卽還宮訴帝, 帝大怒, 召宣, 欲箠殺之. 宣叩頭曰:「願乞一言而死.」帝曰:「欲何言?」宣曰:「陛下聖德中興, 而縱奴殺良人, 將何以理天下乎? 臣不須箠, 請得自殺.」卽以頭擊楹, 流血被面. 帝令小黃門持之, 使宣叩頭謝主, 宣不從, 彊使頓之, 宣兩手據地, 終不肯俯. 主曰:「文叔爲白衣時, 臧亡匿死, 吏不敢至門. 今爲天子, 威不能行一令乎?」帝笑曰:「天子不與白衣同.」因勅彊項令出. 賜錢三十萬, 宣悉以班諸吏. 由是搏擊豪彊, 莫不震慄. 京師號爲「臥虎」. 歌之曰:『枹鼓不鳴董少平.』在縣五年, 年七十四, 卒於官. 詔見使者臨視, 唯見布被覆屍, 妻子大哭, 有大麥數斛, 敝車一乘. 帝傷之, 曰:「董宣廉絜, 死乃知之!」以宣嘗爲二千石, 賜艾綬, 葬以大夫禮. 拜子並爲郎中, 後官至齊相.

2.《十八史略》(3)

主有蒼頭殺人匿主家, 吏不能得. 洛陽令董宣, 候主出行, 奴驂乘, 叱下車, 挌殺之. 主入訴, 上大怒, 召宣欲捶殺之. 宣曰:「縱奴殺人, 何以治天下? 臣不須捶, 請自殺」卽以頭叩楹, 流血被面. 上令小黃門持之, 使叩頭謝主. 宣兩手據地, 終不肯. 上勅:「强項令出」賜錢三十萬.

089-② 翟璜直言
적황의 직언

《신서新序》에 실려 있다.

위魏 문후文侯가 대부들과 앉아 있을 때 이렇게 물었다.

"과인은 어떠한 임금인고?"

신하들은 한결같이 이렇게 대답하였다.

"임금께서는 어진 임금이시지요."

다음 차례로 적황翟璜에 이르자 그는 이렇게 말하였다.

"임금은 어진 임금이 아닙니다. 중산中山을 정벌하신 다음 그 곳을 세운 임금의 아우는 봉지 내리지 않은 채 임금의 맏아들에게만 봉지를 내리셨으니 저는 이로써 그렇게 알고 있는 것입니다."

문후는 화를 내며 적황을 내쫓아 버렸고 적황은 일어나 나가 버렸다. 다음으로 임좌任座의 차례가 되어 문후가 같은 질문을 하자 그는 이렇게 대답하였다.

"임금께서는 어진 임금이십니다. 제가 듣기로 그 임금이 어질면 그 신하가 곧다고 하였습니다. 방금 적황이 곧은 말을 하였으니 이로써 그렇게 알게 된 것입니다."

문후가 말하였다.

"훌륭하오!"

그리고 적황을 불러들여 그를 상경上卿으로 삼았다.

구본舊本에는 적황을 임좌라 표기하였는데 이는 오류이다.

《新序》曰: 魏文侯與士大夫坐, 問曰:「寡人何如君也?」

群臣皆曰:「君仁君也.」

次至翟璜, 曰:「君非仁君也. 君伐中山, 不以封君之弟, 而以封君之長子. 臣以此知之.」

文侯怒逐璜, 璜起而出.

次至任座, 文侯問之, 對曰:「君仁君也. 臣聞其君仁者其臣直. 向翟璜之言直, 是以知也.」

文侯曰:「善!」

召翟璜入, 拜爲上卿.

舊本: 翟璜誤作任座.

【新序】漢나라 劉向이 지은 책. 春秋부터 한나라 초기까지의 일화를 수록하여 정치의 경계를 삼고자 한 내용임.

【魏文侯】戰國時代 魏나라의 영명한 君主. 재위 50년(B.C.445~396).

【寡人】'寡德之人'의 준말로 임금이 자신을 낮추어 부르는 말.《老子》(42)에 "唯孤·寡·不穀, 而王公以爲稱"이라 함.

【翟黃】魏文侯의 臣下. 戰國時代 魏나라의 下郢 출신.《史記》魏世家 참조.

【中山】지금의 河北省 중부에 있던 나라. 魏 文侯 17년(B.C.429)에 中山을 정벌함.

【任座】魏文侯의 臣下.

【上卿】卿 벼슬 중의 최고 관직.

1.《新序》雜事(一)

魏文侯與士大夫坐, 問曰:「寡人何如君也?」群臣皆曰:「君, 仁君也.」次至翟黃, 曰:「君, 非仁君也.」曰:「子何以言之?」對曰:「君伐中山, 不以封君之弟, 而以封君之長子. 臣以此知君之非仁君」文侯大怒, 而逐翟黃, 翟黃起而出. 次至任座, 文侯問:「寡人何如君也?」任座對曰:「君, 仁君也.」曰:「子何以言之?」對曰:「臣聞之: 其君仁者, 其臣直. 向翟黃之言直, 臣是以知君仁君也.」文侯曰:「善」復召翟黃, 入拜爲上卿.

2. 《呂氏春秋》自知篇

魏文侯燕飲, 皆令諸大夫論己. 或言君之智也. 至於任座, 任座曰:「君不肖君也,
得中山, 不以封君之弟, 而以封君之子, 是以知君之不肖也.」文侯不說, 知於顏色.
任座趨而出, 次及翟黃. 翟黃曰:「君賢君也, 臣聞其主賢者. 其臣之言直. 今者,
任座之言直., 是以知君之賢也.」文侯喜曰:「可反歟!」翟黃對曰:「奚爲不可!
臣聞忠臣畢其忠, 而不敢遠其死. 座殆尙在於門.」翟黃往視之, 任座在於門,
以君令召之. 任座入, 文侯下階而迎之, 終座以爲上客. 文侯微翟黃, 則幾失忠
臣矣. 上順乎主心以顯賢者, 其唯翟黃乎!

3. 《藝文類聚》(24)

魏文侯與大夫坐, 問曰:「寡人何如君也?」群臣皆曰:「君仁君也.」次問翟黃.
曰:「君非仁君也.」曰:「子何以言之?」對曰:「君伐中山, 不以封君之弟, 而以
封君之長子, 曰是以知君之非仁君也.」文侯怒而逐翟黃. 翟黃趨而出, 次任座.
座對曰:「君仁君也.」曰:「子何以言之?」對曰:「臣聞之, 其君仁者. 其臣直.
向翟黃之言直. 臣是以知君仁君也.」文侯曰:「善!」復召翟黃對.

4. 기타 참고자료

《群書治要》(42)·《太平御覽》(428, 622)

090. 紀昌貫虱, 養由號猿

090-① 紀昌貫虱
화살로 이를 꿰뚫은 기창

《열자列子》에 실려 있다.

감승甘蠅은 고대 활쏘기의 명수였다. 그가 활을 당기기만 해도 짐승은 엎드렸고 새는 스스로 떨어졌다. 비위飛衛가 활쏘기를 감승에게 배워 그 기교함이 감승을 앞지르게 되었다. 한편 기창紀昌이 비위에게 활쏘기를 배우겠다고 하자 비위는 이렇게 말하였다.

"너는 먼저 눈을 깜박이지 않는 것부터 배워라. 그런 다음에야 활쏘기를 이야기할 수 있다."

기창은 돌아가 아내의 베틀 아래 누워 눈으로 발판의 움직임에 눈을 따라가게 하면서 눈이 깜박이지 않도록 연습을 하였다. 그로부터 2년 뒤 비록 송곳 끝이 거꾸로 눈에 다가와도 눈을 똑바로 뜨고 깜박이지 않을 수 있게 되었다.

그리하여 비위에게 고하였더니 비위는 다시 이렇게 말하는 것이었다.

"아직 안 된다. 보는 법을 배운 다음에야 가능하다. 작은 것을 큰 것으로 보고 미세한 것을 환히 드러나 보이게 한 다음 나에게 오너라."

기창은 쇠꼬리 털로 이를 묶어 창문에 매달아 놓고 이를 보는 연습을 하였다. 열흘이 지나자 그 이는 점차 크게 보였다. 그리고 비로소 3년이 되자 마치 수레바퀴만한 크기로 보였다. 이러한 시력으로 다른 물건을 보았더니 마치 언덕이나 산처럼 크게 보이는 것이었다.

이에 연각燕角의 활과 삭봉朔蓬의 화살대로 쏘아보았다. 그랬더니 이는 그 심장을 뚫었지만 그 매달았던 털실은 끊어지지 않았다.

구본舊本에는 기창紀昌을 감승甘蠅이라 했는데 이는 오류이다.

《列子》曰: 甘蠅古之善射者, 彀弓而獸伏鳥下. 飛衛學射於甘蠅, 而巧過其師. 紀昌學射於飛衛.

衛曰:「爾先學不瞬, 而後可言射.」

昌歸偃臥其妻之機下, 以目承牽挺. 二年之後, 雖錐末倒, 眥而不瞬. 以告衛.

衛曰:「未也. 學視而後可. 視小如大, 視微細著, 而後告我.」

昌以氂懸虱於牖而望之, 旬日之間寖大也. 三年之後, 如車輪焉. 以視餘物, 皆丘山也. 乃以燕角之弧·朔蓬之簳射之, 貫虱之心, 而懸不絶.

舊本: 紀昌誤作甘蠅

【列子】 전국시대 列禦寇의 사상을 정리한 책. 道家 三大書의 하나이며 唐나라 때는 《冲虛至德眞經》으로 불려 道敎의 경전이 됨.

【甘蠅】 인명. 활쏘기의 명수로 알려진 인물.

【飛衛】 감승의 제자.

【紀昌】 비위의 제자.

【牽挺】 발로 돌리는 베틀. 베를 짤 때 다리로 밟는데 따라서 아래위로 움직이는 발판.

【牖】 옹기의 둥근 모습으로 만든 창.

【燕角之弧】 연(燕)나라 지방에서 짐승의 뿔로 만든 좋은 활.

【朔蓬之簳】 북쪽 나라에서 나는 쑥의 줄기로 만든 화살. '簳'은 화살대. 〈四庫全書〉본에는 '幹'으로 되어 있음.

참고 및 관련 자료

1. 《列子》湯問篇

甘蠅, 古之善射者, 彀弓而獸伏鳥下, 弟子名飛衛, 學射於甘蠅, 而巧過其師. 紀昌者, 又學射於飛衛. 飛衛曰:「爾先學不瞬, 而後可言射矣.」紀昌歸, 偃臥其妻之機下, 以目承牽挺. 二年之後, 雖錐末倒眥, 而不瞬也. 以告飛衛. 飛衛曰:「未也;

必學視而後可. 視小如大, 視微如著, 而後告我.」昌以氂懸虱於牖, 南面而望之.
旬日之間, 浸大也; 三年之後, 如車輪焉. 以睨餘物, 皆丘山也. 乃以燕角之弧,
朔蓬之簳射之, 貫虱之心, 而懸不絶. 以告飛衛. 飛衛高蹈拊膺曰:「汝得之矣!」
紀昌旣盡衛之術, 計天下之敵己者, 一人而已; 乃謀殺飛衛. 相遇於野, 二人交射;
中路矢鋒相觸, 而墜於地, 而塵不揚. 飛衛之矢先窮. 紀昌遺一矢; 旣發, 飛衛以
棘刺之端扞之, 而無差焉. 於是二子泣而投弓, 相拜於塗, 請爲父子. 剋臂以誓,
不得告術於人.

2. 《呂氏春秋》聽言篇

蜂門始習於甘蠅, 御大豆, 射甘蠅, 而不徙人以爲性者也. 不徙之, 所以致遠追
急也, 所以除害禁暴也.

3. 《博物志》(6)

古之善射者甘蠅, 蠅之弟子曰飛衛.

4. 《藝文類聚》(60)

列子曰: 紀昌學射於飛衛, 飛衛曰:「爾先學不瞬而後能, 又使學視小如大.」紀昌
以氂懸虱於牖, 南面而望之, 三年之後如輪, 睹物皆山丘也. 乃以燕角之弧, 朔蓬
之幹射之, 貫虱之心, 而懸不絶.

5. 《藝文類聚》(74)

列子曰: 甘蠅古之善射者, 彀弓而獸伏鳥下.

6. 《太平御覽》(350)에도 전재되어 있음.

090-② 養由號猨
원숭이를 울부짖게 하는 양유기

《회남자淮南子》에 실려 있다.

초왕楚王이 흰 원숭이를 기르고 있었다. 그런데 초왕 자신이 활을 들고

이를 쏘자 원숭이는 그 날아오는 화살을 잡아채고는 희희낙락하는 것
이었다.

이에 양유기養由基로 하여금 그를 쏘게 하였다. 양유기가 우선 활을 조정
하고 화살을 바르게 펴자, 활을 쏘기도 전에 원숭이는 나무를 껴안고
울부짖는 것이었다.

《淮南子》曰: 楚王有白猨. 自射之則搏矢而熙.

使養由基射之, 始調弓矯矢, 未發而猨擁樹號矣.

【楚王】 春秋時代의 楚나라 共王. 이름은 熊審. B.C.590~560년 재위함.

【白猨】 白猿. 흰색 털의 원숭이.

【矯矢】 구부러져 있는 화살을 바르게 펴서 곧게 함.

【養由基】 고대 楚나라의 名射手. 楚나라 大夫.《史記》周本紀에 "去柳葉百步
  而射之, 百發而百中之"라 함.

참고 및 관련 자료

1.《淮南子》說山訓

  楚王有白蝯, 王自射之, 則搏矢而熙; 使養由基射之, 始調弓矯矢, 未發而蝯擁
  柱號矣. 有先中中者也.

2.《搜神記》(11) 由基更嬴善射

  楚王遊於苑, 白猿在焉. 王令善射者射之, 矢數發, 猿搏矢而笑. 乃命由基, 由基
  撫弓, 猿卽抱木而號. 及六國時, 更嬴謂魏王曰:「臣能爲虛發而下鳥」魏王曰:
  「然則射可至於此乎?」嬴曰:「可.」有頃, 聞雁從東方來, 更嬴虛發而鳥下焉.

091. 馮衍歸里, 張昭塞門

091-① 馮衍歸里
고향으로 낙향한 풍연

후한後漢의 풍연馮衍은 자가 경통敬通이며 경조京兆 두릉杜陵 사람이다. 어려서 기이한 재주가 있었으며 여러 서적에 박통하였다. 왕망王莽 때에 그는 벼슬에 나가려 하지 않으면서 항상 원대한 계획을 세우기를 좋아하였으나, 당시에는 누구도 이를 듣고 그 모책을 써주지 않았다. 그런데 위위衛尉 음흥陰興 등은 외척의 귀한 신분이었지만 풍연을 심히 존중하여 드디어 그와 친분을 맺고 사귀었다. 이로써 그는 여러 왕들의 초빙을 받았으며 얼마 뒤 사예종사司隸從事가 되었다. 후한의 광무제光武帝가 들어서면서 서경西京의 외척과 빈객을 징계하게 되었는데 그들과 교유했던 이들도 모두가 법에 걸리고 말았다. 이로 말미암아 풍연도 죄를 얻어 고향으로 돌아오고 말았으며, 고향으로 돌아온 그는 문을 걸어 잠그고 자신을 안전하게 지켜 감히 친척이나 친구들과도 왕래하지 않았다. 현종顯宗 명제明帝가 즉위하자, 다시 많은 이들이 풍연은 문장으로써 실질을 과실로 여긴다고 비난하게 되었다. 그리하여 그는 집에 묻혀 힘든 때를 보내야 했다. 그러나 그는 큰 뜻을 가지고 있어 평상시 이렇게 강개하며 탄식하였다.

"나 풍연은 젊어서 명현名賢들을 모셨고 높은 직위도 거쳤다. 그리하여 금인金印을 품고 인수印綬도 늘어뜨려 보았으며 부절을 들고 사신으로 다니기도 하였다. 그러나 내가 구차하게 구하였던 적은 없었다. 나는 항상 구름을 넘어서는 원대한 뜻을 가지고 있어 삼공三公의 귀함이나 천금의 부유함을 가슴에 품어본 적도 없다. 가난해도 슬퍼하지 않았으며 천해도 한스럽게 여기지 않았다. 오히려 명현의 풍모를 갖추어 아무도 모르는

길을 가면서 도와 덕을 수양하여 내 몸과 이름을 끝마침으로써 후세에
법이 되고자 하였을 뿐이다."

後漢, 馮衍字敬通, 京兆杜陵人. 幼有奇才, 博通群書. 王莽時不
肯仕. 常好倜儻之策, 時莫能聽用其謀. 衛尉陰興等以外戚貴顯,
深重衍, 遂與交結. 由是爲諸王所聘請, 尋爲司隷從事. 光武懲西京
外戚賓客, 故皆以法繩之. 由是得罪而歸故郡, 閉門自保, 不敢與親
故通. 顯宗卽位, 又多短衍以文過其實. 遂廢於家, 垍壖於時.

然有大志, 居常慷慨歎曰:「衍少事名賢經歷顯位, 懷金垂紫, 揭節
奉使, 不求苟得. 常有凌雲之志, 三公之貴·千金之富, 不槩於懷.
貧而不衰, 賤而不恨, 猶庶幾名賢之風, 修道德於幽冥之路, 以終
身名, 爲後世法」

【馮衍】 후한 때 인물로 자는 敬通.《後漢書》에 전이 있음.
【王莽】 字는 巨君(B.C.45~23). 漢 元皇后의 조카. 어려서 고아가 되어 독서
　끝에 성망을 얻었음. 뒤에 太傅가 되어 安漢公에 봉해졌으며 平帝가 죽은
　후 겨우 두 살인 孺子 嬰을 옹립하고 자신은 攝皇帝가 되었다가 初始 元
　年(A.D.8) 정권을 찬탈, '新'을 세워 '西漢'의 종말을 고함. 그러나 천하의 혼
　란이 일어나 地皇 4年(23)에 劉玄·赤眉軍·綠林軍에게 살해되고 말았음.
　《漢書》(99)에 그 傳이 있음.
【倜儻】 원대함. 어려운 일에 대비함.
【陰興】 光烈皇后의 어머니의 동생.
【顯宗】 明帝. 東漢 제2대 황제 劉莊. 光武帝의 아들. 廟號는 顯宗孝明皇帝.
　58년~75년 재위함.
【西京】 西前漢 때의 수도였던 長安을 가리킴.
【幽冥】 남들이 모르는 곳.

1.《後漢書》馮衍傳

馮衍字敬通, 京兆杜陵人也. 祖野王, 元帝時爲大鴻臚. 衍幼有奇才, 年九歲, 能誦《詩》, 至二十而博通羣書. 王莽時, 諸公多薦擧之者, 衍辭不肯仕. 時天下兵起, 莽遣更始將軍廉丹討伐山東. 丹辟衍爲掾, 與俱至定陶. 莽追詔丹曰:「倉廩盡矣, 府庫空矣, 可以怒矣, 可以戰矣. 將軍受國重任, 不捐身於中野, 無以報恩塞責.」丹惶恐, 夜召衍, 以書示之. 衍因說丹曰:「衍聞順而成者, 道之所大也;逆而功者, 權之所貴也. 是故期於有成, 不問所由;論於大體, 不守小節. 昔逢丑父伏軾而使其君取飮, 稱於諸侯;鄭祭仲立突而出忽, 終得復位, 美於《春秋》. 蓋以死易生, 以存易亡, 君子之道也. 詭於衆意, 寧國存身, 賢智之慮也. 故《易》曰『窮則變, 變則通, 通則久, 是以自天祐之, 吉, 無不利』. 若夫知其不可而必行之, 破軍殘衆, 無補於主, 身死之日, 負義於時, 智者不爲, 勇者不行. 且衍聞之, 得時無怠. 張良以五世相韓, 椎秦始皇博浪之中, 勇冠乎賁·育, 名高乎太山. 將軍之先, 爲漢信臣. 新室之興, 英俊不附. 今海內潰亂, 人懷漢德, 甚於詩人思召公也, 愛其甘棠, 而況子孫乎? 人所歌舞, 天必從之. 方今爲將軍計, 莫若屯據大郡, 鎭撫吏士, 砥厲其節, 百里之內, 牛酒日賜, 納雄桀之士, 詢忠智之謀, 要將來之心, 待從橫之變, 興社稷之利, 除萬人之害, 則福祿流於無窮, 功烈著於不滅. 何與軍覆於中原, 身膏於草野, 功敗名喪, 恥及先祖哉? 聖人轉禍而爲福, 智士因敗而爲功, 願明公深計而無與俗同.」丹不能從. 進及睢陽, 復說丹曰:「蓋聞明者見於無形, 智者慮於未萌, 況其昭晢者乎? 凡患生於所忽, 禍發於細微, 敗不可悔, 時不可失. 公孫鞅曰『有高人之行, 負非於世; 有獨見之慮, 見贅於人.』故信庸庸之論, 破金石之策, 襲當世之操, 失高明之德. 夫決者智之君也, 疑者事之役也. 時不重至, 公勿再計.」丹不聽, 遂進及無鹽, 與赤眉戰死. 衍乃亡命河東. 衍娶北地(女)任氏[女]爲妻, 悍忌, 不得畜滕妾, 兒女常自操井臼, 老竟逐之, 遂埳壈於時. 然有大志, 不戚戚於賤貧. 居常慷慨歎曰:「衍少事名賢, 經歷顯位, 懷金垂紫, 揭節奉使, 不求苟得, 常有陵雲之志. 三公之貴, 千金之富, 不得其願, 不槩於懷. 貧而不衰, 賤而不恨, 年雖疲曳, 猶庶幾名賢之風. 修道德於幽冥之路, 以終身名, 爲後世法.」居貧年老, 卒于家. 所著賦·誄·銘·說·《問交》·《德誥》·《愼情》·書記說·自序·官錄說·策五十篇, 肅宗甚重其文.

대문을 흙으로 봉한 장소

《오지吳志》에 실려 있다.

장소張昭는 자가 자포子布이며 팽성彭城 사람이다. 많은 책을 널리 읽었다. 손권孫權이 그를 보오장군輔吳將軍으로 삼자, 장소는 매번 조회 때마다 말소리를 높이며 굳세고 독하게 간언을 하여 그 의로움을 얼굴에 표현하곤 하였다. 손권은 요동의 공손연公孫淵이 번속藩屬을 칭하자 장미張彌와 허안許晏을 요동遼東으로 보내어 공손연을 연왕燕王으로 봉해 주었다. 장소가 그 일이 그릇되다 간언을 하였지만 채납되지 않자 그만 병을 핑계로 조정에 나타나지 않았다. 손권은 그를 원망하여 흙으로 그 집 문을 발라 막아 버렸다. 장소 역시 안에서 흙으로 막아 봉하여 버렸다. 공손연이 과연 장미와 허안을 죽이자 손권은 연신 장소를 찾아가 사과하고 위문하였지만 장소는 고집을 부리며 나오지 않았다. 손권은 그 집 문을 찾아가 장소를 불렀으나 장소는 병이 심하다고 핑계를 대며 사절하여 결국 손권은 그 집 문에 불을 질러 그에게 겁을 주고자 하였다. 장소는 더욱 굳게 문을 걸어 잠갔다. 손권은 사람을 시켜 불을 끄게 한 다음 한참을 그 문에 서서 기다렸다. 장소의 여러 아들들이 함께 장소를 부축하여 일어서자 손권은 그를 싣고 궁궐로 돌아가 스스로 깊이 자책하였다. 이에 장소도 어쩔 수 없음을 알게 되었고 그런 연후에야 조회에서 참가하였다. 장소는 용모가 엄격하고 위풍이 있었다. 이에 손권은 항상 이렇게 말하였다.

"내 장공과 말을 나눌 때는 감히 마구 할 수가 없소이다."

이리하여 조정 모두가 그를 꺼리게 되었다.

《吳志》: 張昭字子布, 彭城人. 博覽衆書. 孫權拜輔吳將軍, 昭每朝見, 辭氣壯厲, 義形於色. 權以公孫淵稱藩, 遣張彌·許晏至遼東,

拜淵爲燕王. 昭諫不用. 稱疾不朝, 權恨之, 土塞其門. 昭又於內
以土封之. 淵果殺彌·晏. 權數慰謝昭, 昭固不起. 權因出過其門
呼昭, 昭辭疾篤. 權燒其門, 欲以恐之, 昭更閉門, 權使人滅火, 住門
良久. 昭諸子共扶昭起, 權載以還宮深自克責. 昭不得已, 然後朝會.
昭容貌矜嚴有威風.

　　權常曰:「孤與張公言不敢妄也.」

　　擧朝憚之.

【張昭】 자는 子布. 삼국시대 吳나라 인물로 강직하기로 이름이 났음.《三國志》
　(52) 吳志에 전이 있음.
【孫權】 자는 仲謀(182~252). 삼국 吳나라 大帝. 仲謀. 江東에 손씨 집안이
　이루어놓은 세력을 바탕으로 강동 6군을 점거하고 222년에 吳王으로 책봉을
　받은 다음 229년에 자립하여 帝를 칭하며 국호를 吳라 하였으며 즉시
　武昌에서 建業으로 수도를 옮겨 삼국시대를 열었음. 재위 23년 만에 죽어
　그 아들 孫亮이 뒤를 이음.《三國志》(47)에 전이 있음.
【輔吳將軍】 오나라를 지키는 장군이라는 뜻. 孫權이 특별히 설치한 관직.
【公孫淵】 三國時代의 군벌. 할아버지 公孫度, 아버지 公孫康과 함께 3대를
　遼東太守를 지내다가 자립하여 燕王이 되었다. 뒤에 아들 公孫脩가 司馬懿
　에게 죽었다.《三國志》 公孫淵傳 참조.
【張彌·許晏】 두 사람 모두 孫權의 신하.

참고 및 관련 자료

1.《三國志》(52) 吳志 張昭傳
張昭字子布, 彭城人也. 少好學, 善隷書, 從白侯子安受《左氏春秋》, 博覽衆書.
與琅邪趙昱·東海王朗俱發名友善. 弱冠察孝廉, 不就, 與朗共論舊君諱事, 州里
才士陳琳等皆稱善之. …孫權拜輔吳將軍, 昭每朝見, 辭氣壯厲, 義形於色. 權以
公孫淵稱藩, 遣張彌·許晏至遼東, 拜淵爲燕王. 昭諫不用. 稱疾不朝, 權恨之,
土塞其門. 昭又於內以土封之. 淵果殺彌·晏. 權數慰謝昭, 昭固不起. 權因出過

其門呼昭, 昭辭疾篤. 權燒其門, 欲以恐之, 昭更閉門, 權使人滅火, 住門良久.
昭諸子共扶昭起, 權載以還宮深自克責. 昭不得已, 然後朝會. 昭容貌矜嚴,
有威風. 權常曰:「孤與張公言不敢妄也.」擧朝憚之. 年八十一, 嘉禾五年卒.
遺令幅巾素棺, 斂以時服. 權素服臨弔, 謚曰「文侯」.

092. 蘇韶鬼靈, 盧充幽婚

092-① 蘇韶鬼靈
소소가 만난 귀신 영혼

《삼십국춘추三十國春秋》에 실려 있다.

중모령中牟令 소소蘇韶가 죽었다. 그 뒤 그의 종제從弟 소절蘇節이 대낮에 말을 타고 가는 소소를 만나게 되었는데 그 모습은 검은 두건을 쓰고 노란 단의單衣를 입고 있었다. 소절은 그에게 저승 유명幽冥 세계의 일을 물어보았다. 그러자 소소는 이렇게 대답하는 것이었다.

"죽은 자는 귀신이 되어 귀신끼리는 함께 천지 어디라도 돌아다닌다. 인간 세상에서는 산사람과는 접촉할 수 없다. 안회顏回와 복상卜商은 지금 수문랑修文郎이 되어 있다. 죽은 자와 살아 있는 자는 대략 큰 차이는 없다. 죽은 자는 실체가 없고 산 자는 실상이 있으니 이와 같은 차이가 있을 뿐이다."

말을 마치자 그는 사라져 보이지 않았다.

《三十國春秋》曰: 中牟令蘇韶卒. 後從弟節見韶乘馬晝日而行, 著黑介幘·黃綵單衣. 節因問幽冥之事.

韶曰:「死者爲鬼俱行天地之中. 在人間, 而不與生者接, 顏回·卜商今見爲修文郎. 死之與生, 略無有異. 死虛生實, 此有異爾.」

言終而不見.

【中牟】 지금의 河南省 邯鄲 근처의 지명.
【蘇韶】 당시 中牟令을 지냈던 인물.

【介幘】머리카락을 감싸는 수건.

【幽冥】저승 세계.

【顔回】공자의 제자. 顔淵. 덕행에 뛰어났던 인물.

【卜商】공자의 제자 子夏. 문학에 뛰어났던 인물.

【修文郎】문장을 담당하는 관리. 저승 세계 가상의 관리.

참고 및 관련 자료

1. 《搜神記》佚文

故中牟令蘇韶, 有才識, 感冥中卒, 乃晝見形於其家. 諸親故知友聞之, 並同集. 飲噉言笑, 不異於人. 或有問者. 中牟在生, 多諸賦述, 言出難尋. 諸敍詞曰: 「雲精氣兮離故形, 神渺渺兮爽玄冥. 歸北帝兮造酆京, 崇埵鬱兮廓崢嶸. 叔鳳闕兮詞帝庭, 遇卜商兮室顔生. 親大聖兮頌梁成, 希吳季兮英嬰明. 抗淸論兮風英英, 敷花藻兮文粲榮. 庶擢身兮登崑瀛, 多福祚兮享千齡.」餘多, 不盡錄. 初見其詞, 若存若亡. (《道宣律師感通錄》晉 太常 干寶《搜神錄》述이라 함.)

092-② 盧充幽婚
노충의 유혼

구주舊注에 인용된 《공씨지괴孔氏志怪》에 실려 있다.

한漢나라 노충盧充은 범양范陽 사람이다. 집 서쪽 40리에 최소부崔少府의 딸 무덤이 있었다. 노충은 사냥에 나서 노루를 쫓다가 홀연히 붉은 대문의 큰 관사가 눈앞에 나타나는 것을 보게 되었다. 어떤 사람이 노충을 맞이하여 최소부에게 안내하자 최소부는 이렇게 말하였다.

"근래 그대 아버님의 편지를 받았소. 우리 어린 딸을 며느리로 맞고 싶다기에 이렇게 서로 초청하게 된 것이오."

그러면서 아버지의 편지를 노충에게 보여 주었는데 돌아가신 아버지 편지임에 틀림이 없었다.

최소부는 이에 딸에게 명하여 화장을 하고 동쪽 방에 대기시킨 다음, 노충을 안내하여 서로 만나 예를 치르도록 하였다. 그곳에 머문 지 사흘이 지나 이별에 임하여 최소부는 이렇게 말하는 것이었다.

"그대의 아내는 임신을 하였소. 아들을 낳으면 의당 돌려보내 주겠소."

그러면서 노충에게 옷과 이불을 주어 수레에 싣고 가도록 보내 주었다. 노충이 집에 돌아와 3년이 흐른 뒤 3월 3일 물가에서 물놀이를 하고 있는데 홀연히 물 위에 두 대의 독거犢車가 나타나 잠깐 물에 잠기기도 하고 떠오르기고 하는 것이었다. 이윽고 그 수레가 물가에 이르러 노충이 수레 안을 살펴보았더니 최씨의 딸과 세 살 난 아들이 함께 타고 있는 것이었다. 그리고 다른 수레 하나에는 최소부가 타고 있었다. 아이를 안아 노충에게 돌려주며 시詩 한 수와 금으로 된 밥공기 그릇 하나를 주더니 잠깐 뒤 보이지 않는 것이었다.

그 아이는 자란 뒤 여러 군의 태수를 역임하였다.

舊注引《孔氏志怪》曰: 漢盧充范陽人. 家西四十里有崔少府女墓.

充因獵逐麞, 忽見朱門官舍, 有人迎充見崔, 云:「近得公尊府君書, 爲君娶吾小女, 故相邀耳」

將書示充, 乃亡父手札. 崔乃命女粧飾於東廂, 引充相見成禮.

留三日臨別謂充曰:「君婦有娠矣, 生男則當還之」

贈充衣衾, 令車送之.

充至家經三年, 三月三日臨水戲, 忽見水上二犢車, 乍沈乍浮, 旣達于岸. 充視車中, 見崔氏與三歲小兒共載. 其別車卽崔少府也. 抱兒還充, 及詩一首金椀一枚, 俄而不見. 及兒長成後, 歷任數郡.

【盧充】漢나라 때 崔少府의 딸을 맞아 幽魂의 고사로 널리 알려진 인물. 盧植의 선대라 함.

【范陽】縣 이름. 治所는 지금의 河北省 定興縣 남쪽의 固城鎭.

【少府】官職 이름. 九卿의 하나이며, 御衣. 寶貨. 珍膳 등을 관장함.

【府君】죽은 아버지나 남자 조상을 높여 이르는 말.

【幽婚】幽界의 귀신과 결혼하는 것.

【朱門】부귀한 집에 세우는 주홍색을 칠한 문.

【三月三日】修禊. 고대 민간 풍속으로 음력 3월 上巳(뒤에 3월 3일로 굳어짐)에 물가에 나와 묵은 때를 씻고 사악한 기운을 제거하던 행사. 王羲之의 〈蘭亭序〉에 "永和九年, 歲在癸丑暮春之初, 會于會稽山陰之蘭亭, 修禊事也"라 함.

【犢車】송아지가 끄는 작은 수레. 여인이나 아이들이 타는 수레.

1.《孔氏志怪》

盧充者, 范陽人. 家西三十里, 有崔少府墓. 充先冬至一日, 出家西獵. 見一麞, 擧弓而射, 卽中之. 麞倒而復起; 充逐之, 不覺遠. 忽見一里門如府舍. 門中一鈴下唱:「客前!」充問:「此何府也?」答曰:「少府府也.」充曰:「我衣惡, 那得見貴人?」卽有人提一襆新衣迎之. 充箸, 盡可體, 便進見少府; 展姓名, 酒炙數行, 崔曰:「近得尊府君書, 爲君索小女婚, 故相延耳.」卽擧書示充. 充父亡, 時雖小, 然已見父手迹, 便歔欷無辭. 崔卽敕內:「令女郎莊嚴.」使充就東廊. 充至, 婦已下車, 立席頭, 共拜. 三日畢, 還見崔, 崔曰:「君可歸矣. 女有娠相: 生男, 當以相還; 生女, 當留自養.」敕外嚴車送客. 崔送至門, 執手零涕, 離別之感, 無異生人. 復致衣一襲, 被褥一副.」充便上車, 去如電逝. 須臾至家; 家人相見悲喜. 推問, 知崔是亡人, 而入其墓, 追以懊惋. 居四年, 三月三日, 臨水戲, 忽見二犢車, 乍浮乍沒. 旣上岸, 充往開車後戶, 見崔氏女與三歲男兒共載. 充見之忻然, 欲捉其手. 女擧手指後車曰:「府君見人, 卽見少府」. 充往問訊. 女抱兒還充, 又與金盌, 別, 幷贈詩曰:「煌煌靈芝質, 光麗何猗猗! 華艷當時顯, 嘉異表神奇. 含英未及秀, 中夏罹霜萎; 榮曜長幽滅, 世路永無施! 不悟陰陽運, 哲人忽來儀. 會淺離別速, 皆由靈與祇. 何以贈余親? 金盌可頤兒. 愛恩從此別, 斷絶傷肝脾!」充取兒·椀及詩, 忽不見二車處. 將兒還, 四坐謂是鬼媚, 僉遙唾之, 形如故. 問兒:

「誰是汝父?」兒徑就充懷. 眾初怪惡, 傳省其詩, 慨然歎死生之玄通也. 充詣市賣盌. 高舉其價, 不欲速售, 冀有識者. 欻有一老婢, 問充得盌之由; 還報其大家, 卽女姨也. 遣兒視之, 果是. 謂充曰:「我姨姊, 崔少府女, 未嫁而亡. 家親痛之, 贈一金盌, 著棺中; 今視卿盌, 甚似, 得椀本末, 可得聞不?」充以事對. 卽詣充家迎兒. 兒有崔氏之狀, 又似充. 姨曰:「我甥三月末間産. 父曰春煖, 溫也; 願休强也. 卽字溫休; 溫休, 蓋幽婚也. 其兆先彰矣.」兒遂成爲令器, 歷數郡, 二千石, 皆著績. 其後生植, 爲漢尙書, 植子毓, 爲魏司空. 冠蓋相承至今也.

2.《搜神記》(16)

盧充者, 范陽人. 家西三十里, 有崔少府墓. 充年二十, 先冬至一日, 出宅西獵戲. 見一麞, 擧弓而射, 中之. 麞倒復起, 充因逐之, 不覺遠. 忽見道北一里許, 高門, 瓦室四周, 有如府舍. 不復見麞. 門中一鈴下唱:「客前.」充問:「此何府也?」答曰:「少府府也.」充曰:「我衣惡, 那得見少府?」卽有一人, 提一襆新衣, 曰:「府君以此遺郎.」充便著訖, 進見少府, 展姓名. 酒炙數行, 謂充曰:「尊府君不以僕門鄙陋, 近得書, 爲君索小女婚, 故相迎耳.」便以書示充. 充父亡時雖小, 然已識父手跡, 卽歔欷, 無復辭免. 便勅內:「盧郎已來, 可令女郎妝嚴.」且語充曰:「君可就東廊.」及至黃昏, 內白:「女郎妝嚴已畢.」充旣至東廊, 女已下車, 立席頭, 卻共拜. 時爲三日, 給食. 三日畢, 崔謂充曰:「君可歸矣. 女有娠相, 若生男, 當以相還, 無相疑; 生女, 當留自養.」勅外嚴車送客. 充便辭出. 崔送至中門, 執手涕零. 出門, 見一犢車, 駕青牛, 又見本所著衣及弓箭, 故在門外. 尋傳教將一人, 提襆衣, 與充相問曰:「姻緣始爾, 別甚悵悵, 今復致衣一襲, 被褥自副.」充上車, 去如電逝. 須臾至家, 家人相見悲喜. 推問, 知崔是亡人而入其墓, 追以懊惋. 別後四年, 三月三日, 充臨水戲, 忽見水旁有二犢車, 乍沉乍浮. 旣而近岸, 同坐皆見. 而充往開車後戶, 見崔氏女與三歲郎共載. 充見之忻然, 欲捉其手. 女擧手指後車曰:「府君見人.」卽見少府. 充往問訊. 女抱兒還充, 又與金鋺, 并贈詩曰:「煌煌靈芝質, 光麗何猗猗! 華艷當時顯, 嘉異表神奇. 含英未及秀, 中夏罹霜萎. 榮耀長幽滅, 世路永無施. 不悟陰陽運, 哲人忽來儀. 會淺離別速, 皆由靈與祇. 何以贈余親? 金鋺可頤兒. 恩愛從此別, 斷腸傷肝脾.」充取兒·鋺及詩, 忽然不見二車處. 充將兒還, 四座謂是鬼魅, 僉遙唾之, 形如故. 問兒:「誰是汝父?」兒徑就充懷. 眾初怪惡, 傳省其詩, 慨然歎死生之玄通也. 充後乘車入市賣鋺. 高舉其價, 不欲速售, 冀有識者. 欻有一老婢識此, 還白大家曰:「市中見一人乘車, 賣崔氏女郎棺中鋺.」大家卽崔氏親姨母也. 遣兒視之, 果如其婢言. 上車, 敘姓名. 語充曰:「昔我姨嫁少府, 生女, 未出而亡. 家親痛之,贈一金鋺, 著棺中. 可說得鋺本末.」充以事對. 此兒亦爲之悲咽. 賫還白母. 母卽令詣充家, 迎兒視之. 諸親悉集. 兒有崔氏之狀, 又復似充貌. 兒·鋺俱驗, 姨母曰:「我外甥三月末間産. 父曰:『春煖溫也. 願休强也.』卽字溫休. 溫休者, 蓋幽婚也. 其兆先彰矣.」兒遂成令器, 歷郡守二千石. 子孫冠蓋, 相承至今, 其後植, 字子幹, 有名天下.

3.《太平廣記》(316) 盧充

盧充, 范陽人. 家西三十里, 有崔少府墓. 先年二十, 充冬至一日, 出宅西獵. 射麏中之. 麏倒復起, 充逐之, 不覺忽見道北一里許, 高門瓦室四周, 有如府舍. 不復見麏. 門中一鈴下唱:「客前.」有一人, 投一襮新衣, 曰:「府君以此遺郎.」充着訖, 進見少府, 語充曰:「尊府君, 不以僕門鄙陋, 近得書, 爲君索小女婚, 故相迎耳.」便以書示充. 父亡時充雖小, 然已識父手跡, 卽歔欷, 無復辭免. 便敕內:「盧郎已來, 便可使女粧嚴.」既就東廊, 至黃昏, 內白:「女郎粧嚴畢.」崔語充:「君可至東廊.」既至, 女已下車, 立席頭, 却共拜. 時爲三日, 給食三日畢, 崔謂充曰:「君可歸, 女生男, 當以相還, 無相疑: 生女, 當留自養.」敕外嚴車送客. 充便辭出. 崔送至中門, 執手涕零. 出門. 見一犢車, 駕青牛, 又見本所着衣及弓箭, 故在門外. 尋遣傳教將一人, 捉襮衣, 與充相問曰:「姻緣始爾, 別甚悵恨, 今故致衣一襲, 被褥自副.」充上車, 去如電逝. 須臾至家, 母見. 問其故. 充悉以狀對. 別後四年, 三月, 充臨水戲, 忽見旁有犢車, 乍沉乍浮. 既而上岸, 同坐皆見. 而充往開其車後戶, 見崔氏女與三歲男共載. 女抱兒以還充, 又與金椀, 並贈詩曰:「煌煌靈芝質, 光麗何猗猗! 華艷當時顯, 嘉異表神奇. 含英未及秀, 中夏罹霜萎. 榮耀長幽滅, 世路永無施. 不悟陰陽運, 哲人忽來儀. 今時一別後, 何得重會時?」充取兒椀及詩, 忽然不見. 充後乘車入市賣椀. 冀有識者. 有一婢識此, 還白大家曰:「市中見一人乘車, 賣崔氏女郎棺中椀.」大家卽崔氏親姨母也. 遣兒視之, 果如婢言. 乃上車, 敍姓名 語充曰:「昔我姨嫁少府, 生未出而亡, 家親痛之, 贈一金椀著棺中. 可說得椀本末.」充以事對. 此兒亦爲悲咽. 齎還白母. 母卽令詣充家, 迎兒還. 諸親悉集. 兒有崔氏之狀, 又復似充貌. 兒椀俱驗, 姨母曰:「我外甥也. 卽字溫休. 溫休者, 是幽婚也.」遂成令器, 歷郡守. 子孫冠蓋, 相承至今, 其後植, 字幹, 有名天下.(《搜神記》)

4.《法苑珠林》(92)

晉時有盧充, 范陽人. 家西三十里, 有崔少府墳. 二十時, 先冬至一日, 出宅西獵戲. 見有一麏, 便射之, 射已, 麏倒而復走起, 充步步趁之, 不覺遠去. 忽見道北一里, 門瓦屋四周, 有如府舍. 不復見麏. 到門中一鈴下唱:「客前.」復有一人, 捉一襆新衣, 曰:「府君以此衣將迎郎君.」充便取著, 以進見少府, 語充曰:「尊府君不以僕門鄙陋, 近得書, 爲君索小女爲婚, 故相迎耳.」便以書示充. 父亡時, 充雖小, 然已識父手跡, 便卽歔欷, 無復辭託. 崔便勅內:「盧郎已便, 可使女郎莊嚴. 就東廊」至黃昏, 內白:「女郎嚴飾.」竟崔語充:「君可至東廊.」旣至廊, 婦已下車, 立席頭卽共拜, 時爲三日, 供給飲食, 三日畢, 謂充曰:「君可歸去. 若女有相生男, 當以相與, 生女, 當自留養.」勅外數車送客. 充便辭出. 崔送至中門, 執手涕零. 出門, 見一犢車, 駕靑牛, 又見本所著衣及弓箭, 故在門外. 尋遣傳教, 將一人, 捉襆衣, 與充相問曰:「姻授始爾, 別甚悵恨, 今致衣一襲, 被褥自副.」充便上車, 去馳如電逝. 須臾至家, 母問其故, 充悉以狀對, 別後四年, 三月三日, 充臨水戲, 忽見水旁有二犢車, 乍沉乍浮. 旣而近岸, 同坐皆見. 而充往開車後戶, 見崔氏女與三歲男兒共載. 女抱兒還充, 又與金鋺別, 并贈詩一首, 曰:「煌煌靈芝質, 光麗何猗猗! 華艷當時顯, 嘉異表神奇. 含英未及秀, 中夏罹霜萎. 榮耀長幽滅, 世路永無施. 不悟陰陽運, 哲人忽來儀. 今時一別後, 何得重會時!」充取兒·鋺及詩畢, 婦車忽然不見, 充後乘車詣市賣鋺, 冀有識者. 有一婢識此鋺, 還白大家曰:「市中見一人乘車, 賣崔氏女郎棺中鋺.」大家卽崔氏親姨母也. 遣兒視之, 果如婢言. 乃上車, 敍其姓名. 語充曰:「昔我姨姊少府, 女出而亡. 家親痛之, 贈一金鋺, 著棺中. 可說得鋺本末.」充以事對, 兒亦悲咽. 便齎還白母. 母卽令充家迎兒還, 五親悉集. 兒有崔氏之狀, 又復似充之貌. 兒鋺, 俱驗, 姨母曰:「此我外生也, 卽字溫休. 溫休者, 是幽婚也.」兒大爲郡守, 子孫冠蓋, 相承至今, 其後植, 字子幹, 有名天下.(《續搜神記》)

5.《藝文類聚》(4)

《續搜神記》曰: 盧充獵, 見麏, 偏射中之, 隨遂不覺遠, 忽見一里門, 如府舍. 問鈴下, 鈴下對曰:「崔少府也.」進見少府, 少府語充曰:「尊府君爲索小女婚, 故相迎耳.」三日畢, 送充至家, 母問, 具狀以對. 與崔別後四年, 充三月三日臨水戲, 遙見水傍有犢車, 充往開車戶, 見崔女與三歲男共載, 情意如初, 抱男兒還充, 又與金鋺別.(《續搜神記》)

6.《琱玉集》(12)

盧充, 後漢范陽人也. 家西三十里, 有崔少府墓. 充先冬一日, 出家西獵. 時見一麏, 舉弓射之, 卽中. 充逐不覺慚遠. 忽見一門, 有如府舍. 充往問曰:「此何官府?」門人答曰:「崔少府家也.」充曰:「我衣弊惡, 不何進見少府.」須臾有人, 提一襆衣, 與充, 充着, 盡皆可體. 於卽進見少府, 具展姓名. 少府賜坐, 爲設酒完. 少府乃曰:「近得尊府君書, 爲君索吾小女, 故相迎耳.」充起謙讓. 少府出書示之.

充父亡時, 雖小, 然已識父手迹, 見便歔欷, 不敢有違, 少府即令女郎妝嚴. 使充往就. 於是男女相拜而交禮焉. 三日既畢, 還見少府, 少府曰:「君可歸, 家女若生男, 當以相還; 生女, 當女自留養.」敕外嚴駕送客. 并贈衣一襲, 被褥一副. 少府送出, 至門. 離別之感, 無異生人, 充便上車, 去如電逝. 須臾之順, 忽即至家, 家人見之. 問知委曲, 相對悲泣, 推問. 少府乃是亡人. 所見屋宅, 並皆墳墓. 後逕四年, 至三月三日, 充臨水戲, 水中有二犢車, 乍沉乍浮. 須臾之間, 即而上岸, 充往車後, 見崔氏女與一小兒共載. 充見欣然, 欲捉其手. 女指後車曰:「府君見人.」充即迴視, 便見少府. 趨往問訊, 脩女知禮, 女因抱兒還充, 又與金鋺, 結念并贈詩一首, 分列既訖, 忽然不見二車. 充將兒還, 四座謂是鬼魅, 僉遙唾之, 而此小兒形即如故, 問之『誰是汝父?』兒逕就充. 衆人初雖怪惡, □□其詩, 始歎死生之玄通, 人鬼之合禮後, □□市賣鋺. 冀有識者. 時有一婢, 問充得鋺所由; 還報其大家, 大家即女姨也. 不信婢言. 遣兒視之, 視之果是. 姨姊之鋺, 便謂充曰:「我姨姊, 崔少府之女, 未嫁而亡. 家親痛之, 贈一金鋺, 着其棺中. 今視卿鋺, 甚似, 得鋺本末. 可得聞不?」充具說由. 狀一一皆同. 即詣充家迎兒. 兒有崔氏狀, 又似充. 即姨曰:「我甥三月末産. 父曰春煖, 溫也; 願休强矣. 即字溫休. 溫休, 蓋幽婚也. 其兆彰矣. 兒遂成長, 乃爲令器. 歷數郡守, 其子植, 子毓, 歷魏司空. 冠蓋相承, 至今不絶也.(《世說》)

7.《搜神後記》(6)

盧充獵見獐, 便射中之, 隨逐, 不覺遠, 忽見一里, 門如府舍, 問鈴下, 鈴下對曰:「崔少府府也.」進見少府, 少府語充曰:「尊府君爲索小女婚, 故相迎耳.」三日婚畢, 以車送, 充至家, 母問之, 具以狀對, 既與崔別後, 四年之三月三日, 充臨水戲, 遙見水邊, 有犢車, 乃往開車戶, 見崔女與三歲兒共載, 情如初, 抱兒還, 充又與金鋺而別.

8 《世說新語》方正篇

盧志於衆坐問陸士衡:「陸遜·陸抗是君何物?」答曰:「如卿於盧毓·盧斑.」士龍失色. 既出戶, 謂兄曰:「何至如此! 彼容不相知也?」士衡正色曰:「我父祖名播海内, 寧有不知? 鬼子敢爾!」議者疑二陸優劣, 謝公以此定之.

9. 기타 참고자료

《後漢書》(盧植傳).《孔氏志怪》(古小說鉤沉 輯本).《太平御覽》(884).

093. 震畏四知, 秉去三惑

093-① 震畏四知
넷이 다 아는 뇌물이라 두려워한 양진

후한後漢의 양진楊震은 무재과茂才科에 천거되어 네 번이나 형주자사荊州刺史를 역임하였다. 동래태수東萊太守가 되어 그 군으로 부임하면서 가는 길에 창읍昌邑을 들르게 되었는데, 옛날 자신이 형주에 있을 때 무재과에 추천하였던 왕밀王密이란 자가 마침 창읍령昌邑令이 되어 있었는데 그를 뵙고자 청하였다.

한밤중이 되자 그는 금 10근을 품고 와서 양진에게 주는 것이었다.

그러자 양진은 이렇게 말하였다.

"내 지난날 그대를 잘 알았기 때문에 추천하였던 것이다. 그런데 그대는 내가 어떤 사람인지 모르니 어찌 된 일인가?"

왕밀은 이렇게 말하였다.

"밤이 깊어 아무도 모릅니다."

양진이 말하였다.

"하늘이 알고 신이 알고 내가 알고 네가 아는데 어찌 아무도 모른다는 것인가?"

왕밀은 부끄러움을 느끼고 물러났다.

양진은 이처럼 성품이 공정하고 청렴하여 사사로운 알현은 허락하지 않았다. 그의 자손들은 나물 반찬에 걸어서 다녔다. 이에 친구들이 혹 그에게 따로 산업을 열도록 권하자 양진은 거부하며 이렇게 말하였다.

"후세에 청백리淸白吏의 자손이라는 소리를 듣는 것을 재산으로 넘겨주고자 한다. 이 역시 귀한 재물이 아니겠는가?"

양진은 안제安帝 때 태위太尉가 되었으며 중상시中常侍 번풍樊豐에게 참훼를 입어 죽고 말아 모두가 원통하게 여겼다.

後漢, 楊震擧茂才, 四遷荊州刺史. 東萊太守當之郡, 道經昌邑, 故所擧荊州茂才王密爲昌邑令, 謁見. 至夜懷金十斤以遺震.

震曰:「故人知君. 君不知故人何也?」

密曰:「暮夜無知者」

震曰:「天知神知, 我知子知, 何謂無知?」

密愧而出. 性公廉, 不受私謁. 子孫蔬食步行.

故舊或欲令爲開産業, 震不肯曰:「使後世稱爲淸白吏子孫. 以此遺之, 不亦厚乎?」

震安帝時爲太尉, 爲中常侍樊豊所譖而卒, 共寃之.

【楊震】東漢 弘農 華陰 사람(?~124), 자는 伯起. 학문에 뛰어나 따르는 자가 천여 명이었으며 당시 그를 ‘關西夫子’, 혹은 ‘關西孔子’라 불렀음(《後漢書》 楊震傳 참조). ‘楊震關西’[003] 및 ‘震畏四知’[093] 참조.

【王密】양진의 추천으로 茂才科에 급제하여 昌邑令이 되었던 인물.

【安帝】후한 제6대 황제 劉祜. A.D.107~125년 재위함.

【樊豊】安帝 때 中常侍 벼슬을 지낸 인물. 양진을 무고하여 죽였음.

참고 및 관련 자료

1. 《後漢書》楊震傳

大將軍鄧騭聞其賢而辟之, 擧茂才, 四遷荊州刺史·東萊太守. 當之郡, 道經昌邑, 故所擧荊州茂才王密爲昌邑令, 謁見, 至夜懷金十斤以遺震. 震曰:「故人知君, 君不知故人, 何也?」密曰:「暮夜無知者」震曰:「天知, 神知, 我知, 子知. 何謂無知!」密愧而出. 後轉涿郡太守. 性公廉, 不受私謁. 子孫常蔬食步行, 故舊長者或欲令爲開産業, 震不肯, 曰:「使後世稱爲淸白吏子孫, 以此遺之, 不亦厚乎!」

2. 《小學》善行篇「實敬身」

楊震所擧荊州茂才王密, 爲昌邑令. 謁見, 懷金十斤, 以遺震. 震曰:「故人知君, 君不知故人, 何也?」密曰:「暮夜無知者」震曰:「天知神知我知子知, 何謂無知?」密愧而去.

3. 《十八史略》(3)

太尉楊震自殺, 震關西人, 時人稱之曰:「關西孔子楊伯起.」敎授生徒, 堂下得
三鱣. 都講以爲有三公之象, 取以進曰:「先生自此升矣.」後嘗爲郡守. 屬邑令,
有懷金遺之者, 曰:「暮夜無知者.」震曰:「天知地知, 子知我知, 何謂無知?」
令慚而退.

及爲三公, 時宦者及上乳母王聖用事, 皆有請託, 震不從. 又數以近習爲言,
共構之, 策收印綬. 遂死葬之日, 名士皆來會. 有大鳥高丈餘, 至墓前俯仰, 流涕
而去.

093-② 秉去三惑
세 가지 미혹함을 제거한 양병

후한後漢의 양병楊秉은 자가 숙절叔節이며 양진楊震의 둘째 아들이다.
환제桓帝 때 태위太尉가 되어 매번 조정에서 정치의 득실을 논할 때마다
문득 충성을 다하여 규간하여 많은 의견이 채택되곤 하였다. 양병은
성품이 술은 마시지 못하였으며, 게다가 일찍 아내를 잃었지만 끝내 재취를
들이지 않았다. 그리하여 그가 있는 곳이면 어디에서나 그를 순백淳白
하다고 칭하였다. 일찍이 그는 이렇게 말한 적이 있었다.

"나를 미혹하게 할 수 없는 것 세 가지가 있으니 바로 술, 여자, 재물이다."

後漢, 楊秉字叔節, 震中子也. 桓帝時爲太尉, 每朝廷有得失,
輒盡忠規諫, 多見納用. 秉性不飮酒, 又早喪夫人, 遂不復娶. 所在

以淳白稱.

嘗言曰:「我有三不惑, 酒·色·財也.」

【楊秉】楊震의 둘째 아들.
【楊震】東漢 弘農 華陰 사람(?~124), 자는 伯起. 학문에 뛰어나 따르는 자가
  천여 명이었으며 당시 그를 '關西夫子', 혹은 '關西孔子'라 불렀음(《後漢書》
  楊震傳 참조). '楊震關西'[003] 및 '震畏四知'[093] 참조.
【桓帝】東漢 제11대 황제. 劉志. 劉翼의 아들이며 147~167년 재위함.

1. 《後漢書》(44) 楊秉傳

秉字叔節, 少傳父業, 兼明《京氏易》, 博通書傳, 常隱居教授. 年四十餘, 乃應
司空辟, 拜侍御史, 頻出爲豫·荊·徐·兗四州刺史, 遷任城相. 自爲刺史·二千石,
計日受奉, 餘祿不入私門. 故吏齎錢百萬遺之, 閉門不受. 以廉潔稱.
秉性不飮酒, 又早喪夫人, 遂不復娶, 所在以淳白稱. 嘗從容言曰:「我有三不惑:
酒, 色, 財也.」八年薨, 時年七十四, 賜塋陪陵. 子賜.

094. 柳下直道, 叔敖陰德

094-① 柳下直道
곧은 도를 실행한 유하혜

《논어論語》에 실려 있다.

유하혜柳下惠가 사사士師가 되어 세 번이나 축출을 당하자 어떤 이가 물었다.

“그대는 가히 떠날 만하지 않습니까?”

그러자 그는 이렇게 말하였다.

“도道를 곧게 하면서 사람을 섬기다 보면 어디를 간들 세 번 정도는 축출되지 않겠는가? 도를 굽혀 사람을 섬길 바에야 하필 부모의 나라를 버리고 떠나겠는가?”

《論語》曰: 柳下惠爲士師, 三黜.

人曰:「子未可以去乎?」

曰:「直道而事人, 焉往以不三黜? 枉道而事人, 何必去父母之邦?」

【柳下惠】春秋時代 魯나라의 賢人. 大夫 벼슬에 士師를 역임함. 본명은 展獲, 字는 禽, 혹은 展季라고도 함. 柳下는 그가 食邑으로 받은 곳의 지명. 혹은 그가 살던 곳이라고도 함. 惠는 그가 죽자 그의 아내가 사사롭게 지어 준 諡號(《列女傳》 참조). 孟子는 그를 성인 중에서도 和를 실현한 인물이라 평하여 ‘和中之聖’이라 칭하였음.
【三黜】세 번 축출을 당함.
【父母之邦】부모의 나라, 조국, 고국.

1.《論語》微子篇

柳下惠爲士師, 三黜. 人曰:「子未可以去乎?」曰:「直道而事人, 焉往而不三黜? 枉道而事人, 何必去父母之邦?」

2.《列女傳》賢明傳 柳下惠妻

魯大夫柳下惠之妻也. 柳下惠處魯, 三黜而不去, 憂民救亂, 妻曰:「無乃瀆乎? 君子有二恥: 國無道而貴, 恥也; 國有道而賤, 恥也. 今當亂世, 三黜而不去, 亦近恥也.」柳下惠曰:「油油之民, 將陷於害, 吾能已乎? 且彼爲彼, 我爲我, 彼雖裸裎, 安能汚我?」油油然與之處, 仕於下位. 柳下旣死, 門人將誄之. 妻曰: 「將誄夫子之德耶? 則二三子不如妾知之也.」乃誄曰:「夫子之不伐兮, 夫子之 不竭兮, 夫子之信誠而與人無害兮, 屈柔從俗不强察兮, 蒙恥救民, 德彌大兮, 雖遇三黜, 終不蔽兮, 愷悌君子, 永能厲兮, 嗟乎惜哉, 乃下世兮, 庶幾遐年, 今遂 逝兮, 嗚呼哀哉, 魂神泄兮, 夫子之諡, 宜爲惠兮」門人從之以爲誄, 莫能竄一字. 君子謂:「柳下惠妻能光其夫矣」詩曰:『人知其一, 莫知其他.』此之謂也. 頌曰: 『下惠之妻, 賢明有文. 柳下旣死, 門人必存. 將誄下惠, 妻爲之辭, 陳列其文, 莫能易之.』

3.《孟子》公孫丑(上)

孟子曰:「柳下惠不羞汙君, 不卑小官. 進不隱賢, 必以其道. 遺佚而不怨, 阨窮 而不憫. 故曰:『爾爲爾, 我爲我. 雖袒裼裸裎於我側, 爾焉能浼我哉?』故由由 然與之偕而不自失焉; 援而止之而止. 援而止之而止者, 是亦不屑去已.」

4.《說苑》逸文(《北堂書鈔》102)

柳下惠死, 人將誄之. 妻曰:「將述夫子之德, 二三子不若妾之知.」爲誄曰:「夫子 之不伐, 大了之不竭, 諡宜爲惠.」弟了聞而從之.

5.《後漢書》逸民傳序 注

列女傳曰: 柳下惠死, 其妻誄之曰:「蒙恥救人, 德彌大兮. 雖遇三黜, 終不敝兮.」

6.《文選》(19)〈述德〉注

劉向列女傳曰: 柳下惠妻誄之曰:「蒙恥救人, 德彌大兮. 遂諡曰惠.」

7.《文選》(50)〈逸民傳論〉注

列女傳曰: 柳下惠死, 妻誄之曰:「蒙恥救民, 德彌大兮. 雖過三黜, 終不獘兮.」

094-② 叔敖陰德
손숙오의 음덕

가의賈誼 《신서新書》에 실려 있다.

손숙오孫叔敖가 어린아이였을 때 나가 놀다가 돌아와서는 근심 띤 얼굴에 밥도 먹지 않는 것이었다. 어머니가 그 까닭을 묻자 그는 울면서 이렇게 대답하였다.

"오늘 저는 머리 둘 달린 뱀을 보았어요. 아마 머지않아 죽게 될 것입니다."

어머니가 물었다.

"지금 뱀은 어디에 있느냐?"

손숙오가 말하였다.

"제가 듣기로 머리 둘 달린 뱀을 보는 자는 죽는다고 하더군요. 다른 사람이 또 볼까 두려워 이미 묻어 버렸어요."

어머니가 말하였다.

"걱정하지 말라. 너는 죽지 않는다. 내 듣기로 음덕을 베푸는 자는 하늘이 복으로써 갚아준다고 하였단다."

사람들이 어머니의 비유를 듣고 모두 어질다 하였다. 그가 초나라 영윤令尹이 되자, 나라를 다스리기도 전에 백성들이 그를 믿어 주었다.

《열녀전列女傳》에는 이렇게 말하였다.

"음덕을 베푼 자는 드러난 보답을 받는다. 덕은 상서롭지 못한 것을 이겨내며 어짊은 모든 재앙을 없애 준다. 하늘이 높이 있지만 낮은 곳의 일도 듣고 있으니 너는 틀림없이 초나라에서 흥할 것이다."

그가 자라 영윤이 되었으며 천수를 누린 다음 생을 마쳤다.

賈誼《新書》曰: 孫叔敖爲嬰兒, 出遊而還, 憂而不食.

其母問其故, 泣而對曰:「今日吾見兩頭蛇. 恐去死無日矣.」

母曰:「今蛇安在?」

曰:「吾聞見兩頭蛇者死. 吾恐他人又見, 已埋之矣.」

母曰:「無憂, 汝不死. 吾聞之, 有陰德者, 天報以福.」

人聞之皆喩其爲仁也. 及爲令尹, 未治而國人信之.

《列女傳》曰:「陰德者陽報之. 德勝不祥, 仁除百禍. 天之處高聽卑, 爾必興於楚.」

及長爲令尹, 老終.

【賈誼新書】賈誼(B.C.200~B.C.168) 西漢시대의 政論家이며 文學家. 文帝 초에 博士가 되어 大中大夫에 올랐으나 죄를 짓고 長沙로 쫓겨남. 그때 屈原과 자신을 비교하여 〈吊屈原賦〉를 지었으며 司馬遷은 이의 공통점을 살려 〈屈原賈生列傳〉으로 묶음.《賈誼新書》는 그가 편찬한 책 10권.

【孫叔敖】춘추시대 楚나라의 뛰어난 재상. 令尹을 지냈으며 ‘兩頭蛇’ 고사로 유명함.

【令尹】楚나라의 上卿. 執政官.

참고 및 관련 자료

1.《新書》(6) 春秋

孫叔敖之爲嬰兒也, 出遊而還, 憂而不食. 其母問其故, 泣而對曰:「今日吾見兩頭蛇, 恐去死無日矣.」其母曰:「今蛇安在?」曰:「吾聞見兩頭蛇者死, 吾恐他人又見, 吾已埋之也.」其母曰:「無憂! 汝不死. 吾聞之; 有陰德者, 天報以福.」人聞之, 皆諭其能仁也. 及爲令尹, 未治而國人信之.

2.《列女傳》仁智傳 孫叔敖母

楚令尹孫叔敖之母也. 叔敖爲嬰兒之時, 出遊, 見兩頭蛇, 殺而埋之, 歸見其母而泣焉. 母問其故, 對曰:「吾聞見兩頭蛇者死, 今者出遊見之.」其母曰:「蛇今安在?」對曰:「吾恐他人復見之, 殺而埋之矣!」其母曰:「汝不死矣! 夫有陰德者, 陽報之, 德勝不祥, 仁除百禍. 天之處高而聽卑. 書不云乎:『皇天無親, 惟德是輔.』爾嘿矣! 必興於楚.」及叔敖長, 爲令尹. 君子謂:「叔敖之母知道德之次.」詩云:『母氏聖善.』此之謂也. 頌曰:『叔敖之母, 深知天道, 叔敖見蛇, 兩頭岐首, 殺而埋之, 泣恐不及, 母曰陰德, 不死必壽.』

3.《說苑》尊賢篇

叔敖爲嬰兒之時, 出遊, 見兩頭蛇, 殺而埋之, 歸見其母而泣焉. 母問其故, 對曰:「吾聞見兩頭蛇者死, 今者出遊見之.」其母曰:「蛇今安在?」對曰:「吾恐他人復見之, 殺而埋之矣!」其母曰:「汝不死矣! 夫有陰德者, 陽報之, 德勝不祥, 仁除百禍. 天之處高而聽卑. 書不云乎:「皇天無親, 惟德是輔.」爾嘿矣! 必興於楚.」及叔敖長, 爲令尹. 君子謂叔敖之母知道德之次.

4.《新序》雜事(一)

孫叔敖爲嬰兒之時, 出游, 見兩頭蛇, 殺而埋之. 歸而泣, 其母問其故, 叔敖對曰:「吾聞見兩頭之蛇者死, 嚮者吾見之, 恐去母而死也.」其母曰:「蛇今安在?」曰:「恐他人又見, 殺而埋之矣.」其母曰:「吾聞有陰德者, 天報之以福, 汝不死也.」及長, 爲楚令尹, 未治, 而國人信其仁也.

5.《論衡》福虛篇

楚相孫叔敖爲兒之時, 見兩頭蛇, 殺而埋之, 歸, 對其母泣. 母問其故, 對曰:「我聞見兩頭蛇[者]死. 向者, 出見兩頭蛇, 恐去母死, 是以泣也.」其母曰:「今蛇何在?」對曰:「我恐後人見之, 卽殺而埋之.」其母曰:「吾聞有陰德者, 天報之. 汝必不死, 天必報汝.」叔敖竟不死, 遂爲楚相. 埋一蛇, 獲二祐, 天報善, 明矣.

095. 張湯巧詆, 杜周深刻

095-① 張湯巧詆
법을 교묘하게 악용하는 장탕

전한前漢의 장탕張湯은 두릉杜陵 사람이다. 정위廷尉가 되어 법조문을 제멋대로 악용하여 죄인을 괴롭혔다. 그러면서 여러 공公들에게는 청탁을 날조하여 추위와 더위를 가리지 아니하고 아부하였다. 이로써 장탕은 비록 법조문은 엄격하게 다루기는 하였지만 자신이 꺼리는 자에 대해서는 전적으로 공평함만을 내세우는 것도 아니었음에도 이로써 명성과 칭찬을 받았다. 그리고 심히 각박하게 구는 관리들을 많이 두어 자신의 발톱이나 어금니처럼 부려먹었으며, 글을 잘 쓰는 문학가들의 힘을 빌려 보고하였다. 그는 매번 조회에 임하여 임금에게 나라의 재정을 이야기할 때마다 황제는 해가 기울 때까지 밥 먹는 것도 잊고 그의 말을 들을 정도였다.

따라서 승상은 그 지위에 앉아 있을 뿐 천하 대사는 모두 장탕의 의견대로 결정되었다. 그렇게 되자 승상丞相은 그저 자리만 지키는 위치에 불과하게 되었고 천하의 일은 모두 장탕의 손에서 결정이 나고 말았다.

그러나 백성들은 여전히 생활이 안정되지 못해 소동을 일으켰다. 현의 관리들에 내놓은 부흥책도 실효를 거두지 못하였으며 간악한 관리들은 침탈을 일삼았다. 이에 그들을 포승줄로 묶어 고통을 주며 죄를 다스렸다. 그러자 공경公卿에서 서민에 이르기까지 모든 사람들은 이러한 사태의 책임으로 장탕을 지목하였다. 뒤에 그는 어사대부御史大夫가 되었으며 죄에 연루되자 자살하였다.

당초 장탕의 아버지는 장안승長安丞이었다. 그가 외출하면서 어린 장탕이 집을 보고 있었다. 그가 돌아와 보았더니 쥐가 고기를 훔쳐간 것을 알고 아버지가 화를 내며 장탕을 매질하였다. 그러자 장탕은 쥐구멍을 파고 연기를 피워 쥐와 먹다 남은 고기를 찾아내어서는 쥐를 탄핵하며 족쳐 다스리는 것이었다. 그리하여 영장을 전달하고 이를 신문하고 죄를 논하여 보고한 다음 아울러 쥐와 고기를 가져다 대청 아래에서 책형磔刑에 처하는 것이었다. 아버지가 이를 보고 그 판결문을 읽어보았더니 노숙한 형리들이 하는 것과 똑같았다. 이에 크게 놀라 그로 하여금 판결문 작성법을 배우도록 하였던 것이다.

前漢, 張湯杜陵人. 爲廷尉, 舞文巧詆, 其造請諸公, 不避寒暑. 是以湯雖文深意忌不專平, 然得此聲譽. 而深刻吏多爲爪牙用者, 依於文學之士. 每朝奏事, 語國家用, 日旰天子忘食, 丞相取充位, 天下事皆決湯. 百姓不安其生, 騷動. 縣官所興, 未獲其利, 姦吏竝侵漁. 於是痛繩以罪. 自公卿以下至庶人, 咸指湯. 後爲御史大夫, 坐事自殺.

初湯父爲長安丞, 出, 湯爲兒守舍. 還鼠盜肉, 父怒笞湯. 湯掘熏得鼠及餘肉, 劾鼠掠治, 傳爰書訊鞫論報, 幷取鼠與肉, 具獄磔堂下. 父見之, 視文辭, 如老獄吏. 大驚, 遂使書獄.

【張湯】前漢의 廷尉(법관의 우두머리)를 지냈으며 가혹하게 법을 집행한 자로 널리 이름이 나 있음.《史記》酷吏列傳 및《漢書》張湯傳 참조. 漢 武帝는 말년에 酷吏를 믿고 그들에게 專權을 주어 많은 이들이 고통을 당하였음.《十八史略》(2)에 "公孫弘後, 國家多事, 丞相連以誅死. 公孫賀拜相, 至涕泣不肯拜, 亦卒以罪死. 酷吏張湯·趙禹·杜周·義縱·王溫舒之徒, 皆嘗峻用刑法. 然湯等有罪, 亦不貸也. 其閒卜式·兒寬之屬, 亦以長者見用"라 함.
【廷尉】법을 주관하여 죄인을 심문하고 취조하는 임무를 맡은 책임자.
【文深】문은 法 條文, 深은 深刻. 법조문을 아주 엄격하게 적용함. 은혜나 용서를 베풀지 않고 가혹하게 처벌함을 뜻함.
【薰】燻과 같음. 연기를 피워 나오도록 함.

【論報】서류를 올려 답신이 내리기를 기다림.
【磔刑】몸을 찢어버리는 형벌. 장탕의 성격이 가혹하고 엄격하였음을 말함.

참고 및 관련 자료

1.《史記》酷吏列傳 張湯

張湯者, 杜人也. 其父爲長安丞, 出, 湯爲兒守舍. 還而鼠盜肉, 其父怒, 笞湯, 湯掘窟得盜鼠及餘肉, 劾鼠掠治, 傳爰書, 訊鞫論報, 幷取鼠與肉, 具獄磔堂下. 其父見之, 視其文辭如老獄吏, 大驚, 遂使書獄. 父死後, 湯爲長安吏, 久之. 周陽侯始爲諸卿時, 嘗繫長安, 湯傾身爲之. 及出爲侯, 大與湯交, 徧見湯貴人. 湯給事內史, 爲寧成掾, 以湯爲無害, 言大夫, 調爲茂陵尉, 治方中. 武安侯爲丞相, 徵湯爲史, 時薦言之天子, 補御史, 使案事. 治陳皇后蠱獄, 深竟黨與. 於是上以爲能, 稍遷至太中大夫. 與趙禹共定諸律令, 務在深文, 拘守職之吏. 已而趙禹遷爲中尉, 徙爲少府, 而張湯爲廷尉, 兩人交驩, 而兄事禹. 禹爲人廉倨. 爲吏以來, 舍毋食客. 公卿相造請禹, 禹終不報謝, 務在絶知友賓客之請, 孤立行一意而已. 見文法輒取, 亦不覆案, 求官屬陰罪. 湯爲人多詐, 舞智以御人. 始爲小吏, 乾沒, 與長安富賈田甲·魚翁叔之屬交私. 及列九卿, 收接天下名士大夫, 己心內雖不合, 然陽浮慕之. 是時上方鄕文學, 湯決大獄, 欲傅古義, 乃請博士弟子治《尙書》·《春秋》補廷尉史, 亭疑法. 奏讞疑事, 必豫先爲上分別其原, 上所是, 受而著讞決法廷尉, 絜令揚主之明. 奏事卽譴, 湯應謝, 鄕上意所便, 必引正·監·掾史賢者, 曰:「固爲臣議, 如上責臣, 臣弗用, 愚抵於此.」罪常釋. (聞)[閒]卽奏事, 上善之, 曰:「臣非知爲此奏, 乃正·監·掾史某爲之.」其欲薦吏, 揚人之善蔽人之過如此. 所治卽上意所欲罪, 予監史深禍者; 卽上意所欲釋, 與監史輕平者. 所治卽豪, 必舞文巧詆; 卽下戶羸弱, 時口言, 雖文致法, 上財察. 於是往往釋湯所言. 湯至於大吏, 內行脩也. 通賓客飲食. 於故人子弟爲吏及貧昆弟, 調護之尤厚. 其造請諸公, 不避寒暑. 是以湯雖文深意忌不專平, 然得此聲譽. 而刻深吏多爲爪牙用者, 依於文學之士. 丞相弘數稱其美. 及治淮南·衡山·江都反獄, 皆窮根本. 嚴助及伍被, 上欲釋之. 湯爭曰:「伍被本畫反謀, 而助親幸出入禁闥爪牙臣, 乃交私諸侯如此, 弗誅, 後不可治.」於是上可論之. 其治獄所排大臣自爲功, 多此類. 於是湯益尊任, 遷爲御史大夫. 會渾邪等降, 漢大興兵伐匈奴, 山東水旱, 貧民流徙, 皆仰給縣官, 縣官空虛. 於是丞上指, 請造

白金及五銖錢, 籠天下鹽鐵, 排富商大賈, 出告緡令, 鉏豪彊幷兼之家, 舞文巧
詆以輔法. 湯每朝奏事, 語國家用, 日晏, 天子忘食. 丞相取充位, 天下事皆決
於湯. 百姓不安其生, 騷動, 縣官所興, 未獲其利, 姦吏並侵漁, 於是痛繩以罪.
則自公卿以下, 至於庶人, 咸指湯. 湯嘗病, 天子至自視病, 其隆貴如此. 匈奴
來請和親, 羣臣議上前. 博士狄山曰:「和親便.」上問其便, 山曰:「兵者凶器,
未易數動. 高帝欲伐匈奴, 大困平城, 乃遂結和親. 孝惠·高后時, 天下安樂. 及孝
文帝欲事匈奴, 北邊蕭然苦兵矣. 孝景時, 吳楚七國反, 景帝往來兩宮閒, 寒心者
數月. 吳楚已破, 竟景帝不言兵, 天下富實. 今自陛下舉兵擊匈奴, 中國以空虛,
邊民大困貧. 由此觀之, 不如和親.」上問湯, 湯曰:「此愚儒, 無知.」狄山曰:
「臣固愚忠, 若御史大夫湯乃詐忠. 若湯之治淮南·江都, 以深文痛詆諸侯, 別疏
骨肉, 使蕃臣不自安. 臣固知湯之爲詐忠.」於是上作色曰:「吾使生居一郡, 能無
使虜入盜乎?」曰:「不能.」曰:「居一縣?」對曰:「不能.」復曰:「居一障閒?」
山自度辯窮且下吏, 曰:「能.」於是上遣山乘鄣. 至月餘, 匈奴斬山頭而去. 自是
以後, 羣臣震慴. 湯之客田甲, 雖賈人, 有賢操. 始湯爲小吏時, 與錢通, 及湯爲
大吏, 甲所以責湯行義過失, 亦有烈士風. 湯爲御史大夫七歲, 敗. 河東人李文
嘗與湯有卻, 已而爲御史中丞, 恚, 數從中文書事有可以傷湯者, 不能爲地. 湯有
所愛史魯謁居, 知湯不平, 使人上蜚變告文姦事, 事下湯, 湯治論殺文, 而湯心
知謁居爲之. 上問曰:「言變事縱跡安起?」湯詳驚曰:「此殆文故人怨之.」謁居
病臥閭里主人, 湯自往視疾, 爲謁居摩足. 趙國以治鑄爲業, 王數訟鐵官事, 湯常
排趙王. 趙王求湯陰事. 謁居嘗案趙王, 趙王怨之, 幷上書告:「湯, 大臣也, 史謁
居有病, 湯至爲摩足, 疑與爲大姦.」事下廷尉. 謁居病死, 事連其弟, 弟繫導官.
湯亦治他囚導官, 見謁居弟, 欲陰爲之, 而詳不省. 謁居弟弗知, 怨湯, 使人上
書告湯與謁居謀, 共變告李文. 事下減宣. 宣嘗與湯有卻, 及得此事, 窮竟其事,
未奏也. 會人有盜發孝文園瘞錢, 丞相靑翟朝, 與湯約俱謝, 至前, 湯念獨丞相
以四時行園, 當謝, 湯無與也, 不謝. 丞相謝, 上使御史案其事. 湯欲致其文丞相
見知, 丞相患之. 三長史皆害湯, 欲陷之. 始長史朱買臣, 會稽人也. 讀《春秋》.
莊助使人言買臣, 買臣以《楚辭》與助俱幸, 侍中, 爲太中大夫, 用事;而湯乃爲
小吏, 跪伏使, 買臣等前. 已而湯爲廷尉, 治淮南獄, 排擠莊助, 買臣固心望. 及湯
爲御史大夫, 買臣以會稽守爲主爵都尉, 列於九卿. 數年, 坐法廢, 守長史, 見湯,
湯坐牀上, 丞史遇買臣弗爲禮. 買臣楚士, 深怨, 常欲死之. 王朝, 齊人也. 以術
至右內史. 邊通, 學長短, 剛暴彊人也, 官再至濟南相. 故皆居湯右, 已而失官,
守長史, 詘體於湯. 湯數行丞相事, 知此三長史素貴, 常淩折之. 以故三長史合謀

曰:「始湯約與君謝, 已而賣君; 今欲劾君以宗廟事, 此欲代君耳. 吾知湯陰事.」
使吏捕案湯左田信等, 曰湯且欲奏請, 信輒先知之, 居物致富, 與湯分之, 及他
姦事. 事辭頗聞. 上問湯曰:「吾所爲, 賈人輒先知之, 益居其物, 是類有以吾謀
告之者」湯不謝. 湯又詳驚曰:「固宜有.」減宣亦奏謁居等事. 天子果以湯懷詐
面欺, 使使八輩簿責湯. 湯具自道無此, 不服. 於是上使趙禹責湯. 禹至, 讓湯
曰:「君何不知分也. 君所治夷滅者幾何人矣? 今人言君皆有狀, 天子重致君獄,
欲令君自爲計, 何多以對簿爲?」湯乃爲書謝曰:「湯無尺寸功, 起刀筆吏, 陛下
幸致爲三公, 無以塞責. 然謀陷湯罪者, 三長史也.」遂自殺. 湯死, 家産直不過
五百金, 皆所得奉賜, 無他業. 昆弟諸子欲厚葬湯, 湯母曰:「湯爲天子大臣, 被汙
惡言而死, 何厚葬乎!」載以牛車, 有棺無椁. 天子聞之, 曰:「非此母不能生此子.」
乃盡案誅三長史. 丞相青翟自殺. 出田信. 上惜湯, 稍遷其子安世. 趙禹中廢, 已而
爲廷尉. 始條侯以爲禹賊深, 弗任. 及禹爲少府, 比九卿. 禹酷急, 至晚節, 事益多,
吏務爲嚴峻, 而禹治加緩, 而名爲平. 王溫舒等後起, 治酷於禹. 禹以老, 徙爲
燕相. 數歲, 亂悖有罪, 免歸. 後湯十餘年, 以壽卒于家.

2.《漢書》張湯傳

張湯, 杜陵人也. 父爲長安丞, 出, 湯爲兒守舍. 還, 鼠盜肉, 父怒, 笞湯. 湯掘熏
得鼠及餘肉, 劾鼠掠治, 傳爰書, 訊鞫論報, 并取鼠與肉, 具獄磔堂下, 父見之,
視文辭如老獄吏, 大驚, 遂使書獄. 父死後, 湯爲長安吏. 周陽侯爲諸卿時, 嘗繫
長安, 湯傾身事之. 及出爲侯, 大與湯交, 徧見貴人. 湯給事內史, 爲甯成掾, 以湯
爲無害, 言大府, 調茂陵尉, 治方中. 武安侯爲丞相, 徵湯爲史, 薦補侍御史. 治陳
皇后巫蠱獄, 深竟黨與, 上以爲能, 遷太中大夫. 與趙禹共定諸律令, 務在深文,
拘守職之吏. 已而禹至少府, 湯爲廷尉, 兩人交驩, 兄事禹. 禹志在奉公孤立,
而湯舞知以御人. 始爲小吏, 乾沒, 與長安富賈田甲·魚翁叔之屬交私. 及列九卿,
收接天下名士大夫, 己心內雖不合, 然陽浮道與之. 是時, 上方鄉文學, 湯決大獄,
欲傅古義, 乃請博士弟子治《尚書》·《春秋》, 補廷尉史, 平亭疑法. 奏讞疑, 必奏
先爲上分別其原, 上所是, 受而著讞法廷尉挈令, 揚主之明. 奏事卽譴, 湯摧謝,
鄉上意所便, 必引正監掾史賢者, 曰:「固爲臣議, 如(此)上責臣, 臣弗用, 愚抵此.
」罪常釋. 間卽奏事, 上善之, 曰:「臣非知爲此奏, 乃監·掾·史某所爲.」其欲薦吏,
揚人之善解人之過如此. 所治卽上意所欲罪, 予監吏深刻者; 卽上意所欲釋,
予監吏輕平者. 所治卽豪, 必舞文巧詆; 卽下戶羸弱, 時口言「雖文致法, 上裁察.」
於是往往釋湯所言. 湯至於大吏, 內行修, 交通賓客飲食, 於故人子弟爲吏及貧
昆弟, 調護之尤厚其造請諸公, 不避寒暑. 是以湯雖文深意忌不專平, 然得此聲譽.

而深刻吏多爲爪牙用者, 依於文學之士. 丞相弘數稱其美. 及治淮南·衡山·江都
反獄, 皆窮根本. 嚴助·伍被, 上欲釋之, 湯爭曰:「伍被本造反謀, 而助親幸出入
禁闥腹心之臣, 乃交私諸侯, 如此弗誅, 後不可治.」上可論之. 其治獄所巧排
大臣自以爲功, 多此類. 繇是益尊任, 遷御史大夫.

095-② 杜周深刻
깊고 각박하게 법을 운용하는 두주

전한前漢의 두주杜周는 남양南陽 두연杜衍 사람이다. 어려서부터 말이
무겁고 느렸으나, 안으로는 깊이가 있어 뼈에 닿을 말만 하였다. 정위廷尉가
되어 그는 행정을 장탕張湯을 흉내내었다. 임금이 내치고자 하는 자라면
그를 근거로 모함하였으며, 임금이 풀어 주었으면 하는 자라면 오래 가두어
두었다가 황제의 질문을 기다려 미묘한 견해로써 그의 억울함을 판결문에
실어 풀어 주었다. 어떤 사람이 그에게 물었다.

"그대가 내리는 천하의 판결은 삼척三尺의 법 조항에 따르지 아니하고
오로지 임금의 뜻이 지시하는 대로 옥사를 처리하시는군요."

그러자 두주는 이렇게 말하였다.

"삼척의 법이라는 것이 어디에서 나온 것인가? 앞선 임금들이 옳다고
하는 것을 기록한 것이 율律이며, 뒤를 이은 임금이 옳다고 하는 바를 정리
한 것이 영令이다. 당시에 옳다는 것이면 됐지 어찌 옛법이어야 하는가?"

뒤에 그는 집금오執金吾가 되어, 드디어 상홍양桑弘羊과 위황후衛皇后의
오빠와 아우들의 아들들을 체포하여 각박하게 처단하였다. 임금은 그가

온힘을 다 기울여 사사로움 없이 일처리를 한다고 여겼다. 어사대부御史大夫로 옮겨가자, 그의 두 아들이 하수河水 양안을 낀 지역의 군수가 되어 집안 재산이 거만 금에 이르렀다. 둘 모두 다스림이 잔혹하고 포악하였으며, 단지 막내아들 두연년杜延年만은 행정이 관대하고 후덕하였다 한다.

前漢, 杜周南陽杜衍人. 少言重遲, 而內深次骨. 爲廷尉, 其治倣張湯. 上所欲擠者, 因而陷之, 上所欲釋, 久繫待問, 而微見其寃狀.

客謂周曰:「君爲天下決平, 不循三尺法, 專以人主意指爲獄.」

周曰:「三尺安出哉? 前主所是, 著爲律; 後主所是, 疏爲令. 當時爲是. 何古之法乎?」

後爲執金吾, 遂捕桑弘羊·衛皇后昆弟子刻深.

上以爲盡力無私, 遷御史大夫, 兩子夾河爲郡守, 家資累巨萬. 治皆酷暴, 唯少子延年, 行寬厚云.

【杜周】 전한 때의 인물로 역시 廷尉 벼슬을 하였으며 酷吏로 이름을 떨침. 《史記》 및 《漢書》 酷吏傳 참조.
【張湯】 한나라 때의 가혹한 법관. '張湯巧詆'[095] 참조.
【執金吾】 관직 이름. '金'은 兵器로. '吾'는 禦. 항상 무기를 가지고 비상시를 대비한다는 뜻.
【桑弘羊】 전한 武帝 때의 정치가.
【衛皇后】 武帝의 황후. '衛后髮鬢'[186] 참조.
【家資】《史記》와 《漢書》에 모두 '家訾'로 되어 있음. 집안의 모든 재산을 말함.
【杜延年】 杜周의 막내아들.

1.《史記》酷吏列傳(杜周)

杜周者, 南陽杜衍人. 義縱爲南陽守, 以爲爪牙, 擧爲廷尉史. 事張湯, 湯數言其無害, 至御史. 使案邊失亡, 所論殺甚衆. 奏事中上意, 任用, 與減宣相編, 更爲中丞十餘歲. 其治與宣相放, 然重遲, 外寬, 內深次骨. 宣爲左內史, 周爲廷尉, 其治大放張湯而善候伺. 上所欲擠者, 因而陷之; 上所欲釋者, 久繫待問而微見其冤狀. 客有讓周曰:「君爲天子決平, 不循三尺法, 專以人主意指爲獄. 獄者固如是乎?」周曰:「三尺安出哉? 前主所是著爲律, 後主所是疏爲令, 當時爲是, 何古之法乎!」至周爲廷尉, 詔獄亦益多矣. 二千石繫者新故相因, 不減百餘人. 郡吏大府擧之廷尉, 一歲至千餘章. 章大者連逮證案數百, 小者數十人; 遠者數千, 近者數百里. 會獄, 吏因責如章告劾, 不服, 以笞掠定之. 於是聞有逮皆亡匿. 獄久者至更數赦十有餘歲而相告言, 大抵盡詆以不道以上. 廷尉及中都官詔獄逮至六七萬人, 吏所增加十萬餘人. 周中廢, 後爲執金吾, 逐盜, 捕治桑弘羊·衛皇后昆弟子刻深, 天子以爲盡力無私, 遷爲御史大夫. 家兩子, 夾河爲守. 其治暴酷皆甚於王溫舒等矣. 杜周初徵爲廷史, 有一馬, 且不全; 及身久任事, 至三公列, 子孫尊官, 家訾累數巨萬矣.

2.《漢書》杜周傳

杜周, 南陽杜衍人也. 義縱爲南陽太守, 以周爲爪牙, 薦之張湯, 爲廷尉史. 使案邊失亡, 所論殺甚多. 奏事中意, 任用, 與減宣更爲中丞者十餘歲. 周少言重遲, 而內深次骨. 宣爲左內史, 周爲廷尉, 其治大抵放張湯, 而善候司. 上所欲擠者, 因而陷之; 上所欲釋, 久繫待問而微見其冤狀. 客有謂周曰:「君爲天下決平, 不循三尺法, 專以人主意指爲獄, 獄者固如是乎?」周曰:「三尺安出哉? 前主所是著爲律, 後主所是疏爲令; 當時爲是, 何古之法乎!」至周爲廷尉, 詔獄亦益多矣. 二千石繫者新故相因, 不減百餘人. 郡吏大府擧之廷尉, 一歲至千餘章. 章大者連逮證案數百, 小者數十人; 遠者數千里, 近者數百里. 會獄, 吏因責如章告劾, 不服, 以掠笞定之. 於是聞有逮證, 皆亡匿. 獄久者至更數赦十餘歲而相告言, 大氐盡詆以不道, 以上廷尉及中都官, 詔獄逮至六七萬人, 吏所增加十有餘萬. 周中廢, 後爲執金吾, 逐捕桑弘羊·衛皇后昆弟子刻深, 上以爲盡力無私, 遷爲御史大夫. 始周爲廷史, 有一馬, 及久任事, 列三公, 而兩子夾河爲郡守, 家訾累巨萬矣. 治皆酷暴, 唯少子延年行寬厚云.

096. 三王尹京, 二鮑糾慝

096-① 三王尹京
경조윤을 지낸 왕씨 세 사람

전한前漢의 왕준王駿은 간대부諫大夫 왕길王吉의 아들로서 효렴과孝廉科를 거쳐 낭郎이 되었다. 성제成帝가 크게 쓰고자 하여 그를 불러내어 경조윤京兆尹을 맡겨 그의 정치 능력을 시험하였다.

이에 앞서 경조윤을 지낸 이들로써 조광한趙廣漢, 장창張敞, 왕준王尊, 왕장王章이 있었으며, 왕준에 이르기까지 모두가 유명하였다. 그 때문에 서울에서는 이들을 칭송하여 "앞에는 조씨와 장씨가 있었고, 뒤에는 세 왕씨가 있었네"라 하였다. 왕준은 어사대부御史大夫로서 삶을 마쳤다.

한편 그 중 왕장은 자가 중경仲卿이며 태산泰山 거평鉅平 사람이다. 간대부諫大夫를 역임하였으며 조정에서 감히 직언을 잘하였던 인물로 유명하다. 성제가 그를 경조윤으로 발탁하였다. 당시 성제의 외삼촌 왕봉王鳳이 국정을 보좌하면서 권력을 전횡하고 있었다. 마침 일식이 일어나자 왕장은 봉사封事로 상주하였다. 이에 불려가 황제를 알현하게 되자 이렇게 말하였다.

"왕봉을 임용해서는 안 됩니다. 마땅히 충성되고 어진 사람을 뽑아 쓰셔야 합니다."

성제는 차마 왕봉을 퇴출시키지 못하였고, 왕장은 그만 왕봉의 모함에 빠져 죽음을 당하고 말았다.

이에 앞서 당초 왕장이 제생諸生으로써 때 장안長安에서 공부를 하고 있었다. 그때 그는 병이 들었는데 이불도 없어 덕석을 덮고 누운 채 언제 죽을 지도 모른다고 여겨 아내에게 이별을 고하며 이렇게 눈물을 흘렸다. 그러자 아내는 이렇게 질책하며 노하여 꾸짖었다.

"서울 장안에 조정에서 귀한 분으로써 그대보다 더한 자가 누가 있습니까?

지금 스스로 더욱 격앙하여 떨쳐 일어나지는 못하면서 도리어 눈물을 흘리고 있으니 이 얼마나 비루한 짓입니까?"

뒤에 왕장이 봉사를 올리고자 했을 때 그때도 아내는 이렇게 저지하였다.

"사람이란 의당 족함을 알아야 합니다. 어찌 그대 홀로 옛날 덕석을 덮고 자면서 눈물을 흘리던 때를 생각하지 못한다는 것입니까?"

그러자 왕장은 이렇게 말하였다.

"이는 여자가 알 바가 아니오."

그리하여 글을 올렸다가 과연 옥사하고 만 것이다. 그는 죽었지만 죄를 지은 것은 아니었다. 그래서 많은 이들이 그의 죽음을 원통해하였다.

조광한과 장창, 왕존의 일은 뒤에 따로 실려 있다.

前漢, 王駿, 諫大夫吉之子, 以孝廉爲郎. 成帝欲大用之, 出爲委京兆尹, 試以政事. 先是京兆有趙廣漢·張敞·王尊·王章, 至駿皆有能名.

故京師稱曰:「前有趙張, 後有三王.」

駿終御史大夫.

章字仲卿, 泰山鉅平人. 遷諫大夫, 在朝廷名敢直言. 成帝選爲京兆尹. 時帝舅王鳳輔政專權.

會日食, 章奏封事, 召見:「言鳳不可任用. 宜選忠賢.」

上不忍退鳳, 章遂爲鳳所陷.

初章爲諸生, 學長安, 疾病無被, 臥牛衣中, 與妻決涕泣.

妻呵怒之曰:「京師尊貴在朝廷, 誰踰仲卿者? 今不自激昂, 及反涕泣, 何鄙也?」

後欲上封事, 妻又止之曰:「人當知足, 獨不念牛衣中涕泣時邪?」

章曰:「非女子所知也.」

書上, 果下獄死. 死非其罪, 衆庶冤之.

廣漢·敞·尊互見於後.

【王駿】전한 때 인물로 王吉의 아들. 成帝 때 京兆尹에 오름.

【王陽】王吉을 가리킴. 자는 子陽. 서한 시대 인물로 諫大夫에 오름.《漢書》(42)에 전이 있음. 자가 子陽이어서 王陽으로 부른 것. 貢禹와의 우정으로 유명했던 인물. '王陽囊衣'[269] 참조.

【成帝】西漢의 제9대 황제 劉鶩. 孝成皇帝. 元帝 劉奭의 아들. B.C.32~B.C.7년 재위. 趙飛燕과의 연애 고사로 유명함.

【趙廣漢】前漢의 행정가. 자는 子都. 京兆尹을 지냈음.《漢書》에 전이 있음. '廣漢鉤距'[193] 참조.

【張敞】전한 때 인물로 자는 子高. 아내를 지극히 사랑한 고사를 남김.《漢書》에 전이 있음. '張敞畫眉'[271] 참조.

【王尊】자는 子贛. 益州刺史를 역임함.《漢書》에 실려 있음. '王尊叱馭'[241] 참조.

【王章】당시 경조에 뛰어난 능력을 인정받았던 인물.

【舅】어머니의 형제. 외삼촌을 가리킴. 王鳳은 元帝의 황후의 형제로 당시 大將軍이었음.

【王鳳】왕실의 외척으로 당시의 권세가. 成帝의 외삼촌이며 大司馬大將軍을 거쳐 尙書에 오름.

【封事】보안을 지키기 위하여 봉하여 바치는 의견서. 封書와 같음.

참고 및 관련 자료

1.《漢書》王吉傳

初, 吉兼通《五經》. 能爲騶氏《春秋》, 以《詩》·《論語》敎授, 好梁丘賀說《易》, 令子駿受焉. 駿以孝廉爲郎. 左曹陳咸薦駿賢父子, 經明行修, 宜顯以厲俗. 光祿勳匡衡亦舉駿有專對材　遷諫大夫, 伸青淮陽憲王　遷趙內史　吉坐昌邑王被刑後, 戒子孫毋爲王國吏, 故駿道病, 免官歸. 起家復爲幽州刺史, 遷司隸校尉, 奏免丞相匡衡, 遷少府. 八歲, 成帝欲大用之, 出駿爲京兆尹, 試以政事. 先是京兆有趙廣漢·張敞·王尊·王章, 至駿皆有能名, 故京師稱曰:「前有趙·張, 後有三王.」而薛宣從左馮翊代駿爲少府, 會御史大夫缺, 谷永奏言:「聖王不以名譽加於實效. 考績用人之法, 薛宣政事已試.」上然其議. 宣爲少府月餘, 遂超御史大夫, 至丞相. 駿乃代宣爲御史大夫, 並居位. 六歲病卒, 翟方進代駿爲大夫. 數月, 薛宣免, 遂代爲丞相. 衆人爲駿恨不得封侯. 駿爲少府時, 妻死, 因不復娶, 或問之, 駿曰:「德非曾參, 子非華·元, 亦何敢娶?」

간특한 자를 규찰한 포씨 두 사람

후한後漢의 포영鮑永은 자가 군장君長이며 상당上黨 둔류屯留 사람이다.
젊어서 지조가 있었으며 계모를 모셔 효성이 지극하였다. 그의 처가 어느 날
어머니 앞에서 개를 꾸짖자, 포영은 즉시 그 여자를 내쫓아 버렸다.

건무建武 연간에 그는 사예교위司隷校尉가 되었다. 그때 그는 부풍扶風의
포회鮑恢를 불러 도관종사都官從事로 삼았다. 포회 역시 강직하여 그 어떤
강한 상대도 피하지 아니하고 법대로 하였다.

황제光武帝도 일찍이 "그 어떤 귀척이라도 장차 손을 모아 예를 갖추어
두 포씨를 피하도록 하라" 하였으니 그를 꺼려하기가 이와 같았던 것이다.

포영의 아버지 포선鮑宣은 애제哀帝 때 사예교위를 지냈으며 왕망王莽
에게 피살되었다. 그 아들 포욱鮑昱은 중원中元 초에 역시 사예교위에 올랐
으며 장제章帝 때에는 태위太尉 관직에 올랐다.

後漢, 鮑永字君長, 上黨屯留人. 少有志操, 事後母至孝. 妻嘗於母
前叱狗, 永卽去之. 建武中爲司隷校尉, 及辟扶風鮑恢爲都官從事.
恢亦抗直不避强禦.

帝嘗曰:「貴戚且斂手避二鮑.」

其見憚如此.

父宣, 哀帝時爲司隷校尉, 爲王莽所害.

子昱, 中元初亦拜司隷校尉, 章帝時官至太尉.

【鮑永】후한 때의 인물. 자는 君長. 司隷校尉를 지냄. 《後漢書》에 전이 있음.
【建武】東漢 光武帝 劉秀의 첫 연호. A.D.25~55년까지 31년간.

【於母前叱狗】윗사람 앞에서 개를 꾸짖는다는 것은, 개를 빌미로 윗사람을
가볍게 여기는 것으로 보일 수 있기 때문에 꾸짖어서는 안 된다는 뜻.
《禮記》曲禮(上)에 "燭不見跋. 尊客之前不叱狗. 讓食不唾"라 함.

【鮑恢】포영에게 발탁되어 그의 從事를 지냈던 인물.

【不避强禦】《詩經》大雅 蒸民篇에 '不畏强禦'라 함.

【帝】여기서는 동한 첫 황제 光武帝 劉秀를 가리킴.

【鮑宣】鮑永의 아버지.

【哀帝】西漢 제10대 황제. 이름은 劉欣. 元帝(劉奭)의 둘째 아들 劉康의
아들로 제위에 오름. B.C.32~B.C.1년 재위함.

【鮑昱】鮑永의 아들. 司隸校尉를 거쳐 太尉에 오른 인물.

【王莽】字는 巨君(B.C.45~23). 漢 元皇后의 조카. 어려서 고아가 되어 독서
끝에 성망을 얻었음. 뒤에 太傅가 되어 安漢公에 봉해졌으며 平帝가 죽은 후
겨우 두 살인 孺子 嬰을 옹립하고 자신은 攝皇帝가 되었다가 初始 元年
(A.D.8) 정권을 찬탈, '新'을 세워 '西漢'의 종말을 고함. 그러나 천하의 혼란이
일어나 地皇 4年(23)에 劉玄·赤眉軍·綠林軍에게 살해되고 말았음.《漢書》(99)
에 그 傳이 있음.

【章帝】肅宗孝章皇帝. 東漢 제3대 황제 劉炟. 明帝 劉莊의 아들이며 A.D.76~
88년 재위함.

1.《後漢書》鮑永傳

鮑永字君長, 上黨屯留人也. 父宣, 哀帝時任司隸校尉, 爲王莽所殺. 永少有志操,
習歐陽《尚書》. 事後母至孝, 妻嘗於母前叱狗, 而永卽去之. 初爲郡功曹. 莽以
宣不附己, 欲滅其子孫. 都尉路平承望風旨, 規欲害永. 太守苟諫擁護, 召以爲吏,
常置府中. 永因數爲諫陳興復漢室, 翦滅篡逆之策. 諫每戒永曰:「君長幾事不密,
禍倚人門.」永感其言. 及諫卒, 自送喪歸扶風. 路平遂收永弟升. 太守趙興到,
聞乃歎曰:「我受漢茅土, 不能立節, 而鮑宣死之, 豈可害其子也!」勅縣出升,
復署永功曹. 時有矯稱侍中止傳舍者, 興欲謁之. 永疑其詐, 諫不聽而出, 興遂
駕往, 永乃拔佩刀截馬當匈, 乃止. 後數日, 莽詔書果下捕矯稱者, 永由是知名.
擧秀才, 不應. 更始二年徵, 再遷尚書僕射, 行大將軍事, 持節將兵, 安集河東·

幷州·朔部, 得自置偏裨, 輒行軍法. 永至河東, 因擊靑犢, 大破之, 更始封爲中陽侯. 永雖爲將率, 而車服敝素, 爲道路所識. 時赤眉害更始, 三輔道絶. 光武卽位, 遣諫議大夫儲大伯, 持節徵永詣行在所. 永疑不從, 乃收繫大伯, 遣使馳至長安. 旣知更始已亡, 乃發喪, 出大伯等, 封上將軍列侯印綬, 悉罷兵, 但幅巾與諸將及同心客百餘人詣河內. 帝見永, 問曰:「卿衆所在?」永離席叩頭曰:「臣事更始, 不能令全, 誠慚以其衆幸富貴, 故悉罷之」帝曰:「卿言大!」而意不悅. 時攻懷未拔, 帝謂永曰:「我攻懷三日而兵不下, 關東畏服卿, 可且將故人自往城下譬之」卽拜永諫議大夫. 至懷, 乃說更始河內太守, 於是開城而降. 帝大喜, 賜永洛陽商里宅, 固辭不受. 時董憲裨將屯兵於魯, 侵害百姓, 乃拜永爲魯郡太守. 永到, 擊討, 大破之, 降者數千人. 唯別帥彭豐·虞休·皮常等各千餘人, 稱「將軍」, 不肯下. 頃之, 孔子闕里無故荊棘自除, 從講堂至于里門. 永異之, 謂府丞及魯令曰:「方今危急而闕里自開, 斯豈夫子欲令太守行禮, 助吾誅無道邪?」乃會人衆, 修鄕射之禮, 請豐等共會觀視, 欲因此禽之. 豐等亦欲圖永, 乃持牛酒勞饗, 而潛挾兵器. 永覺之, 手格殺豐等, 禽破黨與. 帝嘉其略, 封爲關內侯, 遷楊州牧. 時南土尙多寇暴, 永以吏人痍傷之後, 乃緩其銜轡, 示誅彊橫而鎭撫其餘, 百姓安之. 會遭母憂, 去官, 悉以財産與孤弟子. 建武十一年, 徵爲司隸校尉. 帝叔父趙王良尊戚貴重, 永以事劾良大不敬, 由是朝廷肅然, 莫不戒愼. 乃辟扶風鮑恢爲都官從事, 恢亦抗直不避彊禦. 帝常曰:「貴戚且宜斂手, 以避二鮑」其見憚如此. 永行縣到霸陵, 路經更始墓, 引車入陌, 從事諫止之. 永曰:「親北面事人, 寧有過墓不拜! 雖以獲罪, 司隸所不避也」遂下拜, 哭盡哀而去. 西至扶風, 椎牛上苟諫冢. 帝聞之, 意不平, 問公卿曰:「奉使如此何如?」太中大夫張湛對曰:「仁者行之宗, 忠者義之主也. 仁不遺舊, 忠不忘君, 行之高者也」帝意乃釋. 後大司徒韓歆坐事, 永固請之不得, 以此忤帝意, 出爲東海相. 坐度田事不實, 被徵, 諸郡守多下獄. 永至(城)[成]皐, 詔書逆拜爲兗州牧, 便道之官. 視事三年, 病卒. 子昱.

097. 孫康映雪, 車胤聚螢

097-① 孫康映雪
눈에 책을 비춰 공부한 손강

《손씨세록孫氏世錄》에 실려 있다.

　손강孫康은 집이 가난하여 등불을 밝힐 기름이 없어 늘 눈빛에 책을 비추어 공부하였다. 어려서 맑고 굳은 지조가 있었으며 친구 사귐도 잡스럽지 않았다. 뒤에 어사대부御史大夫에 올랐다.

　《孫氏世錄》曰: 康家貧無油, 常映雪讀書. 少小淸介, 交遊不雜. 後至御史大夫.

【孫氏世錄】孫康 집안의 일을 기록한 家乘.
【孫康】晉나라 때 인물로 어렵게 공부하여 御史大夫에 이름. 車胤(車武子)과 함께 '螢雪之功'의 고사를 남긴 인물.

097-② 車胤聚螢
반디를 모아 책을 읽은 차윤

진晉나라 차윤車胤은 자가 무자武子이며 남평南平 사람이다. 공경스럽고 부지런하여 게으름피울 줄을 몰랐으며, 널리 책을 읽어 많은 분야에 통달하였다. 집이 가난하여 등불에 쓸 기름을 언제나 구할 수 있는 것은 아니었다. 그리하여 여름이면 얇은 비단 주머니에 수십 마리의 반딧불을 잡아넣어 그 빛으로 책을 비춰 읽으면서 저녁에서 아침이 되도록 계속하곤 하였다.

환온桓溫이 형주荊州에 있을 때 그를 불러 종사從事로 삼았는데 의미와 이론에 변론이 뛰어나고 박식하여 아주 중히 여겼다. 조금씩 승진하여 정서장사征西長史를 거쳐 드디어 조정에 그 이름이 드러나게 되었다. 당시 차윤은 오은지吳隱之와 함께 빈한한 환경에서 널리 배운 사람으로 그 이름이 세상에 알려지게 되었다. 그리고 모임에서 즐거운 이야기를 잘하는 것으로 알려졌으며, 그때마다 매번 모임에 사람들이 자리를 가득 채웠다가 차윤이 없는 것을 알게 되면 모두가 "차공車公이 없으면 아무런 재미가 없지"라 할 정도였다.

그는 이부상서吏部尙書로 관직을 마쳤다.

晉, 車胤字武子, 南平人. 恭勤不倦, 博覽多通. 家貧不常得油. 夏月則練囊盛數十螢火, 以照書, 以夜繼日焉. 桓溫在荊州, 辟爲從事, 以辯識義理, 深重之. 稍遷征西長史, 遂顯於朝廷. 時武子與吳隱之, 以寒素博學知名于世.

又善於賞會, 當時每有盛坐, 而武子不在, 皆云:「無車公不樂」

終吏部尙書.

【車胤】字는 武子, 南平人, 丹陽尹, 護軍將軍, 吏部尚書 등을 역임함. 孫康과
  함께 '螢雪之功'의 고사를 남김. 《晉書》(83)에 전이 있음.
【不常得油】때때로 등불의 기름이 떨어지는 경우가 있음을 말함.
【桓溫】자는 元子(312~373). 明帝의 사위. 荊州刺史를 지냈으며, 蜀을 정벌하고
  前秦을 쳐부숨. 簡文帝를 세우고 자신이 다시 왕위를 빼앗고자 하였음.
  시호는 武侯. 그의 아들 桓玄이 드디어 제위를 찬탈하여 楚나라를 세운
  다음 아버지 환온을 宣武皇帝로 추존함. 《晉書》(98)에 전이 있음.
【吳隱之】효성이 지극하며 청렴했던 인물. '隱之感隣'[104] 참조.
【吏部尚書】文官의 인사를 담당하는 吏部의 장관.

1. 《晉書》(83) 車胤傳

車胤字武子, 南平人也. 曾祖浚, 吳會稽太守. 父育, 郡主簿. 太守王胡之名知人,
見胤於童幼之中, 謂胤父曰:「此兒當大興卿門, 可使專學.」胤恭勤不倦, 博學
多通. 家貧不常得油. 夏月則練囊盛數十螢火以照書, 以夜繼日焉. 及長, 風姿
美劭, 機悟敏速, 甚有鄉曲之譽. 桓溫在荊州, 辟爲從事, 以辯識義理, 深重之.
引爲主簿, 稍遷別駕, 征西長史, 遂顯於朝廷. 時惟胤與吳隱之, 以寒素博學知
名于世. 又善於賞會, 當時每有盛坐, 而胤不在, 皆云:「無車公不樂.」謝安游
集之日, 輒開筵待之. ……隆安初, 爲吳興太守, 秩中二千石, 辭疾不拜. 加輔國
將軍·丹陽尹. 頃之, 遷吏部尚書. 元顯有過, 胤與江績密言於道子, 將奏之, 事泄,
元顯逼令自裁. 俄而胤卒, 朝廷傷之.

2. 《世說新語》識鑑篇

車胤父作南平郡功曹, 太守王胡之避司馬無忌之難, 寓郡干灃陰. 是時胤十餘歲,
胡之每出, 嘗於籬中見而異焉; 謂胤父曰:「此兒當致高名!」後遊集, 恆命之.
胤長, 又爲桓宣武所知. 清通於多士之世, 官至選曹尚書.

3. 《世說新語》識鑑篇에 인용된 《續晉陽秋》

胤字武子, 南平人. 父育, 爲郡主簿. 太守王胡之有知人識裁, 見謂其父曰:「此兒
當成卿門戶! 宜資令學問.」胤就業恭勤, 博覽不倦. 家貧不常得油, 夏月則練囊
盛數十螢火以繼日焉. 及長, 風姿美劭, 機悟敏率. 桓溫在荊州取爲從事, 一歲
至治中. 胤旣博學多聞, 又善於激賞; 當時每有盛坐, 胤必同之, 皆云:「無車公
不樂.」太傅謝公遊集之日, 開筵以待之. 累遷丹陽尹, 護軍將軍, 吏部尚書.

098. 李充四部, 井春五經

098-① 李充四部
문서를 넷으로 분류한 이충

《진서晉書》에 실려 있다.

이충李充은 자가 홍도弘度이며 강하江夏 사람이다. 해서楷書에 뛰어나 그 기묘함은 종요鍾繇나 삭정索靖에 비길 정도여서 세상 사람들은 모두가 그의 서체를 중시하였다.

저부褚裒가 그를 끌어들여 참군參軍으로 삼았다. 이충은 집이 가난하여 어려움을 겪으면서 밖으로 나가 벼슬길을 구하던 중이었다. 이에 저포가 그에게 현縣을 맡기기를 허락하고 시험삼아 어느 곳을 택할 것인가를 물었다.

그러자 이충은 이렇게 말하였다.

"궁지에 몰린 원숭이가 수풀에 던져지면 되었지 어찌 나무를 택하겠습니까?"

이에 섬현령剡縣令을 제수받았으며 뒤에 저작랑著作郎이 되었다.

당시 전적典籍이 뒤섞여 정리가 되지 않은 상태였다. 이에 이충은 중복되는 번거로운 문서는 없애버리고 서로 같은 것끼리 모아 사부四部로 분류하였다. 비각秘閣에서는 이러한 방법을 길이 변함없는 제도로 삼았다.

여러 차례 승진을 거듭하여 중서시랑中書侍郎에 올랐다.

《晉書》: 李充字弘度, 江夏人. 善楷書, 妙參鍾·索, 世咸重之.

褚裒引爲參軍, 充以家貧苦, 求外出. 裒將許之爲縣, 試問之,充曰:「窮猿投林, 豈暇擇木?」

　乃除剡縣令, 後爲著作郞.

　時典籍混亂. 充刪除煩重書, 以類相從, 分作四部, 秘閣以爲永制.
累遷中書侍郞.

【李充】 자는 弘度. 海西에 뛰어났던 인물.《晉書》(92) 文苑傳 참조.

【楷書】 後漢의 王次中이 시작한 서체의 하나로 가장 반듯하여 지금의 정자체
　의 원형이 됨.

【鍾繇】 자는 元常(151~230). 潁川人.《周易》과《老子》 연구에 깊었으며, 大理
　相國 太傅 벼슬을 지냄. 글씨로도 유명하여 唐 張彦遠의《法書要錄》(8)과
　張懷瓘의《書斷》(中)에 그에 관한 기록이 전함.《三國志》(13)에 전이 있음.

【索靖】 張芝 누이의 손자이며 敦煌 출신. 晉나라 때 征西司馬을 지냄. 草書에
　아주 뛰어났었음.

【褚裒】 자는 季野(303~349). 東晉 康帝(343~344 재위)의 장인이며 後趙를 토벌
　하러 나섰으나 병을 얻어 귀환 중에 죽음. 侍中太傅에 추증됨.《晉書》(93)에
　전이 있음. 康獻皇后의 아버지. '季野陽秋'[049] 참조.

【四部】 經史子集의 네 분류.

参고 및 관련 자료

1.《晉書》(92) 文苑傳(李充)

李充宁弘度, 江夏人. 父矩, 江州刺史. 充少孤, 其父墓中柏樹常爲盜賊所斫,
充手刃之, 由是知名. 善楷書, 妙參鍾·索, 世咸重之. ……征北將軍褚裒又引爲
參軍, 充以家貧苦, 苦求外出. 裒將許之爲縣, 試問之, 充曰:「窮猨投林, 豈暇
擇木?」乃除剡縣令. 遭母憂, 服闋, 爲大著作郞. 于時典籍混亂. 充刪除煩重,
以類相從, 分作四部,甚有條貫, 秘閣以爲永制. 累遷中書侍郞, 卒官.

098-② 井春五經
오경에 통달한 정대춘

후한後漢의 정단井丹은 자가 대춘大春이며 부풍扶風 미현郿縣 사람이다. 어려서 태학太學에 수업하여 오경五經에 통달하였으며 담론에도 뛰어났다. 당시 수도에서는 그를 두고 "오경을 막힘없이 해석하는 정대춘"이라 하였다. 성품이 맑고 고결하여 한 번도 명함을 들고 남을 찾아가거나 기다려본 적이 없었다. 건무建武 말에 패왕沛王 유보劉輔 등 다섯 왕이 북궁北宮에 살고 있었으며, 모두가 빈객을 좋아하여 정단을 불렀지만 그를 불러볼 수가 없었다. 그런데 신양후信陽侯 음취陰就는 광렬황후(光烈皇后, 陰皇后)의 아우였다. 그는 외척이라는 귀한 신분으로 기세가 등등하여 이에 다섯 왕들의 말이라 속여 천만금으로 정단을 불러올 것을 약속함과 아울러 따로 사람을 보내어 정단을 협박하였다. 정단은 할 수 없이 가기로 하였다. 이윽고 그가 이르자 음취는 보리밥과 파 잎으로 만든 거친 음식을 내놓는 것이었다. 정단은 이를 밀치며 떠나면서 이렇게 말하였다.

"군후君侯의 높은 벼슬이라면 좋은 음식을 대접해 줄 것이라 여겨 그 때문에 서로 만나게 된 것이오. 어찌 대접이 이리도 야박하십니까?"

그러자 다시 급히 성찬을 차려 들게 되었다. 그리고 음취가 일어나 돌아가게 되었을 때 좌우가 서로 자신의 수레를 갖다 바치며 자신의 수레를 타고 가도록 대접해 드리는 것이었다. 이를 보고 정단은 이렇게 비꼬았다.

"내 듣기로 걸桀은 사람을 수레삼아 타고 다녔다는데 바로 이런 것입니까?"

이 말에 좌중이 모두 실색하고 말았다. 음취는 부득이 수레를 물리라고 명하였다. 이로부터 정단은 문을 잠그고 은거하며 인간사에는 관여하지 않았다.

後漢, 井丹字大春, 扶風郿人. 少受業太學, 通五經, 善談論.

京師爲之語曰:「五經紛綸井大春.」

性淸高, 未嘗修刺候人.

建武末, 沛王輔等五王居北宮, 皆好賓客, 更請丹不能致. 信陽侯陰就, 光烈皇后弟也. 以外戚貴盛, 乃詭說五王, 求錢千萬, 約能致丹, 而別使人要劫之. 丹不得已, 旣至就故爲設麥飯蔥葉之食.

丹推去之曰:「以君侯能供甘旨, 故來相過, 何其薄乎?」

更置盛饌, 乃食. 及就起, 左右進輦.

丹笑曰:「吾聞桀駕人車, 豈此邪?」

坐中皆失色. 就不得已, 令去輦. 自是隱閉不關人事.

【井丹】자는 大春. 五經에 통달하여 널리 칭송받았음.《後漢書》逸民傳 참조.
【五經】儒家의 경전. 漢나라 때는《易》,《詩》,《書》,《禮》,《春秋》를 오경으로
  삼았음.
【刺】지금의 명함과 같음. 옛날에는 종이 대신에 대나무를 벗겨 이름을
  적었음.
【建武】東漢 光武帝 劉秀의 첫 연호. A.D.25~55년까지 31년간.
【沛王】劉輔. 光武帝의 아들로 패왕에 봉해짐.
【陰就】信陽侯. 光烈皇后, 즉 陰皇后의 아우.
【麥飯蔥葉】隱者이기 때문에 변변치 않은 음식을 내놓았음을 말함.

참고 및 관련 자료

1.《後漢書》逸民傳(井丹)

井丹字大春, 扶風郿人也. 少受業太學, 通五經, 善談論. 故京師爲之語曰:「五經
紛綸井大春」性淸高, 未嘗脩刺候人. 建武末, 沛王輔等五王居北宮, 皆好賓客,
更遣請丹, 不能致. 信陽侯陰就, 光烈皇后弟也. 以外戚貴盛, 乃詭說五王, 求錢

千萬, 約能致丹, 而別使人要劫之. 丹不得已, 既至, 就故爲設麥飯葱葉之食,
丹推去之, 曰:「以君侯能供甘旨, 故來相過, 何其薄乎?」更置盛饌, 乃食.
及就起, 左右進輦. 丹笑曰:「吾聞桀駕人車, 豈此邪?」坐中皆失色. 就不得已
而令去輦. 自是隱閉不關人事, 以壽終.

099. 谷永筆札, 顧愷丹靑

099-① 谷永筆札
편지글 재주에 뛰어난 곡영

전한前漢의 곡영谷永은 자자 자운子雲이며 장안長安 사람으로 누호樓護와 함께 오후五侯의 상객上客이었다. 그리하여 장안에서는 이들을 "곡자운의 글재주, 누군경樓君卿의 말솜씨"라는 말이 퍼졌는데, 이는 그들이 그토록 오후들에게 신임받았음을 표현한 것이다. 곡영은 경서經書에 있어서 거의 모두가 통달하여 두흠杜欽, 두업杜鄴과 거의 대등하였지만 유향劉向이나 그 아들 유흠劉歆 및 양웅揚雄의 흡족한 학문에는 미치지 못하였다. 그는 《주례周禮》의 〈천관天官〉과 《경씨역京氏易》에 대해서는 가장 면밀하게 연구하여 그 때문에 재이災異에 대한 이론은 잘 알았다. 그는 대사농大司農 벼슬로 생을 마쳤다.

한편 누호는 자가 군경君卿이며 어릴 때 아버지를 따라 의술을 익혀 귀척貴戚의 집안을 드나들었다. 그 당시는 왕씨王氏가 한창 세도를 부릴 때로써 빈객이 그들 문 앞에 가득하였다. 특히 오후들은 각기 자신의 명성을 다투느라 빈객에게 각기 후하게 베풀어 어느 한쪽에 치우쳐 다닐 수가 없었다. 그러나 누호만은 그들 어느 집도 마음 놓고 출입할 수 있었으며, 그 집들도 모두 그를 즐기운 마음으로 받아 주었다. 그는 사람됨이 변론에 정통하였으며, 항상 명분과 절도를 근거로 하여 듣는 자가 모두 황송하게 여길 정도였다. 그는 광한태수廣漢太守에 올랐으며 왕망王莽이 정치를 독단할 때 전휘광前輝光으로 발탁되기도 하였다.

《서경잡기西京雜記》에는 이렇게 실려 있다.

오후가 다투어 기이한 음식으로 대접하자 누호는 이들의 음식을 합하여 '정鯖'이라는 음식을 만들었는데, 세상에 널리 퍼져 이를 오후정五侯鯖이라 불렀으며 그 맛이 기이하였다.

前漢, 谷永字子雲, 長安人. 與樓護俱爲五侯上客.

長安號曰:「谷子雲筆札, 樓君卿脣舌.」

言其見信用也.

永於經書, 汎爲疏達, 與杜欽·杜鄴略等, 不能洽浹如劉向父子及揚雄也. 其於〈天官〉·《京氏易》最密, 故善言災異. 終大司農.

護字君卿, 少隨父爲醫, 出入貴戚家. 是時王氏方盛, 賓客滿門. 五侯爭名, 其客各有所厚, 不得左右. 唯護盡入其門, 咸得其驩心. 爲人精辯論議, 常依名節, 聽者皆竦, 仕至廣漢太守. 王莽專政, 召爲前輝光.

《西京雜記》曰:「五侯競致奇膳. 護乃合以爲鯖. 世盛稱五侯鯖, 以爲奇味焉.」

【谷永】 전한 때의 인물로 자는 子雲이며 谷吉의 아들. 五侯의 上客. 《漢書》에 전이 있음.

【樓護】 한나라 成帝 때 五侯의 門客이었던 인물.

【五侯】 成帝의 어머니 王氏 형제 다섯이 같은 날 侯에 올라 이들을 五侯라 불렀음. 《十八史略》(2)에 "封舅王崇爲安成侯, 賜譚·商·立·根·逢時爵關內侯, 黃霧四塞"라 하여 그 주에 "譚也, 商也, 立也, 根也, 逢時也, 皆王太后兄弟, 時稱王氏五侯"라 함.

【筆札】 文章. '찰'은 문자를 기록하는 木簡을 말함.

【杜欽】 杜延年의 아들. 直言으로 천거되어 災異를 진술하였음.

【杜鄴】 原州刺史를 지낸 인물. 후한 정치를 베풀었던 것으로 유명함.

【劉向】 漢나라 때 유명한 목록학자. 본명은 更生이며 자는 子政. 뒤에 이름을 向으로 바꾸었음. B.C.77~B.C.6년 생존. 劉邦의 이복동생 楚元王(劉交)의 4세손 劉德의 아들. 《洪範五行傳論》을 썼으며, 《新序》와 《說苑》, 《列女傳》, 《列仙傳》을 편찬하고 《戰國策》을 정리하기도 하였음. 明 張溥(1602~1641)가 집일한 《劉子政集》이 《漢魏六朝百三家集》에 수록되어 있음. 《漢書》 楚元王傳에 劉交·劉向·劉歆의 전기가 실려 있음.

【劉歆】西漢 말의 경학가. 학술사학자이며 목록학자. 자는 子駿(?~A.D.23). 한나라 종실. 劉向의 셋째 아들. 아버지의 업을 이어 秘府의 장서를 정리하여 《七略》을 지음. 그의 傳은 姚之駰 輯本의 《東觀漢記》(권10)에 실려 있음.

【揚雄】자는 子雲(B.C.53~A.D.18). '楊雄'으로도 쓰며 蜀郡 成都 사람. 西漢때 賦家, 哲學家. 〈甘泉賦〉, 〈羽獵賦〉등과 《太玄經》, 《方言》 등의 저술이 있음. 《漢書》揚雄傳 참조.

【京房】字는 君明(B.C.77~37). 本姓은 李. 漢 元帝 때 博士가 되어 魏郡太守를 역임함. 西漢 今文 《易》의 창시자. 《京氏易傳》3卷이 전함. 《漢書》(卷88)에 그 傳이 실려 있음. '京房推律'[157] 참조.

【王莽】字는 巨君(B.C.45~23). 漢 元皇后의 조카. 어려서 고아가 되어 독서 끝에 성망을 얻었음. 뒤에 太傅가 되어 安漢公에 봉해졌으며 平帝가 죽은 후 겨우 두 살인 孺子 嬰을 옹립하고 자신은 攝皇帝가 되었다가 初始 元年(AD8) 정권을 찬탈, '新'을 세워 '西漢'의 종말을 고함. 그러나 천하의 혼란이 일어나 地皇 4年(23)에 劉玄·赤眉軍·綠林軍에게 살해되고 말았음.《漢書》(99)에 그 傳이 있음.

【前輝光】新나라의 王莽은 특별히 三輔를 나누어 '전휘광'과 '侯丞烈'의 두 郡을 두어 京師를 안전하게 보위하도록 하였음.

【鯖】魚肉을 구워 섞어 만든 요리의 일종.

【五侯鯖】'侯鯖'이라고도 함. 본음은 '鯖'은 음이 '청'이나 이 경우 '오후정'으로 읽음. 일부 판본에는 '鯖'을 '鯖'으로 잘못 표기한 것도 있음.

참고 및 관련 자료

1. 《漢書》(55) 谷永傳

谷永字子雲, 長安人也. 父吉, 爲衛司馬, 使送郅支單于侍子, 爲郅支所殺, 語在 《陳湯傳》. 永少爲長安小史, 後博學經書. 建昭中, 御史大夫繁延壽聞其有茂材, 除補屬, 擧爲太常丞, 數上疏言得失.

2. 《西京雜記》(2)

五侯不相能, 賓客不得來往. 婁護豐辯, 傳食五侯間, 各得其歡心, 競致奇膳. 護乃合以爲鯖, 世稱五侯鯖, 以爲奇味焉.

3. 《裴子語林》裴啓

婁護, 字君卿, 歷游五侯之門. 每旦, 五侯家各遺餉之. 君卿口厭滋味, 乃試合 五侯所餉爲鯖而食, 甚美. 世所謂五侯鯖, 君卿所致.

4. 《漢書》游俠傳

是時王氏方盛, 賓客滿門, 五侯兄弟爭名, 其客各有所厚, 不得左右, 唯護盡入
其門, 咸得其驩心. 結士大夫, 無所不傾, 其交長者, 尤見親而敬, 衆以是服. 爲人
短小精辯, 論議常依名節, 聽之者皆竦. 與谷永俱爲五侯上客, 長安號曰「谷子
雲筆札, 樓君卿脣舌」, 言其見信用也. 母死, 送葬者致車二三千兩, 閭里歌之曰:
「五侯治喪樓君卿.」

5. 《太平廣記》(234)

(1) 又五侯不相能, 賓客不得往來. 婁護豐辭, 傳會五侯間, 各得其心, 競致奇膳.
護乃合以爲鯖, 世稱五侯鯖, 以爲奇味焉.(出《西京雜記》)

(2) 婁護字君卿, 歷游五侯之門, 每旦, 五侯家各遺餉之. 君卿口厭滋味, 乃試
合五侯所餉之鯖而食, 甚美. 世所謂五侯鯖. 君卿所致.(出《語林》)

(3) 或云. 護兼善五侯, 不偏食. 故合而爲之鯖也.(出《世說》)

099-② 顧愷丹青
고개지의 그림 솜씨

진晉나라 고개지顧愷之는 자가 장강長康이며 진릉晉陵 무석無錫 사람이다.
학식이 넓고 재기才氣가 있었으며 해학諧謔에 뛰어나 사람들이 그를 아끼고
가까이하였다. 매번 사탕수수를 먹을 때면 항상 뿌리 쪽 맛없는 부분부터
먹는 것이었다. 어떤 이가 괴이히 여겨 묻자 그는 이렇게 말하였다.

"점입가경漸入佳境이기 때문이지요."

그는 특히 단청丹靑에도 뛰어나 그림 솜씨가 특출하고 오묘하였다.
어느 날 그는 그림을 산 상자에 넣고 풀칠을 하여 그 앞쪽에 제목을 써서
이를 환현桓玄에게 맡겨둔 적이 있었다. 모두가 자신이 심히 아끼는 것들

이었다. 그런데 환현이 그 뒤쪽을 뜯어 그 그림을 모두 훔쳐내고 다시 봉하여 옛날과 같이 해 두고는 고개지를 속여 열어보지 않았다고 하였다. 고개지는 자신이 쓴 제목이 처음과 같음을 보고는 곧바로 이렇게 말하는 것이었다.

"묘한 그림이라 신령과 통하는군. 변화하여 사라졌으니 역시 사람이라면 등선하는 것과 같군!"

그러면서 조금도 괴이하다는 기색이 없었다. 그는 자신에게 긍지를 갖기가 이처럼 지나칠 정도였다. 그리하여 당시 젊은이들은 이 일로 한편으로는 그를 칭찬하면서도 농담거리로 삼았다.

이에 앞서 그가 환온桓溫의 막부幕府에 있을 때 어느 날 환온은 이렇게 말한 적이 있었다.

"고개지는 그 몸속에 바보스러움과 교활함이 반반씩이다. 이를 합하여 말한다면 결국 평균인 셈이다."

그 때문에 세속에 전하기로 고개지는 삼절三絶을 가지고 있다 하였으니 바로 재절才絶, 화절畫絶 치절癡絶이다. 그는 산기상시散騎常侍의 벼슬로 삶을 마쳤다.

晉, 顧愷之字長康, 晉陵無錫人. 博學有才氣, 好諧謔, 人多愛狎之. 每食甘蔗, 常自尾至本.

人或怪之, 云:「漸入佳境.」

尤善丹靑, 圖寫特妙. 嘗以一廚畫糊題其前, 寄桓玄. 皆其所珍惜者. 玄發其廚後, 竊其畫而緘閉如舊還之, 紿云未開.

愷之見封題如初, 直云:「妙畫通靈, 變化而去, 亦猶人之登仙!」

了無怪色. 其矜伐過實, 少年因相稱譽, 以爲戲弄.

初, 在桓溫府, 嘗云:「愷之體中癡黠各半, 合而論之, 正得平耳.」

故俗傳愷之有三絶: 才絶·畫絶·癡絶. 終散騎常侍.

【顧愷之】자는 長康(대략 346~407). 晉나라 최고의 화가. 그 외에 문장·해학에
뛰어났던 인물. 당시 사람들은 그를 才絶·畫絶·癡絶의 三絶로 불렀음.
《文集》과 《啓蒙記》가 있었다 하나 전하지 않음.《晉書》(92)에 전이 있음.

【甘蔗】사탕수수. 설탕을 만드는 것과 직접 씹거나 즙을 내어 먹는 것
두 종류가 있음.

【丹靑】원래 건물에 여러 가지 아름다운 색을 칠하는 것을 말함. 여기서는
고개지의 그림 솜씨를 뜻함.

【桓溫】자는 元子(312~373). 明帝의 사위. 荊州刺史를 지냈으며, 蜀을 정벌하고
前秦을 쳐부숨. 簡文帝를 세우고 자신이 다시 왕위를 빼앗고자 하였음.
시호는 武侯. 그의 아들 桓玄이 드디어 제위를 찬탈하여 楚나라를 세운
다음 아버지 환온을 宣武皇帝로 추존함.《晉書》(98)에 전이 있음.

참고 및 관련 자료

1. 《晉書》(92) 文苑傳(顧愷之)

顧愷之字長康, 晉陵無錫人也. 父悅之, 尙書左丞. 愷之博學有才氣, 嘗爲〈箏賦〉
成, 謂人曰:「吾賦之比嵇康琴, 不賞者必以後出相遺, 深識者亦當以高奇見貴.」
……愷之好諧謔, 人多愛狎之. 後爲殷仲堪參軍, 亦深被眷接. 仲堪在荊州, 愷之
嘗因假還, 仲堪特以布帆借之, 至破冢, 遭風大敗. 愷之與仲堪牋曰:「地名破冢,
眞破冢而出. 行人安穩, 布帆無恙.」還至荊州, 人問以會稽山川之狀. 愷之云:
「千巖競秀, 萬壑爭流. 草木蒙籠, 若雲興霞蔚.」桓玄時與愷之同在仲堪坐, 共作
了語. 愷之先曰:「火燒平原無遺燎.」玄曰:「白布纏根樹旒旌.」仲堪曰:「投魚
深泉放飛鳥.」復作危語. 玄曰:「矛頭淅米劍頭炊.」仲堪曰:「百歲老翁攀枯枝.」
有一參軍云:「盲人騎瞎馬臨深池.」仲堪眇目. 驚曰:「此太逼人!」因罷. 愷之
每食甘蔗, 恒自尾至本. 人或怪之, 云:「漸入佳境.」尤善丹靑, 圖寫特妙. ……
愷之嘗以一廚畫糊題其前, 寄桓玄. 皆其深所珍惜者. 玄發其廚後, 竊其畫, 而緘
閉如舊還之, 紿云未開. 愷之見封題如初, 但失其畫, 直云:「妙畫通靈, 變化而去,
亦猶人之登仙!」了無怪色. 愷之矜伐過實, 少年因相稱譽, 以爲戲弄. ……初,
愷之在桓溫府, 嘗云:「愷之體中癡黠各半, 合而論之, 正得平耳.」故俗傳愷之
有三絶: 才絶·畫絶·癡絶. 年六十二, 卒於官. 所著文集及《啓矇記》行於世.

2. 《世說新語》排調篇

顧長康噉甘蔗, 恆自尾至本. 人問所以? 云:「漸入佳境.」

100. 戴逵破琴, 謝敷應星

100-① 戴逵破琴
거문고를 부숴버린 대규

《진서晉書》에 실려 있다.

대규戴逵는 자가 안도安道이며 초국譙國 출신이다. 어려서부터 박학하고 글도 잘 지었으며, 거문고 연주에도 능하였고, 글씨와 그림도 정교하였다. 그 나머지 각종 기예도 종합하여 마치지 않은 것이 없었다.

무릉왕武陵王 사마희司馬晞가 그의 거문고 연주 솜씨가 뛰어나다는 말을 듣고 사람을 시켜 그를 불렀다. 그러자 대규는 심부름 온 자를 마주 대하고 거문고를 깨부수며 이렇게 말하였다.

""나 대안도는 왕의 문하에서 재주나 부리는 사람이 될 수 없다!"

사마희는 노하여 그의 형 대술戴述을 잡아들였다. 그러자 대술은 흔연히 거문고를 껴안고 사마희를 찾아갔다. 그 뒤에 과연 그도 여러 차례 불렀지만 응하지 않았다.

《晉書》: 戴逵字安道, 譙國人. 少博學, 善屬文, 能鼓琴, 工書畫. 其餘巧藝, 靡不畢綜. 武陵王晞聞其善鼓琴, 使人召之.

逵對使者破琴曰:「戴安道不爲王門伶人!」

晞怒, 引其兄述. 述欣然擁琴而往. 後累召不起.

【戴逵】 자는 安道(326~396). 거문고 연주에 뛰어났으며 회화에도 뛰어나 佛畫와 불상 조각을 많이 남김. 불교를 신봉했으나 인과설을 의심하여

〈釋疑論〉을 지었음. 영리를 추구하지 않고 氣節을 중시하여 國子博士에
초빙되었으나 나가지 않음.《晉書》(94)에 전이 있음.
【武陵王】武陵王 司馬晞.
【戴述】戴逵의 형.

1.《晉書》(94) 隱逸傳(戴逵)

戴逵字安道, 譙國人也. 少博學, 好談論, 善屬文, 能鼓琴, 工書畫. 其餘巧藝,
靡不畢綜. 總角時, 以鷄卵汁溲白瓦屑作〈鄭玄碑〉, 又爲文而自鐫之, 辭麗器妙,
時人莫不驚歎. 性不樂當世, 常以琴書自娛. 師事術士范宣於豫章, 宣異之, 以兄
女妻焉. 太宰·武陵王晞聞其善鼓琴, 使人召之. 逵對使者破琴曰: 「戴安道不
爲王門伶人!」 晞怒, 乃更引其兄述. 述聞命欣然, 擁琴而往. ……後王珣爲尙
書僕射, 上疏復請徵爲國子祭酒, 加散騎常侍, 徵之, 復不至.

2.《世說新語》雅量篇

戴公從東出, 謝太傅往看之. 謝本輕戴, 見但與論琴書; 戴旣無吝色, 而談琴書
愈妙. 謝悠然知其量.

3.《世說新語》識鑒篇

戴安道年十餘歲, 在瓦官寺畫. 王長史見之曰: 「此童非徒能畫, 亦終當致名;
恨吾老, 不見其盛時耳!」

4.《世說新語》棲逸篇

戴安道旣厲操東山, 而其兄欲建「式遏」之功. 謝太傅曰: 「卿兄弟志業, 何其
太殊?」 戴曰: 「下官『不堪其憂』, 家弟『不改其樂』.」

5.《世說新語》巧藝篇

戴安道就范宣學, 視范所爲: 范讀書亦讀書, 范抄書亦抄書. 唯獨好畫, 范以
爲無用, 不宜勞思於此. 戴乃爲畫〈南都賦圖〉; 范看畢, 咨嗟, 甚以爲有益,
始重畫.

6.《世說新語》巧藝篇

戴安道中年畫行像甚精妙, 庾道季看之, 語戴云: 「神明太俗, 由卿世情未盡.」
戴云: 「唯務光當免卿此語耳!」

王子猷居山陰, 夜大雪, 眠覺, 開室, 命酌酒. 四望皎然. 因起仿偟, 詠左思
〈招隱詩〉, 忽憶戴安道. 時戴在剡, 卽便夜乘小船就之. 經宿方至, 造門不前而返.
人問其故, 王曰: 「吾本乘興而行, 興盡而返, 何必見戴!」

100-② 謝敷應星
별자리의 징험이 나타난 사부

진晉나라 사부謝敷는 자가 경서慶緒이며 회계會稽 사람이다. 성품이
맑고 든든하며 욕심이 적어 태평산太平山에 들어가 10여 년을 은거하면서
벼슬길로 불러내었지만 매번 거절하였다.

한번은 초승달이 소미성少微星을 범한 적이 있었는데, 소미성은 일명
처사성處士星이라고도 부른다. 점쟁이는 은사隱士가 이에 해당한다고 풀이
하였다. 대규戴逵는 재주가 뛰어나 혹시 그에게 무슨 변고가 있지 않을까
걱정을 하였는데, 얼마 후 갑자기 사부가 죽고 말았던 것이다. 이 때문에
회계의 인사들은 오吳나라 사람들을 비웃으며 이렇게 말한 것이다.

"오나라의 고사高士 대규는 죽고 싶어도 죽지 못하는군!"

晉, 謝敷字慶緒, 會稽人. 性澄靖寡欲, 入太平山十餘年, 召皆不就.
初, 月犯少微. 少微一名處士星. 占者以隱士當之. 戴逵有美才,
人或憂之. 俄而敷死.
故會稽人士, 以嘲吳人云: 「吳中高士, 求死不得死!」

【謝敷】 자는 慶緒. 檀道鸞의 《續晉陽秋》에 "謝敷字慶緒, 會稽人. 崇信釋氏. 初入太平山中十餘年, 以長齋供養爲業, 招引同事, 化納不倦. 以母老, 還南山若邪中. 內史郗愔表薦之, 徵博士, 不就. 初, 月犯少微星, 一名處士星, 占云:「以處士當之.」時戴逵居剡, 旣美才藝, 而交遊貴盛, 先敷箸名, 時人憂之. 俄而敷死, 會稽人士以嘲吳人云:「吳中高士, 便是求死不得!」"이라 함.

【少微】 별의 이름. 太微의 서쪽, 張宿의 북쪽에 있는 處士星·議士星·博士星·大夫星 등 네 별. 이 별이 밝은 빛을 비추면 어진 선비가 나타나고 달이 이것을 가리면 처사에게 불미스러운 일이 일어난다고 여겼음.

【戴逵】 자는 安道(326~396). 거문고 연주에 뛰어났으며 회화에도 뛰어나 佛畫와 불상 조각을 많이 남김. 불교를 신봉했으나 인과설을 의심하여 〈釋疑論〉을 지었음. 영리를 추구하지 않고 氣節을 중시하여 國子博士에 초빙되었으나 나가지 않음. 《晉書》(94)에 전이 있음. '앞장' 참조.

【吳中高士】 戴逵는 吳나라 사람이었음.

1. 《晉書》(94) 隱逸傳(謝敷)

謝敷字慶緒, 會稽人也. 性澄靖寡欲, 入太平山十餘年. 鎭軍郗愔召爲主簿, 臺徵博士, 皆不就. 初, 月犯少微. 少微一名處士星. 占者以隱士當之. 譙國戴逵有美才, 人或憂之. 俄而敷死. 故會稽人士, 以嘲吳人云:「吳中高士, 便是求死不得死!」

101. 阮宣杖頭, 畢卓甕下

101-① 阮宣杖頭
지팡이에 동전을 달고 술집을 찾아다니는 완선자

《진서晉書》에 실려 있다.

완수阮脩는 자가 선자宣子이며 완함阮咸 종자從子이다. 《역易》과 《노자老子》를 좋아하였고 청언淸言에 뛰어났다. 성품은 간홀하고 방임하여 사람으로서 닦아야 할 일은 거들떠보지도 않았다. 항상 걸어다니며 동전 백전百錢을 지팡이에 달고 술집에 이르러 곧바로 실컷 취하곤 하였다. 비록 당시 부귀한 자라 할지라도 그는 돌아보려 하지 않았다. 집안에는 담석儋石의 저장도 없으면서 편안한 태도였다. 형제 동지들과 항상 숲 속이나 언덕에서 즐기며 자득하였다. 왕연王衍은 완수와 《역》을 담론한 적이 있었는데 말은 적었지만 뜻은 창달하여 왕연이 탄복하였다. 왕수는 가난하여 나이 마흔이 되도록 장가를 들지 못하여, 왕돈王敦 등이 돈을 추렴하여 혼인을 치러주었는데 이들은 모두가 명사들이었다. 당시 그들을 사모한 자들이 돈을 주려하였지만 거절하였다. 뒤에 태자세마太子洗馬가 되었으나 피난 중에 도적에게 죽음을 당하고 말았다.

《晉書》: 阮脩字宣子, 咸從子也. 好《易·老》, 善淸言. 性簡任, 不脩人事. 常步行, 以百錢掛杖頭, 至酒店, 便獨酣暢. 雖當世富貴而不肯顧, 家無儋石之儲, 晏如也. 與兄弟同志, 常自得於林阜間. 王衍與脩談易, 言寡旨暢, 衍歎服焉. 脩居貧, 年四十餘未有室. 王敦等斂錢爲婚, 皆名士也. 時慕之者, 求入錢而不得. 後爲太子洗馬, 避亂爲賊所害.

【阮脩】 자는 宣子(270?~312?). 陳留人으로 鴻臚丞과 太子洗馬를 지냄.《周易》에 통달하여 〈無鬼論〉을 지었으며 中原 대란을 피하여 남으로 내려오다가 해를 입어 죽음.《晉書》(49)에 전이 있음.

【阮咸】 자는 仲容(234~304). 阮籍의 從子. 음악에 조예가 깊었으며 비파 연주에 뛰어났었다 함. 散騎侍郞, 始平太守 등을 역임함. 술과 청담으로 이름이 났으며 역시 竹林七賢 중의 하나.《晉書》(49)에 전이 있음.

【從子】 어머니의 자매의 아들. 이종사촌.

【儋石之儲】 '儋'은 '擔'과 같음. 곡식을 재는 단위.

【王衍】 자는 夷甫(256~311). 죽림칠현의 하나인 王戎의 從弟. 太尉를 지냄.《晉書》(43)에 전이 있음. '王衍風鑒'[038] 참조.

【王敦】 자는 處仲(266~324). 어릴 때는 阿黑이라 부름. 王舍의 아우이며 王導의 종제로 八王之亂 때 공을 세워 散騎常侍, 侍中, 靑州刺史, 鎭東大將軍 등을 지냄. 西晉이 망하자 司馬睿를 옹립하여 황제로 삼음. 뒤에 明帝 때 난을 일으켰다가 軍中에서 죽음.《晉書》(98)에 전이 있음. '王敦傾室'[152] 참조.

참고 및 관련 자료

1.《晉書》(49) 阮脩傳

阮脩字宣子. 好《易·老》, 善淸言. ……性簡任, 不脩人事. 絶不喜見俗人, 遇便舍去. 意有所思, 率爾褰裳, 不避晨夕, 至或無言, 但欣然相對. 常步行, 以百錢掛杖頭, 至酒店, 便獨酣暢. 雖當世富貴而不肯顧, 家無儋石之儲, 晏如也. 與兄弟同志, 常自得於林皐閒. 王衍與脩談宗, 自以爲論《易》略盡, 然有所未了, 研之終莫悟, 每云「不知比沒當見能通之者不.」衍族子敦謂衍曰:「阮宣子可與言.」衍曰:「吾亦聞之, 但未知其豐豐之處定何如耳!」及與脩談, 言寡旨暢, 衍乃歎服焉. ……脩居貧, 年四十餘未有室. 王敦等斂錢爲婚, 皆名士也. 時慕之者, 求入錢而不得. ……轉太傅行參軍·太子洗馬. 避亂南行, 至西陽期思縣, 爲賊所害, 時年四十二.

2.《世說新語》任誕篇

阮宣子常步行, 以百錢挂杖頭, 至酒店, 便獨酣暢; 雖當世貴盛, 不肯詣也.

3.《十八史略》(3)

衍弟澄及阮咸, 咸從子脩, 胡毋輔之, 謝鯤, 畢卓等, 皆以任放爲達, 醉裸不以爲非. 比舍郞釀熟, 卓夜至甕閒盜飮, 爲守者所縛, 旦視之畢吏部也. 樂廣聞而笑之曰:「名敎中自有樂地, 何必乃爾.」

101-②　畢卓甕下
술독 아래 쓰러진 필탁

　　진晉나라 필탁畢卓은 자가 무세茂世이며 신채新蔡 동양鮦陽 사람이다.
어려서 방달한 행동을 하고 싶어하였다. 그는 이부랑吏部郎이 되어서도
항상 술에 절어 자신의 직무를 폐기할 정도였다. 마침 이웃의 낭중郎中
집에 술이 익어가고 있었다. 필탁은 이 술에 취해 밤에 그 집 술독으로
몰래 들어가 술을 훔쳐먹고 있다가 술을 관장하는 자에게 붙들리고
말았다. 이튿날 아침 그를 살펴보았더니 이부랑 필탁이었던 것이다. 이에
그는 황급히 그를 풀어 주었다. 그러자 필탁은 주인을 이끌고 그 술독
옆에서 술잔치를 벌여 취한 이후에야 그 자리를 떠났다.
　　필탁은 늘 남에게 이렇게 말하곤 하였다.
　　"수백 곡 술을 가득 실을 수 있는 배를 얻어서 사시사철 나오는 좋은
안주를 그 뱃머리 양쪽에 갖추고는 오른손으로는 술잔을 들고 왼손에는
게와 맛난 조개를 잡고 그 배 안에서 술로 불러 오른 배를 두드리며 살았
으면 한 일생이 족할 텐데."
　　그는 강을 건너 동진東晉 시대를 맞이하자 온교溫嶠의 장사長史가 되었다.

　　晉, 畢卓字茂世, 新蔡鮦陽人. 少希放達. 爲吏部郎, 常飮酒廢職.
比舍郎釀熟. 卓因醉, 夜至其甕間盜飮. 爲掌酒者所縛. 明旦視之,
乃畢吏部也, 遽釋其縛. 卓遂引主人, 宴於甕側, 致醉而去.
　　卓常謂人曰：「得酒滿數百斛船, 四時甘味置兩頭, 右手持酒杯,
左手持蟹螯, 拍浮酒船中, 便足了一生矣.」
　　過江爲溫嶠長史.

【畢卓】 자는 茂世. 胡母輔之에게 알려져 吏部郎에 발탁되었으나 항상 술로
 인해 관직에서 쫓겨나곤 하였다 함. 뒤에 溫嶠를 따라 平南長史를 지냄.
 《晉書》(49)에 전이 있음.
【溫嶠】 자는 太眞(288~329). 太原 사람. 永嘉之亂 때 유곤의 심부름으로
 남으로 내려가 원제(司馬睿)의 추대에 힘씀. 蘇峻의 난을 평정함. 시호는
 忠武.《晉書》(67)에 전이 있음. '太眞玉臺'[120] 참조.

1.《晉書》(49) 畢卓傳

晉, 畢卓字茂世, 新蔡銅陽人也. 父諶, 中書郎. 卓少希放達, 爲胡毋輔之所知.
太興末, 爲吏部郎, 常飮酒廢職. 比舍郎釀熟. 卓因醉夜至其甕閒盜飮之. 爲掌
酒者所縛. 明旦視之, 乃畢吏部也, 遽釋其縛. 卓遂引主人, 宴於甕側, 致醉而去.
卓常謂人曰:「得酒滿數百斛船, 四時甘味置兩頭, 右手持酒杯, 左手持蟹螯,
拍浮酒船中, 便足了一生矣.」及過江, 爲溫嶠平南長史, 卒官.

2.《世說新語》任誕篇

畢茂世云:「一手持蟹螯, 一手持酒梧; 拍浮酒池中, 便足了一生.」

3.《晉中興書》

畢卓字茂世, 新蔡人. 少傲達, 爲胡母輔之所知. 太興末, 爲吏部郎, 嘗飮酒廢職.
比舍郎釀酒熟, 卓因醉, 夜至其甕間取飮之. 主者謂是盜, 執而縛之; 知爲吏部也,
釋之. 卓遂引主人讌甕側, 取醉而去. 溫嶠素知愛卓, 請爲平南長史, 卒.

4.《幼學瓊林》

畢卓爲吏部而盜酒, 逸興太豪; 越王愛士卒而投醪, 戰氣百倍.

102. 文伯羞鼈, 孟宗寄鮓

102-① 文伯羞鼈
자라 요리를 부끄러워한 공보문백

《국어國語》〈노어魯語〉에 실려 있다.

공보문백公父文伯이 남궁경숙南宮敬叔을 위해 술자리를 베풀었는데, 그때 노도보路睹父도 손님으로 이에 참석하였다. 그에게 주어진 자라 요리가 작은 것을 두고 노도보는 화를 내었다. 이에 서로 붙들며 다른 자라 고기를 함께 먹기를 청하였지만 그는 사양하며 이렇게 말하였다.

"장차 이 자라가 크게 자란 다음에 먹겠소!"

그러고는 떠나 버렸다.

공보문백의 어머니가 이를 듣고 이렇게 화를 내었다.

"내 시아버지에게 들었다. '제사에는 시주尸主를 귀하게 모시고, 잔치에서는 손님을 귀하게 모셔야 한다'라고. 자라가 무슨 대수로운 물건이기에 남으로 하여금 화가 나도록 하였단 말이냐?"

그러고는 문백을 집에서 내쫓아 버렸다. 문백은 닷새나 지나 노魯나라 대부들이 대신 사과를 하고 나서야 집으로 돌아갈 수 있었다.

〈魯語〉曰: 公父文伯, 飲南宮敬叔酒, 以露睹父爲客, 羞鼈小焉. 睹父怒, 相延食鼈, 辭曰:「將使鼈長而後食之!」遂出.

文伯之母聞之怒曰:「吾聞之先子曰:『祭養尸, 饗養上賓.』鼈於何有, 而使夫人怒也?」遂逐之. 五日, 魯大夫辭而復之.

【魯語】《國語》의 편명. 춘추시대 노나라 일화를 모은 부분.

【公父文伯】노나라 季桓子의 一族으로 '公父'는 姓, '文'은 諡號.

【南宮敬叔】魯나라의 大夫. 南宮에 있었기 때문에 성씨로 삼았다.

【露睹父】노나라의 대부. 露堵父, 路堵父등으로도 표기함.

【文伯之母】이름은 敬姜. 大夫인 公父穆伯의 아내로 어질며 덕이 있었음.
'敬姜猶績'[295] 참조.

【先子】돌아가신 시아버지 季悼子.

【尸】제사를 지낼 때 神位 대신에 앉히는 10세 전후의 어린아이. 후세에 내려
오면서 尸童을 畫像으로 바꾸어 쓰게 되었음.

참고 및 관련 자료

1.《列女傳》母儀篇 魯季敬姜

文伯飮南宮敬叔酒, 以露堵父爲客. 羞鼈焉小, 堵父怒. 相延食鼈, 堵父辭曰:
「將使鼈長而食之」遂出. 敬姜聞之, 怒曰:「吾聞之先子曰:『祭養尸, 饗養上賓.』
鼈於人何有? 而使夫人怒!」遂逐文伯. 五日, 魯大夫辭而復之. 君子謂:「敬姜
爲愼微.」

2.《國語》魯語(下)

公父文伯飮南宮敬叔酒, 以露睹父爲客. 羞鼈焉, 小. 睹父怒, 相延食鼈, 辭曰:
「將使鼈長而後食之」遂出. 文伯之母聞之, 怒曰:「吾聞之先子曰:『祭養尸, 饗養
上賓.』鼈於何有? 而使夫人怒也!」遂逐之. 五日, 魯大夫辭而復之. 公父文伯
之母如季氏, 康子在其朝, 與之言, 弗應, 從之及寢門, 弗應而入. 康子辭於朝
而入見, 曰:「肥也不得聞命, 無乃罪乎?」曰:「子弗聞乎? 天子及諸侯合民事
於外朝, 合神事於內朝; 自卿以下, 合官職於外朝, 合家事於內朝; 寢門之內,
婦人治其業焉. 上下同之. 夫外朝, 子將業君之官職焉; 內朝, 子將庀季氏之政焉,
皆非吾所敢言也.」公父文伯退朝, 朝其母, 其母方績. 文伯曰:「以歜之家而主
猶績, 懼忓季孫之怒也, 其以歜爲不能事主乎!」其母歎曰:「魯其亡乎! 使僮子
備官而未之聞耶? 居, 吾語女. 昔聖王之處民也, 擇瘠土而處之, 勞其民而用之,
故長王天下. 夫民勞則思, 思則善心生; 逸則淫, 淫則忘善, 忘善則惡心生. 沃土
之民不材, 逸也; 瘠土之民莫不嚮義, 勞也. 是故天子大采朝日, 與三公·九卿
祖識地德; 日中考政, 與百官之政事, 師尹維旅·牧·相, 宣序民事; 少采夕月,
與大史·司載糾虔天刑; 日入監九御, 使潔奉禘·郊之粢盛, 而後卽安. 諸侯朝修

天子之業命, 晝考其國職, 夕省其典刑, 夜儆百工, 使無慆淫, 而後卽安. 卿大夫
朝考其職, 晝講其庶政, 夕序其業, 夜庀其家事, 而後卽安. 士朝受業, 晝而講貫,
夕而習復, 夜而計過無憾, 而後卽安. 自庶人以下, 明而動, 晦而休, 無日以怠.
王后親織玄紞, 公侯之夫人加之以紘·綖, 卿之內子爲大帶, 命婦成祭服, 列士
之妻加之以朝服, 自庶士以下, 皆衣其夫. 社而賦事, 蒸而獻功, 男女效績, 愆則
有辟, 古之制也. 君子勞心, 小人勞力, 先王之訓也. 自上以下, 誰敢淫心舍力?
今我, 寡也, 爾又在下位, 朝夕處事, 猶恐忘先人之業. 況有怠惰, 其何以避辟!
吾冀而朝夕修我曰: 『必無廢先人.』爾今曰: 『胡不自安.』以是承君之官, 余懼
穆伯之絶嗣也.」仲尼聞之曰: 「弟子志之, 季氏之婦不淫矣.」公父文伯之母,
季康子之從祖叔母也. 康子往焉, 闈門與之言, 皆不踰閾. 祭悼子, 康子與焉,
酢不受, 徹俎不宴, 宗不具不繹, 繹不盡飫則退. 仲尼聞之, 以爲別於男女之禮矣.
公父文伯之母欲室文伯, 饗其宗老, 而爲賦〈綠衣〉之三章. 老請守龜卜室之族.
師亥聞之曰: 「善哉! 男女之饗, 不及宗臣; 宗室之謀, 不過宗人. 謀而不犯, 微而
昭矣. 詩所以合意, 歌所以詠詩也. 今詩以合室, 歌以詠之, 度於法矣.」公父文
伯卒, 其母戒其妾曰: 「吾聞之: 好內, 女死之; 好外, 士死之. 今吾子夭死, 吾惡
其以好內聞也. 二三婦之辱共先者祀, 請無瘠色, 無洵涕, 無搯膺, 無憂容, 有降服,
無加服. 從禮而靜, 是昭吾子也」仲尼聞之曰: 「女知莫若婦, 男知莫若夫. 公父氏
之婦智也夫! 欲明其子之令德.」公父文伯之母朝哭穆伯, 而暮哭文伯. 仲尼聞
之曰: 「季氏之婦可謂知禮矣. 愛而無私, 上下有章.」

102-② 孟宗寄鮓
어머니께 젓갈을 부쳐드린 맹종

《오록吳錄》에 실려 있다.

맹인孟仁은 자가 공무恭武이며 본명은 맹종孟宗으로 강하江夏 사람이다.
어려서 이숙李肅에게 공부하였는데, 그 어머니가 두꺼운 자리와 큰 이불을 만들어 주면서 이렇게 말하였다.

"어린아이로서 덕이 없으면 남을 끌어들일 수 없다. 배우는 자들은 흔히 가난하다. 그 때문에 넓은 이불을 만들었으니 다른 사람들과 함께 덮어 서로 그 기운을 접촉하도록 하라."

그는 학업에 빠져 이른 새벽부터 밤늦도록 게으름을 피우지 않았다. 이숙은 그를 기특하게 여겨 이렇게 말하였다.

"그대는 재상이 될 기량을 가졌소."

뒤에 그는 감지사마監池司馬가 되었다. 스스로 능히 그물을 만들 수 있었으며, 직접 자신이 물고기를 잡아 이를 젓갈로 만들어 어머니께 부쳐 드렸다. 그러자 어머니는 이를 되돌려보내며 이렇게 말하였다.

"너는 물고기를 보살피는 관직에 있으면서 그 물고기로 젓갈을 만들어 내게 보내다니, 이렇게 했다가는 혐의를 피할 수 없게 된단다."

뒤에 그는 오령吳令으로 옮겨갔다. 당시 누구나 모든 집안 식구를 다 거느리고 임지로 갈 수 없었다. 이에 그는 매번 절기 음식을 얻으면 어머니께 보냈으며 먼저 먹는 법이 없었다.

《초국선현전楚國先賢傳》에는 이렇게 실려 있다.

맹종의 어머니는 죽순을 좋아하였다. 겨울철이 되어 아직 죽순이 나지 않았을 때였는데, 맹종이 대숲으로 들어가 애타게 탄식하자 죽순이 솟아 올라 어머니께 드릴 수 있었다. 이는 모두 그의 지극한 효성이 감응한 것 이다. 그는 손호孫皓에게 벼슬하여 사공司空에 올랐다.

《吳錄》: 孟仁字恭武, 本名宗, 江夏人. 少從李肅學.

其母爲作厚蓐大被曰: 「小兒無德致客, 學者多貧, 故爲廣被, 庶可 得與氣類接也.」

其讀書, 夙夜不解.

肅奇之曰: 「卿宰相器也.」

除監池司馬. 自能結網, 手以捕魚, 作鮓寄母.

母以還之, 曰:「汝爲魚官, 而以鮓寄我, 非避嫌也.」
遷吳令. 時皆不得將家之官. 每得時物, 來以寄母, 常不先食.
《楚國先賢傳》曰: 宗母嗜筍. 冬節將至. 時筍尚未生, 宗入竹林
哀歎, 而筍爲之出, 得以供母. 皆以爲至孝所感. 仕孫皓至司空.

【吳錄】張勃이 지은 오나라 역사에 관한 책.《三國志》吳書⑶ 孫皓傳의 주를
볼 것.
【孟仁】삼국시대 吳나라 인물. 자는 恭武(다른 판본에는 '武恭'으로 되어 있음.)
본명은 孟宗. 孫皓의 字인 元宗의 휘를 피하여 孟仁으로 바꾼 것임. 孫皓 때
司空에 올랐으며 효도로도 이름이 높았음.
【李肅】삼국시대 吳나라의 학자. 孟仁의 스승.
【孫皓】孫晧로도 표기함. 자는 元宗(243~284). 혹은 이름은 彭祖, 자는 皓宗
이라고도 함. 吳의 마지막 임금. 孫權의 孫子이며 孫和의 아들. 처음 烏程侯
에 봉해졌다가 孫休(景帝)가 죽자 제위에 오름. 황음무도하여 민심을 잃고
晉 武帝 咸寧 6년(280)에 나라가 망하여 歸命侯에 封해짐.《三國志》(48)에
전이 있음.

참고 및 관련 자료

1.《三國志》(48) 〈吳書〉(3) 孫皓傳의 주
《吳錄》曰: (孟)仁字恭武, 江夏人也. 本名宗, 避晧字, 易焉. 少從南陽李肅學.
其母爲作厚褥大被, 或問其故, 母曰:「小兒無德致客, 學者多貧, 故爲廣被, 庶可
得與氣類接也.」其讀書, 夙夜不解. 肅奇之曰:「卿宰相器也.」初爲驃騎將軍
朱據軍吏, 將母在營. 旣不得志, 又夜雨屋漏, 因起涕泣, 以謝其母, 母曰:「但當
勉之, 何足泣也?」據亦稍知之, 除爲監池司馬. 自能結網, 手以捕魚, 作鮓寄母.
母因以還之, 曰:「汝爲魚官, 而以鮓寄我, 非避嫌也.」遷吳令. 時皆不得將家之官,
每得時物, 來以寄母, 常不先食. 及聞母亡, 犯禁委官, 語在權傳, 特爲減死一等,
復使爲官, 蓋優之也.

2. 《三國志》(48) 〈吳書〉(3)에 인용된 《楚國先賢傳》

《楚國先賢傳》曰: 宗母嗜筍. 冬節將至. 時筍尙未生, 宗入竹林哀嘆, 而筍爲之出,
得以供母. 皆以爲至孝所感. 累遷光祿勳, 遂至公矣.

3. 《二十四孝》哭竹生筍

三國時, 孟宗, 字恭武, 小孤, 母老, 病篤, 冬月思筍煮羹食, 宗無計可得, 乃往
竹林中, 抱竹而泣. 孝感天地, 須臾地裂, 出筍數莖. 歸持, 作羹奉母, 食畢疾愈.
有詩頌之. 詩曰:『淚滴朔風寒, 蕭蕭竹數竿. 須臾冬筍出, 天意報平安.』

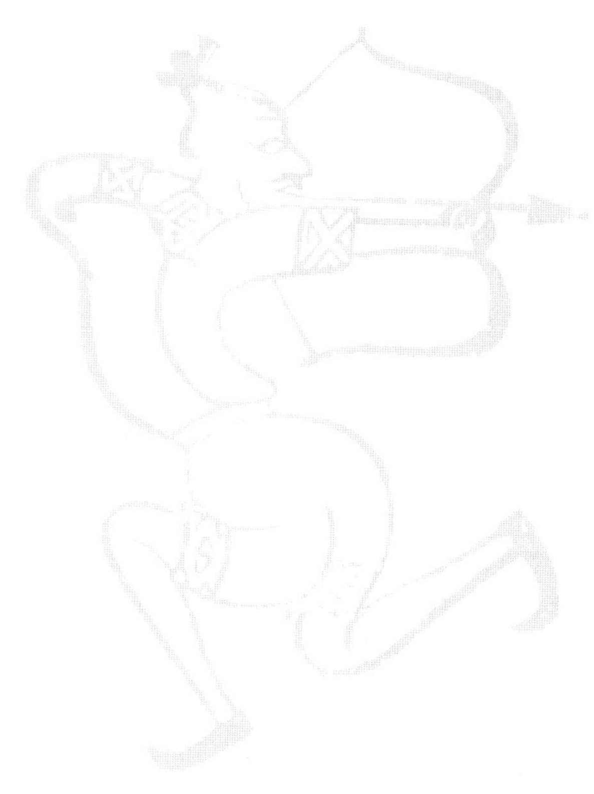

103. 史丹靑蒲, 張湛白馬

103-① 史丹靑蒲
청포에 엎드려 간언을 한 사단

전한前漢의 사단史丹은 자가 군중君仲이며 노魯나라 사람이다. 원제元帝가 즉위하자 그는 시중侍中이 되었다. 당시 정도공왕定陶共王이 재주과 예능이 있었으며, 그들 모자가 모두 함께 원제의 총애를 받고 있었다. 그러나 당시 태자는 자못 주색에 빠져 있었고, 그 어머니 왕황후王皇后도 총애를 잃은 상태였다. 원제가 병으로 눕자 왕황후와 태자는 함께 걱정이었다. 사단은 원제의 친밀한 신하로서 황제의 병을 가까이서 보살필 수 있었다. 이에 황제가 홀로 누워있는 틈을 엿보아 곧바로 내실로 들어가 청포靑蒲에 엎드려 임금에게 울면서 이렇게 말하였다.

"황태자는 적장자로 태자 자리에 있은 지 10여 년이 됩니다. 그 이름은 백성들 사이에 널리 알려져 있어 천하에 누구도 그의 신하가 되지 않겠다고 하는 이가 없습니다. 정도왕定陶王이 사랑과 총애를 받는 것을 두고 길에서는 태자를 바꾸려 움직임이 논의되고 있다고 유언이 퍼지고 있습니다. 이러한 일이 심의된다면 공경公卿 이하는 틀림없이 죽음으로써 쟁간히며 임금의 조칙을 기부하게 될 것입니다. 신은 그러한 일이 일어나기 전에 죽음을 내려주셔서 여러 신하들에게 본보기를 보여주시기를 원합니다."

원제는 본래 인자한 성격이었으며 게다가 사단의 울음을 보게 되었다. 게다가 그의 말이 절실하여 크게 감동한 나머지 이렇게 말하였다.

"황후는 부지런하고 신중하였고, 선제(先帝, 宣帝) 또한 태자를 사랑하였소. 내 어찌 그러한 지시를 위배할 수 있겠소?"

태자는 이로써 그 뒤를 이을 수 있었다. 성제가 등극하자 사단은 여러 벼슬을 거쳐 좌장군左將軍에 올랐다.

前漢, 史丹字君仲, 魯國人. 元帝卽位, 爲侍中. 時定陶共王有材藝, 子母俱愛幸. 而太子頗有酒色之失, 母王皇后無寵. 上寢疾, 皇后太子皆憂. 丹以親密臣得侍疾.

候上閒獨寢時, 直入臥內, 伏靑蒲上, 涕泣言曰:「皇太子以適長立十餘年, 名號繫於百姓, 天下莫不歸心臣子. 見定陶王愛幸, 道路流言, 以爲太子有動搖之議. 審若此, 公卿以下必以死爭不奉詔. 臣願先賜死, 以示群臣.」

天子素仁, 見丹涕泣, 言又切至, 大感曰:「皇后勤愼, 先帝又愛太子. 吾豈可違指?」

太子由是爲嗣, 成帝立. 累遷左將軍.

【史丹】 자는 君仲. 侍中에 오름. 成帝를 세우는 데 공을 세움.《漢書》에 전이 있음.
【元帝】 서한 제8대 황제. 劉奭. 宣帝 劉詢의 아들이며 B.C.48~B.C.33년 재위함.
【定陶共王】 元帝의 셋째 아들. 傅昭儀의 아들.
【酒色之失】 황제의 애정이 태자에게보다 정도왕에게 기울자 자신의 앞날에 불안감을 느끼고 본심과는 달리 일부러 방자하게 행동했던 것임.
【皇后太子皆憂】 황후는 成帝를 낳은 王皇后 王政君이며 태자는 뒤에 成帝가 됨.
【靑蒲】 皇后만이 드나들 수 있는 天子가 머무는 곳.
【適長】 嫡長子. 황후가 본처이며 그가 장남이었기 때문에 이처럼 말한 것이며 後嗣 다툼은 漢 高祖의 呂后와 戚夫人과의 사이에 큰 비극을 낳게 되었음.
【先帝】 '宣帝'. 王政君(皇后)이 成帝를 낳았을 때 宣帝는 嫡皇孫이었기 때문에 스스로 이름을 鶩字大孫이라 하고 항상 곁에 두었음.
【成帝】 西漢의 제9대 황제 劉鶩. 孝成皇帝. 元帝 劉奭의 아들. B.C.32~B.C.7년 재위. 趙飛燕과의 연애 고사로 유명함.

1.《漢書》史丹傳

史丹字君仲, 魯國人也, 徙杜陵. 祖父恭有女弟, 武帝時爲衛太子良娣, 産悼皇考.
皇考者, 孝宣帝父也. 宣帝微時依倚史氏. 語在《史良娣傳》. 及宣帝卽尊位, 恭已死,
三子, 高·曾·玄. 曾·玄皆以外屬舊恩封, 曾爲將陵侯, 玄平臺侯. 高侍中貴幸, 以發
擧反者大司馬霍禹功封樂陵侯. 宣帝疾病, 拜高爲大司馬車騎將軍, 領尙書事.
帝崩, 太子襲尊號, 是爲孝元帝. 高輔政五年, 乞骸骨, 賜安車駟馬黃金, 罷就第.
薨, 諡曰安侯. 自元帝爲太子時, 丹以父高任爲中庶子, 徒從十餘年. 元帝卽位,
爲駙馬都尉侍中, 出常驂乘, 甚有寵. 上以丹舊臣, 皇考外屬, 親信之, 詔丹護
太子家. 是時, 傅昭儀子定陶共王有材藝, 子母俱愛幸, 而太子頗有酒色之失,
母王皇后無寵. 建昭之間, 元帝被疾, 不親政事, 留好音樂. 或置鞞鼓殿下, 天子
自臨軒檻上, 隤銅丸以擿鼓, 聲中嚴鼓之節. 後宮及左右習知音者莫能爲, 而定
陶王亦能之, 上數稱其材. 丹進曰:「凡所謂材者, 敏而好學, 溫故知新, 皇太子
是也. 若乃器人於絲竹鼓鼙之間, 則是陳惠·李微高於匡衡, 可相國也.」於是上
嘿然而咲. 其後, 中山哀王薨, 太子前弔. 哀王者, 帝之少弟, 與太子遊學相長大.
上望見太子, 感念哀王, 悲不能自止. 太子旣至前, 不哀. 上大恨曰:「安有人不
慈仁而可奉宗廟爲民父母者乎!」上以責謂丹. 丹免冠謝上曰:「臣誠見陛下哀
痛中山王, 至以感損. 向者太子當進見, 臣竊戒屬毋涕泣, 感傷陛下. 罪乃在臣,
當死.」上以爲然, 意乃解. 丹之輔相, 皆此類也. 竟寧元年, 上寢疾, 傅昭儀及
定陶王常在左右, 而皇后太子希得進見. 上疾稍侵, 意忽忽不平, 數問尙書以景
帝時立膠東王故事. 是時, 太子長舅陽平侯王鳳爲衛尉侍中, 與皇后太子皆憂,
不知所出. 丹以親密臣得侍視疾, 候上間獨寢時, 丹直入臥內, 頓首伏靑蒲上,
涕泣言曰:「皇太子以適長立, 積十餘年, 名號繫於百姓, 天下莫不歸心臣子.
見定陶王雅素愛幸, 今者道路流言, 爲國生意, 以爲太子有動搖之議. 審若此,
公卿以下必以死爭, 不奉詔. 臣願先賜死以示羣臣!」天子素仁, 不忍見丹涕泣,
言又切至, 上意大感, 喟然太息曰:「吾日困劣, 而太子兩王幼少, 意中戀戀, 亦何
不念乎! 然無有此議. 且皇后謹愼, 先帝又愛太子, 吾豈可違指! 駙馬都尉安所
受此語?」丹卽卻, 頓首曰:「愚臣妄聞, 罪當死!」上因納, 謂丹曰:「吾病寖加,
恐不能自還. 善輔道太子, 毋違我意!」丹噓唏而起. 太子由是遂爲嗣矣. 元帝
竟崩, 成帝初卽位, 擢丹爲長樂衛尉, 遷右將軍, 賜爵關內侯, 食邑三百戶, 給事中,
後徙左將軍·光祿大夫. 鴻嘉元年, 上遂下詔曰:「夫襃有德, 賞元功, 古今通義也.

左將軍丹往時導朕以忠正, 秉義醇壹, 舊德茂焉. 其封丹爲武陽侯, 國東海郊之武彊聚, 戶千一百.」丹爲人足知, 愷弟愛人, 貌若儻蕩不備, 然心甚謹密, 故尤得信於上. 丹兄嗣父爵爲侯, 讓不受分. 丹盡得父財, 身又食大國邑, 重以舊恩, 數見襃賞, 賞賜累千金, 僮奴以百數, 後房妻妾數十人, 内奢淫, 好飮酒, 極滋味聲色之樂. 爲將軍前後十六年, 永始中病乞骸骨, 上賜策曰:「左將軍寢病不衰, 願歸治疾, 朕愍以官職之事久留將軍, 使躬不瘳. 使光祿勳賜將軍黄金五十斤, 安車駟馬, 其上將軍印綬. 宜專精神, 務近醫藥, 以輔不衰.」丹歸第數月薨, 諡曰頃侯. 有子男女二十人, 九男皆以丹任並爲侍中諸曹, 親近在左右. 史氏凡四人侯, 至卿大夫二千石者十餘人, 皆訖王莽乃絶, 唯將軍侯曾無子, 絶於身云.

103-② 張湛白馬
백마선생 장담

후한後漢의 장담張湛은 자가 자효子孝이며 부풍扶風 평릉平陵 사람이다. 긍지가 있고 엄격하며 예를 좋아하여 행동에 법칙이 있었다. 그리하여 어두운 방에 있을 때라도 반드시 정리를 잘하였다. 아내를 대할 때도 마치 아버지를 대하듯 하였다. 향당鄕黨에서는 말은 자상하고 표정은 정확하여 삼보三輔에서 의표儀表가 되었다. 어떤 사람이 혹 장담을 두고 위선이라 하자 장담은 이렇게 말하였다.

"사람들은 모두 악함을 숨기고자 거짓을 꾸미지만, 나는 홀로 선함을 숨기고자 거짓을 꾸민다."

건무建武 초에 광록훈光祿勳이 되었으며, 광무제光武帝가 조정에 임하였을 때 간혹 나태한 표정을 지으면 즉시 이를 간언하였다. 항상 백마를 타고 다녀 임금이 이를 볼 때마다 문득 이렇게 말하곤 하였다.

"백마 선생이 또다시 간언을 하러 오시는군!"

곽후郭后가 폐위되자 병을 핑계로 조정에 나가지 않았다. 태중대부太中大夫가 되었다. 황제가 다시 억지로 그를 등용하여 대사도大司徒로 삼자 장담은 질환이 더욱 심해졌다고 스스로 말하여 드디어 기용되지 않았다.

後漢, 張湛字子孝, 扶風平陵人. 矜嚴好禮, 動止有則, 居幽室必修整. 遇妻子若嚴君. 在鄕黨, 詳言正色, 三輔以爲儀表. 人或謂湛爲僞詐.

湛曰:「人皆詐惡, 我獨詐善.」

建武初, 拜光祿勳. 光武臨朝, 或有惰容, 輒陳諫. 常乘白馬.

上每見, 輒言:「白馬生且復諫矣!」

及郭后廢, 稱疾不朝. 拜太中大夫. 帝强起之, 爲大司徒, 湛自陳疾篤, 遂罷.

【張湛】 자는 子孝. 후한 초기의 인물.《後漢書》에 전이 있음.

【三輔】 長安에서 가까운 右扶風·左風翊·京兆의 세 관할 행정 구역.

【建武】 東漢 光武帝 劉秀의 첫 연호. A.D.25~55년까지 31년간.

【光祿勳】 궁문을 총괄하여 관리하는 장관. 光祿大夫·太中大夫·中散大夫·諫議大夫·謁者僕射·羽林郎·五官中郞將·左右中郞將·奉車都尉·駙馬都尉 등이 모두 이에 속함.

【光武帝】 世祖光武皇帝. 光武帝. A.D.25~57년 재위. 東漢(後漢)의 첫 황제. 劉秀. 자는 文叔. 長沙 定王 劉發의 후손. 漢 景帝가 유발을 낳고, 유발이 春陵節侯 劉買를 낳았으며 뒤에 封地가 南陽 白水鄕으로 옮겨져 그곳을 春陵이라 하고 가문을 이루었음. 그리고 유매의 막내아들이 劉外였으며 그가 劉回를 낳았고, 유회가 南頓令 劉欽을 낳았으며 유흠이 유수를 낳았음. 이가 동한을 일으켜 낙양에 도읍을 하여 유씨 왕조를 이은 것이며 이를 東漢(後漢)이라 부름.

1.《後漢書》張湛傳

張湛字子孝, 扶風平陵人也. 矜嚴好禮, 動止有則, 居處幽室, 必自修整, 雖遇妻子, 若嚴君焉. 及在鄕黨, 詳言正色, 三輔以爲儀表. 人或謂湛僞詐, 湛聞而笑曰:「我誠詐也. 人皆詐惡, 我獨詐善, 不亦可乎?」成哀間, 爲二千石. 王莽時, 歷太守·都尉. 建武初, 爲左馮翊. 在郡修典禮, 設條敎, 政化大行. 後告歸平陵, 望寺門而步. 主簿進曰:「明府位尊德重, 不宜自輕.」湛曰:「《禮》, 下公門, 軾輅馬. 孔子於鄕黨, 恂恂如也. 父母之國, 所宜盡禮, 何謂輕哉?」五年, 拜光祿勳. 光武臨朝, 或有惰容, 湛輒陳諫其失. 常乘白馬, 帝每見湛, 輒言「白馬生且復諫矣」. 七年, 以病乞身, 拜光祿大夫, 代王丹爲太子太傅. 及郭后廢, 因稱疾不朝, 拜太中大夫, 居中東門候舍, 故時人號曰『中東門君』. 帝數存問賞賜. 後大司徒戴涉被誅, 帝彊起湛以代之. 湛至朝堂, 遺失溲便, 因自陳疾篤, 不能復任朝事, 遂罷之. 後數年, 卒於家.

104. 隱之感隣, 王脩輟社

104-① 隱之感隣
이웃을 감동시킨 오은지의 효성

《진서晉書》에 실려 있다.

오은지吳隱之는 자가 처묵處黙이며 복양濮陽 견성鄄城 사람이다. 문사文史를 널리 읽어 박통하였으며, 유학儒學의 전아한 도를 자신의 표준으로 삼았다. 약관弱冠의 나이에 우뚝 서서 맑은 지조를 지녔다. 나이 열 살 남짓에 아버지의 상을 당하여 그가 울음을 터뜨릴 때마다 지나가는 사람들도 눈물을 흘릴 정도였다. 어머니를 효성으로 모셨으나 어머니마저 돌아가시자 장례를 치르면서 슬퍼하기를 예禮에 지나치도록 하였다. 당시 태상太常 한강백韓康伯이 이웃집이었다. 한강백의 어머니는 어질고 명석한 부인이었다. 매번 오은지의 울음을 들을 때마다 문득 먹던 밥을 멈추고 젓가락을 던지며 슬퍼하며 울곤 하였다. 그러면서 아들 한강백에게 이렇게 말하였다.

"네가 나중에 사람을 뽑는 관직에 있게 되면 의당 이러한 사람을 추천하여야 할 것이다."

한강백이 이부상서史部尙書기 되자 오은지는 드디어 깨끗하게 발탁되었다.

당시 광주廣州에는 진기한 물건이 많이 산출되었다. 그곳에 부임하였던 거쳐갔던 자사刺史들은 그것을 탐내어 독직瀆職하는 일이 잦았다. 조정에서는 그러한 폐단을 개혁하고자 오은지를 그곳 자사로 파견하였다. 그곳 광주에는 샘이 있었는데 이름을 '탐천貪泉'이라 하였다. 그 물을 마시는 자는 자신도 모르게 끝없는 탐욕을 품게 된다는 것이다. 오은지는 그 샘에 이르러 이를 떠서 마시면서 이렇게 〈부賦〉를 지었다.

"옛 사람이 말하기를 이 샘물은, 古人云此水,

　한번 마시면 천금의 탐욕을 품게 된다 하였지. 一歃懷千金.

　시험삼아 백이와 숙제에게 마시게 해 보면, 試使夷齊飮,

　그들은 끝내 마음을 바꾸지 않으리." 終當不易心.

그는 광주에 이르러 청렴함과 절조를 더욱 매섭게 지켰다.

뒤에 그가 벼슬을 사직하자 조정에서는 광록대부光祿大夫의 직급과
금장자수金章紫綬를 주었다.

《晉書》: 吳隱之字處黙, 濮陽鄄城人. 博涉文史, 以儒雅標名.
弱冠而介立, 有淸操. 年十餘, 丁父憂, 每號泣, 行人爲之流涕. 事母
孝謹, 及其執喪, 哀毁過禮. 與太常韓康伯隣居, 康伯母賢明婦人,
每聞其哭, 輟餐投筯, 爲之悲泣.

謂康伯曰:「汝若居銓衡, 當擧如此輩人」

及康伯爲吏部尙書, 隱之遂階淸級. 廣州珍異所出, 前後刺史多
黷貨. 朝廷欲革其弊, 以隱之爲刺史. 州有水曰『貪泉』, 飮者懷無
厭之欲. 隱之至泉所, 酌而飮之, 因賦詩曰:『古人云此水, 一歃
懷千金. 試使夷齊飮, 終當不易心.』

及在州, 淸操愈厲. 後致仕, 授光祿大夫·金章紫綬.

【吳隱之】자는 處黙. 진나라 때 사람으로 절조가 있었음. 《晉書》良吏傳 참조.
【丁憂】'丁'은 '丁蘭'을 가리킴. 정란이 어머니가 죽어 나무판에 형상을 그려
　세운 고사. 뒤에 부모의 상을 뜻하는 말로 쓰임. 《二十四孝》刻木事親에
　"漢, 丁蘭, 幼喪父母, 未得奉養, 而思念劬勞之恩, 刻木爲像, 事之如生. 其妻
　久而不敬, 以針戲刺其指, 則血出. 木像見蘭, 又眼中垂淚, 蘭問得其情, 將妻出

棄之. 有詩爲頌. 詩曰:『刻木爲父母, 形容如在時. 寄言諸子姪, 各要孝親幃』”
라 함. '丁蘭刻木'[208] 참조.

【銓衡】 관리를 뽑아 추천하는 것.

【賦詩】 이 〈貪泉〉시는 《古文眞寶》에도 수록되어 있음.

【夷齊】 伯夷와 叔齊. 孤竹國의 두 왕자로 청렴하고 절개 있는 인물로 널리
추앙 받았음. 《史記》 伯夷列傳 참조.

【韓康伯】 韓伯. 丹陽尹·吏部尙書 등을 지냄. 《晉書》(75)에 전이 있음.

참고 및 관련 자료

1. 《晉書》(90) 良吏傳(吳隱之)

吳隱之字處黙, 濮陽鄄城人, 魏侍中質六世孫也. 隱之美姿容, 善談論, 博涉文史,
以儒雅標名. 弱冠而介立, 有淸操, 雖日晏歠菽, 不饗非其粟; 儋石無儲, 不取
非其道. 年十餘, 丁父憂, 每號泣, 行人爲之流涕. 事母孝謹, 及其執喪, 哀毁
過禮. 家貧, 無人鳴鼓, 每至哭臨之時, 恒有雙鶴警叫, 及祥練之夕, 復有羣雁
俱集, 時人咸以爲孝感所至. 嘗食鹹菹, 以其味旨, 掇而棄之. 與太常韓康伯隣居,
康伯母, 殷浩之姊, 賢明婦人也, 每聞隱之哭聲, 輟餐投筋, 爲之悲泣. 既而謂
康伯曰:「汝若居銓衡, 當擧如此輩人.」 及康伯爲吏部尙書, 隱之遂階淸級.
……廣州包帶山海, 珍異所出, 一篋之寶, 可資數世, 然多瘴疫, 人情憚焉. 唯貧
窶不能自立者, 求補長史, 故前後刺史皆多黷貨. 朝廷欲革嶺南之弊, 隆安中,
以隱之爲龍驤將軍·廣州刺史·假節, 嶺平越中郎將. 未至州二十里, 知名曰石門,
有水曰『貪泉』, 飮者懷無厭之欲. 隱之既至, 語其親人曰:「不見可欲, 使心不亂.
越嶺喪淸, 吾知之矣.」 乃至泉所, 酌而飮之, 因賦詩曰:『古人云此水, 一歃懷
千金. 試使夷齊飮, 終當不易心.』 及在州, 淸操愈厲, 常食不過菜及乾魚而已,
帷帳器服皆付外庫, 時人頗謂其矯, 然亦終始不易. 義熙八年, 請老致事, 優詔
許之, 授光祿大夫, 加金章紫綬, 賜錢十萬·米三百斛. 九年, 卒, 追贈左光祿大夫,
加散騎常侍.

2. 《古文眞寶》前集 〈貪泉〉

古人云此水, 一歃懷千金. 試使夷齊飮, 終當不易心.

104-② 王脩輟社
사일의 행사를 철수하게 한 왕수의 효성

《위지魏志》에 실려 있다.

왕수王脩는 자가 숙치叔治이며 북해北海 영릉營陵 사람이다. 나이 일곱에 어머니를 잃었는데 그날은 마침 사일社日이었다. 이듬해 이웃 사람들이 사일이 되어 왕수가 어머니를 그리워하며 우는 소리가 너무 애처로워 결국 사일의 행사를 치르지 못하고 말았다.

뒤에 태조(太祖, 曹操)가 남피南皮를 깨뜨리고 오는 길에 왕수의 집을 들렀더니 집의 양식은 불과 10곡斛도 안 되는데, 책은 수백 권이나 되었다. 태조는 감탄하여 이렇게 말하였다.

"선비란 아무런 이유 없이 이름이 알려지는 것이 아니로구나!"

그리하여 그를 불러 사공연司空掾의 벼슬을 주었으며 뒤에 위군태수魏郡太守에 올랐다. 그의 행정은 강한 자를 억누르고 약한 자를 부축하는 것으로서 백성들이 이를 칭송하였다.

《魏志》: 王脩字叔治, 北海營陵人. 年七歲喪母, 以社日亡. 來歲隣里社脩感念母哀甚, 隣里爲之罷社. 後太祖破南皮, 閱脩家, 穀不滿十斛, 有書數百卷.

太祖歎曰:「士不妄有名!」

乃辟爲司空掾, 遷魏郡太守. 爲治抑强扶弱, 百姓稱之.

【王脩】 王修로도 표기하며 자는 叔治. 7살에 어머니가 죽자 너무 슬피 울어 마을 社祭를 철회하였다 함. 《三國志》(11) 魏書 王修傳 참조.

【社日】社神에게 제사지내는 날. 立春 후 다섯 번째 戊日에 지내는 것을
春社라 하고, 立秋 후 역시 다섯 번째 戊日에 지내는 것을 秋社라 함.
【太祖】魏武帝. 曹操(155~220). 자는 孟德. 어릴 때는 阿瞞으로 불렸음. 沛國
출신으로 기지와 변화는 물론 문장에도 뛰어났었으며 曹丕의 아버지로
한말 세력을 키워 魏나라를 건립하는 기초를 세움. 아들 조비가 獻帝로부터
선양을 받아 武帝로 추존함.《孫子略解》,《兵書接要》,《曹操集》등이 있음.
《三國志》(1)에 紀가 있음.

1.《三國志》魏志(11) 王脩傳

王脩字叔治, 北海營陵人也. 年七歲喪母. 母以社日亡, 來歲鄰里社, 脩感念母,
哀甚. 鄰里聞之, 爲之罷社. 年二十, 游學南陽, 止張奉舍. 奉舉家得疾病, 無相
視者, 脩親隱恤之, 病愈乃去. 初平中, 北海孔融召以爲主簿, 守高密令. ……太祖
歎曰:「士不妄有名.」乃禮辟爲司空掾, 行司金中郎將, 遷魏郡太守. ……太祖
在銅爵臺望見之, 曰:「彼來者必王叔治也.」相國鍾繇謂脩:「舊, 京城有變, 九卿
各居其府.」脩曰:「食其祿, 焉避其難? 居府雖舊, 非赴難之義.」頃之, 病卒官.

2.《顏氏家訓》風操篇

魏世王修母以社日亡; 來歲社日, 修感念哀甚, 鄰里聞之, 爲之罷社. 今二親喪亡,
偶值伏臘分至之節, 及月小晦後, 忌之外, 所經此日, 猶應感慕, 異於餘辰, 不預
飲讌·聞聲樂及行遊也.

105. 阮放八儁, 江彪四凶

105-① 阮放八儁
팔준이라 불린 완방

《진서晉書》에 실려 있다.

양만羊曼은 자가 연조延祖이며 어려서부터 이름이 알려졌다. 진릉태수晉陵太守가 되었다. 그는 방달하고 제멋대로 하였으며 퇴폐하고 방종하였고 술을 좋아하였다. 온교溫嶠, 유량庾亮, 완방阮放, 환이桓彝와 뜻이 맞아 친한 친구로 지내어 함께 중흥中興의 명사가 되었다.

당시 주리州里에서는 완방을 굉백宏伯, 치감郗鑒을 방백方伯, 호모보지胡母輔之를 달백達伯, 변호卞壺를 재백裁伯, 채모蔡謨를 낭백朗伯, 완부阮孚를 탄백誕伯, 유수劉綏를 위백委伯, 그리고 양만을 답백黯伯이라 불렀다. 무릇 이 여덟 사람을 일러 '연주팔백兗州八伯'이라 하였으니 대체로 고대 팔준八儁을 빗댄 것이다.

《晉書》: 羊曼字延祖, 少知名. 歷晉陵太守. 任達頹縱, 好飲酒. 溫嶠·庾亮·阮放·桓彝同志友善, 竝爲中興名士. 時州里稱阮放爲宏伯, 郗鑒爲方伯, 胡母輔之爲達伯, 卞壺爲裁伯, 蔡謨爲朗伯, 阮孚爲誕伯, 劉綏爲委伯, 而曼爲黯伯. 凡八人號『兗州八伯』, 蓋擬古之八儁也.

【羊曼】 자는 祖延(延祖. 274~328). 兗州八伯 중의 하나. 蘇峻에게 죽음을 당하였음. 《晉書》(49)에 전이 있음.
【溫嶠】 자는 太眞(288~329). 太原 사람. 永嘉之亂 때 유곤의 심부름으로

남으로 내려가 원제(司馬睿)의 추대에 힘씀. 蘇峻의 난을 평정함. 시호는 忠武. 《晉書》(67)에 전이 있음. '太眞玉臺'[120] 참조.

【庾亮】 자는 元規(289~340). 蘇峻, 祖約의 난을 평정하였으며 명제 때 王導를 이어 中書監이 됨. 征西大將軍, 荊州刺史 등을 지냄. 청담을 좋아하였으며 老莊에 밝았음. 죽은 후 太尉에 추증되었고 시호는 文康. 《晉書》(73)에 전이 있음.

【阮放】 齊郡太守를 지냈던 인물.

【郗鑒】 (269~339). 자는 道徽. 高平金鄕人. 두 아들 郗愔과 郗曇 역시 뛰어난 인물이었음. 西晉이 망하자 가족과 마을 사람 천여 명을 데리고 남으로 피난하였으며 陶侃, 溫嶠 등과 함께 祖約, 蘇峻을 난을 평정함. 侍中을 역임하였으며 太尉에 오름. 《晉書》(67)에 전이 있음. '郗鑒吐哺'[291] 참조.

【胡母輔之】 이름은 輔之(補之). 자는 彦國. 泰山 高峯人. 湘州刺史를 지냄. 王澄, 王敦, 庾顗 등과 함께 太尉 王衍에게 사랑을 받음. '胡母'는 복성으로 판본에 따라 흔히 '胡毋'로도 표기함. 《晉書》(49)에 전이 있음. '彦國吐屑'[119] 참조.

【裁伯】 '재'는 裁斷. 어떤 일을 과감하게 결재하여 어김이 없음.

【阮孚】 자는 遙集(297~327). 阮咸의 둘째 아들이며 阮咸이 고모집 여종이었던 鮮卑族 여자를 좋아하여 그 사이에 태어남. 元帝 때 安東參軍을 거쳐 侍中, 吏部尙書, 丹陽尹을 역임함. 成帝 때 서울에 난이 일어날 것을 예상하고 廣州刺史를 요구하여 떠나지 못한 채 죽음. 《晉書》(49)에 전이 있음. '阮孚蠟展'[170] 참조.

【黯伯】 '黯'은 '黶'과 같음. '검다'는 뜻이 있어 羊曼의 피부가 검어 그렇게 불렀다고도 함.

【八儁】 八雋과 같음. 雋은 儁, 俊과 같은 뜻. 俊秀한 재능을 가진 자를 말함. 《左傳》 文公 18년의 '八元八愷'를 빗대어 부른 것. 顓頊 高陽氏의 八才子와 帝嚳 高辛氏의 八才子를 상징함.

1. 《晉書》(49) 羊曼傳

羊曼字祖延, 太傅祜兄孫也. 父曁, 陽平太守. 曼少知名, 本州禮命, 太傅辟, 皆不就. 避難渡江, 元帝以爲鎭東參軍, 轉丞相主簿, 委以機密. 歷黃門侍郎·尙書吏部郎·晉陵太守, 以公事免. 曼任達穨縱, 好飮酒. 溫嶠·庾亮·阮放·桓彝

同志友善, 並爲中興名士. 時州里稱陳留阮放爲宏伯, 高平郗鑒爲方伯, 泰山胡
毋輔之爲達伯, 濟陰卞壺爲裁伯, 陳留蔡謨爲朗伯, 阮孚爲誕伯, 高平劉綏爲
委伯, 而曼爲黶伯. 凡八人號『兗州八伯』, 蓋擬古之八儁也.

2.《左傳》文公 18년

昔高陽氏有才子八人, 蒼舒·隤凱·檮戩·大臨·龙降·庭堅·仲容·叔達, 齊·聖·廣·
淵·明·允·篤·誠, 天下之民謂之八愷. 高辛氏有才子八人, 伯奮·仲堪·叔獻·季仲·
伯虎·仲熊·叔豹·季狸, 忠·肅·共·懿·宣·慈·惠·和, 天下之民謂之八元. 此十六族
也, 世濟其美, 不隕其名. 以至於堯, 堯不能擧. 舜臣堯, 擧八愷, 使主后土, 以揆
百事, 莫不時序, 地平天成. 擧八元, 使布五敎于四方, 父義·母慈·兄友·弟共·子孝,
內平外成. 昔帝鴻氏有不才子, 掩義隱賊, 好行凶德; 醜類惡物. 頑嚚不友, 是與
比周, 天下之民謂之渾敦. 少皞氏有不才子, 毁信廢忠, 崇飾惡言; 靖譖庸回,
服讒蒐慝, 以誣盛德, 天下之民謂之窮奇. 顓頊氏有不才子, 不可敎訓, 不知話言;
告之則頑, 舍之則嚚, 傲很明德, 以亂天常, 天下之民謂之檮杌. 此三族也, 世濟
其凶, 增其惡名, 以至于堯, 堯不能去. 縉雲氏有不才子, 貪于飮食, 冒于貨賄,
侵欲崇侈, 不可盈厭, 聚歛積實, 不知紀極, 不分孤寡, 不恤窮匱, 天下之民以比
三凶, 謂之饕餮. 舜臣堯, 賓于四門, 流四凶族, 渾敦·窮奇·檮杌·饕餮, 投諸四裔,
以禦螭魅. 是以堯崩而天下如一, 同心戴舜, 以爲天子, 以其擧十六相, 去四凶也.

105-② 江泉四凶
사흉으로 불린 강기

　양만羊曼의 아우 양담羊耼은 자가 팽조彭祖였으며, 어려서부터 공부할
기회를 얻지 못하여 당시 누구나 모두 그의 평범하고 용렬함을 비루하다
논하였다. 이에 앞서 연주兗州 땅에 팔백八伯이라는 호칭이 있었는데, 그
뒤에 다시 사백四伯으로 줄어들었다. 즉 대홍려大鴻臚 강기江泉는 대식가
로써 곡백穀伯으로 불렸고, 예장태수豫章太守 사주史疇는 너무 뚱뚱하여

분백笨伯이라 불렸으며, 산기랑散騎郎 장억張嶷은 교활하고 망령되어 활백猾伯이라 불렸으며, 양담은 거칠고 비뚤어져 쇄백瑣伯이라 불렀다. 대체로 옛날 사흉四凶에 빗대어 이름을 붙이다.

羊曼弟聃字彭祖, 少不經學, 時論皆鄙其凡庸. 先是, 兗州有八伯之號, 其後更有四伯. 大鴻臚江虒以能食爲穀伯, 豫章太守史疇以太肥爲笨伯, 散騎郎張嶷以狡妄爲猾伯, 而聃以狼戾爲瑣伯. 蓋擬古之四凶也.

【羊曼】자는 祖延(延祖. 274~328). 兗州八伯 중의 하나. 소준에게 죽음을 당하였음. 《晉書》(49)에 전이 있음.
【羊聃】양만의 아우. 자는 彭祖. 《晉書》에 전이 있음.
【大鴻臚】賓客 및 귀순한 속국과 외교관 의전 등의 업무를 담당함.
【江虒】〈四庫全書〉본에는 '江泉'으로 되어 있음.
【笨伯】'비어 있는 어른'이라는 뜻. '분(笨)'은 대나무의 속이 빈 것을 말함.
【猾伯】'활'은 '교활하다'의 뜻.
【瑣伯】'쇄'는 작은 일에 자질구레하게 구는 것을 말함.
【四凶】堯임금 때 네 명의 흉악한 사람. 共工·驩兜·三苗·鯀.

참고 및 관련 자료

1.《晉書》(49) 羊曼傳(羊聃)

羊曼弟聃字彭祖, 少不經學, 時論皆鄙其凡庸. 先是, 兗州有八伯之號, 其後更有四伯. 大鴻臚陳留江虒(泉)以能食爲穀伯, 豫章太守史疇以太肥爲笨伯, 散騎郎高平張嶷以狡妄爲猾伯, 而聃以狼戾爲瑣伯. 蓋擬古之四凶.

2.《左傳》文公 18년

舜臣堯, 賓于四門, 流四凶族, 渾敦·窮奇·檮杌·饕餮, 投諸四裔, 以禦螭魅. 是以堯崩而天下如一, 同心戴舜, 以爲天子, 以其擧十六相, 去四凶也.

106. 華歆忤旨, 陳群蹙容

106-① 華歆忤旨
조비에게 거역의 뜻을 보인 화흠

〈화교보서華嶠譜序〉에 실려 있다.

위魏 문제文帝 조비曹丕가 한漢나라 헌제獻帝로부터 대권을 선양받자, 조정의 신하들도 그에 맞추어 작위를 받았다. 그때 화흠華歆은 얼굴에 거역하는 뜻을 보였다. 게다가 사도司徒로 옮겨 주었지만 그에 맞는 작위를 마다하는 것이었다. 문제는 불쾌히 여겨 이를 상서령尚書令 진군陳群에게 물어 보았다.

"내 하늘의 뜻에 응하여 제위를 선양받아 모든 관료와 제후들로서 그 얼굴과 목소리에 즐거운 형색을 띠지 않는 자가 없소. 그런데 상국相國 화흠과 그대만이 유독 즐거운 기색이 아니니 어찌 된 거요?"

진군은 이렇게 대답하였다.

"저와 상국은 일찍이 한나라 조정의 신하였습니다. 마음속으로야 비록 즐겁지만 의리로 보아 얼굴에 그러한 빛을 띠는 것입니다."

문제는 크게 기꺼워하였다.

화흠은 자가 자어子魚이며 평원平原 고당高唐 사람으로 명제明帝 때에 태위太尉로 승진하였다.

〈華嶠譜序〉曰: 文帝受禪, 朝臣並受爵位. 歆以形色忤旨. 徙爲司徒, 而不進爵.

帝久不懌, 以問尚書令陳群曰:「我應天受禪, 百辟群后, 莫不悅喜形于聲色, 而相國及公獨有不怡者何也?」

群曰:「臣與相國, 曾臣漢朝. 心雖悅喜, 義形其色.」

帝大悅.

歆字子魚, 平原高唐人. 明帝時進拜太尉.

【文帝】魏文帝 曹丕(187~226). 자는 子桓. 曹操의 둘째 아들. 아버지 曹操가 죽고 魏王을 습봉하여 漢나라 丞相이 됨. 延康 元年(220)에 禪讓을 받아 황제가 되었으며 연호를 黃初로 바꾸고 국호를 魏나라로, 洛陽을 도읍으로 정함. 재위 7년에 죽었으며 시호는 文皇帝. 문장에도 뛰어나 《典論》을 지었으며 그 중 〈論文〉은 문학 이론과 비평의 유명한 글로 평가받고 있음. 그 외에 〈燕歌行〉은 현존 최초의 7언시로 알려짐. 《三國志》(2)에 紀가 있음. 《魏志》에 "帝諱丕. 字子桓, 受漢禪"이라 함. '魏儲南館'[245] 참조.

【華歆】자는 子魚(156~231). 삼국시대 魏나라 高堂人. 어릴 때 관녕과 함께 같이 공부하였으며 漢末에 豫章太守를 거쳐 뒤에 吳나라 孫策을 따르다가, 다시 魏나라에 벼슬하여 曹丕를 도와 漢나라를 찬탈함. 《三國志》(13)에 전이 있음.

【陳群】자는 長文. 陳寔의 손자이며 陳紀의 아들. 뒤에 曹操를 도와 司空掾이 되었으며 尙書로서 九品官人法을 제정함. 曹丕가 한나라를 이어받자 鎭東大將軍, 錄尙書事가 됨. 明帝 때 潁陰侯에 봉해짐. 《後漢書》(62)와 《三國志》(22)에 전이 있음.

【百辟群后】'辟'과 '后'는 제후를 가리킴.

【明帝】魏 明帝 曹叡(206~239). 魏文帝(曹丕)와 甄后 사이에 남. 227년 문제를 이어 제위에 올랐음. 재위 13년(227~239). 시호는 明皇帝. 《三國志》(3)에 紀가 있음.

참고 및 관련 자료

1. 《華嶠譜敍》

魏受禪, 朝臣三公以下, 並受爵位; 華歆以形色忤時, 徙爲司空, 不進爵. 文帝久不懌, 以問尙書令陳羣曰:「我應天受命, 百辟莫不悅喜, 形於聲色; 而相國及公,獨有不怡者, 何邪?」羣起, 離席長跪曰:「臣與相國, 曾事漢朝, 心雖悅喜, 義形於色; 亦懼陛下, 實應見憎.」帝大悅, 歡息良久, 遂重異之.

2.《世說新語》方正篇

魏文帝受禪, 陳群有慼容. 帝問曰:「朕應天受命, 卿何以不樂?」群曰:「臣與華歆服膺先朝; 今雖欣聖化, 猶義形於色.」

3.《十八史略》(3)

初曹操自兗州牧, 入爲丞相, 領冀州牧. 封魏公, 作銅雀臺於鄴. 已而進爵爲王, 用天子車服, 出入警蹕, 以子丕爲王太子. 操卒, 丕立, 自爲丞相冀州牧, 魏羣臣言:「魏當代漢.」丕遂迫帝禪位, 以帝爲山陽公.

106-② 陳群慼容
슬픈 표정을 지은 진군

《세설신어世說新語》에 실려 있다.

문제文帝 조비가 제위를 선양받자 진군陳群은 위축된 얼굴색을 하였다. 진군은 자가 장문長文이며 영천潁川 허창許昌 사람이다. 사공司空을 시작으로 녹상서사錄尙書事의 벼슬을 하였다.

당초 진군이 아이였을 때, 조부 진식陳寔이 항상 그를 기이하게 여기며 종인宗人 부로父老에게 이렇게 말하곤 하였다.

"이 아이는 틀림없이 우리 가문을 일으킬 것이오."

《박물지博物志》에는 이렇게 기록하고 있다.

태구장太丘長 진식이 있었는데, 그의 아들은 홍려경鴻臚卿의 진기陳紀이며, 진기의 아들은 사공 진군이었고, 진군의 아들은 진태陳泰였는데, 사세에 걸쳐 한위漢魏 두 조대를 두고 이름이 드날렸다. 그런데 그 덕이 점차 줄어들고 쇠하여 지자 당시 사람들은 이렇게 말하였다.

"사공 벼슬의 진군은 아버지 홍려경 진기에게 부끄럽고, 홍려경 진기는 태구장 진식에게 부끄럽다."

축蹙자는 혹 척慼자로도 표기한다.

《世說》曰: 文帝受禪, 陳群有蹙容.

陳群字長文, 潁川許昌人. 進司空·錄尙書事.

初群爲兒時, 祖父寔常奇異之, 謂宗人父老曰:「此兒必興吾宗矣.」

《博物志》曰: 太丘長陳寔, 寔子鴻臚卿紀, 紀子司空群, 群子泰, 四世於漢魏竝有重名. 而其德漸漸少減.

時人爲之語曰:「公慙卿, 卿慙長.」

蹙或作慼.

【文帝】魏文帝. 曹丕(187~226). 자는 子桓. 曹操의 둘째 아들. 아버지 曹操가 죽고 魏王을 습봉하여 漢나라 丞相이 됨. 延康 元年(220)에 禪讓을 받아 황제가 되었으며 연호를 黃初로 바꾸고 국호를 魏나라로, 洛陽을 도읍으로 정함. 재위 7년에 졸하였으며 시호는 文皇帝. 문장에도 뛰어나 《典論》을 지었으며 그 중 〈論文〉은 문학 이론과 비평의 유명한 글로 평가받고 있음. 그 외에 〈燕歌行〉은 현존 최초의 7언시로 알려짐. 《三國志》(2)에 紀가 있음. 《魏志》에 "帝諱丕, 字子桓, 受漢禪"이라 한 '魏儲南館'[245] 참조.

【陳群】자는 長文. 陳寔의 손자이며 陳紀의 아들. 뒤에 曹操를 도와 司空掾이 되었으며 尙書로서 九品官人法을 제정함. 曹丕가 한나라를 이어받자 鎭東大將軍, 錄尙書事가 됨. 明帝 때 潁陰侯에 봉해짐. 《後漢書》(62)와 《三國志》(22)에 전이 있음.

【蹙容】얼굴을 찡그림. 그러나 다른 기록에는 '慼容'으로 되어 있으며 옳지 않게 여겨 '슬픈 표정을 짓다'의 뜻임.

【陳寔】자는 仲弓(104~187). 후한 때 인물로 太丘縣의 현장을 지내어 陳太丘로도 불리며 향리에 덕행으로 소문이 나서 "寧爲刑罰所加, 不爲陳君所短"

이라 하였음. 그가 죽었을 때 3만 명의 조문객이 왔었다 함. 아들 여섯 중에
陳紀와 陳諶이 가장 어질고 똑똑하였다 함.《後漢書》(62)에 傳이 있음. '陳寔
遺盜'[210] 참조.

【陳紀】자는 元方. 진식의 첫째 아들. 漢末 侍中과 平原相, 尙書令, 大鴻臚
등을 지냄.《後漢書》(62)에 전이 있음.

【陳泰】字는 玄伯(?~260). 陳群의 아들. 征西將軍, 尙書左僕射, 侍中光祿大夫
등을 역임함. 高貴鄕公이 피살되자 피를 토하며 슬피 여기다가 죽음.
《三國志》(22)에 전이 있음.

1.《世說新語》方正篇

魏文帝受禪, 陳群有慼容.

2.《魏書》

陳羣字長文. 祖寔, 嘗謂宗人曰:「比兒必興吾宗」及長, 有識度. 其所善, 皆父黨.

3.《博物志》(6)

太丘長陳寔, 寔子鴻臚卿紀, 紀子司空群, 群子泰, 四世於漢·魏二朝幷有重名,
而其德漸漸小減, 故時人爲其語曰:「公慚卿, 卿慚長.」

4.《三國志》魏書 陳泰傳 注

案博物記曰: 太丘長陳寔·寔子鴻臚紀·紀子司空羣·羣子泰四世, 於漢·魏二朝
並有重名, 而其德漸漸小減. 時人爲其語曰:「公漸卿, 卿漸長.」

107. 王濬懸刀, 丁固生松

107-① 王濬懸刀
칼 세 자루가 걸린 꿈을 꾼 왕준

《진서晉書》에 실려 있다.

왕준王濬은 자가 사치士治이며 홍농弘農 호현湖縣 사람이다.

널리 《삼분오전三墳五典》까지 섭렵하여 모든 일에 통달하고 소통하였으며, 아득하고 넓어 큰 뜻을 품고 있었다. 일찍이 집을 지었는데 문을 열면 그 앞에 트인 길의 너비가 수십 보나 되도록 하여 긴 창과 큰 깃발도 모두 수용할 수 있었다. 많은 사람들이 이를 보고 비웃기까지 하였다.

그가 하동종사河東從事에 오르자, 수령守令들 중에 청렴결백하지 못한 과오가 있었던 자들은 모두 바람을 맞은듯 물러나 버렸다.

파군태수巴郡太守가 되었을 때, 그 군의 변방은 오吳나라와 접경을 이루고 있어 그 지역 병사들이 고역을 당하고 있었다. 그리하여 아들을 낳으면 많은 사람들이 기르지 않고 버리는 것이었다. 왕준은 이에 법조문은 엄격하게 적용하되 그 부역과 과세는 관대하게 하여 아이를 낳은 자는 모두 휴식과 세금 면제의 혜택을 주었다. 이리하여 낳은 아들을 온전하게 살린 자가 수천 명이나 되었다.

다시 그가 광한태수廣漢太守로 전임되자, 혜택을 내려 정치를 베풀어 백성들이 그를 의지하였다.

그는 꿈에 칼 세 자루가 누운 집 천장 대들보에 매달려 있었는데 잠시 후 다시 한 자루가 더 생기는 것이었다. 왕준은 이를 심히 혐오스럽게 여겼다. 그러자 주부主簿 이곡李毅이 축하의 절을 하며 이렇게 풀이하는 것이었다.

"칼 도刀자가 셋이면 주州자가 됩니다. 거기에 하나의 도자에 더 보태다의 익益이 있으니 명부明府께서 이번에는 익주益州로 간다는 뜻일 겁니다!"

"

과연 그는 익주자사益州刺史로 승진하였고, 뒤에 다시 자사刺史가 되어 익주를 관할하게 되었다.

무제武帝가 오吳나라를 정벌할 뜻을 세우고 왕준에게 군함을 건조할 것을 명하자, 그는 큰 배를 두 척씩 연결하여 방舫으로 만들었다. 그리고 나무로 성을 만들고 이층 누각을 그 위에 세우고 노櫓를 설치하고, 익수鷁首와 괴수怪獸를 그려 배 앞에 달아 강신江神이 횡포를 부리지 못하도록 제압하였다. 이렇게 주즙舟楫이 풍성하게 갖추어졌는데 예로부터 없었던 새로운 것이었다. 그를 용양장군龍驤將軍으로 삼아 군대를 감독하고 병사를 통솔하도록 하였다. 그가 지난날 파군巴郡에 있을 때, 안전하게 낳아 기르도록 했던 그 아이들이 커서 그를 위한 요역과 군대에 들어오게 되자, 부모들이 이렇게 자식들을 훈계하였다.

"왕부군王府君께서 너희들을 살려주어 이렇게 장성한 것이다. 너희들은 반드시 그를 위해 온힘을 다하여라. 죽음을 아까워해서는 안 될 것이다."

왕준이 촉蜀을 출발하여 병사들은 칼 끝에 피도 묻히지 아니한 채 순조롭게 배를 타고 내려가 지름길로 삼산三山에 이르렀다. 그러자 오나라 군주 손호孫皓가 항복하여 왔다. 왕준은 그의 결박을 풀어주고 구슬을 받았으며, 그를 죽이지 않겠다는 뜻으로 널을 태워 버렸다. 그리고 그를 수도로 보내었다.

그는 그 공으로 양양현후襄陽縣侯에 봉해졌으며, 여러 차례 승진을 거듭하여 무군대장군撫軍大將軍에 올랐다. 그가 죽자 시호를 무武라 하였다.

《晉書》: 王濬字士治, 弘農湖人. 博涉《墳典》, 疎通亮達, 恢廓有大志. 嘗起宅, 開門前路, 廣數十步, 欲使容長戟幡旗. 衆咸笑之. 辟河東從事, 守令有不廉潔者, 皆望風引去.

除巴郡太守, 郡邊吳境, 兵士苦役, 生男多不養. 濬乃嚴其科條, 寬其徭課, 其産育者, 皆與休復, 所全活數千人.

轉廣漢太守, 垂惠布政, 百姓賴之.

夜夢懸三刀於臥屋梁上, 須臾又益一刀, 濬意甚惡之.

主簿李毅拜賀曰:「三刀爲州字, 又益一刀者, 明府其臨益州乎!」

果遷益州刺史, 後再刺史益州.

武帝謀伐吳, 詔濬脩舟艦, 乃作大船連舫, 以木爲城, 起樓櫓, 畫鷁首怪獸於船首, 以懼江神. 舟楫之盛, 自古未有. 拜龍驤將軍, 監軍統兵, 先在巴郡之所全育者, 皆堪徭役供軍.

其父母戒之曰:「王府君生爾, 爾必勉之. 無愛死也」

濬自發蜀, 兵不血刃, 順流鼓棹, 逕造三山. 孫皓降, 濬解縛, 受璧焚櫬, 送于京師.

以功封襄陽縣侯, 累轉撫軍大將軍. 卒諡武.

【王濬】晉나라 때 인물로 자는 士治. 蜀을 정벌하였으며 선정을 베풂. 《晉書》에 전이 있음.

【墳典】三墳五典. 三皇五帝 때의 책이라 함.

【生男多不養】사내아이를 낳으면 기르지 않고 버림. 杜甫 〈兵車行〉에도 "信知 生男惡, 反是生女好, 生女猶嫁此隣, 生男埋沒隨百草"라 함.

【李毅】'李牧'으로 표기된 판본도 있음.

【三刀爲州字】'州'자의 隸書體는 '刀'자 셋을 모은 것과 같아 속자(俗字)로 사용함.

【明府】당시 郡守·縣令을 부르던 칭효.

【武帝】晉 武帝. 司馬炎. 西晉의 개국군주. 司馬昭의 長子. 자는 安世. 咸熙 2年(265)에 魏나라로부터 禪讓의 형식으로 나라를 이어받아 晉나라를 세우고 洛陽을 도읍으로 함. 재위 26년(265~290). 묘호는 世祖. 《晉書》(3)에 紀가 있음.

【鷁首】'鷁'은 백로와 비슷하며 몸집이 크고 날개는 흰데 바람을 잘 견디는 성질이 있다 하여 그 모양을 뱃머리에 조각하거나 그려 배의 안전한 항해를 기원하였음. '익수'는 익조(鷁鳥)의 머리 또는 익조의 모양을 뱃머리에 새기거나 그린 배.

【府君】당시 刺史를 부르던 칭호.

【孫晧】孫皓로도 표기함. 자는 元宗(243~284). 혹은 이름은 彭祖, 자는 皓宗 이라고도 함. 吳의 마지막 임금. 孫權의 孫子이며 孫和의 아들. 처음 烏程侯 에 봉해졌다가 孫休(景帝)가 죽자 제위에 오름. 황음무도하여 민심을 잃고 晉 武帝 咸寧 6년(280)에 나라가 망하여 歸命侯에 封해짐.《三國志》(48)에 전이 있음.

참고 및 관련 자료

1.《晉書》(42) 王濬傳

王濬字士治, 弘農湖人也. 家世二千石. 濬博涉《墳典》, 美姿貌, 不修名行, 不爲 鄉曲所稱. 晚乃變節, 疎通亮達, 恢廓有大志. 嘗起宅, 開門前路, 廣數十步, 人或 謂之何太過, 濬曰:「吾欲使容長戟幡旗.」衆咸笑之, 濬曰:「陳勝有言, 燕雀安 知鴻鵠之志.」州郡辟河東從事, 守令有不廉潔者, 皆望風自引而去. ……除巴 郡太守, 郡邊吳境, 兵士苦役, 生男多不養. 濬乃嚴其科條, 寬其徭課, 其産育者, 皆與休復, 所全活數千人. 轉廣漢太守, 垂惠布政, 百姓賴之. 濬夜夢懸三刀於 臥屋梁上, 須臾又益一刀, 濬驚覺, 意甚惡之. 主簿李毅拜賀曰:「三刀爲州字, 又益一者, 明府其臨益州乎!」及賊張弘殺益州刺史皇甫晏, 果遷濬爲益州刺史, 濬設方略, 悉誅弘等, 以勳封關內侯. 懷輯殊俗, 待以威信, 蠻夷徼外, 多來歸降. 徵拜右衛將軍, 除大司農. 車騎將軍羊祜雅知濬有奇略, 乃密表留濬, 於是重 拜益州刺史. 武帝謀伐吳, 詔濬修舟艦. 濬乃作大船連舫, 方百二十步, 受二千 餘人. 以木爲城, 起樓櫓, 開四出門, 其上皆得馳馬來往, 又畫鷁首怪獸於船首, 以懼江神. 舟楫之盛, 自古未有. 濬造船於蜀, 其木柹蔽江而下. 吳建平太守吾 彦取流柹以呈孫晧曰:「晉必有攻吳之計, 宜增建平兵. 建平不下, 終不敢渡.」 晧不從, 尋以謠言拜濬爲龍驤將軍·監梁益諸軍事. ……濬於是統兵, 先在巴郡 之所全育者, 皆堪徭役供軍. 其父母戒之曰:「王府君生爾, 爾必勉之. 無愛 死也.」……濬自發蜀, 兵不血刃, 攻無堅城, 夏口·武昌, 無相支抗. 於是順流 鼓棹, 逕造三山. 晧遣遊擊將軍張象率舟軍萬人御濬, 象軍望旗而降. ……濬躬 解其縛, 受璧焚櫬, 送于京師. 收其圖籍, 封其府庫, 軍無私焉. ……太康六年卒, 時年八十, 謚曰武. 葬柏谷山, 大營塋域, 葬垣周四十五里, 面別開一門, 松柏 茂盛.

107-② 丁固生松
        소나무 꿈을 꾼 정고

《오지吳志》에 실려 있다.

정고丁固가 손호孫皓에게 벼슬하여 사도司徒가 되었다.

《오서吳書》에는 이렇게 기록되어 있다.

당초 정고가 상서尙書가 되었을 때, 꿈에 소나무가 그의 배 위에 자라는 것이었다. 그러자 정고는 사람들에게 이렇게 말하였다.

"송松자는 십팔공十八公이다. 따라서 18년 뒤에 나는 공公의 지위에 오를 것이다!"

뒤에 과연 그는 그 꿈과 같이 되었다.

《吳志》: 丁固仕孫皓爲司徒.

《吳書》曰: 初固爲尙書, 夢松樹生其腹上.

謂人曰:「松字十八公也. 後十八歲, 吾其爲公乎!」

卒如夢焉.

【丁固】 삼국 吳나라 때 인물.《三國志》 孫皓傳 참조.

【孫皓】 孫晧로도 표기함. 자는 元宗(243~284). 혹은 이름은 彭祖, 자는 皓宗이라고도 함. 吳의 마지막 임금. 孫權의 孫子이며 孫和의 아들. 처음 烏程侯에 봉해졌다가 孫休(景帝)가 죽자 제위에 오름. 황음무도하여 민심을 잃고 晉 武帝 咸寧 6년(280)에 나라가 망하여 歸命侯에 封해짐.《三國志》(48)에 전이 있음.

【吳書】 소나무 꿈의 일화는 〈孫皓傳〉의 주에 실려 있음.《藝文類聚》에는 張勃의《吳錄》에서 인용한 것으로 되어 있음.

【十八公】 '松'자를 破字하여 의미를 부여한 것.

1. 《三國志》(48) 吳志 孫皓傳 注

《吳書》曰: 初, 固爲上書, 夢松樹生其腹上, 謂人曰:「松字十八公也, 後十八歲, 吾其爲公乎!」卒如夢言.

2. 《藝文類聚》(47)

《吳錄》曰:「丁固爲司徒. 初爲尙書. 夢松出其腹. 謂人曰:『松字十八公, 後十八年, 吾其公乎!』遂如夢.」

108. 姜維膽斗, 盧植音鐘

108-① 姜維膽斗
쓸개가 한 말이나 되는 강유

《촉지蜀志》에 실려 있다.

강유姜維는 자가 백약伯約이며 천수天水 기현冀縣 사람이다. 비위費禕와 함께 녹상서사錄尚書事가 되어 독중외중군督中外軍事의 작위가 더해졌으며, 대장군大將軍이 되어 군마의 출전을 정리하였으나 여러 차례 위魏나라 장군 등애鄧艾에게 패배를 맛보았다. 뒤에 후주後主 유선劉禪이 항복하자, 강유는 창과 방패를 벗어 던지고 진서장군鎮西將軍 종회鍾會에게 달려갔다. 종회는 그를 후대하여 외출할 때면 수레를 함께 타고 앉을 때는 같은 자리에 앉았다. 그러고는 장사長史 두예杜預에게 이렇게 말하였다.

"백약을 중원의 명사들에 비교한다면 공휴(公休, 諸葛亮)이나 하후태초 夏侯太初라 할지라도 능히 이기지 못할 것이오."

종회가 이윽고 등애를 얽어 일을 꾸미고자 강유 등에게 이렇게 말하였다. "성도成都로 가서 스스로 익주목益州牧임을 칭하라!"

그리하여 강유에게 5만 병사를 주어 그를 앞세웠다. 그러나 이 일은 등애에게 먼저 알려져 위魏나라 병사들이 믿고 들어아 준히아 강유를 주여버리고 말았다.

세상에서는 이렇게 말하였다.

"강유가 죽었을 때 그 쓸개를 해부해 보았더니 크기가 한 말이나 되었다."

《蜀志》: 姜維字伯約, 天水冀人. 與費禕共錄尚書事, 加督中外軍事, 遷大將軍, 整勒戎馬出戰, 屢爲魏將鄧艾所破. 及後主降, 維投戈放甲, 詣鎮西將軍鍾會. 會厚待之, 出則同輦, 坐則同席.

謂長史杜預曰:「以伯約比中土名士, 公休·太初不能勝也.」
會旣構鄧艾, 因謂維等曰:「詣成都, 自稱益州牧!」
欲授維兵五萬人, 使爲前驅. 魏將士憤發, 殺會及維.
世語曰:「維死時見剖膽, 如斗大.」

【姜維】삼국시대 蜀의 장수. 자는 伯約. 鍾會가 蜀을 평정한 후 姜維와 蜀地를 갖기로 모의하다가 그 부하에게 죽은 사건이 있었음. 《三國志》(44) 蜀書에 전이 있음.

【費褘】삼국시대 蜀의 관리. 강유와 함께 錄尙書事의 벼슬을 지냄.

【督中外軍事】정확하게 말하면 都督中外軍事. 내외의 모든 군사를 총괄하여 통솔하는 관리.

【鄧艾】자는 士載(197~264). 삼국시대 魏人. 鎭西將軍. 鄧侯에 봉해졌으며 蜀을 벌할 때 成都에 들어가 劉禪을 항복시킴. 뒤에 鍾會의 무고로 衛瓘에게 살해됨. 《三國志》(28)에 전이 있음. '鄧艾大志'[109] 참조. 鍾會가 등애의 명예를 시기하여 일을 도모하다가 죽은 일이 실려 있음.

【後主劉禪】삼국 蜀의 제2대 황제. 後主라 칭함. 劉備의 아들이며 諸葛亮의 도움을 받았으나 나라가 망하고 말았음. 223~263년 재위함. 《十八史略》(3)에 "後皇帝: 名禪, 字公嗣, 昭烈皇帝子也. 年十七卽位, 改元建興, 丞相諸葛亮受遺詔輔政, 昭烈臨終謂亮曰:「君才十倍曹丕, 必能安國家, 終定大事, 嗣子可輔輔之, 如其不可, 君可自取.」亮涕泣曰:「臣敢不竭股肱之力, 效忠貞之節, 繼之以死?」亮乃約官職修法制, 下敎曰:「夫參署者, 集衆思廣忠益也. 若遠小嫌, 難相違覆, 曠闕損矣.」"라 함.

【轝】'輿'와 같음. 수레 위 상자에 사람이나 물건을 올려 두게 되어 있음.

【杜預】자는 元凱(222~284). 京兆 杜陵人. 杜恕의 아들이며 杜甫의 선대. 河南尹, 度支尙書, 荊州都督 등을 거쳐 羊祜가 죽자 뒤를 이어 鎭南大將軍이 됨. 치적이 훌륭하여 당시 백성과 조정에서는 그를 '杜父', '杜武庫'라 불렀음. 太康 원년에 吳를 평정한 공로로 當陽侯에 봉해짐. 經學에도 밝아 《春秋左傳經傳集解》를 남김. 《三國志》(16)와 《晉書》(34)에 전이 있음. '杜預建橋'[074] 및 '元凱傳癖'[160] 등 참조.

【夏侯太初】夏侯玄(209~254). 자는 太初(泰初). 夏侯尙의 아들로 일찍이 능력을 인정받아 약관에 散騎黃門侍郎이 되었음. 曹爽을 보좌하여 中護軍이 되어

인재를 선발하였음. 뒤에 征西將軍이 되어 司馬氏가 曹爽을 주벌하여 정권을
쥐자 大鴻臚가 되었다가 太常에 올랐으나 李豐, 張緝 등이 司馬師를 없애고
하후현을 세우려는 모의가 발각되어 하후현도 이에 함께 주살됨. 淸言과
玄風에 뛰어나 당시 玄學의 영수로 추앙받았음. 저술에 〈樂毅論〉, 〈張良論〉,
〈本無肉刑論〉 등이 유명함. 《三國志》(9)에 전이 있음.
【前駈】 '駈'는 '驅'와 같음.

1. 《三國志》(44) 蜀志 姜維傳

姜維字伯約, 天水冀人也. 少孤, 與母居. 好鄭氏學. 仕郡上計掾, 州辟爲從事.
……與費禕共錄尙書事, 加督中外軍事, 遷大將軍, 整勒戎馬出戰, 屢爲魏將鄧
艾所破. 及後主降, 維投戈放甲, 詣鎭西將軍鍾會. ……會厚待維等, 皆權還其印
號節蓋. 會與維出則同轝, 坐則同席. 謂長史杜預曰:「以伯約比中土名士, 公休·
太初不能勝也.」會旣構鄧艾, 艾檻車徵, 因謂維等詣成都, 自稱益州牧. 欲授
維兵五萬人, 使爲前驅. 魏將士憤怒, 殺會及維, 維妻子皆伏誅.

108-② 盧植音鐘
종소리와 같은 목소리를 가진 노식

　후한後漢 노식盧植은 자가 자간子幹이며 탁군涿郡 탁현涿縣 사람이다. 그의
음성은 마치 종소리와 같았다. 어려서 정현鄭玄과 함께 마융馬融을 섬겨
고금의 학문에 능통하였고, 깊이 연구하기를 좋아하였으며 장구章句를
지키려들지 않았다. 마융은 천자의 외척이며 부호로 많은 여자 배우들이
있어 그 앞에 가무歌舞가 펼쳐지곤 하였다. 노식은 몇 년을 시강侍講하면

서도 한 번도 그 공연에 눈을 돌려본 적이 없었다. 이로써 마융은 그를 공경하였다. 마침내 학문을 마치자 사직하고 집으로 돌아온 다음에는 문을 걸어 잠그고 제자들을 가르쳤다. 그는 성격이 강의剛毅하고 큰 절의가 있어 항상 세상을 구제할 뜻을 품고 있었으며 사부辭賦는 좋아하지 않았다. 술은 능히 한 섬을 마실 정도였다. 영제靈帝 때에 상서尙書가 되었다.

　　後漢, 盧植字子幹, 涿郡涿人. 音聲如鐘. 少與鄭玄俱事馬融, 能通古今學好硏精, 不守章句. 融外戚豪家, 多列女倡, 歌舞於前. 植侍講積年, 未嘗轉眄. 融以是敬之. 學終辭歸, 闔門敎授. 性剛毅有大節, 常懷濟世志, 不好辭賦, 能飮酒一石. 靈帝時爲尙書.

【盧植】 자는 子幹. 후한 때 학자. 《後漢書》에 전이 있음.
【鄭玄】 자는 康成(127~200). 한나라 때의 대학자. 北海 高密人으로 여러 經에 박통하였으며 馬融에게 3년간 수학하였음. 그의 《周禮》, 《禮記》, 《儀禮注》, 《毛詩箋》은 지금까지도 위대한 업적으로 평가받고 있음. 《後漢書》(35)에 전이 있음.
【馬融】 자는 季長(79~166). 한나라 때 학자. 扶風인. 明德馬皇后의 사촌. 박학다식하여 제자 수천을 거느렸음. 盧植, 鄭玄 등이 모두 그의 제자임. 저서로 《三傳異同說》이 있고 《孝經》, 《論語》, 《詩》, 《易》, 《三禮》, 《列女傳》, 《老子》, 《淮南子》, 《離騷》 등에 주를 달았음. 《後漢書》(90)에 전이 있음.
【靈帝】 동한 제12대 황제 劉宏. 158~189년 재위함.

참고 및 관련 자료

1. 《後漢書》 盧植傳

盧植字子幹, 涿郡涿人也. 身長八尺二寸, 音聲如鐘. 少與鄭玄俱事馬融, 能通古今學, 好硏精而不守章句. 融外戚豪家, 多列女倡歌舞於前. 植侍講積年, 未嘗轉眄, 融以是敬之. 學終辭歸, 闔門敎授. 性剛毅有大節, 常懷濟世志, 不好辭賦, 能飮酒一石.

109. 桓溫奇骨, 鄧艾大志

109-① 桓溫奇骨
환온의 기이한 골상

《진서晉書》에 실려 있다.

환온桓溫은 자가 원자元子이며 초국譙國 용항龍亢 사람이다. 태어나만 한 살이 되기 전에 온교溫嶠가 그를 보고 이렇게 말하였다.

"이 아이는 기이한 골상을 가지고 있구나. 시험삼아 울려볼 만하구나."

그리고 울음소리를 듣고는 이렇게 말하였다.

"정말로 영물英物이로구나."

그 아버지 환이桓彝는 온교의 이러한 탄상을 근거로 그 이름을 온溫이라 지어주었다. 그러자 온교가 웃으면서 이렇게 말하였다.

"과연 그렇게 된다면 나중에 장차 내 성을 바꾸어야 되겠구나."

온교는 호방하고 시원하였으며 뚜렷한 풍모를 갖추고 있었다. 모습은 심히 장대했으며 얼굴에는 북두칠성과 같은 점이 있었다.

젊어서부터 유담劉惔과 친한 사이였으며 유담은 일찍이 이렇게 말한 적이 있다.

"한온이 눈동자는 자수정이 모서리아 같고 수염은 고슴도치 털이 친과 같으니 손중모(孫仲謀, 孫權)나 진선왕(晉宣王, 司馬仲達)의 다음이로다."

남강장공주南康長公主에게 장가들어 부마도위駙馬都尉가 되었으며, 대사마大司馬, 남군공南郡公의 작위로 생을 마쳤다.

《晉書》: 桓溫字元子, 譙國龍亢人.

生未朞, 溫嶠見之, 曰:「此兒有奇骨, 可試使啼.」

及聞其聲曰:「眞英物也.」

父彝以嶠所賞, 故名之曰溫.

嶠笑曰:「果爾, 後將易吾姓也.」

溫豪爽有風槩, 姿貌甚偉, 面有七星.

少與劉惔善, 惔嘗曰:「溫眼如紫石稜, 鬚作蝟毛磔. 孫仲謀·晉宣王之流亞也.」

尚南康長公主, 拜駙馬都尉, 終大司馬·南郡公.

【桓溫】 자는 元子(312~373). 明帝의 사위. 荊州刺史를 지냈으며, 蜀을 정벌하고 前秦을 쳐부숨. 簡文帝를 세우고 자신이 다시 왕위를 빼앗고자 하였음. 시호는 武侯. 그의 아들 桓玄이 드디어 제위를 찬탈하여 楚나라를 세운 다음 아버지 환온을 宣武皇帝로 추존함.《晉書》(98)에 전이 있음.

【溫嶠】 자는 太眞(288~329). 太原 사람. 永嘉之亂 때 유곤의 심부름으로 남으로 내려가 원제(司馬睿)의 추대에 힘씀. 蘇峻의 난을 평정함. 시호는 忠武.《晉書》(67)에 전이 있음. '太眞玉臺'[120] 참조.

【桓彝】 자는 茂倫(276~328). 王敦과 맞섰다가 뒤에 蘇峻 난 때 韓晃에게 피살됨. 廷尉를 추증받음.《晉書》(74)에 전이 있음. 桓溫의 아버지.

【劉惔】 字는 眞長. 劉宏의 손자로 沛國 相 땅 출신. 明帝(323~326 재위)의 廬陵長公主에게 장가들어 駙馬가 됨. 司從左長史. 侍中. 丹陽尹 등을 지냄. 36세에 죽어 孫綽이 "居官無官官之事, 處事無事事之心"이라 誄文을 지어 명언이라 하였음.《晉書》(75)에 전이 있음. 丹陽尹을 역임함. '眞長望月'[263] 및 '劉惔傾釀'[224] 참조.

【紫石稜】 隴州에서 나오는 보석. 색깔은 불꽃같은 紫色. 빛나고 투명한 자질로 다섯 개의 날카로운 모서리가 있음.

【孫仲謀】 孫權. 자는 仲謀(182~252). 삼국 吳나라 大帝. 仲謀. 江東에 손씨 집안이 이루어 놓은 세력을 바탕으로 강동 6군을 점거하고 222년에 吳王으로 책봉을 받은 다음 229년에 자립하여 帝를 칭하며 국호를 吳라 하였으며, 즉시 武昌에서 建業으로 수도를 옮겨 삼국시대를 열었음. 재위 23년 만에 죽어 그 아들 孫亮이 뒤를 이음.《三國志》(47)에 전이 있음.

【晉宣王】司馬懿(179~251). 자는 仲達. 溫縣人. 司馬師와 司馬昭의 아버지이며 司馬炎(西晉의 첫 황제 晉武帝. 265~290 재위)의 할아버지. 曹操가 승상이 되자 그의 掾이 되었다가 능력을 인정받아 尙書를 거쳐 撫軍에 올라 蜀漢을 막음. 뒤에 大將軍 曹爽과 함께 漢나라 정권을 휘둘렀으며, 諡號는 文으로 하였다가 다시 宣文이라 하였으며, 魏 元帝(陳留王) 때 宣王으로 부름. 司馬炎이 魏나라를 이어받고 황제가 되어 宣帝라 추존하였음.《晉書》(1)에 紀가 있음. ‘晉宣狼顧’[026] 참조.

【尙】신하로서 천자의 딸을 아내로 맞이하는 것. 駙馬가 됨을 말함.

【南康長公主】東晉 明帝의 딸로 桓溫의 正妻임. ‘南康猶憐’[060] 참조.

【南郡】荊州에 속함.

참고 및 관련 자료

1.《晉書》(98) 桓溫傳

桓溫字元子, 宣城太守彝之子也. 生未朞, 而太原溫嶠見之, 曰:「此兒有奇骨, 可試使啼.」及聞其聲曰:「眞英物也.」彝以嶠所賞, 故名之曰溫. 嶠笑曰:「果爾, 後將易吾姓也.」……溫豪爽有風槪, 姿貌甚偉, 面有七星. 少與沛國劉惔善, 惔嘗稱之曰:「溫眼如紫石稜, 鬚作蝟毛磔. 孫仲謀·晉宣王之流亞也.」選尙南康長公主, 拜駙馬都尉, 襲爵萬寧男, 除琅邪太守, 累遷徐州刺史. ……錫文未及成而薨. 時年六十二.

109-② 鄧艾大志
등애의 큰 뜻

《위지魏志》에 실려 있다.

등애鄧艾는 자가 사재士載이며 의양義陽 극양棘陽 사람이다. 어려서 집이 가난하였다. 그는 매번 높은 산 큰 못을 볼 때면, 문득 그 규모를 재어 군영軍營을 만들 장소를 그림으로 그리곤 하였다. 당시 사람들은 이를 보고 비웃었다. 뒤에 그가 상서랑尚書郎이 되었다. 당시 농토를 넓히고 가축을 길러, 식량을 비축하여 도적을 토벌할 때 사용하고자 하였다. 그리하여 등애로 하여금 진항陳項 땅으로부터 동쪽 수춘壽春에 이르도록 그 일을 시행하도록 하였다. 등애는 그곳은 좋은 농토는 있으나 물이 적어 토지의 이익을 다하기가 부족하다고 여겼다. 이에 마땅히 수리시설을 만들어 물을 끌어들여 관개를 해야 가능하다고 여겼다. 그렇게 하면 많은 군량을 비축할 수 있을뿐더러 조운漕運의 통행에도 편리할 것이라 여긴 것이다. 그리하여 그는 《제하론濟河論》을 지어 그 지향하는 바를 밝혔다. 뒤에 광조거廣漕渠를 개통하였다. 그리하여 매번 동남쪽에 큰일이 벌어져 대군을 이동시키고 무리를 일으켜야 할 때면 배로 이동하여 내려가 곧바로 장강長江과 회하淮河로 통할 수 있었다. 그리고 물자와 식량을 비축하게 되었으며 수해도 없앨 수 있었으니, 이는 바로 등애가 건설한 것이다. 그는 여러 관직을 거쳐 정서장군征西將軍에 올라 촉蜀을 정벌하여 크게 깨뜨려, 결국 유선劉禪이 항복하게 된 것이다. 그는 그러한 공훈으로 태위太尉에 올랐다. 그런데 종회鍾會가 그의 위세와 명성을 시기하여 일을 꾸며, 죄를 뒤집어 씌워 결국 죽음을 당하고 말았다.

《魏志》: 鄧艾字士載, 義陽棘陽人. 少家貧, 每見高山大澤, 輒規度指畫軍營處所. 時人多笑焉. 後爲尚書郎. 時欲廣田畜穀, 爲滅

賊資, 使艾行陳項以東至壽春, 艾以爲田良水少, 不足以盡地利, 宜開
河渠 可以引水澆漑, 大積軍粮, 又通運漕之道. 乃著《濟河論》,
以喻其指. 後開廣漕渠. 每東南有事, 大軍興衆, 汎舟而下, 達江淮.
資食有儲而無水害, 艾所建也. 累遷征西將軍, 征蜀大破之, 劉禪降.
以勳進太尉. 鍾會忌其威名, 構成其事, 遂見害.

【鄧艾】 자는 士載(197~264). 삼국시대 魏나라 사람. 鎭西將軍. 鄧侯에 봉해졌
  으며 蜀을 벌할 때 成都에 들어가 劉禪을 항복시킴. 뒤에 鍾會의 무고로
  衛瓘에게 살해됨.《三國志》(28)에 전이 있음.
【劉禪】 삼국 蜀의 제2대 황제. 後主라 칭함. 劉備의 아들이며 諸葛亮의
  도움을 받았으나 나라가 망하고 말았음. 223~263년 재위함.
【壽春】 지금의 安徽省 壽縣. 漢나라 제후국 淮南國의 수도였음.
【鍾會】 자는 士季(225~264). 鍾繇의 아들이며 鍾毓의 아우. 蜀을 평정한 후
  그곳 장수 姜維와 蜀地를 갖기로 모의하다가 그 부하에게 죽음.《三國志》(28)
  에 전이 있음. 鄧艾를 시기하여 姜維를 이용하여 일을 일으키려고 하였음.
  '姜維膽斗'[108] 참조.

1.《三國志》(28) 魏書 鄧艾傳

鄧艾字士載, 義陽棘陽人也. 少孤. 太祖破荊州, 徙汝南, 爲農民養犢. ……
每見高山大澤, 輒規度指畫軍營處所. 時人多笑焉. 後爲典農綱紀, 上計吏, 因使
見太尉司馬宣王. 宣王奇之, 辟之爲掾, 遷尙書郞. 時欲廣田畜穀, 爲滅賊資,
使艾行陳項以東至壽春, 艾以爲「田良水少, 不足以盡地利, 宜開河渠 可以引水
澆漑, 大積軍糧, 又通運漕之道」. 乃著《濟河論》, 以喻其指. ……正始二年,
乃開廣漕渠. 每東南有事, 大軍興衆, 汎舟而下, 達于江淮. 資食有儲而無水害,
艾所建也. ……累遷征西將軍, 征蜀大破之, 劉禪降. 以勳進太尉. 鍾會忌其威名,
構成其事, 遂見害.

110. 楊脩捷對, 羅友黙記

110-① 楊脩捷對
양수의 민첩한 대답

후한後漢의 양수楊脩는 자가 덕조德祖이며 태위太尉 양진楊震의 현손이다. 학문을 좋아하였고 뛰어난 재능이 있어 승상丞相 조조曹操의 주부主簿가 되었다.

조조가 한중漢中을 평정하고 내친 김에 유비劉備를 토벌하고자 하였지만, 앞으로 나갈 수도 없었고 이를 지켜낸다 해도 공을 세우기가 어려웠다. 이에 조조가 부하들에게 교시를 내렸는데 오직 '계륵雞肋' 두 글자뿐이었다. 조조 외에는 아무도 그 뜻을 알 수가 없었다. 그때 양수는 홀로 이렇게 풀이하였다.

"무릇 닭갈비란 먹자니 먹을 것이 없고 버리자니 얼마나 아까운 것인가? 그러니 조공께서는 돌아갈 계책을 결정한 것이다."

조조는 이에 군사를 돌렸다. 양수의 기미에 대한 판단은 거의가 이런 것들이었다.

또 한 번은 외출을 하면서 조조가 자신이 외출한 틈에 질문을 할 것이 있을 것이라 여겨, 이를 역으로 헤아려 답변을 작성해서 집을 지키고 있던 아들에게 이렇게 일러두었다.

"만약 조공께서 나를 불러 나오라는 명령이 있거든 네가 이러한 순서대로 알려드려라."

이윽고 과연 그러한 일이 벌어지자, 조조는 그의 답변이 그토록 신속함을 괴이히 여겨 조사해 본 다음 그 실상을 알고는 양수를 꺼리게 되었다. 뒤에 조조는 사건을 연루시켜 양수를 죽여 버리고 말았다.

《어림語林》에는 이렇게 실려 있다.

양수가 조조와 함께 강남江南으로 가는 길에 〈조아비曹娥碑〉를 보게 되었는데 그 비석 뒷면에 '황견유부외손제구黃絹幼婦外孫虀臼'라는 여덟 글자가 새겨져 있었다. 조조가 무슨 뜻인지 몰라 양수에게 물었다.

"그대는 뜻을 아는가?"

양수가 대답하였다.

"압니다."

조조가 말하였다.

"말하지 말라. 내 생각해 볼 시간을 달라."

그리고 30리를 가서 조조도 뜻을 알게 되어, 양수로 하여금 풀이해 보도록 하였다. 양수는 이렇게 풀이하였다.

"황견黃絹은 노란 비단으로 색깔이 있는 실로 짠 것입니다. 이 색사色絲를 합하면 '절絶'자가 되지요. 그리고 어린 부인이란 소녀입니다. 소녀少女를 묶으면 '묘妙'자가 됩니다. 다음으로 외손外孫은 여자입니다. 이 여자女子를 묶으며 '호好'자가 됩니다. 그리고 제구虀臼란 매운 것을 받아受辛 찧는 절구입니다. 이 수신受辛을 묶으면 '사辭'자가 되어 결국 '절묘호사絶妙好辭'로써 '절묘하고 좋은 문장'이라는 뜻입니다."

조자가 말하였다.

"나의 뜻과 하나같이 같구나."

속담의 "지혜로움의 여부가 30리 차이가 난다"라 하는 말이 여기에서 생겨난 것이다.

後漢, 楊脩字德祖, 太尉震玄孫. 好學有俊才, 爲丞相曹操主簿.

操平漢中欲因討劉備, 而不得進, 欲守之又難爲功. 操出敎, 唯曰 『雞肋』而已, 外曹莫能曉.

脩獨曰:「夫雞肋食之則無所得, 棄之則如何惜? 公歸計決矣」

操於此廻師. 脩之幾決多有此類.

又嘗出行, 籌操有問外事, 乃逆爲答記, 敎守舍兒:「若有令出,依次通之」

　旣而果然, 操怪其速, 廉之知狀忌脩. 後因事殺之.

　《語林》曰: 脩至江南, 讀〈曹娥碑〉, 碑背有八字, 曰『黃絹幼婦外孫齏臼』.

　操不解問脩曰:「卿知否?」

　脩曰:「知之」

　操曰:「且勿言, 待朕思之」

　行三十里乃得之令脩解.

　脩曰:「黃絹色絲, 色絲『絶』字; 幼婦少女, 少女『妙』字; 外孫女子, 女子『好』字; 齏臼受辛, 受辛『辭』字」

　操曰:「一如朕意」

　俗云:「有智無智, 校三十里」

【楊脩】자는 德祖(175~219). 혹 楊修로도 표기함. 楊彪의 아들이며 楊準의 조부. 민첩하고 재능이 있어 曹操(武帝)를 도와 많은 책략을 세워 丞相까지 올랐으나, 뒤에 미움을 받아 주살됨. 《後漢書》(44)에 전이 있음. 이 편지는 《文選》(42) 〈曹子建與楊德祖書〉라는 제목으로 수록되어 있음.

【太尉震】楊震. 東漢 弘農 華陰 사람. 자는 伯起(?~124). 학문에 뛰어나 따르는 자가 천여 명이었으며 당시 그를 '關西夫子', 혹은 '關西孔子'라 불렀음. 《後漢書》에 전이 있음. '楊震關西'[003] 및 '震畏四知'[093] 참조.

【丞相曹操】曹操(155~220). 자는 孟德. 어릴 때는 阿瞞으로 불렸음. 沛國 출신으로 기지와 변화는 물론 문장에도 뛰어났으며 曹丕의 아버지로 한말 세력을 키워 魏나라를 건립하는 기초를 세움. 아들 조비가 獻帝로부터 선양받아 武帝로 추존함. 《孫子略解》, 《兵書接要》, 《曹操集》 등이 있음. 《三國志》(1)에 紀가 있음.

【劉備】삼국시대 蜀漢의 군주. 자는 玄德. 시호는 昭烈帝. 221~223년 재위함. '備失匕箸'[243], '孔明臥龍'[002], '諸葛顧廬'[147] 등 참조.

【雞肋】닭갈비. 버리기는 아까우나 그렇다고 크게 쓸모도 없는 경우를 말함.

【外曹】 문서를 담당하는 관리.

【曹娥碑】 漢나라 때 曹旴의 딸이 曹娥였는데 아버지가 강에 익사하여 그 시체를 찾을 수가 없었음. 曹娥는 14세의 나이로 아버지의 시신을 찾지 못하자 슬피 울며 강에 빠져 죽어 5일이 지난 후 아버지의 시체를 껴안은 채 발견되었음. 당시 현감(度尙)이 그 효를 추모하여 장례를 치른 후 비를 세워 그 비문의 문장이 절묘(絶妙)하고 좋은 말(好辭)이었다고 함.《後漢書》孝女傳 참조. 한편《異苑》에 의하면 이 여덟 자는 후한 때의 蔡邕이 비문을 읽은 뒤 감탄하여 새겼다고 함. 조조가 이것을 읽고도 알지 못했기 때문에 신하들에게 물었는데 아는 사람이 없어 냇가에서 빨래를 하던 여자가 네 번째 수레에 탄 사람이 풀 수 있다고 말하였으며, 그가 禰衡으로 그는 離合의 뜻으로 이것을 풀었다고 하며 빨래하던 여자는 조아의 영혼이었다고 함.

【色絲絶字】 ‘絲’자를 속자로 ‘糸’로도 쓰며 이를 합하면 ‘絶’자가 됨.

1.《後漢書》楊震傳(楊脩)

脩字德祖, 好學, 有俊才, 爲丞相曹操主簿, 用事曹氏. 及操自平漢中, 欲因討劉備而不得進, 欲守之又難爲功, 護軍不知進止何依. 操於是出敎, 唯曰「雞肋」而已. 外曹莫能曉, 脩獨曰:「夫雞肋, 食之則無所得, 弃之則如可惜, 公歸計決矣.」乃令外白稍嚴, 操於此迴師. 脩之幾決, 多有此類. 脩又嘗出行, 籌操有問外事, 乃逆爲荅記, 勅守舍兒:「若有令出, 依次通之.」旣而果然. 如是者三, 操怪其速, 使廉之, 知狀, 於此忌脩. 且以袁術之甥, 慮爲後患, 遂因事殺之.

2.《世說新語》捷悟篇

魏武嘗過曹娥碑下, 楊脩從, 碑背上題作「黃絹·幼婦·外孫·韲臼」八字. 魏武謂脩:「卿解不?」答曰:「解.」魏武曰:「卿未可言, 待我思之.」行三十里, 魏武乃曰:「吾已得!」令脩別記所知. 脩曰:「『黃絹』, 色絲也, 於字爲『絶』;『幼婦』, 少女也, 於字爲『妙』;『外孫』, 女子也, 於字爲『好』;『韲臼』, 受辛也, 於字爲『辭』;所謂『絶妙好辭』也.」魏武亦記之, 與脩同; 乃歎曰:「我才不如卿, 三十里覺!」

3.《會稽典錄》

孝女曹娥者, 上虞人. 父旴, 能撫節按歌, 婆娑樂神. 漢安二年, 迎伍君神, 泝濤而上, 爲水所淹, 不得其屍, 娥年十四, 號慕思盰, 乃投衣于江, 祝其父屍曰:「父在此, 衣當沈.」旬有七日, 衣偶沈. 遂自投於江而死, 縣長度尙, 悲憐其義, 爲其改葬, 命其弟子邯鄲子禮爲其作碑.

4. 《異苑》

陳留蔡邕避難過吳, 讀碑文, 以爲詩人之作, 無詭妄也. 因刻石旁作八字. 魏武見而不能了, 以問群寮, 莫有解者. 有婦人浣於汾渚, 曰:「第四車解.」旣而, 禰正平也. 衡卽以離合義解之, 或謂此婦, 卽娥靈也.

5. 《文選》(42) 〈曹子建與楊德祖書〉

植白: 數日不見, 思子爲勞, 想同之也. 僕少小好爲文章, 迄至于今, 二十有五年矣. 然今世作者, 可略而言也. 昔仲宣獨步於漢南, 孔璋鷹揚於河朔, 偉長擅名於靑土, 公幹振藻於海隅, 德璉發跡於此魏, 足下高視於上京, 當此之時, 人人自謂握靈蛇之珠, 家家自謂抱荊山之玉. 吾王於是設天網以該之, 頓八紘以掩之, 今悉集茲國矣. 然此數子, 猶復不能飛軒絶跡, 一擧千里. 以孔璋之才, 不閑於辭賦, 而多自謂能與司馬長卿同風, 譬畫虎不成, 反爲狗也. 前書嘲之, 反作論盛道僕讚其文. 夫鍾期不失聽, 于今稱之. 吾亦不能忘嘆者, 畏後世之嗤余也. 世人之著述, 不能無病. 僕常好人譏彈其文, 有不善者, 應時改定. 昔丁敬禮常作小文, 使僕潤飾之, 僕自以才不過若人, 辭不爲也. 敬禮謂僕: 卿何所疑難, 文之佳惡, 吾自得之, 後世誰相知定吾文者邪? 吾常歎此達言, 以爲美談. 昔尼父之文辭, 與人通流, 至於制春秋, 游夏之徒乃不能措一辭. 過此而言不病者, 吾未之見也. 蓋有南威之容, 乃可以論其淑媛: 有龍泉之利, 乃可以議其斷割. 劉季緒才不能逮於作者, 而好詆訶文章, 掎摭利病. 昔田巴毀五帝, 罪三王, 呰(紫)五霸於稷下, 一旦而服千人, 魯連一說, 使終身杜口. 劉生之辯, 未若田氏, 今之仲連, 求之不難, 可無息乎! 人各有好尙, 蘭茝蓀蕙之芳, 衆人所好, 而海畔有逐臭之夫; 咸池六莖之發, 衆人所共樂, 而墨翟有非之之論, 豈可同哉! 今往僕少小所著辭賦一通相與. 夫街談巷說, 必有可采, 擊轅之歌, 有應風雅, 匹夫之思, 未易輕棄也. 辭賦小道, 固未足以揄揚大義, 彰示來世也. 昔楊子雲先朝執戟之臣耳, 猶稱壯夫不爲也. 吾雖德薄, 位爲蕃侯, 猶庶幾戮力上國, 流惠下民, 建永世之業, 留金石之功, 豈徒以翰墨爲勳績, 辭賦爲君子哉! 若吾志未果, 吾道不行, 則將采庶官之實錄, 辯時俗之得失, 定仁義之衷, 成一家之言. 雖未能藏之於名山, 將以傳之於同好, 非要之皓首, 豈今日之論乎! 其言之不慚, 恃惠子之知我也. 明早相迎, 書不盡懷. 植白.

110-② 羅友黙記
기억력이 대단한 나우

《세설신어世說新語》에 실려 있다.

나우羅友는 어렸을 때 많은 이들이 그를 백치라 불렀다. 그는 항상 남의 제사를 엿보다가 음식을 얻어먹고자 하였으며, 그 경우 조금도 부끄러운 기색이 없었다. 그는 대신 기억력이 뛰어나 환선무桓宣武가 촉蜀을 칠 때 따라나섰을 때 촉의 성곽을 돌면서 도로와 과일나무까지 모두 암기하여 두었다. 뒤에 환선무가 촉의 도로와 여러 가지 사안을 수집하면서 역시 잊거나 빠뜨린 것이 있었다. 그런데 나우는 이들 이름까지 무두 열거하여 앉았던 자들이 모두 탄복하였다.

《世說》云: 羅友少時多謂之癡. 常伺人祠, 欲乞食, 了無作容. 爲人强記. 從桓宣武伐蜀, 按行蜀城, 道陌果木, 皆黙記之. 後宣武集蜀道事, 亦有遺忘. 皆名列之, 坐者歎伏.

【羅友】자는 宅仁. 술을 좋아하여 남의 제사를 엿보다가 남은 음식을 거두어 먹으면서도 부끄러움을 몰랐다 함. 桓溫이 그의 재능을 인정하여 襄陽太守로 삼았으며 뒤이어 交州·益州의 刺史를 지냈음.
【道陌果木】《世說新語》에는 "觀字內外道陌廣狹, 植種果竹多少, 皆黙記之"라 하였음.
【宣武】桓溫(312~373). 자는 元子. 明帝의 사위. 荊州刺史를 지냈으며, 蜀을 정벌하고 前秦을 쳐부숨. 簡文帝를 세우고 자신이 다시 왕위를 빼앗고자 하였음. 시호는 武侯. 그의 아들 桓玄이 드디어 제위를 찬탈하여 楚나라를 세운 다음 아버지 환온을 宣武皇帝로 추존함. 《晉書》(98)에 전이 있음.

1.《世說新語》任誕篇

襄陽羅友有大韻, 少時多謂之癡. 嘗伺人祠, 欲乞食; 往太蚤, 門未開. 主人迎神出見, 問以非時, 何得在此? 答曰:「聞卿祠, 欲乞一頓食耳.」遂隱門側; 至曉, 得食便退, 了無怍容. 爲人有記功: 從桓宣武平蜀, 按行蜀城闕觀宇, 內外道陌廣狹, 植種果竹多少, 皆默記之. 後宣武溧洲與簡文集, 友亦預焉; 共道蜀中事, 亦有所遺忘, 友皆名列, 曾無錯漏; 宣武驗以蜀城闕簿, 皆如其言. 坐者歎服. 謝公云:「羅友詎減魏陽元!」後爲廣州刺史, 當之鎮, 刺史桓豁語令莫來宿. 答曰:「民已有前期; 主人貧, 或有酒饌之費, 見與甚有舊, 請別日奉命.」征西密遣人察之: 至夕, 乃往荊州門下書佐家; 處之怡然, 不異勝達. 在益州語兒云:「我有五百人食器.」家中大驚. 其由來清, 而忽有此物; 定是二百五十沓烏樏.

111. 杜康造酒, 蒼頡制字

111-① 杜康造酒
술을 처음 만든 두강

위魏 무제武帝의 악부樂府 〈단가행短歌行〉에 이렇게 읊었다.

"강개스러울 때는 마땅히 강개함을 표현해야지.
　근심스러운 생각이란 떨쳐버릴 수 없는 것.
　그렇다면 어떻게 근심을 풀어버릴까?
　오직 두강杜康이 만들었다는 술이 있을 뿐."

주注에는 "두강은 옛날 술을 처음 제조한 사람이다"라 하였다.
　그러나 《여씨춘추呂氏春秋》에는 "의적儀狄이 처음 술을 만들었다"라
하였다.

　魏武帝樂府〈短歌行〉曰:『慨當以慷, 憂思難忘, 何以解憂?
惟有杜康.』
　注謂「杜康古之造酒者」.
　《呂氏春秋》曰:「儀狄造酒.」

【魏武帝】曹操(155~220). 자는 孟德. 어릴 때는 阿瞞으로 불렸음. 沛國 출신
으로 기지와 변화는 물론 문장에도 뛰어났으며 曹丕의 아버지로 한말
세력을 키워 魏나라를 건립하는 기초를 세움. 아들 조비가 獻帝로부터

선양받아 武帝로 추존함. 《孫子略解》, 《兵書接要》, 《曹操集》 등이 있음. 《三國志》(1)에 紀가 있음. 아들 曹丕와 曹植을 합쳐 '三曹'로 불림.

【樂府】漢 武帝가 '악부'라는 관청을 세워 천하의 음악을 모으게 하였으며 그때 수집된 가사를 악부라 함. 뒤에 그 형태를 모방한 시도 모두 악부라고 칭하였음. 〈短歌行〉은 《文選》(27)에 실려 있음.

【慨慷】근심하여 한탄함을 뜻하는 雙聲連綿語.

【杜康】曹操의 〈短歌行〉에 술을 잘 만들던 전설상의 인물. 혹 술의 다른 이름.

【儀狄】禹임금 때 술을 처음 만든 인물. 《呂氏春秋》 및 《戰國策》 참조.

참고 및 관련 자료

1. 《文選》(27) 曹操 〈短歌行〉

對酒當歌, 人生幾何? 譬如朝露, 去日苦多.
慨當以慷, 憂思難忘. 何以解憂? 惟有杜康.
靑靑子衿, 悠悠我心. 但爲君故, 沈吟至今.
呦呦鹿鳴, 食野之苹. 我有嘉賓, 鼓瑟吹笙.
明明如月, 何時可掇? 憂從中來, 不可斷絶.
越陌度阡, 枉用相存. 契闊談讌, 心念舊恩.
月明星稀, 烏鵲南飛. 繞樹三匝, 何枝可依?
山不厭高, 海不厭深. 周公吐哺, 天下歸心.

2. 《呂氏春秋》 勿躬篇

大橈作甲子, 黔如作虜首, 容成作厤, 羲和作占日, 尙儀作占月, 后益作占歲, 胡曹作衣, 夷羿作弓, 祝融作市, 儀狄作酒, 高元作室, 虞姁作舟, 伯益作井, 赤冀作臼, 乘雅作駕, 寒哀作御, 王冰作服牛, 史皇作圖, 巫彭作醫, 巫咸作筮, 此二十官者, 聖人之所以治天下也.

3. 《戰國策》 魏策(2)

昔者, 帝女令儀狄作酒而美, 進之禹, 禹飮而甘之, 遂疏儀狄, 絶旨酒, 曰:「後世必有以酒亡其國者.」

4. 《十八史略》(1)

古有醴酪, 至禹時, 儀狄作酒, 禹飮而甘之, 曰:「後世必有以酒亡國者.」遂疏儀狄.

111-② 蒼頡制字
문자를 창제한 창힐

《회남자淮南子》에 실려 있다.

"옛날 창힐蒼頡이 문자를 만들자, 하늘에서는 곡식을 비가 내리듯 내려 주었고, 귀신은 밤에 울음을 터뜨리고 말았다."

허신許愼은 이렇게 말하였다.

"창힐이 비로소 새 발자국 흔적의 무늬를 보고 서계書契를 지었다. 그러자 사기와 위선이 싹트기 시작하여 본을 버리고 말을 좇았으며, 경작의 생업을 버리고 추도錐刀의 이익에 힘쓰게 되었다. 하늘은 장차 사람들이 이로써 굶어 죽을 것이라 여겨 그 때문에 곡식을 비처럼 내려준 것이며, 귀신은 그 글자 때문에 탄핵받을 것이라 두려워하여 그 때문에 밤에 운 것이다."

구본舊本에는 창힐이 문자를 만들자 "용이 물에 잠겨 다시는 나타나지 않았다"라 하였는데 출전은 미상이다.

《淮南子》曰:「昔蒼頡作書而天雨栗, 鬼夜哭.」

許愼曰:「蒼頡始視鳥跡之文造書契. 則詐僞萌生, 去本趨末, 棄耕作之業, 務錐刀之利 天知其將餓, 故爲雨栗, 鬼恐爲文書所劾, 故夜哭也.」

舊云:「龍潛藏.」未詳所出.

【淮南子】 한나라 淮南王 劉安이 문객을 모아 저술한 책.
【蒼頡】 문자를 처음 만든 것으로 알려진 고대의 인물.
【許愼】 後漢 때 고문학자로 《說文解字》와 《五經異義》를 지음. 小學(문자학)의 대종으로 불림.

【書契】‘契’는 ‘새기다’의 뜻으로 나무를 깎아 글자를 썼음. 文字라는 뜻으로도 쓰임.

【錐刀】송곳이나 칼. 자연 상태로 살아가지 않고 기계를 써서 편하게 살고자 함.

1.《淮南子》本經訓

昔者蒼頡作書而天雨粟, 鬼夜哭; 伯益作井, 而龍登玄雲, 神棲崑崙, 能愈多而德愈薄矣. 故周鼎著倕, 使銜其指, 以明大巧之不可爲也.

2.《說文解字》序

倉頡作書, 蓋依類象形, 故謂之文, 其後形聲相益, 卽謂之字. 字者,言孶乳而浸多也.

112. 樗里智囊, 邊韶經笥

112-① 樗里智囊
꾀주머니 저리자

《사기史記》에 실려 있다.

저리자樗里子는 이름이 질疾이며 진秦 혜왕惠王의 아우이다. 저리질의 집은 소왕昭王 사당의 서쪽에 있었으며, 위남渭南 음향陰鄉의 저리樗里라는 동네였다. 그 때문에 속칭 저리자로 부른 것이다. 골계滑稽에 뛰어났으며, 지혜가 많아 진秦나라 사람들은 그를 지낭智囊이라 불렀다. 진 무왕武王이 즉위하자, 저리자와 감무甘茂를 각기 좌우의 승상丞相으로 삼았다. 저리질이 죽자 위남의 장대章臺 동쪽에 장지를 마련하였다.

그는 스스로 이렇게 말했었다.

"내 죽은 뒤 백년 후면 천자의 궁궐이 내 무덤을 양쪽으로 끼고 들어서게 될 것이다."

한漢나라가 들어서자 과연 장락궁長樂宮이 그 동쪽에 들어섰고, 미앙궁未央宮이 그 서쪽에 자리잡게 되었으며, 무기고가 그의 무덤 자리에 지어지게 되었다. 진나라 사람들은 이렇게 속담을 퍼뜨렸었다.

"힘이리면 임비任鄙요, 지혜라면 저리자라네!"

《史記》: 樗里子名疾, 秦惠王之弟, 疾室在昭王廟西, 渭南陰鄉樗里, 故俗謂之樗里子. 滑稽多智, 秦人號曰智囊. 秦武王立, 以樗里子·甘茂爲左右丞相. 疾卒, 葬渭南章臺東.

曰:「後百歲 是當有天子宮夾我墓」

至漢興, 長樂宮在其東, 未央宮在其西, 武庫正直其墓.

秦人諺曰:「力則任鄙, 智則樗里!」

【樗里子】樗里疾. 전국시대 秦나라 惠王의 아우. 樗里에 살아 樗里子라 함.
골계와 지혜가 넘쳐 '智囊'이라 불렸음.《史記》樗里子甘茂 열전 참조.

【秦惠王】전국시대 진나라 군주. 惠文王이라고도 함. B.C.337~B.C.311년까지
재위.

【昭王】전국시대 秦나라 군주. B.C.306~B.C.251년까지 56년간 재위함.

【甘茂】전국시대 秦나라 대신. 그 아들 감라와 함께 지혜가 넘쳤으며 많은
일화를 남김.

【任鄙】周 武王은 힘이 센 사람을 좋아하여 任鄙·烏獲·孟說과 같은 力士
들이 모두 높은 관직에 임명하였음.

【未央宮】漢나라 초기의 궁전. 옛터는 지금의 陝西省 西安市 西北 長安
故城의 서남쪽에 있음. 西漢 말에 戰禍를 입은 후, 東漢·隋·唐 각 朝代에
걸쳐 여러 차례 개축하였으나 唐末에 다시 훼손됨.

참고 및 관련 자료

1.《史記》樗里子傳

樗里子者, 名疾, 秦惠王之弟也, 與惠王異母. 母, 韓女也, 樗里子滑稽多智, 秦人
號曰『智囊』. 秦惠王八年, 爵樗里子右更, 使將而伐曲沃, 盡出其人, 取其城,
地入秦. 秦惠王二十五年, 使樗里子爲將伐趙, 虜趙將軍莊豹, 拔藺. 明年, 助魏
章攻楚, 敗楚將屈丐, 取漢中地. 秦封樗里子, 號爲嚴君. 秦惠王卒, 太子武王立,
逐張儀·魏章, 而以樗里子·甘茂爲左右丞相. 秦使甘茂攻韓, 拔宜陽. 使樗里子
以車百乘入周. 周以卒迎之, 意甚敬. 楚王怒, 讓周, 以其重秦客. 游騰爲周說
楚王曰:「知伯之伐仇猶, 遺之廣車, 因隨之以兵, 仇猶遂亡. 何則? 無備故也.
齊桓公伐蔡, 號曰誅楚, 其實襲蔡. 今秦, 虎狼之國, 使樗里子以車百乘入周,
周以仇猶·蔡觀焉, 故使長戟居前, 彊弩在後, 名曰衛疾, 而實囚之. 且夫周豈能
無憂其社稷哉? 恐一旦亡國以憂大王.」楚王乃悅. 秦武王卒, 昭王立, 樗里子
又益尊重. 昭王元年, 樗里子將伐蒲. 蒲守恐, 請胡衍. 胡衍爲蒲謂樗里子曰:

「公之攻蒲, 爲秦乎? 爲魏乎? 爲魏則善矣, 爲秦則不爲賴矣. 夫衛之所以爲衛者,
以蒲也. 今伐蒲入於魏, 衛必折而從之. 魏亡西河之外而無以取者, 兵弱也. 今幷
衛於魏, 魏必彊. 魏彊之日, 西河之外必危矣. 且秦王將觀公之事, 害秦而利魏,
王必罪公.」樗里子曰:「奈何?」胡衍曰:「公釋蒲勿攻, 臣試爲公入言之, 以德
衛君.」樗里子曰:「善.」胡衍入蒲, 謂其守曰:「樗里子知蒲之病矣, 其言曰必拔蒲.
衍能令釋蒲勿攻.」蒲守恐, 因再拜曰:「願以請.」因效金三百斤, 曰:「秦兵苟退,
請必言子於衛君, 使子爲南面.」故胡衍受金於蒲以自貴於衛. 於是遂解蒲而去.
還擊皮氏, 皮氏未降, 又去. 昭王七年, 樗里子卒, 葬于渭南章臺之東. 曰:「後
百歲, 是當有天子之宮夾我墓.」樗里子疾室在於昭王廟西渭南陰鄕樗里, 故俗
謂之樗里子. 至漢興, 長樂宮在其東, 未央宮在其西, 武庫正直其墓. 秦人諺曰:
「力則任鄙, 智則樗里.」

112-② 邊韶經笥
변소의 경서 상자

　후한後漢의 변소邊韶는 자가 효선孝先이며 진류陳留 준의浚儀 사람이다.
문학으로 이름이 높았으며 가르치는 제자가 수백 명이었다. 그는 구변이
좋았다. 어느 날 대낮에 선잠에 잠깐 누워 있었는데 그때 제자 하나가
몰래 이렇게 비웃었다.
　"변효선은 배는 살이 쪄서 편편하여 게을러 책을 읽다가 잠을 이겨
내지 못하는구나."
　변소가 눈을 감은 채 이를 듣고 즉시 이렇게 대꾸하였다.

"가깝다는 뜻의 변邊자가 성이요, 효성스러운 효孝자가 자이다. 배가 편편한 것은 오경五經을 담은 책 궤짝이니 그렇고, 단지 잠을 이루고자 사는 것은 경經에 담긴 고사를 그리워해서이다. 바로 꿈속에 주공周公을 만나고 있는 것이다. 조용히 한 것은 공자孔子와 뜻을 같이 하고자 함이다. 제자로써 선생님을 비웃다니 그것이 어느 경전經典의 기록에 근거를 두고 한 것이냐?"

이에 비웃던 자가 크게 부끄러워하였다. 변소의 재능과 민첩함은 모두 이러한 유였다.

환제桓帝 때에 태중대부太中大夫가 되었으며, 동관東觀에서 저작활동을 하였다.

後漢, 邊韶字孝先, 陳留浚儀人. 以文學知名, 敎授數百人. 韶口辯.

曾晝日假臥, 弟子私嘲之曰:「邊孝先, 腹便便; 懶讀書, 但欲眠.」

韶潛聞之, 應時對曰:「邊爲姓, 孝爲字. 腹便便, 五經笥, 但欲眠, 思經事. 寐與周公通夢, 静與孔子同意. 師而可嘲, 出何典記?」

嘲者大慙. 韶之才捷皆此類.

桓帝時拜太中大夫, 著作東觀.

【邊韶】자는 孝先. 후한 때 인물로 문학에 뛰어났으며 구변이 좋았음.《後漢書》文苑傳 참조.
【浚義】일부 판본에는 '俊儀'로 되어 있음.
【五經】儒家의 경전. 漢나라 때는《易》,《詩》,《書》,《禮》,《春秋》를 오경으로 삼았음.
【寐與周公通夢】《論語》述而篇에 "甚矣, 吾衰也, 久吾不復夢見周公"이라 함.
【桓帝】東漢 제11대 황제. 劉志. 劉翼의 아들이며 147~167년 재위함.
【東觀】後漢 조정의 도서를 비치하여 두었던 궁중 도서관.

1. 《後漢書》 文苑傳(邊韶)

邊韶字孝先, 陳留浚儀人. 以文章知名, 教授數百人. 韶口辯, 曾晝日假臥, 弟子私嘲之曰:「邊孝先腹便便, 嬾讀書但欲眠.」韶潛聞之, 應時對曰:「邊爲姓, 孝爲字. 腹便便, 五經笥, 但欲眠, 思經事. 寐與周公通夢, 靜與孔子同意. 師而可嘲, 出何典記?」嘲者大慙. 韶之才捷皆此類.

桓帝時, 爲臨潁侯相, 徵拜太中大夫, 著作東觀. 再遷北地太守, 入尙書令. 後爲陳相, 卒官. 著詩頌碑銘書策凡十五篇.

113. 滕公佳城, 王果石崖

113-① 滕公佳城
3천 년 전에 정해진 등공의 무덤

《서경잡기西京雜記》에 실려 있다.

등공滕公이 수레를 타고 동도문東都門에 이르자, 말이 울면서 발을 굽혀 나가려 하지 않는 것이었다. 발을 굽혀 땅을 한참을 긁어대자 등공이 사졸을 시켜 발로 긁고 있는 그곳을 파 보도록 하였다. 그랬더니 그 속에서 3척의 석곽이 나오는 것이었다. 등공이 촛불을 밝혀 비춰 보았더니 거기에는 명문이 새겨져 있었다. 이를 물로 씻어 그 문자를 써보았더니 그 글자는 모두가 옛날 고문으로 당시와 달라 좌우 누구도 그 뜻을 알 수 없었다. 이를 숙손통叔孫通에게 물었더니 숙손통은 이렇게 말하였다.

"이는 과두문자科斗文字입니다. 지금의 문자로 써보면 '아름다운 무덤이 땅속에 묻혀 답답하도다. 그러나 3천 년 뒤에 햇빛을 보리라. 아! 등공이 이곳을 무덤으로 삼게 되리라'입니다."

등공이 말하였다.

"아, 하늘이여! 내 죽으면 이곳에 안장된다는 말인가!"

그리고 죽어 그곳에 장례를 치렀다.

등공은 바로 전한의 하후영夏侯嬰이다. 관직이 태복太僕에 이르렀다.

처음 등령滕令이 되어 고조高祖를 수레로 모셔 그 때문에 등공이라 불렸던 것이다.

《西京雜記》: 滕公駕至東都門. 馬鳴踢不肯前, 以足踢地久之, 滕公使士卒掘馬所踢地, 入三尺所得石槨. 滕公以燭照之有銘焉.

乃以水洗, 寫其文. 文字皆古異, 左右莫能知.

以問叔孫通, 通曰:「科斗書也. 以今文寫之曰:『佳城鬱鬱, 三千年見白日. 吁嗟! 滕公居此室.』」

滕公曰:「嗟乎, 天也! 吾死其卽安此乎!」

死遂葬焉. 滕公卽前漢夏侯嬰. 官至太僕.

初爲滕令奉車, 故號滕公.

【滕公】夏侯嬰(?~B.C.172)을 가리킴. 沛縣 사람으로 高祖 劉邦을 따라 起兵하여 太僕에 임명되었고 汝陰侯에 봉해짐. 한때 滕縣令을 지낸 적이 있어 '등공'이라 불림. 《漢書》에 전이 있음.

【叔孫通】薛縣 출신으로 秦末에 博士에 올랐음. 뒤에 項羽의 속관이었으나 劉邦에게 옮겨 稷嗣君이라 불림. 漢 王朝 건립 후 典章制度를 마련함. 《史記》,《漢書》에 傳이 있음. '叔孫制禮'[031] 참조.

【科斗】蝌蚪. 올챙이. '蝌蚪文'은 그 모양이 올챙이처럼 글씨 시작은 두텁고 끝 부분은 가늘어 붙여진 이름. 周代 大篆의 일종으로 孔壁에서 나온 古文經은 이 科斗文字로 되어 있었음. 옻즙으로 썼기 때문에 頭大尾細한 글씨체가 생겨난 글자체임.

【今文】漢나라 때 사용하던 隸書.

〖 참고 및 관련 자료 〗

1.《西京雜記》(4)

滕公駕至東都門, 馬鳴, 踢不肯前, 以足跑地久之. 滕公使士卒掘馬所跑地, 入三尺所, 得石槨. 滕公以燭照之, 有銘焉. 乃以水寫其文, 文字皆古異, 左右莫能知. 以問叔孫通, 通曰:「科斗書也. 以今文寫之, 曰:『佳城鬱鬱, 三千年見白日. 吁嗟滕公居此室..』」滕公曰:「嗟乎, 天也! 吾死其卽安此乎?」死遂葬焉.

2.《博物志》(晉, 張華). 卷7「異聞」

漢滕公薨, 出葬東都門外, 公卿送喪, 駟馬不行, 踢地悲鳴, 跑蹄下地, 得石室, 有銘曰:「佳城鬱鬱, 三千年, 見白日, 吁嗟滕公居此室!」遂葬焉.

3. 《藝文類聚》(40) 禮部(下) 「冢墓」

博物志曰: 漢滕公夏侯嬰死. 公卿送葬至東都門外, 馬不行, 殯地悲鳴, 得石槨.
有銘曰: 「佳城鬱鬱, 三千年見白日, 吁嗟滕公居此室!」 乃葬之.

4. 《北堂書鈔》(92) 駟馬不行

漢滕公夏侯嬰死. 公卿送葬至東郭門外, 駟馬不行, 梧地悲鳴, 卽掘馬蹄下, 得石槨.
其銘曰: 「佳城鬱鬱, 三千年, 見白日. 于嗟滕公居此室!」 乃葬斯地, 謂爲馬冢.

5. 《初學記》(14) 葬(第九)

博物志云: 漢滕公夏侯嬰死. 送葬至東都門外, 駟馬不行, 掊地悲鳴, 卽掘馬蹄下.
得石. 其銘云: 「佳城鬱鬱, 三千年見白日, 于嗟滕公居此室!」 乃葬斯地.. 謂之
馬冢.

113-② 王果石崖
왕과를 기다린 절벽 위의 현관

《신괴지神怪志》에 실려 있다.

장군 왕과王果가 익주태수益州太守가 되어 부임하는 길에 삼협三峽을 경유
하게 되었는데, 배 안에서 쳐다보았더니 강의 낭떠러지 석벽이 천 길이나
되었으며, 어떤 물건이 그 절벽 반쯤에 걸려 있었다. 마치 관곽棺槨과
같았다. 옛 이 길을 통과했던 사람에게 물어 보았더니 모두가 이미 오래
된 것이라는 것이었다. 왕과는 사람을 시켜 절벽을 타고 내려가 이를 살펴
보게 하였더니 하나의 관이었는데 돌에는 이렇게 새겨져 있었다.

"3백 년 뒤 홍수가 일어 물의 높이가 나에게 이를 것이며 그때 장강
長江에 닿고자, 떨어지고자 해도 떨어지지 못하고 매달려 있으리라. 그때
왕과라는 사람을 만나게 되리라."

왕과는 그 명문을 보고 창연히 이렇게 말하였다.

"수백 년 전 내 이름을 알았다니 어찌 이를 그냥 두고 지나치겠는가?"

그리하여 머물러 숙영하며 염을 하고 잘 묻고는 제사를 차려주고 그곳을 떠났다.

《神怪志》: 將軍王果爲益州太守, 路經三峽, 船中望見江崖, 石壁千丈, 有物懸在半崖, 似棺椁.

問舊行人, 皆云:「已久.」

果使人懸崖就視, 乃一棺也, 骸骨存焉.

有石誌, 云:『三百年後, 水漂我, 欲及長江, 垂欲墮, 欲墮不墮. 遇王果.』

果見銘愴然曰:「數百年前知我名, 如何舍去?」

因留, 爲營歛瘞埋, 設祭而去.

【王果】唐나라 때 左衛將軍을 지냈으며 雅州刺史로 강등되었음.

【三峽】長江 중류의 협곡. 西陵峽, 武峽, 瞿塘峽을 말함. 蜀나라와 楚나라의 경계 지역. 李白의 〈早發白帝城〉 시에 "早發白帝彩雲間, 千里江陵一日還. 兩岸猿聲啼不盡, 輕舟已過萬重山" 등으로 널리 알려졌음.

【棺椁】이를 '懸棺'이라고도 하며 지금도 小三峽과 三峽 곳곳에 있음.

【營歛瘞埋】'營'은 일을 처리하기 위하여 宿營을 함. '歛'은 시신을 다시 염하였음을 말함. '瘞'는 '묻다'의 뜻.

참고 및 관련 자료

1.《太平廣記》(391) 王果

唐左衛將軍王果被責, 出爲雅州刺史. 於江中泊船, 仰見巖腹中有一棺, 臨空半出. 乃緣崖而觀之, 得銘曰:「欲墮不墮逢王果, 五百年中重收我.」果喟然嘆曰:「吾今葬此人, 被責雅州, 固其命也.」乃收窆而去.

114. 買妻恥醮, 澤室犯齋

114-① 買妻恥醮
결혼을 부끄러워한 주매신의 아내

전한前漢의 주매신朱買臣은 자가 옹자翁子이며 오吳나라 사람이다. 집이 가난하였으나 글읽기만 좋아해 집안일에는 관심을 두지 않았다. 늘 땔나무를 베어 이를 내다 팔아 먹을 것을 해결하였다. 그는 나뭇짐을 짊어지고 걸어가면서도 책을 외울 정도였다. 그의 아내 역시 이고 지고 하여 그의 뒤를 따랐는데 이러한 남편의 태도에 부끄러움을 느끼고 이혼할 것을 요구하였다.

그러자 주매신이 말하였다.

"내 나이 쉰이 되면 의당 부귀하게 될 것이오. 그런데 지금 나이가 마흔이 넘었소. 그대도 고생한 지 오래 되었으니 내가 부귀하게 될 때를 기다리면 내 그대에게 그 공을 보답하겠소."

그 처는 화를 내며 이렇게 쏘아붙였다.

"그대를 기다리다가 종당에는 굶어죽어 시궁창에나 처박힐 뿐이오. 어찌 능히 부귀해진다는 거요?"

주매신은 결국 아내를 떠나도록 허락하고 말았다.

몇 년 뒤 그는 상계리上計吏를 따라 그의 부하가 되어 중거重車를 이끌고 장안長安 궁궐에 이르러 이 기회에 임금에게 글을 올려놓고 공거公車에서 조칙을 기다리고 있었다. 마침 같은 고향 사람으로 엄조嚴助라는 사람이 있어 신분이 높고 임금으로부터 사랑을 받고 있었다. 그가 임금에게 주매신을 추천하여 임금이 불러 만나주었다. 그는 그때 《춘추春秋》의 내용을 설명하고 〈초사楚詞〉를 거론하였다. 무제武帝는 기꺼워하며 그를 중대부中大夫로 발탁하여 엄조와 함께 시중侍中으로 삼았다. 오래 뒤에 다시 그는 회계태수會稽太守에 올랐다. 그러자 황제가 이렇게 말하였다.

"부귀해지고 나서 고향에 돌아가 보지 않으면, 마치 비단옷을 입고 밤에 다니는 것과 같소. 지금 그대는 어떻소?"

주매신은 머리를 조아리며 고마움을 표시하였다.

그가 고향 오나라 땅으로 들어오자 그의 옛 아내를 만나게 되었는데 그들 부부는 길을 닦고 있었다. 주매신이 그들을 불러 수레 뒤에 부부를 태우도록 명하고 태수의 관사에 이르러 정원에 음식을 차려놓고 대접하였다. 아내는 부끄러움을 이기지 못하고 그만 스스로 자살하고 말았다. 이에 주매신은 그의 남편에게 돈을 주어 장례를 치르도록 하였다. 그리고 옛 친구들을 모두 불러 만나 함께 술과 음식을 대접하고 일찍이 은혜를 입었던 이들에게 모두 보답하였다.

前漢, 朱買臣字翁子, 吳人. 家貧好讀書, 不治産業, 常艾薪樵, 賣以給食. 擔束薪, 行且誦書. 其妻亦負戴相隨, 羞之求去.

買臣曰:「我年五十當富貴, 今已四十餘矣. 汝苦日久, 待我富貴, 報汝功.」

妻恚怒曰:「如公等, 終餓死溝中耳, 何能富貴?」

買臣卽聽去.

後數歲, 隨上計吏爲卒, 將重車至長安詣闕上書, 待詔公車. 會邑子嚴助貴車, 薦買臣, 召見. 說《春秋》·言〈楚詞〉. 武帝說之, 拜中大夫, 與嚴助俱侍中. 久之拜會稽太守.

上謂曰:「富貴不歸故鄕, 如衣繡夜行, 今子何如?」

買臣頓首謝.

入吳界, 見其故妻, 妻夫治道. 買臣呼令後車載其夫妻, 到太守舍, 置園中給食之. 妻自經死. 買臣給其夫錢令葬, 悉召見故人, 與飮食, 諸嘗有恩者, 皆報復焉.

【朱買臣】 자는 翁子(?~B.C.115) 西漢 때 吳縣 출신. 武帝 때 會稽太守를
  지냈으며 主爵都尉에 올랐으나 張湯과의 알력으로 무제에게 죽음을 당함.
  《漢書》에 傳이 있음.

【上計】 매년 郡에서 會計吏를 불러들여 회계보고를 하게 한 漢나라의 제도.

【公車】 上書와 徵召를 담당하던 관청의 이름.

【嚴助】 주매신의 同鄕 사람으로 주매신을 추천했던 인물.

【楚詞】 楚辭. 戰國時代 때 楚나라 屈原과 그 제자인 宋玉 등이 지었던
  초나라 문학. 남방 문학을 대표함.

【武帝】 西漢 5대 황제 劉徹. 景帝(劉啓)의 아들이며 B.C.140~B.C.87년까지
  54년간 재위함. 대내외적으로 학술, 강역, 문학 등 여러 방면에 걸쳐 많은
  치적을 남겨 강력한 帝國을 건설함.

【富貴不歸故鄕】 項羽가 천하를 평정하고 고향으로 돌아가고 싶어서 했던 말.
  錦衣還鄕을 말함.《史記》項羽本紀에 "項王見秦宮皆以燒殘破, 又心懷思欲
  東歸, 曰:「富貴不歸故鄕, 如衣繡夜行, 誰知之者!」說者曰:「人言楚人沐猴
  而冠耳, 果然.」項王聞之, 烹說者"라 함.

> 참고 및 관련 자료

1.《漢書》朱買臣

朱買臣字翁子, 吳人也. 家貧, 好讀書, 不治産業, 常艾薪樵, 賣以給食, 擔束薪,
行且誦書. 其妻亦負戴相隨, 數止買臣毋歌嘔道中. 買臣愈益疾歌, 妻羞之, 求去.
買臣笑曰:「我年五十當富貴, 今已四十餘矣. 女苦日久, 待我富貴報女功」妻恚
怒曰:「如公等, 終餓死溝中耳, 何能富貴?」買臣不能留, 卽聽去. 其後, 買臣
獨行歌道中, 負薪墓間. 故妻與夫家俱上冢, 見買臣饑寒, 呼飯飲之. 後數歲,
買臣隨上計吏爲卒, 將重車至長安, 詣闕上書, 書久不報. 待詔公車, 糧用乏,
上計吏卒更乞匄之. 會邑子嚴助貴幸, 薦買臣. 召見, 說《春秋》, 言《楚詞》, 帝甚
說之, 拜買臣爲中大夫, 與嚴助俱侍中. 是時方築朔方, 公孫弘諫, 以爲罷敝中國.
上使買臣難詘弘, 語在《弘傳》. 後買臣坐事免, 久之, 召待詔. 是時, 東越數反覆,
買臣因言:「故東越王居保泉山, 一人守險, 千人不得上. 今聞東越王更徙處南行,
去泉山五百里, 居大澤中. 今發兵浮海, 直指泉山, 陳舟列兵, 席卷南行, 可破
滅也」上拜買臣會稽太守. 上謂買臣曰:「富貴不歸故鄕, 如衣繡夜行, 今子何如?」

買臣頓首辭謝. 詔買臣到郡, 治樓船, 備糧食·水戰具, 須詔書到, 軍與俱進. 初,
買臣免, 待詔, 常從會稽守邸者寄居飯食. 拜爲太守, 買臣衣故衣, 懷其印綬, 步歸
郡邸. 直上計時, 會稽吏方相與羣飮, 不視買臣, 買臣入室中, 守邸與共食, 食且飽,
少見其綬. 守邸怪之, 前引其綬, 視其印, 會稽太守章也. 守邸驚, 出語上計掾吏.
皆醉, 大呼曰:「妄誕耳!」守邸曰:「試來視之.」其故人素輕買臣者入[內]視之,
還走, 疾呼曰:「實然!」坐中驚駭, 白守丞, 相推排陳列中庭拜謁. 買臣徐出戶.
有頃, 長安廐吏乘駟馬車來迎, 買臣遂乘傳去. 會稽聞太守且至, 發民除道, 縣吏
並送迎, 車百餘乘. 入吳界, 見其故妻·妻夫治道. 買臣駐車, 呼令後車載其夫妻,
到太守舍, 置園中, 給食之. 居一月, 妻自經死, 買臣乞其夫錢, 令葬. 悉召見故
人與飮食諸嘗有恩者, 皆報復焉.

2.《十八史略》(2)

韓生說羽:「關中阻山帶河, 四塞之地肥饒, 可都以霸.」羽見秦殘破, 且思東歸,
曰:「富貴不歸故鄕, 如衣繡夜行耳.」韓生曰:「人言楚人沐猴而冠, 果然.」羽聞
之烹韓生.

114-② 澤室犯齋
재계를 방해한 주택의 아내

후한後漢의 주택周澤은 자가 치도穉都이며 북해北海 안구安丘 사람이다.
현종顯宗 때 사도司徒가 되었다. 그는 성격이 경솔하며 위의를 갖추는 일에
소홀하여 자못 재상으로서의 덕망을 잃고 있었다.

뒤에 그는 태상太常이 되자 청렴결백하고 행동을 잘 지켜 종묘宗廟의
제사 업무를 공경스럽게 처리하였다.

한번은 그가 병이 들어 재궁齋宮에 누워있는데, 그 아내가 주택이 나이가 들고 병까지 얻은 것을 불쌍히 여겨 몰래 재궁으로 와서 그 고생을 위문하였다. 그러자 주택은 크게 노하여 아내로서 재궁에 들어올 수 없는 금법禁法을 범했다고 여겨, 그를 잡아 감옥에 보낸 다음 죄를 빌었다. 그러자 당시 사람들은 그가 지나치게 격한 것이며 자신의 결백을 보이기 위한 것이었다고 의혹을 가졌다. 그리하여 당시 사람들은 이렇게 말하였다.

"세상에 태어나 부부의 화합도 이루지 못하는 태상의 아내는 되지 말라. 1년 3백 6십일에 3백 5십 9일을 재궁에 들어앉아 있는 이로다."

뒤에 그는 여러 차례 삼로오경三老五更이 되었다.

《한관의漢官儀》의 재齋자 아래 주에는 이렇게 말하였다.

"단 하루 재계가 없는 날, 그는 술에 흠뻑 취하여 인사불성이 될 정도였다."

後漢, 周澤字穉都, 北海安丘人. 顯宗時爲司徒. 性簡忽威儀, 頗失宰相之望. 後爲太常, 清潔循行, 盡敬宗廟. 嘗臥疾齋宮. 其妻哀澤老病, 闚問所苦. 澤大怒, 以妻于犯齋禁, 收送詔獄謝罪.

當世疑其詭激, 時人爲語曰:「生世不諧作太常妻. 一年三百六十日, 三百五十九日齋.」

後數爲三老五更.

《漢官儀》, 於齋下云:「一日不齋醉如泥.」

【周澤】後漢 초기의 인물로 자는 穉道. 顯宗(明帝) 때 사도가 되어 엄격하게 규율을 지켰던 인물. 《後漢書》 儒林傳 참조.
【顯宗】동한 2대 황제 明帝. 劉莊. 廟號는 顯宗孝明皇帝. 光武帝 劉秀의 아들이며 A.D.58~75년 재위함.
【宗廟】天子 先祖의 사당.
【齋宮】천자가 종묘의 제사를 지내면서 금기하는 御殿.

【詔獄】천자의 칙서를 받들어 죄인을 살피는 곳.

【三老五更】三老는 三公을 뜻하며 五更은 대부를 말함. 훌륭한 어른들을 지칭하는 말. 나라의 원로를 뜻함. 三老는 중국 고대부터 鄕, 縣 등에 경험과 학식이 있는 노인을 지정하여 이들로 하여금 그 고을의 교화를 담당하게 했던 직책(명예직).《漢書》高帝紀(上)에 "擧民年五十以上, 有修行, 能帥衆爲善, 置爲三老, 鄕一人. 擇鄕三老一人爲縣三老"라 함.

【漢官儀】後漢 應劭가 지은 것으로 西漢의 官制를 기록한 책.

참고 및 관련 자료

1.《後漢書》儒林傳(下) 周澤

周澤字稺都, 北海安丘人也. 少習《公羊嚴氏春秋》, 隱居教授, 門徒常數百人. 建武末, 辟大司馬俯, 署議曹祭酒. 數月, 徵試博士. 中元元年, 遷黽池令. 奉公剋己, 矜恤孤羸, 吏人歸愛之. 永平午年, 遷右中郎將. 十年, 拜太常. 澤果敢直言, 數有據爭. 後北地太守廖信坐貪穢下獄, 沒入財產, 顯宗以信臧物班諸廉吏, 唯澤及光祿勳孫堪·大司農常沖特蒙賜焉. 是時京師翕然, 在位者咸自勉勵. 堪字子稺, 河南緱氏人也. 明經學, 有志操, 淸白貞正, 愛士大夫, 然一毫未嘗取於人, 以節介氣勇自行. 王莽末, 兵革並起, 宗族老弱在營保閒, 堪常力戰陷敵, 無所回避, 數被創刃, 宗族賴之, 郡中咸服其義勇. 建武中, 仕郡縣. 公正廉絜, 奉祿不及妻子, 皆以供賓客. 及爲長吏, 所在有迹, 爲吏人所敬仰. 喜分明去就. 嘗爲縣令, 謁府, 趨步遲緩, 門亭長譴堪御吏, 堪便解印綬去, 不之官. 後復仕爲左馮翊, 坐遇下促急, 司隷校尉擧奏免官. 數月, 徵爲侍御史, 再遷尙書令. 永平十一年, 拜光祿勳. 堪淸廉, 果於從政, 數有直言, 多見納用. 十八年, 以病乞身, 爲侍中騎都尉, 卒於官. 堪行類於澤, 故京師號曰「二稺」. 十二年, 以澤行司徒事, 如眞. 澤性簡忽威儀, 頗失宰相之望. 數月, 復爲太常, 淸絜循行, 盡敬宗廟. 常臥疾齋宮. 其妻哀澤老病, 闚問所苦. 澤大怒, 以妻于犯齋禁, 收送詔獄謝罪. 當世疑其詭激, 時人爲語曰:「生世不諧, 作太常妻. 一年三百六十日, 三百五十九日齋」十八年, 拜侍中騎都尉. 後數爲三老五更. 建初中致仕, 卒於家.

115. 馬后大練, 孟光荊釵

115-① 馬后大練
거친 명주포 옷을 입은 명덕마황후

후한後漢의 명덕마황후明德馬皇后는 복파장군伏波將軍 마원馬援의 막내
딸이다. 나이 열다섯에 집안일을 처리하는 데에 마치 어른과 같았다. 한때
오랫동안 병을 앓았다. 태부인太夫人이 점을 쳐보게 하였더니 점쟁이가
이렇게 풀이하였다.

"이 처녀는 비록 오래 병을 앓기는 하였지만 뒤에 마땅히 아주 귀한
신분이 될 것입니다. 그 징조는 말로 할 수 없습니다."

뒤에 또다시 관상 보는 자를 불러 그에 대한 점을 쳐보도록 하자, 그는
그의 관상을 보고 크게 놀라 이렇게 말하였다.

"내가 틀림없이 이 아가씨에게 신하라 칭하게 될 것입니다."

뒤에 그는 선발되어 궁궐에 들게 되었고 현종(顯宗, 明帝)이 즉위하자
귀인貴人으로 삼았다.

당시 가씨賈氏가 숙종肅宗을 낳았다. 현종은 마귀인에게 그를 들여
양자로 기르도록 명하면서 이렇게 말하였다.

"그대는 뒤에 꼭 아들을 낳는다는 보장도 없으니 이를 기르시오. 다만
친자식만큼 사랑이 깊지 못할까 걱정일 따름이오."

마후馬后는 온 마음을 다하여 이를 길러 친자식보다 더 사랑하였다.
숙종 역시 효성이 순후하고 돈독하여 서로의 은혜와 정은 하늘이 내린
것 같았다. 모자의 자애는 서로 사이에 털끝만큼의 간격도 없었다. 그러
다가 유사有司가 장추궁長秋宮에 황후를 세울 것을 건의하기에 이르렀다.
황제가 아직 의견을 내지 않았을 때 황태후皇太后가 이렇게 말하였다.

"마귀인은 덕이 후궁의 으뜸이오. 바로 그 사람이면 되오."

그리하여 드디어 황후에 오르게 되었다. 그는 정식으로 황후의 자리에 올라 궁궐에 있으면서 더욱 겸손하고 정숙하였다. 그는 《역경易經》을 능히 암송하였으며, 《춘추春秋》와 《초사楚辭》 읽기를 좋아하였고, 특히 《주관周官》과 동중서董仲舒의 글에도 능통하였다. 평상시 굵은 올의 거친 베옷에 치마에는 단을 꾸미지 않은 채 입었다.

後漢, 明德馬皇后, 伏波將軍援小女. 年十歲幹理家事, 同成人. 嘗久疾.

太夫人令筮之, 筮者曰: 「此女雖久疾, 後當大貴. 兆不可言.」

後又呼相者, 使占諸女.

見后大驚曰: 「我必爲此女稱臣.」

後選入宮, 顯宗卽位, 以爲貴人. 時賈氏生肅宗.

帝命令養之謂: 「女人未必當自生子. 但患愛子不至耳.」

后盡心撫育, 過於所生.

肅宗亦孝性淳篤, 恩情天至. 母子慈愛, 無纖介之間.

有司奏立長秋宮, 帝未有所言, 皇太后曰: 「馬貴人德冠後宮. 卽其人也.」

遂立爲皇后.

卽正位宮闈, 愈自謙肅. 能誦《易經》, 好讀《春秋》·〈楚辭〉, 尤善《周官》·董仲舒書. 常衣大練, 裙不加緣.

【明德皇后】 '明'은 明帝(顯宗)의 황후임을 말한 것이며 '德'은 그 諡號.

【伏波】 伏波將軍 馬援(B.C.14~A.D.49). 자는 文淵. 新莽 말기에 劉秀를 옹위하여 光武帝로 세우고 隴西太守가 되어 伏波將軍을 배수받음. "才夫爲志, 窮當益堅, 老當益壯", "男兒要當死於邊野, 以馬革裹尸還"이란 말을 남김. 《後漢書》(54)에 전이 있음. '伏波標柱'[009] 참조.

【顯宗】明帝. 東漢 제2대 황제 劉莊. 光武帝의 아들. 廟號는 顯宗孝明皇帝. 58년~75년 재위함.

【肅宗】章帝 劉炟(煊). 후한의 제3대 황제. 明帝 劉莊의 아들. 76년~88년까지 재위함. 명덕 마황후가 기름. 《十八史略》(3)에 "孝章皇帝, 名煊, 母賈氏, 馬皇后養之, 立爲太子, 至是卽位"라 함.

【長秋宮】황후가 거주하는 御殿. 황후를 지칭함.

【皇太后】光武帝의 陰皇后로 明帝의 어머니.

【周官】《周禮》. 周公 旦이 지었다고 전해지며, 天, 地, 春, 夏, 秋, 冬의 六官으로 나누어 그것에 속하는 직무를 자세하게 기록한 것임. 三禮의 하나.

【董仲舒】B.C.179~B.C.104. 廣川(지금의 河北 棗强縣) 출신으로 西漢의 哲學者이며 今文經學의 大家. 《春秋公羊傳》에 밝아 博士가 되었으며 江都相과 膠西王相을 지냄. 유학 장려를 제창하여 武帝에게 발탁되어 漢王朝의 봉건 기틀에 큰 역할을 함. 저서로 《春秋繁露》와 《董子文集》이 있음. 《漢書》 卷56에 傳이 있음. 그의 저술로 《春秋繁露》, 《聞擧》, 《玉杯》, 《淸明》, 《竹林》 등이 있었으나 지금은 《춘추번로》만 전함.

【大練】大帛·厚繒과 같다. 변변치 않은 실로 짠 명주포.

1. 《後漢書》皇后紀 明德馬皇后

明德馬皇后諱某, 伏波將軍援之小女也. 少喪父母. 兄客卿敏惠早夭, 母藺夫人悲傷發疾慌惚. 后時年十歲, 幹理家事, 勅制僮御, 內外諮稟, 事同成人. 初, 諸家莫知者, 後聞之, 咸歎異焉. 后嘗久疾, 太夫人令筮之, 筮者曰:「此女雖有患狀而當大貴, 兆不可言也.」後又呼相者使占諸女, 見后, 大驚曰:「我必爲此女稱臣. 然貴而少子, 若養它子者得力, 乃當踰於所生.」初, 援征五溪蠻, 卒於師, 虎賁中郎將梁松·黃門侍郎竇固等因譖之, 由是家益失埶, 又數爲權貴所侵侮. 后從兄嚴不勝憂憤, 白太夫人絶竇氏婚, 求進女掖庭. 乃上書曰:「臣叔父援孤恩不報, 而妻子特獲恩全, 戴仰陛下, 爲天爲父. 人情旣得不死, 便欲求福. 竊聞太子·諸王妃匹未備, 援有三女, 大者十五, 次者十四, 小者十三, 儀狀髮膚, 上中以上. 皆孝順小心, 婉靜有禮. 願下相工, 簡其可否. 如有萬一, 援不朽於黃泉矣. 又援姑姊妹並爲成帝婕妤, 葬於延陵, 臣嚴幸得蒙恩更生, 冀因緣先姑, 當充後宮.」由是選后入太子宮. 是年十三. 奉承陰后, 傍接同列, 禮則脩備, 上下安之. 遂見寵異, 常居後堂. 顯宗卽位, 以后爲貴人. 時后前母姊女賈氏亦以選入, 生肅宗. 帝以后無子, 命令養之, 謂曰:「人未必當自生子, 但患愛養不至耳.」后於是盡心撫育, 勞悴過於所生. 肅宗亦孝性淳篤, 恩性天至, 母子慈愛, 始終無纖介之間. 后常以皇嗣未廣, 每懷憂歎, 薦達左右, 若恐不及. 後宮有進見者, 每加慰納. 若數所寵引, 輒增隆遇. 永平三年春, 有司奏立長秋宮, 帝未有所言. 皇太后曰:「馬貴人德冠後宮, 卽其人也.」遂立爲皇后. 先時數日, 夢有小飛蟲無數赴著身, 又入皮膚中而復飛出. 旣正位宮闈, 愈自謙肅. 身長七尺二寸, 方口, 美髮. 能誦《易》, 好讀《春秋》·《楚辭》, 尤善《周官》·董仲舒書. 常衣大練, 裙不加緣. 朔望諸姬主朝請, 望見后袍衣疎麤, 反以爲綺縠, 就視, 乃笑. 后辭曰:「此繒特宜染色, 故用之耳.」六宮莫不歎息. 帝嘗幸苑囿離宮, 后輒以風邪露霧爲戒, 辭意款備, 多見詳擇. 帝幸濯龍中, 並召諸才人, 下邳王已下皆在側, 請呼皇后. 帝笑曰:「是家志不好樂, 雖來無歡.」是以遊娛之事希嘗從焉. 十五年, 帝案地圖, 將封皇子, 悉半諸國. 后見而言曰:「諸子裁食數縣, 於制不已儉乎?」帝曰:「我子豈宜與先帝子等乎? 歲給二千萬足矣.」時楚獄連年不斷, 囚相證引, 坐繫者甚衆, 后慮其多濫, 乘間言及, 惻然. 帝感悟之, 夜起仿偟, 爲思所納, 卒多有所降宥. 時諸將奏事及公卿較議難平者, 帝數以試后. 后輒分解趣理, 各得其情. 每於侍執之際, 輒言及政事, 多所毗補, 而未嘗以家私干. (故)欲寵敬日隆, 始終無衰. 及帝崩, 肅宗卽位, 尊后曰皇太后. 諸貴人當徙居南宮, 太后感析別之懷, 各賜王赤綬, 加安車駟馬, 白越三千端, 雜帛二千匹, 黃金十斤. 自撰《顯宗起居注》, 削去兄防參醫藥事. 帝請曰:「黃門舅旦夕供養且一年, 旣無襃異, 又不錄勤勞, 無乃過乎!」太后曰:「吾不欲令後世聞先帝數親後宮之家, 故不著也.」建初元年, 帝欲封諸舅, 太后不聽. 明年夏, 大旱, 言事者以爲不封外戚之故, 有司因此上奏, 宜依舊典. 太后詔曰:「凡言事者皆欲媚朕以要福耳. 昔王氏五侯同日俱封, 其時黃霧四塞, 不聞澍雨之應. 又田蚡·竇嬰, 寵貴橫恣, 傾覆之禍, 爲世所傳. 故先帝防愼舅氏, 不令在樞機之位. 諸子之封, 裁令半楚·淮陽諸國, 常謂『我子不當與先帝子等』. 今有司奈何欲以馬氏比陰氏乎! 吾爲天下母, 而身服大練, 食不求甘, 左右但著帛布, 無香薰之飾者, 欲身率下也. 以爲外親見之, 當傷心自勑, 但笑言太后素好儉. 前過濯龍門上, 見外家問起居者, 車如流水, 馬如游龍, 倉頭衣綠褠, 領袖正白, 顧視御者, 不及遠矣. 故不加譴怒, 但絶歲用而已, 冀以默愧其心, 而猶懈怠, 無憂國忘家之慮. 知臣莫若君, 況親屬乎? 吾豈可上負先帝之旨, 下虧先人之德, 重襲西京敗亡之禍哉!」固不許. 帝省詔悲歎, 復重請曰:

「漢興, 舅氏之封侯, 猶皇子之爲王也. 太后誠存謙虛, 奈何令臣獨不加恩三舅乎?
且衛尉年尊, 兩校尉有大病, 如令不諱, 使臣長抱刻骨之恨. 宜及吉時, 不可稽留」
太后報曰:「吾反覆念之, 思令兩善. 豈徒欲獲謙讓之名, 而使帝受不外施之嫌哉!
昔竇太后欲封王皇后之兄, 丞相條侯言受高祖約, 無軍功, 非劉氏不侯. 今馬氏
無功於國, 豈得與陰·郭中興之后等邪? 常觀富貴之家, 祿位重疊, 猶再實之木,
其根必傷. 且人所以願封侯者, 欲上奉祭祀, 下求溫飽耳. 今祭祀則受四方之珍,
衣食則蒙御府餘資, 斯豈不足, 而必當得一縣乎? 吾計之孰矣, 勿有疑也. 夫至孝
之行, 安親爲上. 今數遭變異, 穀價數倍, 憂惶晝夜, 不安坐臥, 而欲先營外封,
違慈母之拳拳乎! 吾素剛急, 有匈中氣, 不可不順也. 若陰陽調和, 邊境清靜,
然後行子之志. 吾但當含飴弄孫, 不能復關政矣」時新平主家御者失火, 延及
北閣後殿. 太后以爲己過, 起居不歡. 時當謁原陵, 自引守備不愼, 慙見陵園,
遂不行. 初, 太夫人葬, 其墳微高, 太后以爲言, 兄廖等卽時減削. 其外親有謙素
義行者, 輒假借溫言, 賞以財位. 如有纖介, 則先見嚴恪之色, 然後加譴. 其美
車服不軌法度者, 便絕屬籍, 遣歸田里. 廣平·鉅鹿·樂成王車騎朴素, 無金銀
之飾, 帝以白太后, 太后卽賜錢各五百萬. 於是內外從化, 被服如一, 諸家惶恐,
倍於永平時. 乃置織室, 蠶於濯龍中, 數往親視, 以爲娛樂. 常與帝旦夕言道政事,
及教授諸小王, 論議經書, 述敍平生, 雍和終日. 四年, 天下豐稔, 方垂無事, 帝遂
封三舅廖·防·光爲列侯. 並辭讓, 願就關內侯. 太后聞之, 曰:「聖人設教, 各有
其方, 知人情性莫能齊也. 吾少壯時, 但慕竹帛, 志不顧命. 今雖已老, 而復『戒之
在得』, 故日夜惕屬, 思自降損. 居不求安, 食不念飽. 冀乘此道, 不負先帝. 所以
化導兄弟, 共同斯志, 欲令瞑目之日, 無所復恨. 何意老志復不從哉? 萬年之日
長恨矣!」廖等不得己, 受封爵而退位歸第焉. 太后其年寢疾, 不信巫祝小醫,
數勑絕禱祀. 至六月, 崩. 在位二十三年, 年四十餘. 合葬顯節陵.

2.《列女傳》續集「明德馬后」

明德馬后者, 漢明帝之后, 伏波將軍新息忠成侯馬援之女也. 少有岐嶷之性,
年十三, 以選入太子家, 接待同列, 以承至尊. 先人後己, 發於至誠, 由此見寵.
時及政事, 后推心以對, 無不當理. 意有所未安, 則明陳其故. 是時, 後宮未有
妊育者, 常言繼嗣當時而立, 薦達左右, 如恐弗及. 其後宮有進見者, 輒奉養慰
納之; 其寵益進者, 與之愈隆. 是時宮中尚無人, 事皆自爲, 舞衣袿裁成, 手皆
瘃裂, 終未嘗與侍御者私語, 防僮御雜錯, 或因有所訴, 恐萬分見於顏色, 故預
絕漸, 其愼微如是. 永平三年, 有司奏立長秋宮, 以率八妾, 上未有所言. 皇太后
曰:「馬貴人德冠後宮, 卽其人也.」遂登后位. 身衣大練, 御者禿裙不緣, 率皆

羌胡倭越, 未嘗請舊人僮使. 諸王親家朝請, 望見后袍極粗疏, 反以爲綺, 就視乃笑. 后曰:「此繒染色好, 故用之耳.」老人知者, 無不嗟息. 性不喜出入游觀, 未嘗臨御窗, 又不好音樂. 上時幸苑囿離宮, 以故希從. 輒戒言不宜晨起及禽, 因陳風邪霧露之戒, 辭意甚備, 上納焉. 誦易經, 習詩論春秋, 略說大義, 讀楚辭不竟賦誦過耳, 疾浮華. 聽言觀論, 輒摘發其要. 讀光武皇帝本紀, 至於『獻千里馬寶劍者, 上以馬駕鼓車, 劍賜騎士, 手不持珠玉』. 后未賞不嘆息. 時有楚獄因證相引, 繫者甚多, 后恐有單辭妄相覆冒, 承間爲上言之, 惻然感動, 於是上衣夜起彷徨, 思論所納, 非臣下得聞. 后志在克己輔佐, 不以私家干朝廷. 兄爲虎賁中郎, 弟黃門侍郎, 訖永平世不遷. 明帝體不安, 召黃門侍郎防奉參醫藥, 夙夜勤勞.

及帝崩, 后作起居注, 省去防參醫藥事. 公卿諸侯上書, 言宜遵舊典, 封舅氏. 太后詔曰:「外戚橫恣, 爲世所傳. 永平中, 常自簡練, 知舅氏不可恣, 不令在樞機之位. 今水旱連年, 民流滿道, 至有饑餓, 而施封拜, 失宜不可. 且先帝言:『諸王財令半楚·淮陽王, 吾子不當與光武帝子等.』今奈何欲以馬氏比陰氏乎? 吾自束脩, 冀欲上不負先帝, 下不虧先人之德, 身服大練縑裙, 食不求所甘, 左右旁人皆無香薰之飾, 但布帛耳. 如是者欲身師衆也, 以爲外親見之, 當傷心自克, 但反共言太后素自喜儉. 前過濯龍門, 上見外家問起居, 車如流水馬如龍, 蒼頭衣綠直領, 領袖正白, 顧視旁御者, 遠不及也. 亦不譴怒, 但絕其歲用, 冀以黙止譐耳. 知臣莫若君, 況親屬乎? 人之所以欲封侯者, 欲以祿食養其親, 奉脩祭祀, 身溫飽耳. 今祭祀則受大官之牲, 郡國旣珍, 司農黍稷, 身則衣御府之餘繒, 尙未足耶, 必當得一縣上令? 長樂宮有負言之責, 內亦不愧於世俗乎?」先是時, 城門越騎校尉治母喪, 起墳微大, 後太后以爲言, 惶懼卽時削減成墳. 上下相承, 俱奉法度. 王主諸家, 莫敢犯禁. 廣平·鉅鹿·樂成王入問起居, 見車騎鞍勒, 皆純黑, 無金銀采飾, 馬不踰六尺, 章帝綠太后意白賜錢五百萬, 新平主衣紺縞·直領, 譴以不得厚賜. 於是親戚被服如一, 教化不嚴而從, 以躬親率先之故也. 置織室·蠶室·濯龍中, 后親往來占視於內, 以爲娛樂. 教諸小王, 試其誦論, 衎衎和樂, 日夕論道, 以終厥身. 其視養章帝過所生, 章帝奉之, 竭盡孝道. 君子謂:「德后在家則家可爲衆女師範, 在國則可爲母后表儀.」詩云:『惟此惠君, 民人所瞻. 秉心宣猷, 考愼其相.』此之謂也.

115-② 孟光荊釵
가시나무를 비녀로 삼은 양홍의 처 맹광

후한後漢의 양홍梁鴻은 자가 백란伯鸞이며 부풍扶風 평릉平陵 사람이다. 같은 현의 맹씨孟氏에게 딸이 있었는데, 모습이 살이 찌고 추하며 피부도 검었으나 힘은 돌확을 들어 올릴 정도였다. 그녀는 나이 서른이 되도록 상대를 고르기만 하고 있는 것이었다. 부모가 그 이유를 묻자 그녀는 이렇게 대답하였다.

"어질기가 양홍 같은 자를 지아비로 모시고 싶어서입니다."

양홍이 이를 듣고 그를 아내로 맞기로 하였다. 그녀는 시집 와서 자신을 아름답게 화장하여 꾸미고 그의 문으로 들어섰다. 그런데 이레가 되도록 양홍은 아무런 말을 하지 않는 것이었다. 아내가 자신이 추하게 생겼음을 사과하고 죄를 청하였다. 그러자 양홍은 이렇게 말하는 것이었다.

"나는 갖옷이나 거친 옷을 입은 자로서 함께 깊은 산에 들어가 은거할 수 있는 이를 아내로 맞이하고자 하였소. 그런데 지금 그대는 화려한 비단 옷에 얼굴에 분칠로 화장을 하였으니, 어찌 내가 바라던 사람이겠소?"

처는 이렇게 말하였다.

"저도 그처럼 은거할 수 있는 옷이 있습니다."

그러고는 망치 모양으로 머리를 묶고. 옷은 베옷으로 갈아입고는 양홍에 앞서 온갖 궂은일을 해내는 것이었다. 양홍은 크게 기꺼워하며 이렇게 말하였다.

"진실로 양홍의 아내로다."

그리하여 자를 덕요德曜로 지어주고 이름을 맹광孟光이라 하였으며, 함께 패릉霸陵의 산 속으로 들어가 살았다.

後漢, 梁鴻字伯鸞, 扶風平陵人. 同縣孟氏有女. 狀肥醜而墨,力擧石臼. 擇對至年三十, 父母問其故, 曰:「得賢如梁伯鸞者」

鴻聞而聘之. 及嫁始以裝飾入門. 七日而鴻不答, 妻請罪.

鴻曰:「吾欲裘褐之人, 可與俱隱深山者. 今乃衣綺縞傳粉墨, 豈所願哉?」

妻曰:「妾自有隱居之服」

乃更爲椎髻著布衣, 操作而前.

鴻大喜曰:「眞鴻妻也」

字之曰德曜, 名孟光. 乃共入霸陵山中.

【梁伯鸞】梁鴻. 字는 伯鸞.《列女傳》에는 자가 伯淳으로 되어 있음. 後漢 때의 處士. '梁鴻五噫'[234] 참조. 東漢 때의 逸民. 그 처 孟光과 함께 은거하였던 인물로 일찍이 '五噫之歌'를 지어 당세를 풍자하기도 하였음.《後漢書》逸民傳 참조. 한편 양홍이 자신의 아내를 '拙荊'이라 불러 荊枝(가시나무 가지)로 비녀를 삼고 거친 베로 치마를 해 입었다는 뜻임.(《太平御覽》718에 인용된《列女傳》)

【右扶風】한나라 때의 행정구역. 三輔의 하나로 長安 주위의 秦嶺 이북과 戶縣, 그리고 咸陽과 旬邑 서쪽을 구획하여 나눈 것.

【裘褐】'구'는 가죽옷. '갈'은 털옷. 모두 천한 사람이 입는 옷.

【椎髻】'추'는 망치. 머리를 망치나 옹이의 모양으로 묶어 일하기에 편하도록 한 것.

【孟光】양홍이 아내에게 붙여준 이름. '擧案齊眉'의 고사성어가 맹광으로부터 생겨남. 즉 밥상을 들어 남편에게 드릴 때 그것을 눈썹 높이만큼 들어 올림. 남편을 지극히 공경함을 뜻함. 지금 이 말은 남편을 지극히 위한다는 뜻의 성어가 되어 있음.

참고 및 관련 자료

1.《後漢書》逸民傳(梁鴻)

梁鴻字伯鸞, 扶風平陵人也. 父讓, 王莽時爲城門校尉, 封修遠伯, 使奉少昊後,

寓於北地而卒, 鴻時尚幼, 以遭亂世, 因卷席而葬. 後受業太學, 家貧而尚節介,
博覽無不通, 而不爲章句. 學畢, 乃牧豕於上林苑中. 曾誤遺火及它舍, 鴻乃尋訪
燒者, 問所去失, 悉以豕償之. 其主猶以爲少. 鴻曰:「無它財, 願以身居作」主人
許之. 因爲執勤, 不懈朝夕. 鄰家耆老見鴻非恆人, 乃共責讓主人, 而稱鴻長者.
於是始敬異焉, 悉還其豕. 鴻不受而去, 歸鄉里. 勢家慕其高節, 多欲女之, 鴻並
絶不娶, 同縣孟氏有女, 狀肥醜而黑, 力舉石臼, 擇對不嫁, 至年三十. 父母問
其故, 女曰:「欲得賢如梁伯鸞者.」鴻聞而娉之. 女求作布衣·麻屨, 織作筐緝績
之具. 及嫁, 始以裝飾入門. 七日而鴻不荅. 妻乃跪牀下請曰:「竊聞夫子高義,
簡斥數婦, 妾亦偃蹇數婦矣. 今而見擇, 敢不請罪」鴻曰:「吾欲裘褐之人, 可與
俱隱深山者爾. 今乃衣綺縞, 傅粉墨, 豈鴻所願哉?」妻曰:「以觀夫子志耳. 妾自
有隱居之服.」乃更爲椎髻, 著布衣, 操作而前. 鴻大喜曰:「此眞梁鴻妻也. 能奉
我矣!」字之曰「德曜」, 名「孟光」. 居有頃, 妻曰:「常聞夫子欲隱居避患, 今何爲
黙黙? 無乃欲低頭就之乎?」鴻曰:「諾.」乃共入霸陵山中, 以耕織爲業, 詠詩書,
彈琴以自娛. 仰慕前世高士, 而爲四皓以來二十四人作頌. 因東出關, 過京師,
作五噫之歌曰:『陟彼北芒兮, 噫! 顧覽帝京兮, 噫! 宮室崔嵬兮, 噫! 人之劬勞兮,
噫! 遼遼未央兮, 噫!』肅宗聞而非之, 求鴻不得. 乃易姓運期, 名燿, 字侯光,
與妻子居齊魯之間. 有頃, 又去適吳. 將行, 作詩曰:『逝舊邦兮遐征, 將遙集兮
東南. 心惙怛兮傷悴, 志菲菲兮升降. 欲乘策兮縱邁, 疾吾俗兮作讒. 競舉枉兮
措直, 咸先佞兮唌唌. 固靡憋兮獨建, 冀異州兮尚賢. 聊逍搖兮遨嬉, 纘仲尼兮
周流. 儻云覩兮我悦, 遂舍車兮卽浮. 過季札兮延陵, 求魯連兮海隅. 雖不察兮
光貌, 幸神靈兮與休. 惟季春兮華阜, 麥含含兮方秀. 哀茂時兮逾邁, 慜芳香兮
日臭. 悼吾心兮不獲, 長委結兮焉究! 口囂囂兮余訕, 嗟恇恇兮誰留?』遂至吳,
依大家皋伯通, 居廡下, 爲人賃舂. 每歸, 妻爲具食, 不敢於鴻前仰視, 舉案齊眉.
伯通察而異之, 曰:「彼傭能使其妻敬之如此, 非凡人也.」乃方舍之於家. 鴻潛
閉著書十餘篇. 疾且困, 告主人曰:「昔延陵季子葬子於嬴博之間, 不歸鄉里,
愼勿令我子持喪歸去.」及卒, 伯通等爲求葬地於吳要離冢傍. 咸曰:「要離烈士,
而伯鸞清高, 可令相近.」葬畢, 妻子歸扶風.

2.《列女傳》續集「梁鴻之妻」

梁鴻之妻, 右扶風梁伯淳之妻, 同郡孟氏之女也. 其姿貌甚醜, 而德行甚脩. 鄉里
多求者, 而女輒不肯, 行年三十, 父母問其所欲, 對曰:「欲節操如梁鴻者.」時鴻
未娶, 扶風世家, 多願妻者, 亦不許. 聞孟氏女賢, 遂求納之. 孟氏盛飾入門, 七日
而禮不成. 妻跪問曰:「竊聞夫子高義, 斥數妻; 妾亦偃蹇數夫, 今來而見擇,

請問其故?」鴻曰:「吾欲得衣裘褐之人, 與共遁世避時, 今若衣綺繡, 傅黛墨, 非鴻所願也.」妻曰:「竊恐夫子不堪, 妾幸有隱居之具矣.」乃更粗衣椎髻而前, 鴻喜曰:「如此者誠鴻妻也.」字之曰德曜, 名孟光, 自名曰運期, 字俟光, 共遯逃霸陵山中. 此時王莽新敗之後也. 鴻與妻深隱耕耘, 織作以供衣食, 誦書彈琴, 忘富貴之樂. 後復相將至會稽, 賃春爲事, 雖雜庸保之中, 妻每進食, 擧案齊眉, 不敢正視. 以禮脩身, 所在敬而慕之. 君子謂:「梁鴻妻好道安貧, 不汲汲於榮樂.」《論語》曰:『不義而富且貴, 於我如浮雲.』此之謂也.

3.《高士傳》(皇甫謐) 卷下

梁鴻字伯鸞, 扶風平陵人也. 遭亂世, 受業太學, 博覽, 不爲章句. 學畢, 乃牧豕上林園中. 曾誤遺火延及他舍, 鴻乃尋訪燒者, 問其所去失, 悉以豕償之. 其主猶爲少. 鴻又以身居作執勤不懈. 隣家耆老見鴻非恒人, 乃共責讓主人, 而稱鴻長者. 於是始敬異焉, 悉還其豕, 鴻不受而去歸. 鄉里勢家, 慕其高節, 多欲女之, 鴻並絕不娶. 同縣孟氏有女, 狀醜, 擇對不嫁. 父母問其故. 女曰:「欲得賢如梁伯鸞者」鴻聞而聘之. 及嫁始以裝飾入門, 七日而鴻不答. 妻乃跪請, 鴻曰:「吾欲裘褐之人, 可與俱隱深山者爾. 今乃衣綺縞傅粉墨, 豈鴻所願哉!」妻曰:「以觀夫子之志耳. 妾自有隱居之服」乃更爲椎髻著布衣操作而前, 鴻大喜曰:「此眞梁鴻妻也. 能奉我矣!」字之曰'德曜'. 名'孟光'. 居有頃, 乃共入霸陵山中, 以耕織爲業. 詠詩書彈琴以自誤, 仰慕前世高士; 而爲四皓以來二十四人作頌. 因東出關過京師作'五噫之歌'. 肅宗求鴻不得, 乃易姓'運期', 名'耀', 字'侯光', 與妻子居齊魯之間. 有頃, 又去適吳, 居皐伯通廡下, 爲人賃春. 每歸妻爲具食擧案齊眉. 伯通察而異之. 乃方舍之於家. 鴻潛閉著書十餘篇. 疾且困, 告主人曰:「昔延陵季子, 葬子於嬴博之間, 不歸鄉里, 愼勿令我子持喪歸去.」及卒伯通等爲求葬地於吳要離冢傍.

4.《文選》(59) 〈劉先生夫人墓誌〉注

梁鴻妻者, 同郡孟氏之女也. 德行甚脩. 鴻納之, 共逃遁霸陵山中. 後復相將至會稽, 賃春爲事. 雖雜傭保之中, 妻每進食, 常擧案齊眉, 不敢正視. 以禮脩身, 所在敬而慕之. 復有令德, 一與之齊.

5.《幼學瓊林》

○ 不棄糟糠, 宋弘回光武之語; 擧案齊眉, 梁鴻配孟光之賢.

○ 孟光力大, 石臼可擎; 飛燕身輕, 掌上可舞.

○ 曹大家續完漢帙, 徐惠妃援筆成文, 此女之才者; 戴女之練裳竹笥, 孟光之荊釵裙布, 此女之貧者.

○ 梁鴻葬要離冢側, 死後芳鄰; 鄭泉殯陶宅舍傍, 生前宿願.

116. 顔叔秉燭, 宋弘不諧

116-① 顔叔秉燭
촛불을 밝히고 과부를 거절한 안숙자

모공毛公의 《시전詩傳》에 실려 있다.

옛날 안숙자顔叔子가 홀로 집안에 있었는데 이웃집에도 과부가 홀로 살고 있었다. 그런데 어느 날 밤에 폭우가 쏟아져 그 과부의 집이 무너지고 말았다. 부인은 안숙자의 집으로 달려왔다. 안숙자는 그를 받아들여 재우되 촛불을 들고 아침까지 지키도록 하였다. 그러다가 촛불의 기름이 다하면 장작을 쪼개고, 그것도 다하면 지붕의 나무를 뽑아 밤을 밝혔다. 스스로 만약의 경우 혐의를 피하기 위해 그렇게 한 것이었다. 만약 평상 떳떳하고자 한다면 의당 노魯나라 사람이 한 것처럼 해야 한다고 여겼다. 즉 노나라에 어떤 남자가 홀로 집에 살고 있었는데 그 이웃에 과부가 살고 있었다. 밤에 폭우가 내려 집이 무너지자 부인이 달려와 의탁하기를 청하였다. 남자는 문을 닫아걸고 받아주지 않으면서 이렇게 말하였다.

"내 듣기로 남녀가 예순이 넘지 않으면 함께 처할 수 없다 하였소. 지금 그대는 어리고 나 또한 젊소. 그대를 받아들일 수 없소."

그러자 부인이 말하였다.

"그대는 어찌 유하혜柳下惠처럼 하지 못하오? 불쌍한 여인을 문에 머물게 하지 않고 받아주었는데 나라 사람들이 이를 두고 남녀유별을 혹란시켰다 하지 않더이다."

그러자 남자가 말하였다.

"유하혜라면 진실로 그럴 수 있소. 그러나 나는 불가하오. 나 같은 신분으로서 유하혜의 그러한 가능함을 흉내낼 수 없소이다."

공자孔子가 말하였다.

"유하혜를 흉내내고자 하는 자로서 이처럼 대단한 사람은 없었다."

毛公《詩傳》曰: 昔者, 顏叔子, 獨處于室; 隣人嫠婦, 又獨處于室. 夜暴風雨至而室壞, 婦人趨而至. 叔子納之而使執燭放乎旦, 而蒸盡搤屋而繼之. 自以爲辟嫌之不審矣. 若其審者, 宜若魯人然: 魯有男子, 獨處于室, 隣人嫠婦, 又獨處于室. 夜暴風雨至而室壞, 婦人趨而託之.

男子閉戶而不納, 曰:「吾聞之, 男女不六十不同居. 今子幼, 吾亦幼, 不可以納子」

婦人曰:「子何不若柳下惠然? 嫗不逮門之女, 國人不稱亂」

男子曰:「柳下惠固可, 吾固不可. 吾將以吾不可學柳下惠之可」

孔子曰:「欲學柳下惠者, 未有似於是也」

【毛公詩傳】《毛詩》. 지금 전하는 《詩經》. 毛公은 漢나라 毛萇. 본장의 내용은 小雅 巷伯 「哆兮侈兮成是南箕」 구절 毛亨의 傳에 실려 있음.
【嫠婦】 지아비가 없는 독신의 여자. 과부.
【柳下惠】 春秋時代 魯나라의 賢人. 大夫 벼슬에 士師를 역임함. 본명은 展獲, 字는 禽, 혹은 展季라고도 함. 柳下는 그가 食邑으로 받은 곳의 지명. 혹은 그가 살던 곳이라고도 함. 惠는 그가 죽자 그의 아내가 사사롭게 지어 준 諡號(《列女傳》 참조). 孟子는 그를 성인 중에서도 和를 실현한 인물이라 평하여 '和中之聖'이라 칭하였음. '柳下直道'[094] 참조.

참고 및 관련 자료

1. 《孔子家語》 好生篇

魯人有獨處室者, 隣之嫠婦亦獨處一室, 夜暴風雨至, 嫠婦室壞, 趨而託焉, 魯人閉戶而不納, 嫠婦自牖與之言:「何不仁而不納我乎?」 魯人曰:「吾聞男女不六十不同居, 今子幼, 吾亦幼, 是以不敢納爾也.」婦人曰:「子何不如柳下惠然, 嫗不建門之女? 國人不稱其亂.」魯人曰:「柳下惠則可, 吾固不可, 吾將以吾之 不可, 學柳下惠之可.」孔子聞之曰:「善哉! 欲學柳下惠者, 未有似於此者. 期於 至善, 而不襲其爲, 可謂智乎?」

2.《毛詩正義》小雅 巷伯「哆兮侈兮成是南箕」구절 毛亨의 傳

昔者, 顔叔子, 獨處于室; 隣之釐婦, 又獨處于室. 夜暴風雨至而室壞, 婦人趨 而至. 叔子納之而使執燭放乎旦, 而蒸盡縮屋而繼之. 自以爲辟嫌之不審矣. 若其審者, 宜若魯人然: 魯人有男子, 獨處于室, 隣之釐婦, 又獨處于室. 夜暴風 雨至而室壞, 婦人趨而託之. 男子閉戶而不納. 婦人自牖與之言曰:「子何爲不 納我乎?」男子曰:「吾聞之也, 男子不六十, 不間居. 今子幼, 吾亦幼, 不可以 納子.」婦人曰:「子何不若柳下惠然? 嫗不逮門之女, 國人不稱其亂.」男子曰: 「柳下惠固可, 吾固不可, 吾將以吾不可學柳下惠之可.」孔子曰:「欲學柳下惠者, 未有似於是也.」

116-② 宋弘不諧
황제 누이를 거절한 송홍

　후한後漢의 송홍宋弘은 자가 중자仲子이며 경조京兆 장안長安 사람이다. 광무제光武帝가 즉위하여 대사공大司空이 되었다. 당시 광무제의 누나 호양 공주湖陽公主가 과부가 된 지 얼마 뒤였다. 광무제가 조정에서 공주와 신하 들에 대한 논의를 하면서 슬쩍 공주에게 의향을 물어보았다.

　그러자 공주는 이렇게 말하였다.

　"송홍은 위엄이 있는 용모와 덕의 그릇됨에 있어서 다른 신하들이 미칠 수 없을 정도입니다."

광무제가 말하였다.

"바야흐로 장차 시도해 보겠소."

뒤에 황제는 송홍을 불러들이고 공주를 병풍 뒤에 앉혀 놓고는 송홍에게 이렇게 넌지시 말하였다.

"속담에 '신분이 귀해지면 친구를 바꾸고, 재물이 부유해지면 아내를 바꾼다'라 하였는데 이것이 사람의 인지상정이겠지요?"

그러자 송홍은 이렇게 말하는 것이었다.

"제가 듣기로 가난하고 천할 때 사귄 친구는 잊어서는 안 되고, 조강糟糠을 먹으며 가난을 견뎌낸 아내는 버려서는 안 된다 하더이다."

광무제는 공주를 돌아보며 이렇게 말하였다.

"될 수 없는 일이로군요."

송홍은 봉록 받은 것을 구족九族에게 널리 베풀어 나누어 주어 집안에는 쌓아둔 재물이 없었다. 그리고 맑은 행정으로 칭송을 받았으며 그가 추천하여 진달한 선비로서 환담桓譚과 왕량王梁 등 30여 명이나 되었으며, 그 중에는 혹 재상을 거쳐 공경公卿에 이른 자도 있었다.

後漢, 宋弘字仲子, 京兆長安人. 光武卽位爲大司空. 時帝姊湖陽公主新寡. 帝與共論朝臣, 微觀其意.

主曰:「宋公威容德器, 群臣莫及.」

帝曰.「方且圖之.」

後引見, 帝令主坐屛風後, 因謂弘曰:「諺言:『貴易交, 富易妻.』人情乎?」

弘曰:「臣聞: 貧賤之交不可忘, 糟糠之妻不下堂.」

帝顧謂主曰:「事不諧矣.」

弘所得租奉, 分贍九族, 家無資産. 以淸行致稱. 所推進賢士桓梁三十餘人, 或相乃爲公卿者.

【宋弘】東漢 光武帝 때의 인물. 자는 仲子. 大司空에 올랐으며 "貧賤之交不可忘, 糟糠之妻不下堂"의 성어로 유명함.《後漢書》에 전이 있음.

【光武帝】世祖光武皇帝. 光武帝. A.D.25~57년 재위. 東漢(後漢)의 첫 황제. 劉秀. 자는 文叔. 長沙 定王 劉發의 후손. 漢 景帝가 유발을 낳고, 유발이 春陵節侯 劉買를 낳았으며 뒤에 封地가 南陽 白水鄕으로 옮겨져 그곳을 春陵이라 하고 가문을 이루었음. 그리고 유매의 막내아들이 劉外였으며 그가 劉回를 낳았고, 유회가 南頓令 劉欽을 낳았으며 유흠이 유수를 낳았음. 이가 동한을 일으켜 낙양에 도읍을 하여 유씨 왕조를 이은 것이며 이를 東漢(後漢)이라 부름.

【湖陽公主】광무제의 누나. '董宣彊項'[089] 참조.

【糟糠之妻】술 찌꺼기와 겨 등 가난하여 겨우 이를 먹고 견뎌내었던 아내를 말함.

【桓·梁】桓譚과 王梁.

1.《後漢書》宋弘

宋弘字仲子, 京兆長安人也. 父尙, 成帝時至少府; 哀帝立, 以不附董賢, 違忤抵罪. 弘少而溫順, 哀平閒作侍中, 王莽時爲共工. 赤眉入長安, 遣使徵弘, 逼迫不得已, 行至渭橋, 自投於水, 家人救得出, 因佯死獲免. 光武卽位, 徵拜太中大夫. 建武二年, 代王梁爲大司空, 封枸邑侯. 所得租奉分贍九族, 家無資産, 以淸行致稱. 徙封宣平侯. 帝嘗問弘通博之士, 弘乃薦沛國桓譚才學洽聞, 幾能及楊雄·劉向父子. 於是召譚拜議郞·給事中. 帝每讌, 輒令鼓琴, 好其繁聲. 弘聞之不悅, 悔於薦擧, 伺譚內出, 正朝服坐府上, 遣吏召之. 譚至, 不與席而讓之曰: 「吾所以薦子者, 欲令輔國家以道德也, 而今數進鄭聲以亂《雅頌》, 非忠正者也. 能自改邪? 將令相擧以法乎?」譚頓首辭謝, 良久乃遣之. 後大會羣臣, 帝使譚鼓琴, 譚見弘, 失其常度. 帝怪而問之. 弘乃離席免冠謝曰: 「臣所以薦桓譚者, 望能以忠正導主, 而令朝廷耽悅鄭聲, 臣之罪也.」帝改容謝, 使反服, 其後遂不復令譚給事中. 弘推進賢士馮翊·桓梁三十餘人, 或相及爲公卿者. 弘當讌見, 御坐新屛風, 圖畫列女, 帝數顧視之. 弘正容言曰: 「未見好德如好色者.」帝卽爲徹之. 笑謂弘曰: 「聞義則服, 可乎?」對曰: 「陛下進德, 臣不勝其喜.」時帝姊湖陽公主新寡, 帝與共論朝臣, 微觀其意. 主曰:「宋公威容德器, 羣臣莫及.」
帝曰:「方且圖之」後弘被引見, 帝令主坐屏風後, 因謂弘曰:「諺言貴易交, 富易妻,
人情乎?」弘曰:「臣聞貧賤之知不可忘, 糟糠之妻不下堂.」帝顧謂主曰:「事不
諧矣.」弘在位五年, 坐考上黨太守無所據, 免歸第. 數年卒, 無子, 國除.

2.《十八史略》(3)

所用羣臣, 如宋弘等, 皆重厚正直. 上姊湖陽公主, 嘗寡居, 意在弘. 弘入見, 主座
屏後, 上曰:「諺言: 富易交, 貴易妻, 人情乎?」弘曰:「貧賤之交不可忘, 糟糠
之妻不下堂.」上顧主曰:「事不諧矣.」

117. 鄧通銅山, 郭況金穴

117-① 鄧通銅山
동산의 구리로 동전을 주조한 등통

전한前漢의 등통鄧通은 촉군蜀郡 남안南安 사람으로 뱃사공으로써 황두랑黃頭郎이 된 인물이다.

문제文帝가 어느 날 꿈을 꾸었는데, 하늘로 오르고자 하였으나 오르지 못하고 어떤 황두랑이 자신을 떠받쳐 하늘에 오를 수 있었다. 그때 그의 모습에 엉덩이 띠 뒷부분에 구멍이 나 있었다. 꿈에서 깨어난 문제가 점대漸臺에 올라가 꿈속에 본 자를 몰래 눈여겨 찾아보았다. 그랬더니 등통의 옷 뒤쪽이 뚫려 있었는데 꿈속에 본 그대로였다. 그를 불러 성명을 물어본 다음 문제는 기꺼워하며 존중하여 그를 사랑하게 되었다. 그리하여 그에게 거만 금을 수십 차례 하사하였으며, 관직은 상대부上大夫에까지 올랐다. 그러나 그는 다른 재능이 없어 추천이나 진급을 하지 못한 채 오직 몸을 도사리고 몸으로 임금에게 사랑 받았을 뿐이었다. 문제가 관상 보는 이에게 등통의 관상을 보아달라고 하자 그는 이렇게 말하였다.

"굶어 죽을 상입니다."

문제는 이렇게 말하였다.

"능히 등통을 부유하게 해 주는 것은 나에게 달려 있다."

이에 촉蜀 엄도嚴道의 구리가 나는 동산銅山을 하사하여 마음대로 동전을 주조토록 하였다. 이리하여 등씨전鄧氏錢이 천하에 퍼졌으며 그 부유함은 이토록 대단하였던 것이다.

문제가 한번은 종기가 심하였다. 등통이 문제를 위해 이를 입을 대 고름을 빨아내었다. 그때 문제가 물었다. "천하에 누가 나를 가장 사랑할꼬?"

등통이 대답하였다.

"아무래도 태자이겠지요. 태자만 한 이가 없을 것입니다."

　태자가 들어와 문제를 문병하자, 문제가 태자로 하여금 자신의 종기를 빨도록 하였다. 그러자 태자가 난색을 표하였다. 이윽고 등통이 문제의 종기를 빨아준 적이 있다는 것을 듣고 태자는 한편으로는 부끄러워하였지만, 이 일로 등통에게 원한을 갖게 되었다. 태자가 경제景帝가 되어 등극하자 등통은 파직되어 집에 들어앉게 되었다. 그때 어떤 사람이 등통이 몰래 돈을 주조하여 멀리 밖으로 빼돌리고 있다고 보고해 왔다. 그리하여 관리에게 명령을 내려 이를 조사하도록 한 다음 그의 모든 재산을 몰수하였다. 등통은 끝에 남의 집에 빌붙어 몸을 의탁했다가 굶어 죽었다.

　前漢, 鄧通, 蜀郡南安人. 以櫂船爲黃頭郞. 文帝嘗夢, 欲上天不能, 有一黃頭郞, 推上天. 顧見其衣尻帶後穿. 覺而之漸臺, 以夢中陰目求. 見通衣後穿, 夢中所見也. 召問其名姓, 帝悅尊幸之, 賞賜鉅萬以十數, 官至上大夫. 然無他伎能, 不能有所薦達. 獨謹身媚上而已.

　上使相者相通, 曰:「當貧餓死.」

　上曰:「能富通在我.」

　於是賜蜀嚴道銅山, 得自鑄錢. 鄧氏錢布天下. 其富如此.

　上嘗病癰, 通爲上嗽吮之.

　上問曰:「天下誰最愛我者?」

　通曰:「宜莫若太子.」

　太子入問疾, 上使齰癰, 太子色難之. 已而聞通嘗爲上齰之, 太子慙, 由是心恨通. 景帝立, 通免家居.

　人告通盜出徼外鑄錢. 下吏驗問盡沒入之. 竟寄死人家.

【鄧通】西漢 文帝 때의 寵臣. 蜀郡 銅山을 하사받아 銅錢을 마음대로 주조하였었음. 景帝가 즉위하여 그를 면직시키고 재물을 몰수함.《西京雜記》(3)

및 《漢書》佞幸傳 참조.

【黃頭郞】뱃사공을 말함. 노란 모자를 씌워 밝게 하여 五行相克의 원리에 따라 흙은 황색이며 물을 극복한다고 여겼음.

【文帝】전한 제3대 황제 劉恒. 太宗孝文皇帝. 高祖 劉邦의 庶子로써 薄太后의 아들. B.C.179년~B.C.157년 재위함. 한나라 초기 文景之治를 이루어 제국의 기틀을 다짐.

【漸臺】未央宮의 서남쪽에 연못 위에 있던 누대.

【癰】피부에 돋은 위험한 악성 화농성 염증.

【景帝】西漢 4대 황제. 劉啓. B.C.156년~B.C.141년까지 16년간 재위함. 文帝의 아들이며 梁孝王(劉武)의 형. 文景之治를 이루어 한나라 기반을 다짐.

【徼外】'徼'는 '塞'. 동북쪽은 '塞', 서남쪽은 '徼'라 함. 먼 국외를 말함.

참고 및 관련 자료

1. 《史記》佞幸傳

孝文時中寵臣, 士人則鄧通, 宦者則趙同·北宮伯子. 北宮伯子以愛人長者; 而趙同以星氣幸, 常爲文帝參乘; 鄧通無伎能. 鄧通, 蜀郡南安人也, 以濯船爲黃頭郞. 孝文帝夢欲上天, 不能, 有一黃頭郞從後推之上天, 顧見其衣裻帶後穿. 覺而之漸臺, 以夢中陰目求推者郞, 卽見鄧通, 其衣後穿, 夢中所見也. 召問其名姓, 姓鄧氏, 名通, 文帝說焉, 尊幸之日異. 通亦愿謹, 不好外交, 雖賜洗沐, 不欲出. 於是文帝賞賜通巨萬以十數, 官至上大夫. 文帝時時如鄧通家遊戲. 然鄧通無他能, 不能有所薦士, 獨自謹其身以媚上而已. 上使善相者相通, 曰「當貧餓死」. 文帝曰:「能富通者在我也. 何謂貧乎?」 於是賜鄧通蜀嚴道銅山, 得自鑄錢, 「鄧氏錢」布天下. 其富如此. 文帝嘗病癰, 鄧通常爲帝唶吮之. 文帝不樂, 從容問通曰;「天下誰最愛我者乎?」 通曰:「宜莫如太子.」 太子入問病, 文帝使唶癰, 唶癰而色難之. 已而聞鄧通常爲帝唶吮之, 心慙, 由此怨通矣. 及文帝崩, 景帝立, 鄧通免, 家居. 居無何, 人有告鄧通盜出徼外鑄錢. 下吏驗問, 頗有之, 遂竟案, 盡沒入鄧通家, 尚負責數巨萬. 長公主賜鄧通, 吏輒隨沒入之, 一簪不得著身. 於是長公主乃令假衣食. 竟不得名一錢, 寄死人家.

2. 《史記》張丞相列傳

是時太中大夫鄧通方隆愛幸, 賞賜累巨萬. 文帝嘗燕飲通家, 其寵如是. 是時丞相入朝, 而通居上傍, 有怠慢之禮. 丞相奏事畢, 因言曰:「陛下愛幸臣, 則富

貴之; 至於朝廷之禮, 不可以不肅!」上曰:「君勿言, 吾私之.」罷朝坐府中, 嘉爲
檄召鄧通詣丞相府, 不來, 且斬通. 通恐, 入言文帝曰:「汝第往, 吾今使人召若.」
通至丞相府, 免冠, 徒跣, 頓首謝. 嘉坐自如, 故不爲禮, 責曰:「夫朝廷者, 高皇帝
之朝廷也. 通小臣, 戲殿上, 大不敬, 當斬. 吏今行斬之!」通頓首, 首盡出血, 不解.
文帝度丞相已困通, 使使者持節召通, 而謝丞相曰:「此吾弄臣, 君釋之.」鄧通
旣至, 爲文帝泣曰:「丞相幾殺臣.」

3. 《西京雜記》(3)

文帝時, 鄧通得賜蜀銅山, 聽得鑄錢, 文字肉好, 皆與天子錢同, 故富侔人主.
時吳王亦有銅山鑄錢, 故有吳錢, 微重, 文字肉好, 與漢錢不異.

117-② 郭況金穴
황금 굴을 가진 곽황

　후한後漢의 곽황郭況은 진정眞定 고현槀縣 사람으로 광무제光武帝 곽황후
郭皇后의 아우이다. 광무제는 곽황이 조심성이 있고 근신하는 성품을
훌륭히 여겨 나이 겨우 16세 때 황문시랑黃門侍郎의 벼슬을 주었다. 그는
황후의 아우라는 귀중한 신분으로 인해 빈객이 폭주하였으니 이래 신비들
에게 겸손하고 공경을 다하여 자못 그 명성과 칭찬이 자자하였다. 뒤에
대홍려大鴻臚가 되었다. 광무제는 자주 그 집에 행차하여 제후와 친가들을
불러모아 잔치를 베풀곤 하였다. 한번은 그에게 금전과 비단을 하사하였
는데, 풍성하기가 비교할 곳이 없을 정도였다. 이에 경사京師에서는 곽황의
집을 금혈金穴이라 불렀다.
　현종(顯宗, 明帝)이 즉위하고도 상과 예물을 풍성히 주어 흡족할 정도였
으며 특진特進의 직함으로 생을 마쳤다.

後漢, 郭況眞定槀人, 光武郭皇后弟. 帝善況小心謹愼, 年始
十六, 拜黃門侍郞. 以后弟貴重, 賓客輻湊. 況謙恭下士, 頗得聲譽.
遷大鴻臚. 帝數幸其第, 會諸侯親家飮燕, 嘗賜金錢縑帛, 豊盛莫比,
京師號況家爲金穴.

顯宗卽位, 數授賞賜, 恩禮俱渥, 終特進.

【郭況】後漢 초의 인물이며 光武帝 郭皇后의 아우.
【光武帝】世祖光武皇帝. 光武帝. A.D.25~57년 재위. 東漢(後漢)의 첫 황제.
　劉秀. 자는 文叔. 長沙 定王 劉發의 후손. 漢 景帝가 유발을 낳고, 유발이
　春陵節侯 劉買를 낳았으며 뒤에 封地가 南陽 白水鄕으로 옮겨져 그곳을
　春陵이라 하고 가문을 이루었음. 그리고 유매의 막내아들이 劉外였으며
　그가 劉回를 낳았고, 유회가 南頓令 劉欽을 낳았으며 유흠이 유수를 낳았음.
　이가 동한을 일으켜 낙양에 도읍하여 유씨 왕조를 이은 것이며 이를 東漢
　(後漢)이라 부름.
【金穴】황금을 저장해 둔 굴. 많은 재산을 가지고 있음을 비유한 것.
【顯宗】明帝. 東漢 제2대 황제 劉莊. 光武帝의 아들. 廟號는 顯宗孝明皇帝.
　58년~75년 재위함.
【特進】제후나 王公, 또는 장군 등 특별한 功勳이 있는 사람에게 주는 지위로
　三公의 아래.

1. 《後漢書》皇后紀(上) 郭皇后傳(郭況)
光武郭皇后諱聖通, 眞定槀人也. 爲郡著姓. 父昌, 讓田宅財産數百萬與異母弟,
國人義之. 仕郡功曹. 娶眞定恭王女, 號郭主, 生后及子況. 昌早卒. 郭主雖王
家女, 而好禮節儉, 有母儀之德. 更始二年春, 光武擊王郎, 至眞定, 因納后, 有寵.
及卽位, 以爲貴人. 建武元年, 生皇子彊. 帝善況小心謹愼, 年始十六, 拜黃門
侍郞. 二年, 貴人立爲皇后, 彊爲皇太子, 封況緜蠻侯. 以后弟貴重, 賓客輻湊.
況謙恭下士, 頗得聲譽. 十四年, 城門校尉. 其後, 后以寵稍衰, 數懷怨懟. 十七年,
遂廢爲中山王太后, 進后中子右翊公輔爲中山王, 以常山郡益中山國. ……二十年,

中山王輔復徙封沛王, 后爲沛太后. 況遷大鴻臚. 帝數幸其第, 會公卿諸侯親家
飮燕, 嘗賜金錢縑帛, 豐盛莫比, 京師號況家爲金穴. 二十六年, 后母郭主薨,
帝親臨喪送葬, 百官大會, 遣使者迎昌喪柩, 與主合葬, 追贈昌陽安侯印綬, 謚曰
思侯. 二十八年, 后薨, 葬于北芒. 帝憐郭氏, 詔況子璜尙淯陽公主, 除璜爲郎.
顯宗卽位, 況與帝舅陰識·陰就並爲特進, 數授賞賜, 恩禮俱渥. 禮待陰·郭, 每事
必均. 永平二年, 況卒, 贈賜甚厚, 帝親自臨喪, 謚曰節侯, 子璜嗣.

118.　秦彭攀轅, 侯霸臥轍

118-①　秦彭攀轅
진팽의 덕정에 수레를 잡고 막은 백성들

후한後漢의 진팽秦彭은 자가 백평伯平이며 부풍扶風 무릉茂陵 사람이다.
한나라가 중흥한 이후 대대로 관직을 이어받았다. 그의 6대 조부 진습
秦襲은 영천태수潁川太守를 역임하였는데, 그의 여러 종제 종형들로서 동시에
2천 석의 벼슬을 한 사람이 다섯 명이나 있었다. 그 때문에 삼보三輔에서는
그 집안을 '만석진씨萬石秦氏'라 불렀다. 진팽도 영천태수가 되어 여전히
덕정을 베풀어 봉황鳳凰, 기린麒麟, 가화嘉禾, 감로甘露의 상서로운 기운이
그 군 경내에 모여들었다.
숙종肅宗이 영천에 행차하자 문득 전곡錢穀을 상으로 하사하여 은총이
남에게 달리 아주 특이하였다.
《동관한기東觀漢記》에는 이렇게 실려 있다.
"진팽이 임지를 떠날 때 고을의 늙은이나 어린이 할 것 없이 그 수레
손잡이를 붙들고 울부짖었다."

後漢, 秦彭字伯平, 扶風茂陵人. 自漢興之後, 世位相承. 六世
祖襲, 爲潁川太守, 與群從同時, 爲二千石者五人. 故三輔號曰「萬石
秦氏」. 彭爲潁川太守, 仍有鳳凰·麒麟·嘉禾·甘露之瑞, 集其郡境.
肅宗幸潁川, 輒賞賜錢穀恩寵甚異.
《東觀漢記》曰:「彭去任, 老幼攀轅號泣.」

【秦彭】후한 때 인물. 자는 伯平. 潁川太守를 역임하였으며 대대로 벼슬하여 ‘萬石秦氏’ 집안으로 불림. 《後漢書》 循吏傳 참조.

【秦襲】진팽의 6대 조부. 역시 영천태수를 역임함.

【二千石】郡守나 太守를 일컫는 말. 봉급이 2천 석이었음.

【嘉禾】한 줄기에 두 개의 포기가 나온 벼. 상서롭게 여겼음.

【肅宗】章帝 劉炟. 후한의 제3대 황제. 明帝 劉莊의 아들. 76~88년까지 재위함.

【東觀漢記】班固, 劉珍, 邊韶 등이 지은 책. 원래 143권으로 되어 있으며 明帝 이후의 雜記를 궁중 도서실 ‘동관’에서 편찬하여 책이름을 삼은 것임.

참고 및 관련 자료

1. 《後漢書》 循吏傳(秦彭)

秦彭字伯平, 扶風茂陵人也. 自漢興之後, 世位相承. 六世祖襲, 爲潁川太守, 與群從同時, 爲二千石者五人. 故三輔號曰「萬石秦氏」. 彭同産女弟, 顯宗時入掖庭爲貴人, 有寵. 永平七年, 以彭貴人兄, 隨四姓小侯擢爲開陽城門候. 十五年, 拜騎都尉, 副駙馬都尉耿秉北征匈奴. 建初元年, 遷山陽太守, 以禮訓人, 不任刑罰. 崇好儒雅, 敦明庠序. 每春秋鄉射, 輒修升降揖讓之儀. 乃爲人設四誡, 以定六親長幼之禮. 有遵奉教化者, 擢爲鄉三老, 常以八月致酒肉以勸勉之. 吏有過咎, 罷遣而已, 不加恥辱. 百姓懷愛, 莫有欺犯. 興起稻田數千頃, 每於農月, 親度頃畝, 分別肥塉, 差爲三品, 各立文簿, 藏之鄉縣. 於是姦吏跼蹐, 無所容詐. 彭乃上言, 宜令天下齊同其制. 詔書以其所立條式, 班令三府, 並下州郡. 在職六年, 轉潁川太守, 仍有鳳凰·麒麟·嘉禾·甘露之瑞, 集其郡境. 肅宗巡行, 再幸潁川, 輒實賜錢穀恩寵甚異. 草和二年卒. 彭弟惇·襃, 並爲射聲校尉.

118-② 侯霸臥轍
후패의 덕정에 수레 앞에 누운 백성들

　　후한後漢 후패侯霸는 자가 군방君房이며 하남河南 밀현密縣 사람이다. 엄격하고 위엄의 용모를 갖추고 있었으며, 집안에는 수천 금의 재산이 있어 돈 버는 일은 거들떠보지 않은 채 뜻을 독실히 하여 공부하기만을 좋아하였다. 왕망王莽 말에 회평태윤淮平太尹이 되었는데 행정과 다스림으로 이름이 날렸다.

　　왕망이 패하자 후패는 자신의 임지를 굳게 지켜 끝내 그 고을 한 군郡 전체를 온전히 하였다. 갱시제更始帝가 사람을 보내어 그를 부르자, 백성들은 노인, 어린이 할 것 없이 서로 이끌고 나와 울부짖으면서 사신의 수레를 가로막았으며, 심지어 어떤 이는 길을 막고 누워 버렸다. 그러면서 모두가 이렇게 말하는 것이었다.

　　"원컨대 후패로 하여금 1년만이라도 더 머물게 해 주십시오."

　　광무제光武帝 때에 그는 대사도大司徒가 되었다.

　　後漢, 侯霸字君房, 河南密人. 矜嚴有威容. 家累千金, 不事産業, 篤志好學. 王莽末爲淮平太尹, 政理有能名. 及莽敗, 霸保固自守, 卒全一郡. 更始遣使徵霸, 百姓老弱, 相携號哭, 遮使者車, 或當道而臥.

　　皆曰:「願乞侯君復留朞年.」

　　光武時爲大司徒.

　　【侯霸】후한 때의 인물. 淮平太尹으로서 덕정을 베풀었으며 光武帝 때 大司徒에 오름. 《後漢書》에 전이 있음.

【王莽】 자는 巨君(B.C.45~23). 漢 元皇后의 조카. 어려서 고아가 되어 독서 끝에 성망을 얻었음. 뒤에 太傅가 되어 安漢公에 봉해졌으며 平帝가 죽은 후 겨우 두 살인 孺子 嬰을 옹립하고 자신은 攝皇帝가 되었다가 初始 元年 (A.D.8) 정권을 찬탈, '新'을 세워 '西漢'의 종말을 고함. 그러나 천하의 혼란이 일어나 地皇 4年(23)에 劉玄·赤眉軍·綠林軍에게 살해되고 말았음.《漢書》(99) 에 그 傳이 있음.

【太尹】 왕망 때 太守를 太尹이라 고쳐 불렀음.

【更始帝】 劉玄. 후한 말 혼란기에 일어섰던 劉氏의 일족으로 자는 聖公. 光武帝 劉秀의 족형. 平林軍에 가담하자 그들이 그를 更始將軍으로 부르며 뒤에 그를 옹립하여 更始帝로 추대함. 그러나 지극히 나약하여 나라를 세우지 못한 채 赤眉兵에게 長安에서 죽음을 당하고 말았음.《十八史略》(2)에 "漢宗室劉縯, 及弟秀, 起兵春陵, 新市平林兵皆附之. 明年, 諸將共立劉玄爲皇帝, 玄春陵戴侯買之後, 與縯秀同高祖. 時在平林軍中, 號更始將軍. 諸將貪其懦弱 立之. 南面立朝羣臣, 以手刮席, 羞愧流汗, 不能言. 大赦改元更始, 都于宛"라 함. 《後漢書》에 전이 있음.

【光武帝】 世祖光武皇帝. 光武帝. A.D.25~57년 재위. 東漢(後漢)의 첫 황제. 劉秀. 자는 文叔. 長沙 定王 劉發의 후손. 漢 景帝가 유발을 낳고, 유발이 春陵節侯 劉買를 낳았으며 뒤에 封地가 南陽 白水鄕으로 옮겨져 그곳을 春陵이라 하고 가문을 이루었음. 그리고 유매의 막내아들이 劉外였으며 그가 劉回를 낳았고, 유회가 南頓令 劉欽을 낳았으며 유흠이 유수를 낳았음. 이가 동한을 일으켜 낙양에 도읍을 하여 유씨 왕조를 이은 것이며 이를 東漢(後漢)이라 부름.

1.《後漢書》侯霸

侯霸字君房, 河南密人也. 族父淵, 以宦者有才辯, 任職元帝時, 佐石顯等領中書, 號曰大常侍. 成帝時, 任霸爲太子舍人. 霸矜嚴有威容, 家累千金, 不事産業. 篤志 好學, 師事九江太守房元, 治《穀梁春秋》, 爲元都講. 王莽初, 五威司命陳崇擧 霸德行, 遷隨宰. 縣界曠遠, 濱帶江湖, 而亡命者多爲寇盜 霸到, 即案誅豪猾, 分捕山賊, 縣中淸靜. 再遷爲執法刺姦, 糾案執位者, 無所疑憚. 後爲淮平大尹,政理有能名. 及王莽之敗, 霸保固自守, 卒全二郡. 更始元年, 遣使徵霸, 百姓老弱相攜號哭, 遮使者車, 或當道而臥. 皆曰:「願乞侯君復留朞年.」民至乃戒乳婦勿得舉子, 侯君當去, 必不能全. 使者慮霸就徵, 臨淮必亂, 不敢授璽書, 具以狀聞. 會更始敗, 道路不通. 建武四年. 光武徵霸與車駕會壽春, 拜尚書令. 時無故典, 朝廷又少舊臣, 霸明習故事, 收錄遺文, 條奏前世善政法度有益於時者, 皆施行之. 每春下寬大之詔, 奉四時之令, 皆霸所建也. 明年, 代伏湛爲大司徒, 封關內侯. 在位明察守正, 奉公不回. 十三年, 霸薨, 帝深傷惜之, 親自臨弔. 下詔曰:「惟霸積善清絜. 視事九年. 漢家舊制, 丞相拜日, 封爲列侯. 朕以軍師暴露, 功臣未封, 緣忠臣之義, 不欲相踰, 未及爵命, 奄然而終. 嗚呼哀哉!」於是追封諡霸則鄉哀侯, 食邑二千六百戶. 子昱嗣. 臨淮吏人共爲立祠, 四時祭焉. 以沛郡太守韓歆代霸爲大司徒.

119. 淳于炙輠, 彦國吐屑

119-① 淳于炙輠
수레바퀴에 기름을 칠한 듯 지혜가 끝없는 순우곤

《사기史記》에 실려 있다.

순우곤淳于髡은 제齊나라 사람으로 박문강기博聞强記하여 학문에 있어서 한 가지만을 주된 것으로 삼지도 않았다. 그의 간언하는 논리는 안영晏嬰의 사람됨을 사모하였으나, 그것을 넘어 상대의 얼굴색을 살펴 뜻을 이어 받는 데에 주안점을 두었다. 그가 양梁 혜왕惠王을 만나자 하나의 주제를 두고 연이어 사흘 밤낮을 이어갔으나 지칠 줄을 모르는 것이었다. 혜왕이 그를 경상卿相으로 삼아 우대하려 하였지만 그는 사양하고 떠나 버렸다. 그러자 대신 그에게 안거安車에 네 필 말, 그리고 속백束帛에 벽옥을 더하고 황금 1백 일百鎰을 주어 보답하였다. 그는 종신토록 벼슬을 하지 않았다. 이에 제나라 사람들은 그를 두고 이렇게 노래하였다.

"담천연(談天衍, 騶衍), 조룡석(雕龍奭, 騶奭), 수레바퀴에 기름을 칠한 것처럼 지혜에 다함이 없는 순우곤이로다."

《유향별록劉向別錄》에는 과過자를 과輠로 썼다. 과輠는 수레에 굳기름을 부어넣는 기구이다. 고기를 구우면 비록 다 없어진 것 같으나 여전히 남이 흐르는 것이다. 순우곤의 지혜는 마치 이러한 기름통의 기름과 같아 다함이 없음을 말한 것이다. 연衍과 석奭은 이추二騶라 부르는 두 사람이다.

《史記》: 淳于髡齊人, 博聞强記, 學無所主. 其諫說慕晏嬰之爲人, 然而承意觀色爲務. 見梁惠王, 一語連三日三夜無倦. 惠王欲以卿相位待之, 髡因謝去. 送以安車駕駟, 束帛加璧, 黃金百鎰. 終身不仕. 齊人頌曰:『談天衍, 雕龍奭, 炙轂過髡.』《劉向別錄》: 過字作輠. 輠者車之盛膏器也. 炙之雖盡, 猶有餘流者. 言髡智不盡如炙輠也. 衍奭謂二騶.

【淳于髡】전국시대 제나라 사람으로 滑稽에 뛰어났던 인물.《史記》孟荀列傳 참조.
【晏嬰】晏子. 平仲. 춘추시대 齊나라의 영명한 재상. '晏嬰脫粟'[045] 참조.
【梁惠王】전국시대 魏나라 군주. 大梁에 도읍하여 梁나라라 불린 것이며 孟子와 같은 시대 임금. B.C.369~B.C.335년까지 35년간 재위함.
【譚天衍】하늘의 천문을 두고 온갖 논리를 편 騶衍.
【雕龍奭】용을 새겨 조각하는 것처럼 문장을 아름답게 수식하는 일에 뛰어난 騶奭.
【轂過】轂輠와 같음. '곡'은 수레의 바퀴 통. 그것에 기름을 부어 윤활유처럼 축의 회전을 원활하게 함. '過'는 '과(輠)'의 가차자.
【二騶】騶衍과 騶奭. '騶'는 '추(鄒)'로 쓰기도 함. 鄒衍은 '鄒衍降霜'[044] 참조.

1.《史記》孟荀列傳

淳于髡, 齊人也. 博聞彊記, 學無所主. 其諫說, 慕晏嬰之爲人也, 然而承意觀色爲務. 客有見髡於梁惠王, 惠王屏左右, 獨坐而再見之, 終無言也. 惠王怪之, 以讓客曰:「子之稱淳于先生, 管·晏不及, 及見寡人, 寡人未有得也. 豈寡人不足爲言邪? 何故哉?」客以謂髡. 髡曰:「固也. 吾前見王, 王志在驅逐; 後復見王, 王志在音聲: 吾是以黙然.」客具以報王, 王大駭, 曰:「嗟乎. 淳于先生誠聖人也! 前淳于先生之來, 人有獻善馬者, 寡人未及視, 會先生至. 後先生之來, 人有獻謳者, 未及試, 亦會先生來. 寡人雖屏人, 然私心在彼, 有之.」後淳于髡見, 壹語連三日三夜無倦. 惠王欲以卿相位待之, 髡因謝去. 於是送以安車駕駟, 束帛加璧, 黃金百鎰. 終身不仕. 故齊人頌曰:「談天衍, 雕龍奭, 炙轂過髡.」

初不治, 諸侯皆來伐, 八年楚大發兵加齊. 齊使淳于髡請救于趙, 齎金百斤車馬十駟. 髡仰天大笑, 王曰:「先生少之乎?」髡曰:「臣見道傍有禳田者, 操一豚蹄, 酒一壺, 祝曰:『甌窶滿篝, 汙邪滿車, 五穀蕃熟, 穰穰滿家.』臣見其所持者狹, 所欲者奢, 故笑之.」王乃益黃金千鎰, 白璧十雙, 車馬百駟. 髡乃行.

119-② 彦國吐屑
톱밥을 토해내듯 언변에 뛰어난 호모언국

진晉나라 호모보지胡母輔之는 자가 언국彦國이며 태산泰山 봉고奉高 사람이다. 어려서부터 사람을 알아보는 감식력이 있었다. 술을 좋아하였고 광임방달하여 작은 절도 따위에는 얽매이지 않았다. 그리하여 왕징王澄, 왕돈王敦, 유애庾敳와 더불어 당시 태위太尉였던 왕연王衍의 친한 무리가 되어 사우四友라 불렸다.

왕징이 일찍이 남에게 보낸 편지에 이렇게 말하였다.

"호모언국은 아름다운 말만 토해놓으며 마치 톱이 톱밥을 토해내듯이 설설 뿌려지기가 끊임이 없다. 진실로 후진의 영수領袖가 될 인물이로다."

그는 원제元帝 때에 상주자사湘州刺史가 되었다.

晉, 胡母輔之字彦國, 泰山奉高人. 少有知人之鑒. 性嗜酒, 任縱不拘小節. 與王澄‧王敦‧庾敳俱爲太尉王衍所昵, 號曰四友.

澄嘗與人書曰:「彦國吐佳言, 如鋸木屑, 霏霏不絶. 誠爲後進領袖也.」

元帝時爲湘州刺史.

【胡母輔之】자는 彦國. 泰山 高峯人. 湘州刺史를 지냄. 王澄, 王敦, 庾顗 등과 함께 太尉 王衍에게 사랑을 받음. '胡母'는 복성으로 판본에 따라 흔히 '胡毋'로도 표기함.《晉書》(49)에 전에는 '胡毋輔之'로 되어 있음.

【王澄】자는 平子(269~312). 王衍의 아우. 荊州刺史를 지냄. 뒤에 王敦에게 죽음을 당함.《晉書》(43)에 전이 있음. '平子絶倒'[078] 참조.

【王敦】자는 處仲(266~324). 어릴 때는 阿黑이라 부름. 王含의 아우이며 王導의 종제로 八王之亂 때 공을 세워 散騎常侍, 侍中, 靑州刺史, 鎭東大將軍 등을 지냄. 西晉이 망하자 司馬睿를 옹립하여 황제로 삼음. 뒤에 明帝 때 난을 일으켰다가 軍中에서 죽음.《晉書》(98)에 전이 있음. '王敦傾室'[152] 참조.

【庾敳】庾子嵩(261~311). 자는 子嵩. 王衍의 중시를 받아 吏部郎. 東海王(司馬越)의 太傅가 되었으며 石勒의 난에 왕연과 함께 피살됨.《晉書》(50)에 전이 있음. '庾敳墮幘'[230] 참조.

【王衍】자는 夷甫(256~311). 竹林七賢의 하나인 王戎의 從弟. 太尉를 지냄.《晉書》(43)에 전이 있음. '王衍風鑒'[038] 참조.

【鋸木屑】톱으로 나무를 자를 때 나오는 톱밥.

【霏霏】비나 눈이 흩날리는 모습.

【元帝】東晉의 첫 임금 司馬睿. 建業(建康, 지금의 南京)에 도읍을 정하고 晉나라 왕통을 다시 이었음. 317~323년까지 6년간 재위함.《晉書》(6)에 紀가 있음. 廟號는 中宗.

참고 및 관련 자료

1.《晉書》(49) 胡母輔之傳

胡母輔之字彦國, 泰山奉高人也. 輔之少擅高名, 有知人之鑒. 性嗜酒, 任縱不拘小節. 與王澄·王敦·庾敳俱爲太尉王衍所昵, 號曰四友. 澄嘗與人書曰:「彦國吐佳言, 如鋸木骨, 霏霏不絶. 誠爲後進領袖也.」越薨, 避亂渡江, 元帝以爲安東將軍諮議祭酒, 遷揚武將軍·湘州刺史·假節. 到州未幾卒, 時年四十九.

120. 太眞玉臺, 武子金埒

120-① 太眞玉臺
온태진이 예물로 보낸 옥경대

《진서晉書》에 실려 있다.

온교溫嶠는 자가 태진太眞이며 태원太原 기현祁縣 사람이다. 성품이 총명하고 민첩하여 식견과 도량이 있었다. 그리고 널리 배워 문장에도 능하였다. 어려서 효성과 우애로써 친족 사이에 칭찬을 받았다. 성제成帝 때 표기장군驃騎將軍이 되어 비로소 안군공安郡公에 올랐다.

《세설신어世說新語》에는 이렇게 기록되어 있다.

온교가 아내를 잃어 홀아비로 살고 있었다. 그의 고모 유씨劉氏 집안도 난을 피해 내려오면서 집안이 이산하고 말았는데 오직 딸 하나만 있었다. 그 딸은 아주 자태가 있었고 지혜로웠다. 고모는 온교에게 좋은 혼처를 구해 줄 것을 부탁하였다. 온교는 그 딸을 아내로 맞이하고 싶어 이렇게 대답을 하였다.

"훌륭한 사윗감이란 그렇게 쉽게 얻을 수 있는 것이 아니지요. 저 정도면 어떻습니까?"

그러자 고모가 말하였다.

"우리는 전란으로 가족을 잃고 그 나머지로 살아 남아 거친 음식을 얻어 먹으며 겨우 살아가는 존재라네. 내 남은 여생을 위로해 줄 수 있는 정도라면 되지, 어찌 그대 같은 사람을 감히 바라겠는가?"

그로부터 며칠이 지난 후 온교가 고모에게 보고하였다.

"이미 혼처를 구했습니다. 가문도 그만한 사위라면 저에게 모자랄 것이 없습니다."

그리하여 옥경대玉鏡臺 하나를 가지고 왔다. 고모는 크게 기뻐하며 이윽고 교례交禮를 치르게 되었다. 그러자 그 딸은 손으로 비단 부채를 치우며 손바닥을 두드리며 크게 웃었다.

"내 진실로 이 늙은이가 내 신랑이 될 줄 알고 있었지. 과연 마음속으로 점을 친 그대로군!"

옥경대는 온교가 유월석劉越石의 장사長史가 되어 북쪽 유총劉聰을 정벌하였을 때 얻었던 것이었다.

《晉書》: 溫嶠字太眞, 太原祁人. 性聰敏, 有識量, 博學能屬文. 少以孝悌稱於邦族. 成帝時, 爲驃騎將軍始安郡公.

《世說》曰: 嶠喪婦. 從姑劉氏家, 經亂離散, 唯有一女. 甚有姿慧, 姑屬公覓婚.

公有自婚意, 答曰:「佳婿難得. 但如嶠如何?」

姑云:「喪敗之餘, 乞粗存活, 便是慰吾餘年. 何敢希汝比也?」

後少日, 公報姑云:「已得婚處. 門地婿身, 盡不減嶠.」

因玉鏡臺一枚. 姑大喜旣交禮.

女以手披紗扇撫掌大笑曰:「我固疑是老奴, 果如所卜!」

玉鏡臺是公爲劉越石長史, 北征劉聰所得也.

【溫嶠】 자는 太眞(288~329). 太原 사람. 永嘉之亂 때 유곤의 심부름으로 남으로 내려가 원제(司馬睿)의 추대에 힘씀. 蘇峻의 난을 평정함. 시호는 忠武.《晉書》(67)에 전이 있음.

【成帝】 東晉의 제3대 황제. 司馬衍. 明帝 司馬紹의 아들이며 326~342년 재위함.

【劉越石】 劉琨(270?~318). 자는 越石. 中山 사람으로 '文章二十四友'로 알려짐. 북방 출신으로 八王之亂 때 趙王倫·齊王冏·東海王越 을 섬겼으며, 懷帝 때 司空과 都督을 배수받음. 石勒에게 패하여 幽州刺史 鮮卑族 匹磾에게 투항, 함께 다시 晉室을 부흥시킬 것을 모의하였으나, 그의 참언으로 王敦의 밀사

에게 죽음. 죽은 후 侍中·太尉를 추증받았으며 시호는 '愍'. 《晉書》(62)에
전이 있음.

【劉聰】일명 劉載. 자는 玄明(?~318). 匈奴 사람으로 劉淵의 넷째 아들. 유연이
五胡十六國 중의 漢(前趙. 304~329)을 세우자 유총은 大司馬, 大單于, 錄尚
書事 등의 직위를 담당함. 晉 懷帝 永嘉 4년(310) 유연이 죽자 유총은 태자
劉和를 죽이고 자립하여 제위에 올라 光興 2年(311) 王彌와 劉曜 등으로
하여금 洛陽을 공격하여 懷帝를 포로로 하여 끌고 감. 다시 5년 뒤 長安을
함락시켜 愍帝를 포로로 끌고 감. 이것이 '永嘉之亂'이며 결국 西晉이 망하고
말았음(317). 한편 劉聰은 흉노와 漢制를 적절히 활용하여 다스렸으며 재위
8년 만에 죽어 시호를 昭武라 하고 廟號를 烈宗이라 함. 그가 죽은 뒤
얼마 후 곧바로 내란이 일어나 劉曜가 이어받아 나라 이름을 前趙라 하였
으며 329년 羯族의 石勒(後趙)에게 망함.

참고 및 관련 자료

1. 《晉書》(67) 溫嶠傳

溫嶠字太眞, 司徒羨弟之子也. 父憺, 嶠性聰敏, 有識量, 博學能屬文. 少以孝
悌稱於邦族. 風儀秀整, 美於談論, 見者皆愛悅之. 年十七, 州郡辟召, 皆不就.
司隸命爲都官從事. 散騎常侍庾敳有重名, 而頗聚斂, 嶠擧奏之, 京都振肅.

2. 《世說新語》假譎篇

溫公喪婦, 從姑劉氏, 家値亂離, 唯有一女, 甚有姿慧; 姑以屬公覓婚. 公密有自
婚意, 答云:「佳婚難得, 但如嶠比云何?」姑云:「喪破之餘, 乞得粗相存活,
便足慰吾餘年; 何敢希汝比?」卻數日, 公報姑云:「已得婚處, 門地粗可, 壻身
不減嶠.」因卜玉鏡臺一枚. 姑大喜. 旣婚, 交禮, 女以手披紗扇, 大笑曰:「我固
疑是老奴. 果如所卜!」玉鏡臺, 是公爲劉越石長史, 北征劉聰所得.

120-② 武子金埒
황금으로 말 훈련장을 감싼 왕무자

진晉나라 왕제王濟는 자가 무자武子이며 태원太原 진양晉陽 사람이다. 어려서부터 빼어난 재능이 있었으며, 풍모와 자태가 영준하고 시원하여 그 기세는 한 시대를 덮고 있었다. 활과 말을 좋아하였고, 용력勇力은 따를 자가 없었다. 《주역周易》과 《노장老莊》에 밝았으며, 문사文詞가 빼어나고 기예조차 남을 능가하여 화교和嶠나 배해裴楷와 이름을 나란히 하였다. 상산공주常山公主에게 장가를 들어 서민의 집안에서 중서랑中書郞이 되었으며, 벼슬을 옮겨 시중侍中에까지 올랐다. 뒤에 죄에 연좌되어 관직을 벗고 북망산北邙山 아래에 저택을 짓고 옮겨가 살았다. 성격이 호방하며 사치를 부려 화려한 복장에 좋은 음식으로 즐기며 살았다. 당시 수도 낙양洛陽의 땅값이 비쌌지만 왕제는 그 땅을 사들여 말 훈련장을 만들었고, 돈을 꿰어 그것으로 그 담장을 만들 정도였다. 이에 당시 사람들은 그곳의 '금구金溝'라 불렀다.

晉, 王濟字武子, 太原晉陽人. 少有逸才, 風姿英爽, 氣蓋一時. 好弓馬, 勇力絕人. 善《易》及《莊老》, 文詞俊茂, 伎藝過人, 和嶠·裴楷齊名. 尚常山公主. 起家拜中書郞, 遷侍中. 坐免官, 乃移第北邙山下. 性豪侈, 麗服玉食. 時洛京地甚貴, 濟買地爲馬埒, 編錢滿之, 時人謂爲『金溝』.

【王濟】자는 武子(240?~285?). 王渾의 아들. 《易》과 《老莊》에 밝아 裴楷와 이름을 날렸으며, 武帝의 딸 常山公主의 남편. 侍中을 역임함. 말에 대해서 잘 알았다고 함. 王愷와 사치와 호기를 다툰 일로도 유명함. 中書郞, 驍騎

將軍, 侍中 등을 역임함.《晉書》(42)에 전이 있음. 왕제는 太原 晉陽 출신
이었음.

【氣蓋一時】項羽의 〈垓下歌〉에 '力拔山兮蓋氣世'라 함.

【和嶠】자는 長輿. 太子少傅, 中書令, 散騎常侍, 光祿大夫 등을 역임함. 성품이
인색하고 돈에 대하여 집착을 가졌다 함.《晉書》(45)에 전이 있음. '和嶠
專車'[033] 참조.

【裴楷】자는 叔則(237~291). 裴令公으로도 부름. 河東 聞喜人. 裴徽의 셋째
아들이며 司空 裴秀의 從弟. 용모가 준수하고 깨끗하여 '玉人'이라 불렸음.
河南尹과 中書令을 지냄. 시호는 元.《晉書》(35)에 전이 있음. '裴楷淸通'
[001] 참조.

참고 및 관련 자료

1.《晉書》(42) 王濟傳

王濟字武子, 少有逸才, 風姿英爽, 氣蓋一時. 好弓馬, 勇力絶人. 善《易》及《莊老》,
文詞俊茂, 伎藝過人, 有名當世, 與姊夫和嶠及裴楷齊名. 尙常山公主. 年二十,
起家拜中書郞, 以母憂去官. 起爲驍騎將軍, 累遷侍中. ……出爲河南尹, 未拜,
坐鞭王官吏免官, 而王佑始見委任. 而濟遂被斥外, 於是乃移第北邙山下. 性豪侈,
麗服玉食. 時洛京地甚貴, 濟買地爲馬埒, 編錢滿之, 時人謂爲『金溝』.

2.《世說新語》汰侈篇

王武子被責, 移第北芒下; 于時人多地貴, 濟好馬射, 買地作埒, 編錢布地竟埒,
時人號曰「金溝」.

임동석(茁浦 林東錫)

慶北 榮州 上茁에서 출생. 忠北 丹陽 德尙골에서 성장. 丹陽初中 졸업. 京東高 서울 敎大 國際大 建國大 대학원 졸업. 雨田 辛鎬烈 선생에게 漢學 배움. 臺灣 國立臺灣師範 大學 國文硏究所(大學院) 博士班 졸업. 中華民國 國家文學博士(1983). 建國大學校 敎授. 文科大學長 역임. 成均館大 延世大 高麗大 外國語大 서울대 등 大學院 강의. 韓國中國言語學會 中國語文學硏究會 韓國中語中文學會 會長 역임. 저서에《朝鮮譯學考》(中文)《中國學術槪論》《中韓對比語文論》. 편역서에《수레를 밀기 위해 내린 사람들》《栗谷先生詩文選》. 역서에《漢語音韻學講義》《廣開土王碑硏究》《東北民族源流》《龍鳳文化源流》《論語心得》〈漢語雙聲疊韻硏究〉등 학술 논문 50여 편.

임동석중국사상100

몽구 蒙求

李瀚 撰·徐子光 註 / 林東錫 譯註

1판 1쇄 발행/2010년 6월 1일

발행인 고정일

발행처 동서문화사

창업 1956. 12. 12. 등록 16-3799(윤)

서울강남구신사동540-22 ☎546-0331~6 (FAX)545-0331

www.epascal.co.kr

잘못 만들어진 책은 바꾸어 드립니다.

＊

이 책의 출판권은 동서문화사가 소유합니다.

의장권 제호권 편집권은 저작권 법에 의해 보호를 받는 출판물이므로 무단전재와 무단복제를 금합니다.

이 책의 일부 또는 전부 이용하려면 저자와 출판사의 서면허락을 받아야 합니다.

＊

사업자등록번호 211-87-75330

ISBN 978-89-497-0623-8　04080

ISBN 978-89-497-0542-2　(세트)